HISTORY OF CHINESE PERIODICALS
中国期刊史

第四卷（1978—2015）

石　峰主编　李　频著

人民出版社

目 录

导　言

1976年10月，党中央一举粉碎“四人帮”，标志着历时十年的“文化大革命”结束。1978年12月18日至22日，中国共产党第十一届中央委员会第三次全体会议在北京召开。这是新中国成立以来具有深远意义的伟大转折，开启了改革开放的历史新时期。期刊出版工作伴随着时代前进的步伐，紧紧围绕党和国家的工作大局，不忘使命担当、锐意进取，期刊业经历了恢复发展——改革创新——迎接新媒体挑战——在融合中浴火重生的发展历程。特别是2012年11月，党的十八大胜利召开，实现中华民族伟大复兴的中国梦成为时代的主题。在这跨越近40年的历史征程中，中国发生了翻天覆地的变化，期刊业也实现了新的飞跃。

第一节　新时期期刊业发展的历史背景和文化主题

一、新时期期刊业发展的历史背景

改革开放是新时期中国共产党根本性的执政方针，也是中国政府推行的基本国策；改革开放又是新时期最鲜明的特征。以此为动力源泉，中国新时期的社会变迁展现了一幅波澜壮阔的时代长卷。

近百年前，梁启超发现并提出“三千年未有之大变局”的著名论断。依循这一基本的社会历史审视方法，郑杭生等学人将1978年以来的中国改革开放视为社会转型的加速期。新时期也罢，改革开放也罢，社会转型加速期也罢，指称的都是中国自1978年以来的社会转型或者说社会变迁。改革开放近40年天翻地覆的变化让生活其中的中国人难免习焉不察，但生活其外的外国人却震惊不已，纷纷将探究的目光投向中国，惊呼“中国30年：人类社会的一次伟大变迁”。

“中国新闻出版行业与中国改革开放30年同行，不断地发展变化，已经发生了巨大变化。”① 这是中国新时期期刊历史的逻辑起点。作为逻辑起点，它有以下四个方面的含义：

其一，中国新时期的改革开放是包括中国期刊历史发展在内的中国新闻出版行业发展的历史背景，因而“社会变迁——新闻出版行业变迁——期刊媒介变迁”成为中国新时期期刊历史审视、叙述的基本认识框架。

其二，就期刊出版主体行为而言，改革开放是新时期期刊历史叙述的实践起点和主题。新时期的中国期刊史既是期刊业改革开放的变迁史，也是期刊影响社会、与社会互动，进而推动社会进步的历史。也就是说，期刊史是促进社会变迁、推动改革开放的期刊传播效果史。

其三，新时期中国期刊史研究的核心问题是期刊变迁史和期刊效果史的关系，也就是说，中国新时期期刊在这个创新巨变的社会变迁中发挥了什么作用，以及怎样发挥作用的问题。

其四，基于前述的认识框架和研究问题，新时期中国期刊历史的主题内容是，对以改革开放为中心的期刊出版实践的社会背景与出版行为、期刊出版的主观动机与期刊出版社会效果等方面做出系统的叙述和反映。

二、新时期中国期刊业的发展阶段和文化主题

新时期中国期刊业的发展阶段和文化主题，可以从这一时期的社会发展与期刊互动关系的媒介特征加以观察：

（一）期刊的双面复合角色既是期刊历史的书写主体，又是判断其历史分期的基本依据

改革开放是1978年以来中国期刊生存发展的时代背景。生存、生长于改革开放的时代，自觉地服从、服务于改革开放的时代需要，也就必然地

---

① ［美］罗伯特·劳伦斯·库恩：《中国30年：人类社会的一次伟大变迁》，吕鹏等译，上海人民出版社2008年版，第447页。

成为其发展主题。这一主题的集中表现形式是，中国期刊自觉扮演了关键而又双面复合的媒介角色。

这里所说的关键，主要就中国期刊在新时期社会系统中的舆论地位和文化影响而言；所说中国期刊的双面复合角色，一方面是改革开放的“喉舌”，另一方面其自身又成为改革开放的对象。这是 1978 年以来中国社会变迁历史长卷中期刊业发展变化的基因，也是审视和描述新时期中国期刊与中国社会变迁的基本视角和方法。

改革开放以来的中国期刊秉承“为人民服务”的媒介理性，自觉地充当党和政府的“喉舌”，宣传党和政府的改革开放方针、政策，以信息传播、知识传承、舆论监督、文化娱乐等为手段，营造改革开放的社会环境，促成国人思想观念更新，进而为党和政府有效整合社会力量、推进改革开放贡献力量。积极推进改革开放、自觉投身改革，既是新时期中国期刊生存、发展的逻辑，也是它的社会功能和历史功绩的体现。

（二）社会变迁以及由社会变迁导致的期刊与社会的互动，是期刊历史分期的重要参照

1978 年以来，中国的改革开放是中国共产党领导的、组织严密、方向明确的社会变迁。中国社会的变迁有几个重要时间节点，即 1978 年十一届三中全会、1992 年党的十四大确立社会主义市场经济改革目标、2001 年中国加入世界贸易组织、2012 年习近平总书记提出实现中华民族伟大复兴的中国梦。以此为标志，新时期期刊历史发展也表现出鲜明的阶段特征，①以及充满活力的全行业深化改革、市场化经营探索、体制机制转型等。解放思想、拨乱反正，奠定了新时期期刊业恢复发展的思想基础；社会主义市场经济体制改革目标，开启了新时期期刊业经营体制机制改革的帷幕；实现中华民族伟大复兴的中国梦，更把新时期期刊业推向了以数字化转型

① 张伯海在《谈期刊品牌》一文中认为，新时期中国期刊的发展大致经历了三个时期：20 世纪 80 年代是“产品探索”期，探讨如何转变在计划经济体制下形成的期刊的固定模式；90 年代是“市场探索”期，探讨期刊出版如何适应市场经济，在注重社会效益的同时，创造尽可能多的经济效益，解决生存问题；90 年代末期以及进入 21 世纪以来，是“品牌探索”期，主要探讨期刊品牌发展的途径，以品牌体现中国期刊发展的高峰，以品牌拉动中国的期刊产业。见《出版参考》2003 年第 7 期。

为标志的建立现代传播体系的新阶段。所有这些熔铸成新时期中国期刊改革开放、走向繁荣的文化品格。

（三）表征和体现期刊业改革开放的期刊出版物、期刊人观念和办刊行为等，是期刊历史分期的核心参数

中国期刊业的改革和开放是相互联系的两个不同实践范畴。期刊改革有政府管理、期刊社、期刊人三个不同的改革主体，因而具有不同的改革内涵和诉求。政府管理主要是从推进国家和社会发展进步的大局出发，调整期刊出版的制度设计和政策规范，以释放期刊生产力；期刊社的改革处于中观层次，是根据有关制度安排、政策导向和期刊生态环境等，对运行体制机制和产品等做出调整安排，集中指向期刊社运作方式和管理机制的改革；期刊人是新时期中国期刊业改革开放最活跃的推动力量，他们的观念、行为既要符合党和人民的要求，又要站在时代的前沿，引导社会舆论，因此，期刊人的观念、行为是直接影响期刊业繁荣发展的重要参数。

期刊业的开放包含两个方面，首先是学习借鉴国外的办刊理念和市场运作方式，其次是大力推动期刊“走出去”，到国际期刊市场去竞争，到国际学术舞台去交流。随着我国国际影响力日益扩大，特别是数字网络技术的应用，期刊“走出去”的步伐正在加快，多种形式的对外合作与交流蓬勃开展，成为新时期期刊业发展的一个重要特征。

第二节　品种、印数、印张数的结构关系

品种、印数、印张数是反映期刊业发展水平的三项基础指标。随着时间推移，它们逐年积累成新时期期刊历史发展外显的物质结构（见表导 -1）。

表导－1 1977—2015年中国期刊业的三项基础指标

年 份	品种数（种）	总印数（亿册）	总印张（亿印张）
1977	628	5.59	18.80
1978	930	7.62	22.74
1979	1470	11.84	30.14
1980	2191	11.25	36.72
1981	2801	14.62	45.40
1982	3100	15.14	46.05
1983	3415	17.69	52.47
1984	3907	21.82	64.33
1985	4705	25.60	77.29
1986	5248	24.02	68.13
1987	5678	25.90	72.67
1988	5865	25.50	71.20
1989	6078	18.44	50.74
1990	5751	17.90	48.12
1991	6056	20.62	54.44
1992	6486	23.60	62.73
1993	7011	23.51	64.21
1994	7325	22.11	63.86
1995	7583	23.36	67.01
1996	7916	23.10	68.06
1997	7918	24.38	73.30
1998	7999	25.37	79.87
1999	8187	28.46	96.78
2000	8725	29.42	100.04
2001	8889	28.94	100.92
2002	9029	29.51	106.38
2003	9074	29.47	109.12
2004	9490	28.35	110.51
2005	9468	27.59	125.26

续表

年　份	种　数（种）	总印数（亿册）	总印张（亿印张）
2006	9468	28.52	136.94
2007	9468	30.41	157.93
2008	9549	31.05	157.98
2009	9851	31.53	166.24
2010	9884	32.15	181.06
2011	9849	32.85	192.73
2012	9867	33.48	196.01
2013	9877	32.72	194.70
2014	9966	30.95	183.58
2015	10014	28.78	167.78

从以上统计表可以看到，新时期期刊总印数出现过两个稳定增长期：一是“文化大革命”结束以后的1977年到1985年，期刊总印数从5.59亿册稳步增长到25.60亿册，充分反映了这一时期社会对文化需求的超常规增长；二是2005年以后的8年，期刊总印数从27.59亿册稳步增长到2012年的33.48亿册，这是在新兴媒体出现以后取得的，值得总结和研究。1985年以后期刊总印数出现起伏，但总体是向上的。2012年的33.48亿册也许是我国纸质期刊总印数的峰值，2013年开始出现持续下降。有人对1985年以后的二十多年，期刊总印数在30亿册上下徘徊提出过疑问，认为这二十多年是我国经济社会文化全面高速发展的时期，为什么期刊业不能随之高速增长？这是改革开放期刊史需要做出回答的。

表导-1中反映的三项指标关系，透露了1978年以来中国期刊发展的基本轨迹：20世纪80年代期刊品种快速增长，强力拉动了总印数和总印张数的增长；因为期刊品种的增长是期刊社基于社会发展提出办刊需求与政府基于国家社会发展规划批准办刊许可的博弈结果。期刊总量达到一定规模以后，由于政府对期刊实行总量控制，需求受到一定程度抑制，总印数和总印张数出现徘徊。而总印数是期刊出版行为与社会需求互动的结果。期刊读者需求受到社会发育、经济增长带来的购买力增长，受教育水平提高等方面的正向激励带来社会需求的增长，同时还会受相关要素的制约，因而期刊总印数增长相对而言更为复杂。期刊种数增长远高于总印数增长之间的非协同关系，集中反映了 1978 年以来期刊发展供给与需求之间的复杂矛盾。

印张数就单册期刊而言表现为杂志的厚薄。在 20 世纪 80 年代中期、世纪之交印张数增长两度远高于品种增长，由于这两个时点分别处在新时期中国社会变迁的不同时段，这两次印张数的高增长反映了期刊业以当年期刊品种为基础，从为社会提供内容服务到为社会提供以内容为主体的广泛的信息、广告服务的深刻变化，表现了期刊内容传播、社会服务性质、期刊业态及规模的深刻变迁。

在外显的期刊物质结构中，潜隐地存在着强有力的期刊生产关系结构，这是伴随着 1978 年以来期刊历史发展而逐渐发育成形的期刊生产关系。作为期刊总体结构的一个重要组成部分，它完成了对新时期期刊总体形态的塑造：既释放了 20 世纪八九十年代的期刊生产力，又在 21 世纪初面对全球化挑战、数字化转型时，深化体制机制改革，加快与新兴媒体的融合，更深远更有力量地推动中国社会的现代化转型。

期刊生产关系的三个轴心是：期刊出版人——期刊社——政府管理。期刊出版人归属于以期刊社为代表的期刊生产组织，期刊社作为专事期刊出版活动、专事期刊出版物创造与生产的社会组织，被政府纳入不同的社会组织序列，予以规范和管理。规范管理的基本手段是审批制、主管主办制度和属地管理制度。政府以此三项制度实现对期刊社的直接管理，进而实现对期刊出版人行为的间接引导；通过对创办新刊的行政许可，实现对一定时段内以品种和内容为主体特征的期刊文化生态的结构性掌控。

如果把期刊生产关系视如层次结构，期刊出版人处于层级结构的底层。如果把期刊生产关系视如线性结构，期刊人是该结构的起点。正是作为底层和起点的期刊人出版了 1978 年以来数以万计的期刊品种，完成了中国现代化转型过程中信息、知识需求与推动文化创造社会发展文明成果的供给之间的创造性转换，谱写了波澜壮阔的改革开放期刊史。

期刊人是期刊历史的创造者。在历史的创造过程中，他们是期刊观念和期刊出版行为的结合体。遵循某种期刊观念，在一定的制度环境下，实施相应的期刊出版行为，进而出版了相应的期刊出版物。这既是1978年以来期刊出版人的实践逻辑，也应该是改革开放期刊历史书写的分析逻辑。在期刊出版关系的三个轴心中，以期刊出版人为核心，又展开了其下一个层次的三要素关系：期刊观念——期刊出版行为——期刊出版物。

从品种、印数、印张数的物质形态，到期刊人——期刊社——政府管理的期刊生产关系，再到以期刊人为核心而展开的期刊观念——期刊出版行为——期刊出版物，就是改革开放期刊史总体结构中的重要层面和关键要素。正是这些层面和维度之间的交错、繁复关系，形成、铸就了改革开放期刊史丰富多彩、争奇斗艳的文化景观。改革开放期刊历史的书写，首先是对前述层面、要素关系的解读，而后才是以推动社会发展、期刊业态创新为评判依据的期刊现象，展开相应关系的历史重构，进而完成对期刊历史的解释与书写。

第三节 新时期期刊史的政治、经济和文化视角

期刊出版是全面渗透、紧密结合社会的政治、经济、文化关系的群体组织行为，期刊出版物是高度凝结了一个时代的政治、经济、文化关系的人工创造物。期刊历史的书写自然便应该紧扣“期刊出版人——期刊出版活动——期刊出版物”这一系统关系，并多维度地深入到影响这三者的政治、经济和文化方面的隐性关系。也就是说，期刊历史的书写固然要锁定、明确书写对象，更重要的首先是选择、明确审视书写对象的视角和方法。在改革开放期刊史的书写中，要力求显示并透视以“期刊出版人——期刊出版活动——期刊出版物”为核心的政治、经济、文化的关系。

从政治视角看，期刊与政府的关系是改革开放以来中国期刊的诸多关系中的核心关系，集中显示于期刊管理机构设置及其制度安排。从起步阶段的粗放管理到后来的严格管理，从重管理到重发展的管理思想变化等，是其历史发展的基本形态。国家新闻出版署期刊司的创设及其合并，《中华人民共和国著作权法》《期刊管理暂行规定》《出版管理条例》等法律条规的颁布执行是其标志性事件。

从经济角度看，中国期刊的繁荣发展与中国经济的高速增长分属文化与经济两个不同的社会领域，两者之间未必存在必然的逻辑关联，但谁也无法否定其中潜存着相互影响、相互促进的或然性。改革开放新时期首先是中国经济高速增长的时代，中国 GDP 的增长率一直维持在 10% 左右，进而超越了德国、日本，成为世界第二大经济体。与此相应，中国期刊也快速增长。纵向审视，品种数、发行总量等指标均达到中国期刊历史的最高水平；横向比较，中国成为世界期刊大国。1978 年以来中国经济与中国期刊就这样共同形塑了中国社会相互关联的两个截面，夺目耀眼，凸显了期刊内隐的文化与经济的本质联系，这方面关系的具体形态到底如何呢？这是从期刊与经济维度提出的期刊研究的分解问题，或者说期刊历史陈述的经济视角。

从文化角度看，期刊与文化的关系更趋繁复，解析也更趋繁难。在出版文化的视野中显然可以有形式多样的视角和方法来审视期刊。

关于新时期中国社会的变化，中外学者都更多地将目光投向了国人心态、观念和精神领域，而这恰恰是媒介的影响和效果所在。“中国最大的改变在于人们的心态和精神——他们的态度和眼界，开阔的思维，对自我和国家的信心，接触世界的热情，当然，还有现实生活中的个人自由。”“中国人的观念已经发生了改变。我们看问题的视角跟过去不一样了。”① “中国新闻出版行业发生的最大变化不是经济力量的增长，而是体制及人的精神状态的变化。”② 更为意味深长的是，1980 年世界银行行长罗伯特·麦克纳马拉访华，邓小平与他会面时，“邓对他说，中国未来与世行的关系中，观念比钱更重要”。③ 既可见观念变迁在社会变迁中的地位，亦可见观念变迁是历史的自觉追求。

行动以思想为导向，思想的核心是观念，因而期刊历史的观念变迁描

---

① ［美］罗伯特·劳伦斯·库恩：《中国 30 年：人类社会的一次伟大变迁》，吕鹏等译，上海人民出版社 2008 年版，第 446 页。

② 柳斌杰语，载［美］罗伯特·劳伦斯·库恩《中国 30 年：人类社会的一次伟大变迁》，吕鹏等译，上海人民出版社 2008 年版，第 354 页。

③ ［美］傅高义：《邓小平时代》，冯克利译，生活·读书·新知三联书店 2013 年版，第 444 页。

述有两个方面的含义：一方面是期刊作为信息传播媒介对人类社会观念更新、思想进步的影响，另一方面是期刊人对期刊、期刊社会关系等方面的认识变化。这两个方面共同构成了期刊历史观念研究及描述的基本内容。

期刊在相当长的历史时期与图书、报纸共同构成了出版物的三种基本类型，书、报、刊既是出版业的三种主要产品，也是出版界服务社会、影响社会的三种主要方式。因此，在描述期刊历史自身观念的演进和认识深化时，不能脱离出版及出版业来孤立地陈述期刊。也就是说，期刊出版是中国出版的组成部分，在回溯改革开放期刊历史的观念变迁时，要在出版观念变迁的视域中审视。

清理和书写改革开放期刊历史的文化关系，首先在于明确和突出主旨和主题——1978 年以来中国期刊的文化主潮，其次要关注期刊四个方面的传播效果：思想解放的舆论阵地，文化启蒙的大众讲坛，知识生产的组织创新导引，文化产业的显著部类。

第一章

拨乱反正和期刊业的恢复

第一节　拨乱反正与出版观念的变迁

据当代中国史学者考证，“拨乱反正”一词，由邓小平在1977年9月19日同教育部负责人谈话时第一次提出，他亲自领导教育战线率先进行了拨乱反正。1977年11月18日，《人民日报》第一版刊发署名文章《教育战线上的一场大论战——批判“四人帮”炮制的“两个估计”》，该文由胡乔木精心指导、多次修改并“最后定稿”，邓小平11月17日批示后刊发。该文“从迟群等人的笔记上”“引录了新发现的毛泽东在1971年全教会期间的指示”，① “胡乔木在引录的毛泽东的指示前后，各加了一段话。揭露‘四人帮’篡改毛泽东指示的罪恶，具有震撼人心的力量”。文章发表后，《红旗》杂志1977年第12期和《人民教育》第11期全文刊载，新华社11月18日发了通稿，人民出版社后来出版单行本。

《教育战线上的一场大论战——批判“四人帮”炮制的“两个估计”》是“揭批‘四人帮’斗争中第一篇重头文章”。“文章发表后，不单教育

① “毛泽东说：17年的估价不要讲得过分。是一少部分人执行了错误的路线，不是大多数人。多数知识分子还是拥护社会主义制度的。‘一年土、二年洋、三年不认爹和娘’，还是认得的，就是爱面子，当人的面不认，背地还是认的，过后还是要认的。高教六十条总的还是有它对的地方嘛。毛泽东还说：人家是教师，还要尊重他嘛。一讲不对就批评，哪能都讲对呀，讲不对没关系，讲错了没关系，大家共同研究，怎么能一下子都讲对，不可能嘛。”参见程中原《与哈佛学者对话当代中国史》，人民出版社2009年版，第19页。

战线掀起了批判‘两个估计’的热潮，意识形态各部门，其他各条战线都结合自身的情况，从各个角度揭批‘四人帮’。打破了政治禁区，冲破了思想禁锢，实际上成为批判‘两个凡是’的先声，为开展真理标准问题的大讨论做了思想舆论上的准备。”①

新时期中国出版观念的变迁始于拨乱反正，标志性成就是全国出版业出版方针的调整。解放思想、实事求是，既是20世纪70年代末期的时代主潮，也是贯穿于出版业拨乱反正过程的一条红线、主线。陈翰伯等老一辈出版理论家主导了拨乱反正、出版方针的调整，留下了那一代出版家的异彩华章，也留下了出版工作坚持实事求是、解放思想的宝贵精神遗产。正如亲历其事的宋木文所说：“出版领域的拨乱反正，是新时期出版事业迅速恢复和发展的起点，对这以后二三十年出版工作有重要意义。”②

“出版改革与发展是以拨乱反正为前提和起点的。”③“拨乱反正，乱源在‘左’；拨乱反正，实际上就是拨‘左’反正。”④ 出版业的拨乱反正，始于1977年12月国家出版局主持召开的全国出版工作座谈会上批判“两个估计”。当年5月，党中央派王匡、王子野主持国家出版局日常业务工作，清查“四人帮”余毒及其影响，随后被分别任命为党组书记、局长，党组副书记、副局长。王匡到任后，成立了由出版局党组成员陈原主持、范用和宋木文协助、谢宏等参与的出版工作调研小组，“主要清理‘左’的思想在出版工作中的表现，分清路线是非。”经过三个多月的调研，国家出版局从调研小组到党组形成共识：要纠正出版工作中“左”的影响，分清路线是非，扭转出版工作窒息、萧条的局面，就一定要批判、推翻“两个估计”。

“两个估计”语出中共中央1971年第43号文件。该文件是1971年周

① 夏杏珍：《邓小平与教育战线的拨乱反正》，《当代中国史研究》2004年第4期。

② 宋木文：《亲历出版30年——新时期出版纪事与思考》（上卷），商务印书馆2007年版，第2页。

③ 宋木文：《亲历出版30年——新时期出版纪事与思考》（上卷），商务印书馆2007年版，第87页。

④ 宋木文：《亲历出版30年——新时期出版纪事与思考》（上卷），商务印书馆2007年版，第30页。

总理主持召开的全国出版工作座谈会给中央的报告，并经毛泽东主席批示同意颁发。“两个估计”的核心内容是，新中国成立以来出版界是“反革命黑线专政，资产阶级知识分子占统治地位”。粉碎“四人帮”以后，“两个估计”成为正确评价新中国成立以来的出版工作、解禁一大批被封存的图书和解放整个出版队伍的严重障碍。

1977 年 12 月中旬召开的全国出版工作座谈会是粉碎“四人帮”后，经党中央、国务院批准召开的第一次全国性的出版工作座谈会，在新时期中国出版史上有重要意义。会议结束后第二天，《光明日报》于 1977 年 12 月 19 日发表了国家出版局批判组撰写的长文《坚决推倒“四人帮”横加给出版界的“两个估计”》。会后，国家出版局向国务院报送了《关于加强和改进出版工作的报告》。国务院于 1978 年 7 月批准转发了这个报告。关于这一文件的上报及批复情况，陈翰伯 1979 年 2 月在有关会上说：“去年 1、2、3 月，我们还是按照批判‘两个估计’的主调来修改文件。文件送给中宣部，好几个月没有消息。前后耽误了四个月。最后总算在一波三折的情况下定了稿。这就是以后下发的 141 号文件。”① 可见出版界最初启动拨乱反正的艰难。

在全国出版工作座谈会上，与会人员还讨论了《国家出版局 1978—1985 年出书规划初步设想（草案）》。这是新时期第一个国家出版规划，其规划思想、规划项目等都对新时期出版业的发展产生了深远影响。其中有关期刊的规划内容是：

> 为满足人民群众对精神食粮的迫切需要，除了努力出版各种图书，还需要多出版一些期刊。“文化大革命”以来中断出版的一些期刊，如《中国青年》《中学生》《科学大众》《文艺报》《萌芽》等，建议有关主管部门考虑早日恢复出版。建议增加出版综合性的文化杂志和书评、文摘、国外文化情报刊物。②

1978 年 7 月，王匡调任香港工作后，陈翰伯作为“代局长”主持国家

① 《陈翰伯文集》，商务印书馆 2000 年版，第 76 页。

② 《国家出版局 1978—1985 年出书规划初步设想（草案）》，见中国新闻出版研究院编《中华人民共和国出版史料》第 15 卷，中国书籍出版社 2013 年版，第 229 页。

出版局工作。他以革命家大无畏的勇气、理论家的远见卓识，更有力地推进出版领域的拨乱反正。

1979 年 12 月，陈翰伯在“长沙会议”的讲话中认为，“近三年是解放思想、拨乱反正的三年”。[①]“长沙会议”正是在解放思想、拨乱反正取得初步成果的基础上召开的，是推动出版工作恢复和发展的一次重要会议。“拨乱反正”与“解放思想”相互关联，不妨认定“拨乱反正”更多富于政治意涵，“解放思想”更多富于思想文化意涵。对包括期刊史在内的 1978 年以来的出版史进行研究，要认同“拨乱反正”是 1978 年以来出版历史的实践起点，“解放思想”是 1978 年以来出版历史尤其是期刊历史的理论起点。在坚持拨乱反正作为历史起点的前提下，在研究和陈述方法上要进一步明确两个基本点。

其一，出版界的拨乱反正，是在全国的拨乱反正带动下进行的。这是整体与部分、历史总体与行业个体的互动关系问题，既不能脱离全国解放思想、拨乱反正的总体进程而片面强调出版领域的专门性和专业性，从而割裂出版与社会的深刻紧密的政治、经济、文化联系，也不能只看到政治或其他领域的拨乱反正而使出版界的拨乱反正流于空疏，失去专业内涵。实际上，出版业的解放思想、拨乱反正既呼应着全国的节奏，感应着全国政治、教育、文学等意识形态领域的拨乱反正的引领、推动，也有出版业具体的专业内容和从出版业历史实际出发的特点。改革开放期刊史的独特魅力恰恰就在于这种历史文化内涵的丰富性，政治、经济与文化的纷繁复杂性。

其二，正如陈翰伯所说：“出版工作也有个思想解放的历史过程”。出版业的拨乱反正是一个历史过程，具体表现在相互关联的几次全国性出版工作座谈会。会议是信息交换、思想交流、观点交锋，最后达成共识的重要场域。“文化大革命”结束以后的数次会议就这样实际地表征了出版业解放思想、拨乱反正的历史进程，每次会议后，国家出版局大多出台文件，甚至由国务院或中宣部批转文件，这就是获得批准或得到党和政府认可的出版思想和观点，因而文件就成为记录出版思想和观念变迁

① 《陈翰伯文集》，商务印书馆 2000 年版，第 106 页。

的足迹和依据。这几次会议是：1977 年 12 月中旬在北京召开的全国出版工作座谈会，简称“77 北京会议”；1978 年 10 月在庐山召开的全国少年儿童出版工作座谈会，简称“78 庐山会议”；1979 年 12 月在长沙召开的全国出版工作座谈会，简称“长沙会议”；1980 年 5 月在北京召开的全国出版工作座谈会，简称“80 北京会议”；1980 年 6 月在无锡召开的旅游出版工作座谈会，简称“无锡会议”。在这些会议中，“77 北京会议”和“长沙会议”更显重要：“前后两个会，都起了重要作用。前一个会，那是在‘四人帮’倒台不久，所以破的东西、拨乱的东西较多一些，当然也有立；后一个会是以提高图书质量为中心，因此立的东西较多一点，当然也有破。这两个会是前后衔接在一起的。从较长过程来看，前后两个会是连贯的，并且是不断地前进的，是向上发展的，是越来越兴旺的现象。”①

“78 庐山会议”是陈翰伯接任领导国家出版局以后主持召开的又一次重要会议。他首先选择少年儿童读物为突破口，主持召开了新中国出版史上第一次全国性的少儿读物出版工作座谈会。该会于 1978 年 10 月 11 日至 22 日在江西庐山举行，陈翰伯于 10 月 18 日在会上作了《解放思想，勇闯禁区，迎接少儿读物繁花似锦的春天》的报告。他在报告中说：

> 中央领导同志指出：“思想再解放一点，胆子再大一点，办法再多一点，步子再快一点。”在这次会议上，几乎天天都有同志强调这个问题，这也是我们大会的指导思想。现在，我们的思想是解放了些，胆子是大了些，大家都希望会议以后，迎来少儿读物繁花似锦的春天。这更是 2 亿儿童和他们的老师、家长的共同心愿。我们的步子能不能再快一点？明年（1979 年）“六一”国际儿童节搞 1000 个品种的儿童读物在全国新华书店供应，行不行？靠我们大家努力，也许会超过 1000 种，这样就更好。

这次会议实际执行的结果远超规划，资料显示：1979 年出版少儿图书一千七百多种，1980 年达到 2000 种。1978 年 12 月 21 日，国务院批转了《国家出版局、教育部、文化部、共青团中央、全国妇联、全国文联、全

---

① 陈翰伯：《在全国出版工作座谈会上的讲话》，见《陈翰伯文集》，商务印书馆 2000 年版，第 125 页。

国科协关于加强少年儿童读物出版的报告》。“这次会议对整个出版领域的解放思想、拨乱反正所起的积极影响也是不可低估的。”①

“出版领域的拨乱反正主要从落实‘人’的政策到落实‘书’的政策两方面展开，在这两方面由于党中央采取了坚决的态度和正确的政策，使出版领域‘人’有了积极性，‘书’有了用武之地。”② 这种建立在书和人的内在关系基础上的出版政策调整，一方面，因为当时国家出版局领导王子野、陈翰伯、许力以、王益及党组成员陈原等都是卓有成就的出版家，拨乱反正的政策调整建立在对出版规律的科学、系统认知基础上；另一方面，拨乱反正政策调整背后深层次的书和人关系等方面的出版理念，对1978 年以来中国出版业的快速、健康发展产生了积极影响。

这一阶段出版领域的拨乱反正，主要包括“打破禁锢，缓解‘书荒’，出书政策的拨乱反正”“中外语文词典编纂思想的拨乱反正”“否定‘以阶级斗争为纲’，出版方针的拨乱反正”“地方出版社出书方针的拨乱反正”“落实党的干部政策，组织路线的拨乱反正”等。陈翰伯独到的出版思想、理论贡献之一是，1979 年 3 月至 5 月，他主持国家出版局党组连续召开十多次扩大会议，讨论调整出版方针问题，纠正在出版与政治关系上造成的混乱，要求在出版方针任务问题上进行拨乱反正。会议成果集中反映在陈翰伯1979 年 5 月 9 日在国家出版局直属单位领导干部会议上的讲话中。他说：

> 全党工作着重点转移后，出版工作的主要任务是不是可以这样提：坚持“百花齐放、百家争鸣”的方针，通过不断地提高出版物的质量和增加新书的品种，完整地准确地宣传马列主义、毛泽东思想的科学体系，广泛地传播科学文化知识，为提高整个中华民族的科学文化水平，为社会主义现代化建设服务。③

陈翰伯在这里表述的新时期出版工作的任务，充分考虑到出版工作的特点和规律，突出了出版活动的社会文化功能——“传播科学文化知识，为提高整个中华民族的科学文化水平，为社会主义现代化建设服务”，在

---

① 宋木文：《亲历出版 30 年——新时期出版纪事与思考》（上卷），商务印书馆 2007 年版，第 16 页。

② 程美华：《新时期出版史概论》，学林出版社 2012 年版，第 30 页。

③ 《陈翰伯文集》，商务印书馆 2000 年版，第 96 页。

新时期出版理论发展史上具有里程碑意义。对这一出版观念的根本性变迁，宋木文指出：

出版领域的拨乱反正深入发展的结果，是彻底否定以阶级斗争为纲的“左”的出版工作方针和任务，确定适应全党工作转向以经济建设为中心的新时期的出版工作方针和任务。其核心内容是不再提“为无产阶级政治服务”，而以“为人民服务、为社会主义服务”为出版工作的根本方针。这是对出版工作方针的重大调整，具有决定性的意义。出版领域各个方面的拨乱反正，包括本文前面所涉及的问题，无一不与调整这个根本方针相联系。就是说，不改变“以阶级斗争为纲”，其他各项拨乱反正工作，都难以进行，即或进行了，也难以坚持下去。回顾这段历史，完全可以这样说，为人民服务、为社会主义服务根本方针的确立与实行，既为新时期出版工作指明了正确方向，又为新时期出版事业繁荣发展开辟了宽广的道路。①

第二节　“二为”出版方针的由来

出版业“二为”方针的最早表述，② 见于中共中央书记处书记、中宣部部长王任重1980年5月6日在全国出版工作座谈会上的讲话。其规范性描述见于1980年4月22日中宣部批复的《出版社工作暂行条例》。该条例关于“出版社的方针任务”中说：“出版社必须坚持社会主义道路，坚持无产阶级专政，坚持共产党的领导，坚持马克思列宁主义、毛泽东思想，必须为人民服务，为社会主义服务，实行百花齐放、百家争鸣，洋为中

① 宋木文：《亲历出版30年——新时期出版纪事与思考》（上卷），商务印书馆2007年版，第42页。

② 宋木文说：“在二十世纪六七十年代，特别是在‘文化大革命’期间，出版工作是以‘阶级斗争为纲’。当时提出的‘三服务’（为无产阶级政治服务、为人民服务、为社会主义服务）实际上主要是强调为政治服务，又特别突出‘当前’，被人们称之为‘跟着当前政治运动转’。”参见宋木文《亲历出版30年——新时期出版纪事与思考》（上卷），商务印书馆2007年版，第3页。这里所说的“三服务”说，有待进一步考释。

用、古为今用的方针。”①

出版业“二为”方针的正式提出，与文艺界终结“文艺为政治服务”的口号紧密相连。这一关联现象既显示了出版与文艺的内在关联性，也显示了出版在推动社会观念进步方面的重要作用。从“文艺为政治服务”到“文艺为人民服务，为社会主义服务”，是拨乱反正阶段思想文化领域至为关键的观念变迁，既是新时期改革开放的重要思想成果，又进一步引领和催生了包括期刊在内的其他领域的观念变化。

出版业讨论出版方针比文艺界早，但从披露的材料看远不如文艺界思想交锋那么激烈，出版“二为”方针的转变远比文艺界“二为”方针的转变顺畅，这既是出版史、文学史不同的景观形态，对这方面的关联、比较分析也是极具文化意味的历史课题。出版业较正式地讨论新时期的出版方针，是在1977年12月召开的全国出版工作座谈会上。会议提出新形势下出版方针的调整问题并予以讨论，应该说是新时期中国出版观念更新的肇始，也颇有成效，但因牵涉面广，显然一时难以彻底更改。会议通过的《国家出版局1978—1985年出书规划初步设想（草案）》指出：我们制定出书规划，必须针对“四人帮”对马列主义、毛泽东思想的歪曲和篡改，坚持以马克思列宁主义、毛泽东思想为指导，坚持为无产阶级政治服务、为工农兵服务的方向，认真贯彻执行“百花齐放、百家争鸣”的方针，“古为今用、洋为中用”“推陈出新”的方针。② 直到1979年年底，国家出版局召开全国出版工作座谈会，原则通过了《出版社工作暂行条例》，才明确提出“为人民服务，为社会主义服务”的“二为”方针。

出版业“二为”方针的确立对中国出版业产生了深远影响。宋木文认为：

> 以“为人民服务，为社会主义服务”为出版工作的根本方针，既是对全党工作历史经验的总结，又是适应新时期全党工作中心转移的需要；从出版工作来讲，这个根本方针的确定，既纠正了长期以来对政治的狭窄理解，一切都要“跟着当前政治转”，又可以避免为某种

① 中宣部出版局《出版工作文献选编》编辑组编：《出版工作文献选编》，辽宁教育出版社1991年版，第369页。

② 《国家出版局1978—1985年出书规划初步设想（草案）》，见中国新闻出版研究院编《中华人民共和国出版史料》第15卷，中国书籍出版社2013年版，第217页。

需要把与现实政治无关的出版物都贴上政治标签的那种错误做法，从而使我们更为明确和正确地把握出版工作的根本目的和根本目标，为出版工作开辟更为宽广的领域和更为远大的目标，更好地为新时期党和国家的总任务服务，也就是为建设物质文明和精神文明服务，为改善人民的物质生活和文化生活服务。①

第三节　期刊出版规章制度的恢复和建设

一、恢复期刊出版审批制度

新时期期刊出版制度重建始于1978年恢复审批制。期刊审批制度的最早规定是在国发〔1978〕69号文《国务院批转国家计委等部门关于开展节约纸张工作的报告》中附带言及。这表明当时恢复期刊审批制的初衷并不完全出于意识形态的“软约束”，而是在当时全国总体工业化水平较低，纸张供应严重短缺、印刷技术落后的媒介环境下的物质与技术“硬约束”。这也印证了世界期刊发展的普遍性规律——期刊是工业文明发展到一定阶段的产物，期刊产业中作为载体的纸张，作为物质生产核心的印刷复制技术都直接受制于一个社会的工业化水平。正因为当时出版物物质生产力严重薄弱，期刊审批的分工才由具有计划经济特色的国家计委而不是别的部门来主导。新时期最早的期刊审批分工方案是：出版全国性社会科学、文艺、体育以及工、青、妇等群众教育期刊，要经党中央宣传部批准；出版全国性的自然科学和医药卫生期刊，要经国家科委批准；地方性期刊，要经各省、自治区、直辖市党委批准。② 以《国务院批转国家计委等部门关于开展节约纸张工作的报告》为依据，国家科委于1978年8月发布了《关于出版期刊审批手续的通知》。该文件依据期刊主办单位、发行范围，

---

① 宋木文：《亲历出版30年——新时期出版纪事与思考》（上卷），商务印书馆2007年版，第34页。

② 《国家科委关于出版期刊审批手续的通知》，见国家出版局办公室1981年1月编印《出版工作文件选编》（1976.10—1980.12），第229页。

界定了“全国性期刊”和“地方性期刊”及其相应的审批程序：

> 一、以下三类期刊，为全国性期刊：
>
> 1. 国务院各部委（包括中央一级的学术团体）主办的、向全国发行的期刊；
>
> 2. 国务院各部委（包括中央一级的学术团体）委托地方单位主办的、向全国发行的期刊；
>
> 3. 实行国务院部委与地方双重领导并以国务院部委领导为主编单位主办的、向全国发行的期刊。
>
> 二、上述三类期刊，都需要经主管的国务院部委审批同意后，报国家科委批准。
>
> 三、凡地方单位主办的各类期刊，一律为地方性期刊，由省、直辖市、自治区党委审批。
>
> 四、全国性期刊批准后，报国家出版局备案；地方性期刊批准后，报省（直辖市、自治区）出版（文化）局备案，并抄报国家出版局。正式批准出版的期刊，如果停刊，应由主办单位报原审批部门和相应的出版（文化）局备案。计划纸张，应中止供应。[①]

1978年10月，中宣部发出《关于改变期刊审批办法的通知》，重新安排了全国性社科期刊的审批主体。针对“出版全国性社会科学、文艺、体育以及工、青、妇等群众教育期刊，要经党中央宣传部批准”做出变更，规定：“今后凡中央有关部和国务院有关部委及其所属单位出版属于上述范围的全国性刊物，均由中央有关部和国务院有关部委负责审查批准，不必再报我部。”[②]

中宣部社科期刊审批办法的调整，引发了两个连锁反应。其一，国家出版局报请中宣部同意，改变了建立出版社的审批办法：根据最近中宣部改变期刊审批办法的精神，为了简化建立出版社的审批手续，建议今后建立出版社，改变由国家出版局研究同意，报党中央宣传部备案。[③] 其二，

---

① 《国家科委关于出版期刊审批手续的通知》，见国家出版局办公室1981年1月编印《出版工作文件选编》（1976. 10—1980. 12），第229页。

② 国家出版局办公室1981年1月编印：《出版工作文件选编》（1976. 10—1980. 12），第230页。

③ 《国家出版局党组关于改变建立出版社审批办法的报告》，见国家出版局办公室1981年1月编印《出版工作文件选编》（1976. 10—1980. 12），第164页。

国家科委于1979年6月调整了自然科学和医药卫生期刊审批手续：今后出版全国性的自然科学和医药卫生期刊，改由国务院各主管部门、中国科学院负责审批；出版全国各专业学会办的学报、通报和科普刊物，改由中国科学技术协会审查批准；出版全国性科学技术情报刊物，改由中国科学技术情报编译出版委员会（设在中国科技情报所内）协调批准。各单位批准出版刊物的复文，可抄送我委。这样，可以减少审批层次，提高工作效率。①

二、规范期刊出版秩序

新时期中国出版业的总体状态是从无序走向有序。这既是出版业拨乱反正的实绩，也是这一时期期刊出版状况的内涵所在。这种"无序"的出版业态表现为非出版单位的书刊出版"滥编滥印"，而造成这种"无序"或"失序"的，固然有社会深刻转型于1977年后爆发的阅读需求，② 以及由此连带产生的利益驱动等社会原因，更主要的是当时纸张多头管理的行业原因。1980年3月12日，陈翰伯在中国印刷技术协会成立大会的讲话中说：最近我发现一个问题，我们这个出版局，自己叫作我管纸，人家管我们叫作纸头，实际上我们管不着的纸比我们管得着的纸要大得多。全国各地，各省市有，县里也都有刊物。像北京这个地方，区里都有刊物。最近中宣部批准我们一个报告，反正不管怎么样，我们没纸，杂志不要增加篇幅，不要缩短刊期，不要办出版社，不要再恢复1966年前的出版社。我现在这儿没有纸。③

当时，除了紧急调用国家储备纸张赶印世界文学名著投放市场外，矛盾也同时指向出版单位和非出版单位内容重复、滥编滥印、浪费纸张的现象。为了改变这种混乱状态，1977年12月召开的全国出版工作座谈会对此作了专题研究，讨论并初步形成的三个专题文件，其中一个是《国家出版局关于克服书刊内容重复制止混乱现象的报告》。该报告对当时出版失序的基本认定是：这些年来，由于"四人帮"的干扰和破坏，加之图书出版缺乏统一规

---

① 国家出版局办公室1981年1月编印：《出版工作文件选编》（1976.10—1980.12），第231页。

② "书荒"并非简单线性的"文化大革命"的产物，而是深刻的社会转型引致的阅读需求和出版转型欠到位的产物。对此，陈翰伯1980年5月4日在全国出版工作座谈会上的讲话中有深刻的洞见。参见《陈翰伯文集》，商务印书馆2000年版，第124—125页。

③ 《陈翰伯文集》，商务印书馆2000年版，第119页。

划和有效管理，因此，一方面为广大读者迫切需要的图书十分缺乏，另一方面出版物中互相转抄剪贴、内容重复、滥编滥印、浪费纸张的现象相当严重。粉碎“四人帮”以后，这种现象虽有所改进，但仍未得到完全克服。[①]国家出版局1978年1月12日将这一报告报送国务院。国家出版局副局长王子野在全国出版工作座谈会的总结发言中要求：“一面缺书，一面重复浪费，这个现象不能再继续下去了，希望在这次会议后，大家下决心克服。”

由于纸张供应多元化、社会需求强劲、出版单位的图书生产周期较长等多方面的原因，国务院批转国家出版局文件并没有令行禁止的效果。1980年5月4日，陈翰伯指出：非出版社不许出书销售，我们已经三令五申过。我记得1972年下半年，也许1973年年初就发过通知，规定学校机关等非出版单位不要出书。在六个部委签署的关于增产节约纸张的文件里面，也说了非出版社不要出书。1978年1月国务院13号文件，专门讲了不要滥编滥印，发下去以后稍有好转。到了1979年，滥编滥印急遽上升，大为泛滥，比1978年年初严重多了。现在非出版单位编印图书的品种、数量、发行范围逐渐扩大，编印单位由大专院校扩展到中学、小学，一直到党的机关、政府机关、企业、事业，主要是学校、教育部门。[②]

尽管国家出版局后来对“滥编滥印”典型案例的查处、曝光都集中在图书而没有关涉期刊，因此难以对1979年后两年“滥编滥印”的期刊品种和规模做出实证的研究与分析，实际上“滥编滥印”在期刊出版领域同样存在。1979年前后期刊“滥编滥印”现象，是中国期刊业重建期刊出版秩序过程中带有过渡性阶段特征的必然现象，既反映了当时期刊出版活动的失序或者无序，也从另一个角度显示期刊出版管理“出场”、期刊出版走向有序的必然性。

鉴于1978年、1979年“新的刊物发展的速度远远超过了现有纸张和印刷生产能力的限度，而且也出现了某些重复浪费和质量不高的现象”，国家出版局党组报请中宣部批准，于1980年2月13日发布了《关于控制

---

① 《国家出版局关于克服书刊内容重复和滥编滥印现象的报告》，见中国新闻出版研究院编《中华人民共和国出版史料》第15卷，中国书籍出版社2013年版，第247—248页。

② 陈翰伯：《在全国出版工作座谈会上的讲话》，见《陈翰伯文集》，商务印书馆2000年版，第140页。

出版新刊物的报告》："请各部委和各省、市、自治区党委，对今后在审批新办刊物时，从严掌握。除个别刊物有十分特殊的理由，一般不予批准。"① 1980 年 5 月 8 日，中宣部发布《关于加强对刊物管理工作的通知》，要求"宣传出版部门，要对本部门本地区所出刊物的情况作一次检查，进行必要的整顿"，一定要认真加强对刊物的领导，并重申了分级管理的办法：中央一级的，由中央或国务院各部委审批和管理；地方的，由各省、市、自治区党委审批和管理。中央和国务院各部委以及各级党委要认真、切实地把自己主管的刊物管起来。要明确领导责任，刊物编辑力量薄弱的要注意加强。对现有刊物已发生的问题要进行总结，吸取教训，发扬成绩，纠正缺点，以进一步提高刊物质量。②

1980 年 6 月 22 日，国务院以国发〔1980〕第 163 号文件批准了由国家出版局、公安部、财政部、工商行政管理总局、教育部、文化部、轻工部、中国人民银行等 8 个部局联合报告的《关于制止滥编滥印书刊和加强出版管理工作的报告》。《报告》在描述当时"非出版单位滥编滥印书刊成风"情况时指出："有不少单位和个人未经主管部门批准，擅自创办各类刊物，某些刊物散布和宣扬不利于安定团结和四化建设的观点和言论，有的甚至公然反对社会主义制度和共产党的领导。"为此，再次作出"对各类刊物，审批要从严掌握"的规定，今后各类定期或不定期的刊物，中央一级的要经中央或国务院有关部委批准，地方的要经省、自治区、直辖市批准，中央和地方刊物，均应向省、自治区、直辖市出版管理部门登记（中央一级刊物经登记后，须报国家出版局备案），并将登记号码印在刊物上。未经主管领导部门批准，未办妥登记手续，一律不得编印出版和发售。过去未办手续的一概要补办。各主管领导部门要对期刊编辑工作加强领导，严格把关，重要稿件必须及时请示。未经批准创办的刊物，任何单位不得擅自提供纸张与印刷条件，违者要受到批评直至纪律处分。③

① 《关于控制出版新刊物的报告》，见国家出版局办公室 1981 年编印《出版工作文件选编》（1976. 10—1980. 12），第 231 页。

② 《中央宣传部关于加强对刊物管理工作的通知》，见国家出版局办公室 1981 年编印《出版工作文件选编》（1976. 10—1980. 12），第 237 页。

③ 国家出版局办公室 1981 年编印：《出版工作文件选编》（1976. 10—1980. 12），第 91 页。

第二章

十一届三中全会与期刊的新生

改革开放期刊史以《理论动态》创刊和《中国青年》复刊为开端，而20世纪80年代中国期刊的蓬勃发展，则以1990年9月2日在北京中国工艺美术馆隆重开幕的首届全国期刊展精彩作结。“举办全国性的纯期刊展览，在新中国乃至中国期刊史上都是第一次。宋任穷、杨得志、费孝通、王任重、王忍之、宋木文等同志出席了上午举行的开幕式。”① 该展览是1978年以来中国期刊发展历史的重要里程碑，展出了全国30个省、自治区、直辖市（以下简称省、区、市）的3795种期刊，占当年出版期刊的65%。在为期8天的活动中，各刊社开展了丰富多彩的活动，如《女友》杂志开展了“民意调查”，《农民文摘》邀请著名作家浩然与读者见面、现场售书等，组委会组织评选了期刊“整体设计奖”和“印刷质量奖”。党的十一届三中全会以来，伴随着改革开放的大潮和世界范围内科学技术的大发展，以及中华民族要文明、要富强，要充分发挥社会主义制度优势的思想解放、精神解放，中国期刊如雨后春笋般涌现出来，从1978年的930种猛增到1989年的6078种。这期间，虽然有失控的一面，但从总体上看，反映了中国精神产品生产的高涨，人们从中看到自身的智慧、创造和力量，从中受到震动和鼓舞。

第一节　新生期刊的思想文化特征

在“文化大革命”的文化荒漠上迅猛崛起的期刊历史高潮发生在党的

---

① 李光茹等：《全国期刊展览开幕　四千刊物荟萃京华》，《人民日报》1990年9月3日。

十一届三中全会之后的20世纪80年代，这是改革开放期刊史浓墨重彩的第一大幕。

一、“繁荣”与“高潮”：新时期期刊发展的基本特征

有专家指出：“党的十一届三中全会以来的10年，我国的期刊稳定地发展，期刊出版事业进入了一个空前繁荣的时期。这个繁荣时期在新中国40年的期刊出版事业史上持续最长；这个时期的期刊有为新时期的总路线、总任务服务的明确方向；刊登的文章和作品思想空前活跃，内容形式丰富多彩；这个时期极注重了普及，又注重了提高。”“至1988年，期刊种数增加到5865种，为1978年的6.31倍，10年间，平均每年递增约22%；期刊年总印数约25亿册，约为1978年的3.28倍，10年间，平均每年递增约20%。”① 20世纪80年代期刊的发展情况见表2－1。

表2－1　20世纪80年代期刊发展情况一览表

单位：种，亿册，亿印张

年　份	种数及增长		总印数及增长		总印张数及增长	
	种　数	增长率	印　数	增长率	印张数	增长率
1980	2191		11.25		36.72	
1981	2801	27.84%	14.62	29.96%	45.4	23.64%
1982	3100	10.67%	15.14	3.56%	46.05	1.43%
1983	3415	10.16%	17.69	16.84%	52.47	13.94%
1984	3907	14.41%	21.82	23.35%	64.33	22.60%
1985	4705	20.42%	25.6	17.32%	77.29	20.15%
1986	5248	11.54%	24.02	－6.17%	68.13	－11.85%
1987	5687	8.37%	25.09	4.45%	72.67	6.66%
1988	5865	3.13%	25.5	1.63%	71.2	－2.02%
1989	6078	3.63%	18.44	－27.69%	50.74	－28.74%
1990	5751	－5.38%	17.9	－2.93%	48.12	－5.16%

资料来源：《中国新闻出版统计资料汇编》。

① 高明光：《新中国的期刊出版事业》，《出版工作》1989年第4期。

这一时期期刊发展情况的基本特征是：

1. 地方期刊的增长高于中央期刊的增长

资料显示，这期间，“中央办的期刊和地方办的期刊都有很大发展，而且比较协调。1978 年中央办的期刊 453 种，1987 年为 1308 种；1987 年是 1978 年的 2.89 倍。地方办的期刊 1978 年为 477 种，1987 年达到 4379 种；1987 年为 1978 年的 9.18 倍。1987 年，期刊在 200 种以上的省、市有上海、湖北、山西等 6 个。”① “1978 年，上海的期刊总数是 42 种，到 1987 年达到 546 种，9 年中增长了 12 倍。特别是 1981 年，新创办的期刊达到 140 种，出现了一个波峰；1985 年新创办的期刊 89 种，又是一个波峰。”②

2. 以 1985 年为界表现出鲜明的发展阶段特征

从表 2－1 可以看出，以 1985 年为时间节点的前期，期刊种数、印数、印张数均保持了 10% 以上的增长率，且先后均有 20% 的增长记录。而期刊品种增长率高于印数、印张数的增长率，其本身说明了期刊品种对印数、印张数的拉动作用。而后期增长速度明显放缓，期刊品种的年增长率低于 10%，1990 年期刊品种首次出现负增长，相应地，印数和印张数的增长率迅即放缓，并于 1986 年首次出现负增长。这反映了期刊作为一种文化现象，其发展受制于社会政治、经济力量的基本逻辑。以品种增长及其力度影响总印数、总印张数增长及其幅度，其变量关系昭示了改革开放三十余年期刊内在结构的恒常状态；而 20 世纪 80 年代期刊的品种增长水平凝结的是期刊与政治的关系，具体说是期刊发展与整顿、调整的关系。

二、出版社创办期刊滋润“荒漠”，引领繁荣

20 世纪 80 年代期刊繁荣的表征之一是，期刊动辄发行几十万、上百万册，这反映了市场严重短缺背景下井喷式的文化需求。因而有专家视其为“填补空白的高潮，并未完全市场化”。③ 期刊因“短、平、快”的出版属性而被临时尊重，这诚然属于历史的偶然性，而出版业在 1979 年

① 高明光：《新中国的期刊出版事业》，《出版工作》1989 年第 4 期。

② 柴建民：《上海十七年来期刊发展的特点》，《中国出版》1996 年第 11 期。

③ 何承伟：《中国正在迎接第三个期刊发展高潮的到来》，见石峰主编《越洋对话》，上海文艺出版社 2003 年版，第 176 页。

"长沙会议"前后解放思想的改革开放浪潮又决定了这一历史高潮到来的必然性。

正如出版社是20世纪80年代前期的期刊创刊主体，政府赋予的出版机构职能以及连带的纸张管制决定了也只能由出版社引领和呼唤期刊高潮的到来。江苏省出版局局长高斯在《必然来临的开拓性发展——略论八十年代的江苏地方出版事业》中回忆："1979年，先将原有的一种32开本的通俗性文艺丛刊改版为16开本的大型文学期刊《钟山》，主要发表反映现实生活的中篇小说兼及各种体裁的文艺作品，接着又创办了以'打开窗口、了解世界'为宗旨的大型外国文学期刊《译林》。创办之后立即得到了广泛的欢迎与好评。开始几期，销数都在30万册以上，《译林》一度期销70万册。创办两刊的成功对以后的两年中较快地编辑出版一批对路适销的图书，消除全社会'书荒'现象，起了重要的催化作用。"①

创办期刊以应急"书荒"，在文化荒漠上崛起期刊高潮，其文化特征因此与20世纪30年代的期刊高潮异趣更不同构。江苏如此，北京亦然。如果说，书刊连动构成出版产业链且有"范围经济"的规律内涵，那是新中国成立之前的"前言"、启动市场经济改革之后的"后话"，就改革开放之初相当一批社办期刊而言，其动机与意义的核心在于解放思想应对"书荒"。联系当时以"真理标准问题讨论"为代表的思想解放运动的社会背景，将其放在改革开放之初的全国出版格局中比较，才能理解首轮出版社"社办期刊"热潮的思想解放示范意义，并认可其对1985年期刊巅峰的引领功能。

继北京出版社1978年《十月》创刊后，出版社创办期刊成为新时期中国出版的新景象。广东人民出版社1979年创办了《花城》《随笔》《旅游》《风采》四种丛刊。"《花城》第一、二期印数18万册，第三期22万册；第一、二期又各重印15万册。《风采》是从上海的《文化与生活》学来的。"② 1979年"长沙会议"发言中，广东人民出版社负责人谈期刊创办，上海文艺出版社介绍其创办了12种期刊或丛刊。上海市新闻出版局局长宋原放肯定了上海人民出版社创办的《青年一代》，认为它"打破了面

① 《出版研究年会文集》，东方出版中心1992年版，第60—61页。

② 杨重华：《加强编辑工作繁荣出版事业》，《出版工作》1980年第1期。

向少数先进青年的框框，从大多数青年的现状出发，针对社会青年中存在的问题组织稿件，青年读者认为很解决实际问题”。“这个丛刊在内容和文风上，也能注意新颖有趣、生动活泼，使许多政治思想中间状态的青年人愿意自费买来看。这个丛刊每期印 40 万册，还供不应求。”① 1978—1979 年北京、上海、江苏、广东四省市主要出版社创刊复刊情况见表 2－2。

表 2－2 1978—1979 年北京、上海、江苏、广东主要出版社期刊创刊复刊情况（不完全统计）

出版社所在地	序号	期刊名	创刊时间 复刊时间	出版社名	备注
北京	1	新文学史料	1978. 3	人民文学出版社	
	2	当代	1979. 6	人民文学出版社	
	3	新华月报（文摘版）	1979. 1	人民出版社	1981 年 1 月更名为《新华文摘》
	4	十月	1978. 8	北京出版社	
	5	旅游	1979. 9	北京出版社	
	6	少年科学画册	1977. 10	北京出版社	1979 年 1 月更名为《少年科学画报》
	7	读书	1979. 4	三联书店	
	8	日语学习	1979	商务印书馆	
	9	百科知识	1979. 6	中国大百科全书出版社	
上海	10	科学画报	1978	上海科技出版社	复刊
	11	大众医学	1978. 7	上海科技出版社	复刊，1948 年创刊
	12	青年一代	1979. 1	上海人民出版社	
	13	书林	1979. 10	上海人民出版社	
	14	辞书研究	1979. 6	上海辞书出版社	
	15	文化与生活	1979. 1	上海文化出版社	
江苏	16	钟山	1979. 7	江苏人民出版社	
	17	译林	1979. 11	江苏人民出版社	
广东	18	花城	1979	广东人民出版社	
	19	随笔	1979	广东人民出版社	

资料来源：《中国期刊年鉴》创刊号。

① 宋原放：《解放思想，努力提高质量》，《出版工作》1980 年第 1 期。

在20世纪80年代，出版社是重要的办刊主体，出版期刊走向自觉。1981年，中国青年出版社和甘肃人民出版社分别于1月和4月创办了《青年文摘》和《读者文摘》，福建人民出版社创办了《中篇小说选刊》等。江西人民出版社则将期刊编辑出版作为一项重要工作，时任副社长喻建章回忆说，1981年5月18日至21日，我社专门召开了期刊会议，研究如何提高办刊质量问题。一个社10种刊物，在当时地方出版社中是少有的。全国邮政总局见我们出版的刊物多，1983年全国报刊发行会在郑州召开时，特邀请我社派人参加，他们部署重点发行。我带领编辑、印制、发行等几位员工到会做宣传工作，影响很大，总发行量达到一百多万册。1983年7月8日，江西省邮政局与我们一起在庐山召开江西人民出版社8种期刊座谈会，省邮电局局长到会并讲话，这是少有的事情。有的兄弟省来参观学习经验，特别是想了解办刊人员是怎么解决的。①

出版社不以营利为目的，但出版社创办期刊获利颇丰。《散文》于1980年1月创刊，百花文艺出版社副总编徐柏容主持了创刊工作。基于新中国成立前的出版经验，他清楚创办期刊“可以有利于出版社资金周转，而且期刊印数大、可盈利，可以做到如后来所说的‘以刊养书’。”但拘于形势，徐柏容还是没有将这些经济考量与打算写入创刊计划。他后来撰文回顾说，“主要是由于当时确实不是从盈利或有利于资金周转的考虑而办此刊物”，《散文》创刊后期发行量很快就达到20万册，给出版社带来丰厚的经济效益，但这“只是创办《散文》月刊带来的副效益”。②

由期刊文化的衍生生态决定，期刊繁荣必然是也首先是期刊类群的繁荣。在20世纪80年代，以主办单位为中心形成期刊群的首先是也只能是出版社，因为省级共青团、妇联开始兴办期刊但无力形成刊群，而少数出版社则依托出版分工和资源积累形成了改革开放期刊史上最早的社办期刊刊群，如上海文艺出版社主办的文艺期刊群，上海科技出版社主办的科普科技期刊群等。

---

① 喻建章：《我的七十年出版生涯》，江西教育出版社2008年版，第156—157页。

② 徐柏容：《期刊：长流的江河》，首都师范大学出版社2009年版，第246页。

第二节　新时期期刊发展的流变

一、新时期期刊创办的规模与期刊群落

表 2－3　1980—1986 年新刊创办情况　　单位：种

刊　类	1980	1981	1982	1983	1984	1985	1986
人文社科	277	271	149	152	227	391	100
自然科学	253	227	184	151	153	223	96
合计	530	498	333	303	380	614	196

资料来源：《中国当代期刊总览》（该书数据截止于1986年）。

有生命力的期刊个体总会迅速繁衍成类群，形成特定时期、阶段流行的期刊文化。因此，类群既是期刊文化的基本生态形式，也是审视、把握一定时期期刊文化的基本视角和方法。这种期刊专业逻辑诚然应该是期刊历史书写的要领。

20 世纪 80 年代先后崛起了文化内涵丰富多样的期刊群落，其繁盛期各有短长，生成机理和社会文化影响也各有差异，但共同构成了这一年代的中国文化景观。20 世纪 80 年代中国文化的兴盛繁荣以期刊群落为象征，期刊群落的兴衰嬗变、流行退隐亦演绎了中国文化的沧桑轨迹。这种期刊类群视野下的历史实在，既显示了 20 世纪 80 年代期刊历史的独特性，更以期刊文化样本形式展示了期刊文化的多维复杂关系。

（一）从文学期刊热到通俗文学期刊热

我国的文学艺术类期刊数量较多，拥有众多的读者。“以 1987 年为例，全国有文学艺术类期刊 694 种，占期刊总数的 12. 2%；年总印数为 4. 84 亿册，占全国期刊年总印数的 18. 69%。”[①] 在这批期刊中，以《十

---

① 高明光：《新中国的期刊出版事业》，《出版工作》1989 年第 4 期。

月》和《花城》最为著名，发表了诸多当代文学名家名作，与上海的《收获》、人民文学出版社的《当代》被誉为新时期文学期刊的“四大名旦”。

《花城》1979 年第 3 期以唐大禧的雕塑《猛士》做封面，引发了一场持续半年、波及全国的争论。《猛士》曾于 1979 年 10 月获“广东省美术作品展”优秀奖，因有争议未能参加全国美展。《文汇报》《文艺报》等均报道此事。一位文化厅副厅长化名松子在《羊城晚报・花地》批评《猛士》，1980 年 5 月 2 日《羊城晚报・花地》头条刊发了李以庄的《国情・猛士・责任》，对松子一文提出质疑。

唐大禧、李以庄险遭批判。时任广东省委书记任仲夷对省委宣传部干部说：“你们领导文化工作，要抓方针政策，不要管得太具体。”还说：“我在辽宁时，省委宣传部长拿着一本《花城》（该期封面正是《猛士》——引注）对我说：‘您看，开放改革，把这种东西也放出来了！’可是过了一段时间，他便不再少见多怪了。”[①]《花城》封面在出版界内外引起广泛关注。1980 年 5 月召开的全国出版工作座谈会上，国家出版局代局长陈翰伯在大会发言中指出：“引起讨论最多的是广州某刊封面上的裸体雕塑，有人说那是张志新，那个刊物倒没这样说，可是题目叫《强者》，雕塑的面形又有点像张志新。那时发表纪念张志新的文章、诗歌，有人也用‘强者’称呼她，香港有个刊物也说你怎么把这个英雄人物弄成裸体的了？当然，裸体画的问题，是可以讨论的，我们不一定在这里讨论得太多。”

张抗抗回忆说：“纯文学杂志，在新时期文学之初几乎是唯一的思想载体。那时报纸控制得非常严格，没有现在的副刊那样活跃。而且，图书市场根本没有形成。这样，文学期刊的作用就非常重要。当时几乎所有的人都很关注文学。通过阅读文学杂志，来解答自己的问题，寻找出口。几乎所有的文学期刊，发表的作品都是对‘文化大革命’、对各种社会现象进行揭露、反思。新时期文学一步步艰难地前进，都是通过文学期刊来体现的。”[②]

---

① 新京报社编著：《日志中国》第 1 卷，中国民主法制出版社 2009 年版，第 78 页。

② 转引自蔡兴水《巴金与〈收获〉研究》，复旦大学出版社 2012 年版，第 191 页。

表 2-4 1980—1985 年平均期印数在 40 万册以上的文学期刊统计

单位：万册

刊 名	1980	1981	1982	1983	1984	1985
人民文学	132		61.7	45.2	—	
当代		55	50.3	50.1	45.5	—
收获				54.4	45.7	
十月				47.6	40	—
小说月报	112		86.1	80.6	—	41.2
解放军文艺	62					
中篇小说选刊				43.3	50.6	
小说选刊			70.4	60.5	50.4	

资料来源:《中国出版年鉴》(1981—1986)，注:“—”表示未上榜。

表 2-5 1982—1987 年平均期印数在 40 万册以上的通俗文学期刊统计

单位：万册

刊 名	1982	1983	1984	1985	1986	1987
故事会	193.4	284.1	523.9	658.2	445.6	
山海经		98.3	194.1	135.5	114.0	
电影故事	144.2	107.9	99.7	82	45.3	
山西民间文学		60	100	—	49.0	
今古传奇			188.3	159.8	120.0	
民间文学			50.0	—	—	
小说与故事			50.0	51.3	40.0	
民间故事（吉林）			63.9	—	—	
乡音（安徽）			40	—	—	
柳絮（广西）			55.0	48.2	—	
西江月（广西）			55.2	—	—	
金城（广西）			70.0	50.0	—	
中华传奇				153.0	52.0	
传奇文学（河南）				75.0	60.0	
故事大观（山东）				45.0		
故事林（福建）				40.1		
故事大王				147.3	149.1	

续表

刊　名	1982	1983	1984	1985	1986	1987
人世间				40.0		
右江文艺（广西）				54.0	50.0	
南方文学（广西）				50	45.0	
红豆（广西）				40.0	—	
天涯（广东）				48.0	—	
桃花源（湖南）				83.0	—	
新花（湖南）				40.0	—	
鹃花（江西）				53.8	52	
热河（河北）				50.0	—	
啄木鸟				60.4	42.6	
法制文学选刊（安徽）				55.0	50.5	
上海故事						42.0
故事精选（山西）						78.0
文学大观（辽宁）						44.8
冰凌花（黑龙江）						50.0

资料来源：《中国出版年鉴》（1983—1988），注：“—”表示未上榜。

文艺期刊的办刊主体主要有地方文联、作协和地方人民出版社。这批地方出版社主办的文艺期刊都在20世纪80年代中期及稍后发展为地方文艺出版社，成为新时期期刊史上的佳话。

表2－6　地方出版社创办大型文学期刊情况一览表

序号	刊名	创刊年份	主办单位
1	十月	1978	北京出版社（出版社裂变后，改为北京十月文艺出版社）
2	花城	1979	广东人民出版社（人民社裂变后改为花城出版社）
3	长江	1979	湖北人民出版社（后改为长江文艺出版社）
4	译林	1979	江苏人民出版社（人民社裂变后改为译林出版社）
4	清明	1979	安徽人民出版社（人民社裂变后改为安徽文艺出版社）
5	百花洲	1979	江西人民出版社（人民社裂变后改为百花洲文艺出版社）
6	春风	1979	辽宁人民出版社（人民社裂变后改为春风文艺出版社）
7	江南	1980	浙江人民出版社（人民社裂变后改为浙江文艺出版社）
8	红岩	1979	四川人民出版社（人民社裂变后改为四川文艺出版社）
9	芙蓉	1980	湖南人民出版社（出版社裂变后改为湖南文艺出版社）

在新时期创办的文学期刊中，上海文艺出版社的《小说界》催生并引领了“微型小说”“小小说”的发展潮流。《小说界》1981 年创刊，江曾培主编，初为丛刊，由新华书店上海发行所发行。1981 年 9 月出版的第 2 期推出《微型小说》专栏，发表了从维熙的《狗的死刑》等 7 篇作品，比《百花园》1982 年以专题、专号推出《小小说》早近一年。1984 年 10 月江西人民出版社创刊《中国微型小说选刊》（后改名《微型小说选刊》）的李春林回忆：

> 名闻中外的上海《小说界》，在主编江曾培的领导下，早在两“选刊”创办前，就以其名牌效应和资源，投入到倡导小说创作的“微型文体”追梦中。他在自己的大型文学期刊开辟《微型小说》专栏，发表微型作品和评论，开了历史之先河，为微型小说发展推波助澜。我对微型小说最早的认识就是从《小说界》上得到的。江曾培真诚地把《小小说选刊》的主编王保民和《微型小说选刊》的我，相约上海，研讨“微型小说”事宜。我们三人一见如故。①

上海文艺出版社为便于广大读者欣赏全国微型小说中的佳品，特地从各地数十种报刊上精选优秀微型小说 80 篇，编成《微型小说选》。其中大部分是业余作者的作品，也有王蒙、孟伟哉、从维熙、蒋子龙等有影响的作家的作品。“为了探讨和研究微型小说这一文学样式，该书并附有《微型小说初论》一文，供读者参考。”②《微型小说选》出版于 1982 年。在一社之内，从期刊《小说界》到书籍《微型小说选》；在全国之内，从上海的《小说界》到南昌的《微型小说选刊》、郑州的《小小说选刊》，演绎了小小说这一文学“微雕艺术”的创始和衍生图谱。21 世纪初叶，郑州更以《小小说选刊》为核心，发展成文化产业。

《小说界》于 1984 年 7 月推出了《小说界·长篇小说专辑》，是新时期期刊史上继《十月·长篇小说》之后第二个专发长篇小说的期刊。创刊号上发表了孙健忠的《醉乡》、叶文玲的《太阳的骄子》、边震霞的《峡谷回声》等长篇小说。其“编者的话”说：“一个国家、一个时代的文学

---

① 李春林：《微型世界 小小梦忆》，《小小说出版》2011 年第 1 期，百花园杂志社内部印行。

② 《汇集各地优秀之作八十篇〈微型小说选〉年内出版》，《小说界》1982 年第 4 期。

事业的兴衰，很大程度上是以长篇小说创作的数量、质量为重要标志的。茅盾生前捐赠大笔稿费作为长篇小说评奖基金，以鼓励、推动长篇小说创作，表现出了这位文学巨匠的远见卓识。”“为了顺应时代和文学发展的潮流，为了尽快地促进长篇小说创作的繁荣，我们编辑出版《长篇小说专辑》，为作者提供更多的发表长篇小说的园地。”《小说界·长篇小说专辑》第 2 期发表韦君宜的《母与子》、萧育轩的《山水依依》和浩然的《晚霞在燃烧》，也都产生了较大的影响。

（二）作为期刊繁荣生态标志的文摘期刊热

由种及类的繁衍催生了期刊类群多样化，期刊自身的媒介力量也大大释放。因一种期刊而繁衍的一类期刊的生命轨迹鲜明突出，为后人研究提供了实证样本。1979 年《新华月报》创办文摘版，1981 年《新华文摘》《读者文摘》《青年文摘》相继创刊，1984 年，二次文献类期刊蓬勃发展。

表 2－7　1983—1986 年平均期印数在 40 万册以上文摘期刊统计

单位：万册

刊　名	1983	1984	1985	1986
读者文摘	119.4	173.7	149.7	146.0
东西南北	51.2	100.0	94.9	45
青年文摘	87.0	85.5	48.0	79.7
农民文摘		40.0	62.9	63.0
海外文摘			65.6	—

《青年文摘》由中国青年出版社在 1980 年创办。时任副总编辑阙道隆率组到天津调研时，在青年座谈会上，了解到青年们都希望青年出版社创办一种综合性文摘刊物，把报刊上的好文章集中起来介绍给他们，这样他们就可以花很少的钱，用很少的时间，阅读更多的好文章。出版社党组听了调研组的汇报后，决定采纳青年们的建议，创办综合性文摘期刊，并定名为《青年文摘》。党组组建编辑班子，由副社长蔡云牵头，用丛刊形式试刊一年。1981 年 10 月，党组研究了试刊情况，决定组建《青年文摘》编辑部，由周奇担任主编，负责创办《青年文摘》双月刊。《青年文摘》

1983 年第 1 期改为月刊，征订数为 74.6230 万册，比双月刊最后一期增加了 33.6393 万册。①

文摘选刊类期刊的大量出现，标志着相同定位的期刊已经达到了一定的数量，读者在不具备足够的时间和经济条件的情况下，需要通过阅读文摘选刊类期刊来满足阅读需求。文摘选刊类期刊大量出现后也引起了激烈的市场竞争，最终还是质量高的品牌文摘选刊类期刊拥有绝大部分的市场占有率。② 1980 年 11 月 11 日，中宣部发出《关于新创办哲学社科和文学选刊审批权限的批复》："今后全国各地新创办的哲学社会科学和文学选刊，包括文摘刊物，统一由国家出版局审批。未经国家出版局批准，不能出版。"

20 世纪 80 年代前期还曾经发生"画报热"（见表 2－8），两相联系可以有助于了解当时的期刊生态。

表 2－8　1980—1986 年平均期印数在 40 万册以上的画刊统计

单位：万册

刊　名	1980	1981	1982	1983	1984	1985	1986
人民画报		70.1	97.7	69.6	95.2	97.3	47.7
解放军画报		51.5	46.6	40.8	—	—	—
连环画报	103	106.1	105.1	104.3	92.6	60.6	—
大众电影	236	871.4	879.9	626.9	446.8	368.2	239.2
电影画报		115.4	133.4	116.2	—	—	—
上影画报（上海）		—	109.8	101.6	117.9	104.5	66.2
科学画报（上海）	83	108.5	88.6	—	58.4	—	—
富春江画报（浙江）		53.4	42.7	41.7	40.0	—	—

资料来源：《中国出版年鉴》（1981—1987），注："—" 表示未上榜。

① 周奇：《主编〈青年文摘〉四年》，《青年报刊界》2009 年第 4 期。

② 张泽青：《期刊业在发展中走向繁荣》，《传媒》2008 年第 11 期。

第三节　青年期刊热的出现

青年期刊和文学期刊是20世纪80年代前期最为活跃、繁盛的两个群落。它们顺应时代潮流，敏锐发声于“猛醒的时刻”，充分释放了期刊引领思想解放、助推社会进步的媒介功能。

当时处于“文化大革命”后拨乱反正时期，社会舆论对刘少奇的平反昭雪问题还不敢公开触及，《广东青年》主编赖济煌以过人的胆识，冒着巨大的政治风险，在《广东青年》1979年第11期率先推出李守进撰的《从实践看〈论共产党员的修养〉》一文，大胆发出为刘少奇平反的声音。这是全国报刊上第一篇为刘少奇平反的文章，王光美特别致信表示感谢。《从实践看〈论共产党员的修养〉》发表3个月后，1980年2月23—29日召开的中共十一届五中全会，通过了《关于为刘少奇同志平反的决议》。《广东青年》的行为，顺应了社会舆论和思潮，更表现了赖济煌的非凡胆识。他在一次选题会上提出，在刊物的显要位置上，发一篇肯定《论共产党员的修养》的评议文章，以期达到自下而上反映民意的目的。为了避“擅自行动”之忌，评论文章内不出现对刘少奇的全面评价，就书评书，不评著书人。有反对者，不妨打打笔墨官司，我们奉陪到底。“我的想法得到了同事们的支持，在具体操作上提了很好的意见。”①

赖济煌决定请广东省委宣传部理论处的李守进撰文，“两人商定，文章题目定为《从实践看〈论共产党员的修养〉》，因为当时‘实践是检验真理的唯一标准’广泛地深入人心，我们的文章定这个题目，就是为了避免一些不必要的争论。可喜的是李守进的文章写得又快又好，介绍了《修养》诞生的背景，综述了此书几十年来的中外出版状况和社会阅读状况，

① 赖济煌：《只因敢讲真话——〈广东青年〉一篇文章引起巨大反响》，《炎黄世界》2010年第2期。

以感人至深的事实和不可置辩的逻辑论证：《修养》是香花而不是毒草”。[1] 此后，《广东青年》又发表了林鸿光等人的《我们爱读〈修养〉》（1980 年第 1 期），李昭淳、邝义柱整理的《刘少奇同志的故事》（1980 年第 4 期），李健民、黄湜的《少奇同志和他的子女（访问记）》（1980 年第5 期）。

抓住这一热点的还有《山西青年》，该刊复刊于 1976 年 5 月。该刊从山西特点出发，在复刊后的三年多时间里突出宣传刘胡兰、大寨、华国锋三个方面的内容，业内或刊社内行话叫“三碗饭”，吃好“三碗饭”。1979 年 6 月 2 日，在《山西青年》举办的办刊座谈会上，《广东青年》社李彤提出：“‘三碗饭’吃完了怎么办?”这确是一个尖锐的问题。为回应转型，也为迎合热点，该刊 1979 年第 11 期发表了杨小池的《决不能因人废言——从能不能学习〈论共产党员的修养〉一书谈起》。文章认为：“对于《修养》一书，不论作者如何，都必须肯定它在历史上的作用，而不能把一本好书说成是黑书，只有这样，才能正确评价类似《修养》这样的著作，才能使许许多多的优秀著作流芳百世，永飨读者。”有读者建议重新发表《论共产党员的修养》。

《山西青年》从 1980 年第 1 期由 32 开改为 16 开。第 1 期以显要位置发表了《党员个人利益无条件地服从党的利益》（刘少奇著《论共产党员的修养》节选），同时刊发了国营晋西机器厂的读者向盛阳的建议信。第 2 期起，围绕刘少奇同志冤案平反连续 4 期刊发系列专题。[2] 这组专题发表在刘少奇同志冤案平反前后，激起强烈的社会反响，成为众多报刊报道、转载的舆论源，《山西青年》因此发行量飞涨。此外，《中国青年》1980 年第 4 期发表访问刘少奇子女的回忆文章《一定做人民的好儿女》，该期发行量 344 万册；1980 年第 7 期发行 390 万册，达到最高峰。

《广东青年》在 1980 年组织刊发了一组反封建的文章，有魏俊超的

---

① 赖济煌：《只因敢讲真话——〈广东青年〉一篇文章引起巨大反响》，《炎黄世界》2010 年第 2 期。

② 分别为赵政民、杨新华的报告文学《刘少奇长子之死》（第 2 期），通讯《笑在最后的家庭——访王光美同志》（第 3 期），成克的回忆录《少奇同志过晋中》（第 4 期），丁天顺的报告文学《铁窗赤子——记为刘少奇同志鸣冤而坐牢的武金林》（第 4 期），刘爱琴的《斩不断的怀念——回忆爸爸刘少奇同志对我的教育》（第 5 期），梁明的通讯《把群众的疾苦挂在心上——刘少奇同志在安泽的故事》（第 5 期）。

《帝王的权威与忠君思想》（1980 年第 1 期），魏俊超、余天炽的《封建专制主义与任人唯亲》（1980 年第 2 期），余天炽的《封建等级和官僚特权》（1980 年第 3 期），黄国强、杜绍顺的《思想箝制与文字狱》（1980 年第 4 期），黄国强的《封建法律与法外权》（1980 年第 9 期）等。在 1980 年第 8 期刊发余天炽的《封建家长制与“一言堂”》时，配发“编者的话”：这是本刊发表的又一篇谈肃清封建遗毒的文章。解放已经 30 年了，为什么我们还要继续发表反封建的文章？因为现实生活表明，由于多年来对封建主义思想缺乏系统的有力的批判，封建思想已侵蚀到我国社会生活的各个领域，严重地腐蚀党的肌体，不批判、不肃清其流毒，我们的社会主义事业是没有希望的。试想想，现存的许多社会弊病，如专制主义、家长制、一言堂、独断专行、搞特权、走后门等等，哪一样不在封建社会中找到思想的渊源？用大量的历史事实揭露封建主义的反动性和危害性，和读者一道同这些腐朽思想做斗争，这是我们的心愿，相信也是广大读者的心愿。

湖北省社会科学院主办《青年论坛》，李明华任主编，王一鸣任副主编，1984 年 11 月创刊，至 1987 年 1 月共出版 14 期。它以自负盈亏的经营形式诞生在中国改革的大潮中，是我国改革开放期刊史上第一家面向广大青年哲学社会科学工作者的综合性理论刊物。

“《青年论坛》将以青年一代的蓬勃朝气、敏锐思想和创新精神在社会科学界独树一帜。《青年论坛》注重理论联系实际，注重理论创新、突破；在文风方面，反对繁琐考证，反对新老八股，提倡朴实、清新、尖锐、活泼的文风。”① 循此办刊宗旨，该刊设有《前辈寄语》《改革前线的报告》《改革研究》《中西文化比较》《史坛新论》《反弹琵琶》《箭响林》《他山石》《嘤鸣园》《院校专页》等专栏。“这个刊物的确发表了好些在别处较难看到的饶有新意、颇具胆识的文章，提出了或初步论证了好些相当尖锐和敏感的理论问题与实际问题，这恰恰是饱学之士、老师宿儒们所未敢轻易下笔的。”② 因此，“《青年论坛》出版后，受到各界重视。全国五十多

---

① 《稿件征订启事》，见《青年论坛》创刊号。

② 李泽厚：《破“天下达尊”——贺〈青年论坛〉创刊周年》，《人民日报》1985 年 11 月 22 日。

家报刊报道、介绍了《青年论坛》。《人民日报》《新华文摘》《长江日报》等报刊转载了《青年论坛》的文章。编辑部每天收到大量热情洋溢的读者来信。”①《读书》1985 年第 11 期刊发了甦民的《芳林新叶——评〈青年论坛〉》。《社会科学评论》1985 年第 6 期以“当代青年的思想库”为题，专门介绍《青年论坛》杂志。

图 2－1 《青年论坛》

《青年论坛》得到了全国社科学界知名学者的支持，章开沅、董辅礽、卓炯、于光远、陶军、黎澍等为该专栏撰文。1986 年 5 月 22 日，《青年论坛》主持召开了武汉地区部分中青年理论工作者座谈会。中共中央宣传部部长朱厚泽、中共湖北省委宣传部长王重农等参加了会议。

《青年论坛》先后在北京、贵州等地设立了记者站。北京记者站站长即为后来担任泰康人寿董事长兼 CEO 的陈东升。据办刊人回忆，该刊停刊前，发行量达 4 万册。

“《青年论坛》是改革潮流中诞生的我国第一家面向广大中青年的社会科学综合性理论刊物。它是由湖北省社会科学院主办，由一群青年理论工作者负责编辑出版，以改革创新为旗帜，以理论联系实际为特色，探讨马克思主义在当代中国具体化的问题，研究当前青年中带普遍性的各种思潮和重大理论问题，为广大中青年提供讲坛。”② 其值得记忆的贡献主要有：

1. “《青年论坛》以改革创新为旗帜，求真务实，发表了系列涵盖文史哲经和新科学的文章，并以相当篇幅立足于改革中的重大理论问题和实

① 《青年论坛》1985 年第 3 期封二。

② 《新华文摘》1985 年第 3 期。

践问题研究，文风清新活泼，率先在当时沉闷的理论界吹响了改革开放的号角。刊物以青年的敏锐视角和热情讨论了当时青年中普遍关心的问题，成为80年代中后期青年中颇具生机和活力的思想舆论中心，构建了富有时代气息的青年文化。”①

2. 为青年学子打造理论平台。“《青年论坛》的贡献还在于为当时理论界的小人物们打造了一个崭露头角的平台。现在我国理论界的很多著名学者都是从这个平台走出来的。”据不完全统计，《青年论坛》作者共有256位，绝大多数因在《青年论坛》发表处女作而开始其著述生涯，这些作者后来职业可考者至少有170位，其中成为高校教授的共73位，教授中成为博士生导师的有46位；走向省部级领导岗位的至少5位。

2008年，中国经济体制改革研究会举办的中国改革开放30年标志性事件评选中，“《青年论坛》创刊：青年学生以文报国”在120个候选事件中列第38位。

1980年9月3日至10日，全国青年报刊年会在太原举行，团中央书记高占祥作了题为“解放思想，立志改革，在创办一流青年报刊的道路上继续前进”的总结报告。在青年报刊第七次年会的基础上，1988年12月13日至15日在杭州召开中国青年报刊工作者协会成立大会。该协会是全国青年报刊界自愿组织的群众团体，接受共青团中央的领导。其宗旨是加强青年报刊间的联系协作，维护青年报刊及工作者的合法权益，促进青年报刊事业的改革发展。1989年，该协会与中国青年报共同创办了《青年报刊界》。

青年期刊热以1978年《中国青年》复刊为起点，至1986年起明显衰落（见表2-9）。

---

① 王一鸣语，转引自黄亚屏《〈青年论坛〉在贵州》，《贵阳文史》2011年第6期。

表 2－9　1982—1989 年平均期印数 40 万册以上青年期刊一览表

单位：万册

刊　名	1982	1983	1984	1985	1986	1987	1988	1989
中国青年	244.8	244.1	193.4	167.4	136.5	125.5	106.0	78.60
青年文摘		87.0	85.5	48.0	79.7	78.3	63.3	53.35
山西青年（山西）	93.6	78.3	114.2	92	45.0			
青年一代（上海）	223.4	397.5	527.1	463.4	395.1	235.0	125.3	52.48
黄金时代（广东）		40.8	118.8	129.6	74.9	42.2	44.3	
辽宁青年（辽宁）	69.3	110.3	165.1	231.8	150	150.0	137.2	
启迪青年的心灵（辽宁）	55.2							
新青年（辽宁）			46.9					
福建青年（福建）			41.2	61.3				
黑龙江青年（黑龙江）		48.2						
青春岁月（河北）				41.7				
东方青年（浙江）					42.1			

资料来源：《中国出版年鉴》1983—1988 年版，1990 年全国新闻出版统计资料汇编。

赖济煌认为，在 20 世纪 80 年代中期，青年刊物是一花独放、独领风骚。青年刊物先火了，然后是法制类刊物，最后才到妇女刊物。当时青年刊物期发超百万册的，中央一级的不说，地方的青年刊物有：《辽宁青年》二百二十多万册、《黄金时代》一百四十多万册、《山西青年》一百二十多万册、《福建青年》八九十万册，四五十万册、五六十万册的比比皆是。青年刊物曾经在生活化上起到了往前冲、带头跑的作用，包括各家纷纷改刊名，都是挣脱了一种精神束缚的表现。①

妇女类期刊继青年期刊热之后出现大热（见表 2－10）。如果说青年期刊富有思想性及其 20 世纪 80 年代特有的战斗性，那么妇女类期刊更富生活性以及消费性，这两个期刊类群一退一进的更替（而不是并行）所蕴藏

① 武志莲等：《跃上个性化的平台——访黄金时代杂志社前任社长赖济煌》，《青年报刊研究》2001 年第 1 期。

的期刊思想文化的转换，以及由此表达的社会思想观念的进退，引人深思。赖济煌在接受《南方都市报》记者的访谈时说："有个奇怪现象：办青年刊物的老总，办青年刊物的时候不怎么样，转到妇联那里办妇女刊物，一下子就火起来了。《女友》的王维钧、《知音》的胡勋璧原来都是办青年刊物的。"① "青年类期刊的衰落，是一个全国普遍的现象。从我们自身而言，没有及时地调整定位，20 世纪 90 年代初期是'在故纸堆里讨生活'、到中后期就'在网络上讨生活'。作为一本机关刊物，也有它机制、体制上的束缚。再一点，全国几次对报刊业的治理整顿后，我们为了'安全生产'，趋于保守。"②

表 2－10　1982—1987 年期印数 40 万册以上青年、妇女期刊比较表

单位：万册

年份	序号	青年期刊		妇女期刊	
		刊名	发行量	刊名	发行量
1982	1	中国青年	244.8	中国妇女	136.9
	2	青年一代（上海）	223.4		
	3	山西青年	93.6		
	4	辽宁青年	69.3		
	5	启迪青年的心灵（辽宁）	55.2		
1983	1	青年一代（上海）	397.5	中国妇女	132.7
	2	中国青年	244.1		
	3	辽宁青年	110.3		
	4	青年文摘	87.0		
	5	山西青年	78.3		
	6	黑龙江青年	48.2		

① 武志莲等：《跃上个性化的平台——访黄金时代杂志社前任社长赖济煌》，《青年报刊研究》2001 年第 1 期。

② http：//epaper. oeeee. com/G/html/2010 －04/29/content_ 1067759. htm.

续表

年份	序号	青年期刊		妇女期刊	
		刊名	发行量	刊名	发行量
1984	1	青年一代（上海）	527.1	中国妇女	132.7
	2	中国青年	193.4	妇女生活（河南）	54.0
	3	辽宁青年	165.1	妇女	49.3
	4	黄金时代（广东）	118.8		
	5	山西青年	114.2		
	6	青年文摘	85.5		
	7	新青年（辽宁）	46.9		
	8	福建青年	41.2		
1985	1	青年一代（上海）	463.4	中国妇女	120.0
	2	辽宁青年	231.8	妇女（辽宁）	71.9
	3	中国青年	167.4	妇女生活（河南）	65.0
	4	黄金时代（广东）	129.6		
	5	山西青年	92.0		
	6	福建青年	61.3		
	7	青年文摘	48.0		
	8	青春岁月（河北）	41.7		
1986	1	青年一代（上海）	395.1	中国妇女	103.1
	2	辽宁青年	150.0	妇女之友（河南）	63.0
	3	中国青年	136.5	妇女之友（黑龙江）	53.0
	4	青年文摘	79.7		
	5	黄金时代（广东）	74.9		
	6	山西青年	45.0		
	7	东方青年（浙江）	42.1		
1987	1	青年一代（上海）	235.3	中国妇女	102.0
	2	辽宁青年	150.0	妇女之友（黑龙江）	50.0
	3	中国青年	125.5	妇女（辽宁）	40.1
	4	青年文摘	78.3		
	5	黄金时代（广东）	42.2		

资料来源：《中国出版年鉴》1982—1988 年版。

第四节　《十月》创刊及其意义

《十月》创刊于1978年8月，是十年动乱之后创刊的第一家大型文学刊物，至今仍在国内外有广泛影响。

《十月》创刊后引起较大反响，新华社于1978年9月7日发表了《大型综合性文艺丛书〈十月〉在京出版》的通稿。[①] 全国出版界为此欢欣鼓舞。

田耕对《十月》的基本评价是："当粉碎'四人帮'以后，《收获》尚未恢复之际，我们在全国创办了第一个大型文学刊物《十月》。开始筹办时，只有三个名不见经传的编辑，但马上就吸引了老、中、青作者的注意。其中有许多闻名的作家，刚刚平反，重新拿起笔来，正苦于没有发表作品的阵地，《十月》应运而生，立即就把他们吸引到刊物的周围；与此同时，编辑部又注意扶持新人，这样，就团结了一大批新、老作者。"[②] 田耕的话抓住新旧转型的时代需要，道出了《十月》承前启后的历史意义。

---

① 通稿内容是：新华社北京九月七日电　大型综合性文艺丛书《十月》最近在京出版，并将在全国发行。《十月》丛书是由北京出版社编辑出版的。已经出版的丛书第一期中，刊登了中国文联副主席茅盾的文章《驳斥"四人帮"在文艺创作上的谬论并揭露其罪恶阴谋》和女作家杨沫的文章《遵循工农兵方向，坚持创造性劳动》。第一期发表的作品有李准的电影小说《壮歌行》、陆柱国的中篇小说《吐尔逊的故事》，短篇小说《班主任》的作者刘心武的新作《爱情的位置》等。这期丛书还刊载了《论文艺和生活的关系》等评论文章和《作者笔谈》，参加笔谈的有臧克家、李准、柯岚。在《学习与借鉴》一栏中，发表了鲁迅的《药》、茅盾的《春蚕》，以及俄国作家屠格涅夫的《木木》、法国作家都德的《最后一课》等中外著名短篇小说，每篇之后都附有一篇评介文章。

《十月》丛书将遵循毛主席的"百花齐放、百家争鸣"和"推陈出新"的方针，用各种文艺形式，热情歌颂我们伟大的祖国和伟大的党，努力反映毛主席和老一辈无产阶级革命家开创的宏伟事业，反映各族人民为争取祖国解放所进行的艰苦卓绝的英勇斗争，反映建国以来社会主义革命和建设的伟大成就，特别是当前华主席、党中央领导我们进行抓纲治国的伟大斗争。丛书还将陆续发表一些批判文章和文艺理论文章，揭露、批判"四人帮"阴谋文艺的反动实质，肃清它的流毒和影响，宣传马列主义的文艺理论和毛主席的文艺思想。此外，《十月》还将有计划地选载现代和古典的中外名著，并组织评介文章，以供读者阅读借鉴。《十月》文艺丛书暂时为不定期出版，但将逐步创造条件改为定期出版。参见《人民日报》1978年9月8日。

② 田耕：《努力用好的精神产品为两个文明建设做贡献》，全国出版社总编辑会议发言稿，1985年11月，未刊印。

一、“首创了出版社办文学刊物的模式”

面对“书荒”“稿荒”供需双方的同步短缺，《十月》从丛书起步，便“首创了出版社办文学刊物的模式”。[①]

《十月》创刊号以“十月文艺丛书”名义出版。从“丛刊”到丛书再到期刊的体裁转换过程，最富新时期期刊史发轫期期刊观念的研究价值。王世敏最初想把《十月》办成丛刊，其工作日记中说：当时，地方出版社因贯彻“地方化、群众化、通俗化”的“三化”方针，不办期刊，都没有办刊经验，北京出版社文艺组编辑肖德生“文化大革命”前在《人民文学》杂志工作，知晓期刊连续出版需要有持续不断的稿源，一旦作者队伍建立不起来，稿源断供，期刊就办不下去。出于对稿源的担忧，同时因为申请刊号周折费事，北京出版社总编办公室决定，先以丛书形式出版《十月》。

《十月》创刊号的《稿约》写道：“本丛书以发表新创作为主。凡从生活出发，符合六条政治标准，艺术上有特色的作品，不拘题材、体裁、风格、流派，我们都热烈欢迎。”“编者的话”后紧接茅盾写于1977年12月31日的《驳斥“四人帮”在文艺创作上的谬论并揭露其罪恶阴谋》文章，有文艺思想上拨乱反正的政治意义。创刊号“原创部分是全组编辑共同提供的，都是手里准备出书的作品，只要篇幅合适就先刊发了”，[②] 如李准的电影小说《壮歌行》、陆柱国的中篇小说《吐尔逊的故事》、刘心武的短篇小说《爱情的位置》等，因此最早显示了社办期刊的编辑集群优势和稿件资源的转换优势。

《十月》创刊号开设了《作者笔谈》和《学习与借鉴》两个专栏。《作者笔谈》是创始编辑黎汀、陈晓敏、陈伟生重点约稿、编辑的，并因此与北京大学中文系诸多学者建立了良好的关系，为中国现代文学研究会将会刊《中国现代文学研究丛刊》交北京出版社出版做了最早的交往铺垫。《学习与借鉴》专栏由章仲锷提议创设，他原提议栏名为《探讨与借鉴》，主张对有争议的作品做理论分析。后来几经斟酌，最后定名《学习

---

① 张守仁语，见《〈十月〉为新时期文学破冰》，《新京报》2006年5月25日。

② 陈晓敏：《〈十月〉创刊的那些人，那些事》，《光明日报》2014年8月8日。

与借鉴》，先以刊登被“文化大革命”封杀的文学经典作品和专家的评介文章为主，“一方面表明《十月》推崇经典、接续传统的立意，同时标示了《十月》将要追求的文学高度”。[①] 第2期篇幅达到414页，有《长篇小说》《电影文学剧本》《短篇小说》《传记故事》《诗歌》《散文》《评论》《学习与借鉴》《读者之页》9个专栏，共刊发了26位作者的24篇（部）作品。专栏数陡然增加，表明了期刊意识的自觉。

二、引领期刊的观念嬗变

《十月》迅速完成从不定期出版的丛刊到定期出版的期刊转型，引领了全国出版社从丛刊到期刊的出版观念嬗变，树立了定期出版的期刊样本，被誉为“为新时期文学局面破冰”之刊。参与创刊的张守仁回忆说：我们首先面对的是没有刊号，大家就决定“以书代刊”。我们用的是“文艺丛书”的名义出版，不仅在创刊号封面上显著地标明“《十月》文艺丛书”，而且创刊号中的“编者的话”“稿约”中也反复称其为“丛书”，这说明创刊人对《十月》作为图书性质的基本认定。《十月》创刊号“稿约”中又说，“本丛书每期以一定篇幅发表评论性质的文章”。这种将期刊创刊视同于丛书出版，却又将该丛书之一种视如期刊之一期的专业话语混用情况，反映了期刊出版规范初创时的并不全面系统的期刊观念水平。

《十月》1978年以丛书形式出版2辑，1979年以季刊形式出版4辑，前6辑每辑发行十万册左右，是较为典型的丛刊而非严格意义上的期刊。其出版时间不确定；内容篇幅和售价不同，如最厚的一辑414页，售价1.50元，最薄的一辑256页，售价1.00元；交新华书店发行而不是交邮局发行。自1980年起，《十月》获得正式刊号，交邮局全国发行，页码、定价和出版时间固定，成为名副其实的期刊。1980年第1期发行14.7万册，后逐期提高，到1980年第6期发行23万册。1981年起取消“限量发行”，发行量达到55万册，创该刊发行量的高峰。《十月》交邮发后发行量的陡涨虽在当时系合规律的常态，却也显示了当时文学期刊相对稀缺的格局中，《十月》作为“领头羊”深受读者欢迎的程度。

---

① 陈晓敏：《〈十月〉创刊的那些人，那些事》，《光明日报》2014年8月8日。

三、《十月》的特色

《十月》发行量的高峰和社会影响力的高潮都在20世纪80年代，被誉为文学期刊的“四大名旦”之一。“四大名旦”是对80年代最有影响力的四种文学双月刊的习称，流传甚广，首创者及最早出处暂不可考。联系各刊精神气质，通常认为《当代》为正旦，《收获》为老旦，《花城》是花旦，《十月》是刀马旦。刀马旦横戈跃马，隐喻了《十月》思想尖锐的精神风貌。以刊发中篇小说为主，顺应了广大读者对文艺创作、思想解放的社会诉求，最大限度地表达了时代的呼声，是《十月》在20世纪80年代鲜明的期刊个性。

巴金认为：“《十月》杂志是很好的大型刊物。但它并不是一出现就光芒四射，它是逐渐改进、越办越好的。刊物是为读者服务的。用什么来服务呢？当然是用作品。读者看一份刊物，主要是看它发表的作品，好文章越多，编辑同志的功劳越大。倘使一篇好作品也拿不出来，这个刊物就会受到读者的冷落，编辑同志也谈不到为谁服务了。作品是刊物的生命。”巴金较系统全面地描述了他的文学期刊思想，是新时期期刊观念史上最早倡言期刊“为读者服务”的名文。

以巴金的“逐渐改进”的视角看《十月》，就是该刊以中篇小说立刊而形成特色。《十月》1979年第3期开设《中篇小说》专栏，并以此打头，发表申跃中的《挂红灯》和刘克的《飞天》。1980年发表了14篇中篇小说。1981年第1期起，中篇小说的特色意识更为自觉，“加强了受到读者欢迎的中篇小说版面”,[①] 发表了徐怀中的《阮氏丁香》、张贤亮的《土牢情话》等4部中篇小说；第2期发表了刘心武的《立体交叉桥》等3部中篇小说。有评论者说：“《十月》主要发表小说，尤其是中篇小说。小说的容量约占每期刊物的四分之三左右。在1981年春天和1983年春天两次举办的全国中篇小说评奖中，得奖的作品共有三十多部，其中就有10部中篇小说是发表在《十月》上的。”[②] 这10部作品分别是：王蒙的《蝴

---

① 《编者的话》,《十月》1981年第1期。

② 江明：《话说〈十月〉》,《当代文艺思潮》1984年第4期。

蝶》、蒋子龙的《开拓者》、邓友梅的《追赶队伍的女兵们》、刘绍棠的《蒲柳人家》、宗璞的《三生石》、李存葆的《高山下的花环》、张承志的《黑骏马》、王蒙的《相见时难》、张一弓的《张铁匠的罗曼史》、铁凝的《没有纽扣的红衬衫》。

北京出版社在“文化大革命”前就出版过《中国历史史话》丛书，并产生较大影响。《十月》邮发畅销后，于1981年推出了以中篇小说或多人中短篇小说合集为特色的《十月丛书》。这是新时期期刊史上第一套以期刊冠名的丛书。1981年出版5种、1982年出版1种、1983年出版3种，期刊与丛书互动，强化了《十月》中篇小说的期刊个性。1985年，北京出版社出版阎纲、张韧编选的5卷本《中外著名中篇小说选》也很畅销，各卷的印数分别为10.5万册、10.5万册、10.2万册、7.1万册、7万册；第1、2、4卷在1985年结算盈利分别为1.6304万元、4.3060万元、4.0072万元，[①] 第3、5卷在1986年结算盈利分别为3.6937万元、2.4195万元。[②] 如此良好的经济效益，固然与编选者“博观约取”有关（从中外中篇小说名作中精选四十多篇代表作），与该书责任编辑邢富源等人的认真负责有关，不可否认的是与《十月》直接或间接的品牌相关。

四、《高山下的花环》：实证、阐释《十月》个性和范式

《高山下的花环》是《十月》刊发的中篇小说代表作，具有20世纪80年代文学期刊的典范意义，同名图书的出版生动地阐释了社办期刊出版机制的枢纽意义。

《高山下的花环》首先发表在《十月》1982年第6期，“出版后很快销售一空。转载《花环》的《小说月报》也很快脱销，加印了12万册，

① 据《1985年印数在5万册以上的书刊》，见北京出版社总编室编《编辑出版工作简报》1986年第1期。

② 据《1986年盈利万元以上图书》，见北京出版社总编室编《编辑出版工作简报》1987年第1期。

仍然供不应求。”[①] 北京出版社出版单行本，当年印刷5次，印数145万册,[②] 重印十多次，累计印数156万册;[③] “共盈利九万余元”。[④] 在全国中篇小说评奖时，《高山下的花环》名列第一；全国中学生评选最爱读的图书时，它获得的票数遥遥领先；还被改编为话剧、舞剧、评剧、电视剧和电影等多种艺术形式，其中话剧、评剧和电影也都获了奖。全国有六十多个话剧团排演了根据小说改编的同名话剧，其中辽宁人民艺术剧院的同名话剧在北京演出了100场，产生了广泛而强烈的社会影响。

编辑群体的胆识，《十月》的媒介力量对这部作品的成功推出产生了积极作用。

图2－2　《十月》

首先是《十月》编辑以思想激活题材。该小说最初进入编辑视野的形态只是几个创作构思，责任编辑张守仁等人的助产之力、托举之功甚为关键。1982年4月在北京召开了军事题材文学创作座谈会，本来没有北京出版社的参会名额，《十月》编辑部多方联系，争取到一个记者证，几个编辑便轮流去参加会议，张守仁见到了济南军区歌舞团创作员李存葆，李存葆告诉他准备写作的三个题材，并谈了他构思中的小说的几个细节。张守仁觉得他很有生活，便邀请他到自己家中长谈。在两次长谈中，李存葆讲了

① 《十月》编辑部：《〈十月〉发表的中篇小说〈高山下的花环〉在社会上引起强烈反响》，见北京出版社总编室编《编辑出版工作简报》1983年第1期。

② 据《1983年印数在20万册以上新版图书和修订再版图书一览表》，见北京出版社总编室编《编辑出版工作简报》1984年第1期。

③ 《北京出版志》，北京出版社2005年版，第395页。

④ 田耕：《努力用好的精神产品为两个文明建设做贡献》，全国出版社总编辑会议发言稿，1985年11月，未刊印。

他 1964 年参军后的所见所闻，尤其是 1979 年对越自卫反击战中和战后，他多次去参战部队生活和采访中积累的感人的人物和细节。张守仁以为，第一个题材写一个英雄的一生；第二个题材写军营的爱情生活，也很不错；第三个题材接触到军队内部的矛盾，写得好会有新意、有突破，建议李存葆放开手脚写那第三个题材，冲破无冲突论的框框，真实、深刻地描写确实存在的内心矛盾。作家立即动笔，由于酝酿已久，所以不到一个月小说初稿就完成了。

其次是《十月》邀约权威评论以引导舆论。《高山下的花环》以自卫反击战为背景，描写了参战部队战前、战中的真实情况，前后方之间、上下级之间、战友之间的关系、友谊和矛盾，歌颂了英雄人物，描写了雷军长无私奉献的高尚品德，但也涉及军队内部存在的现实问题，如参军走后门，个别领导利用职权要将儿子在战争发生前从前线调回，有的军工厂生产的炮弹质量差等。因受“左”倾思潮的影响，当时的军事文学不敢揭露部队的矛盾和阴暗面，《高山下的花环》如此直面现实是中国军事文学的“第一次尝试”。[①] 这样的作品能否发表，社内有不同意见。编辑部主动邀约冯牧、王春元等评论家在出版前看作品校样，指出作品的某些不足，提出修改意见。在多方听取意见的基础上，编辑部据此做了一些修改、加工，小说发表时去掉了某些不足之处。事实证明，该作品充溢着崇高的革命情愫，能够提高和净化人们的思想境界，是一部真实地挖掘和再现我们英雄战士身上所特有的那种瑰丽而又宝贵的精神品质的作品。

第五节　《新华文摘》开子刊分版的先河

这里所说的“子刊”“子报”是指报刊题名中包含更有品牌影响力的报刊题名，显示“母子”报刊之间的衍生关系，且子刊、子报均拥有独立的连续出版物号或邮发代号的报刊出版现象。种群繁衍是期刊文化发展特有的生态规律，品种裂变即由创新之“种”而裂变，衍生出繁盛之“群”

① 《北京出版志》中肯定《高山下的花环》把部队中的“矛盾和问题揭露得比较深刻，这在中国军事文学中是第一次尝试”。见《北京出版志》，北京出版社 2005 年版，第 396 页。

之“类”，这是一个时期期刊发展的自然过程。母刊孕育、滋生子刊，尽管有多种不同途径和方式（如利用母刊资源直接创办子刊，如将母刊的品牌专栏专版独立为新刊等），这已为中外期刊历史共同印证。一刊有无多版或子刊，甚至成为一个社会、一个阶段期刊发展水平的重要衡量指标。因此，母子刊关联，品牌期刊的多版化（专刊化）形态及途径，成为考察一个阶段期刊发达水平的基本视角与方法。

《新华文摘》是大型的综合性、学术性、资料性的文摘月刊，其前身是人民出版社 1979 年 1 月创办的《新华月报》（文摘版）。该刊创刊号《编者的话》中写道：

> 粉碎了“四人帮”文化专制统治，我国科学和文艺战线开始出现“百花齐放、百家争鸣”、欣欣向荣的新局面，报纸和刊物逐渐增多，《新华月报》的选材也越来越丰富。为了使《新华月报》能够容纳更多的内容，除了增加篇幅，同时在编排上作一改进，把它分编为“文献版”和“文摘版”，我们觉得，这样可能更好地适应读者的需要。

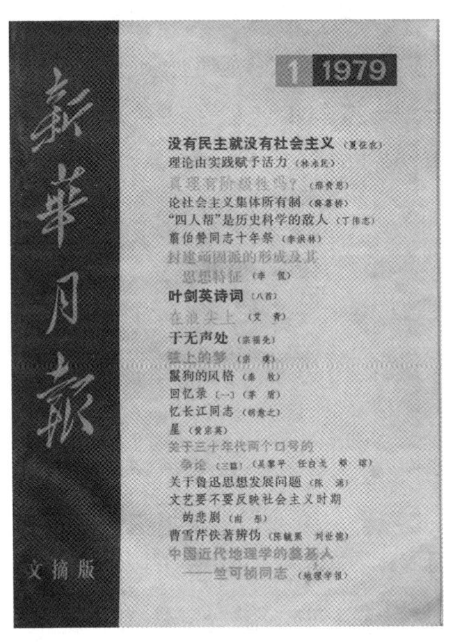

图 2－3　《新华月报》(文摘版)

《新华月报》（文摘版）是《新华月报》的分版，创办者是时任人民出版社副社长兼副总编辑范用。1981 年第 1 期起更名为《新华文摘》（“文献版”改回《新华月报》原称），篇幅和定价等都保持不变。

项南认为，《新华文摘》以民主和探索的精神，掌握历史前进的方向，以改革开放、民主与法制作为刊物的主要内容，形成了自己独有的个性和鲜明的立场，是有事实根据的。《新华月报》（文摘版）1979 年第 1 期以夏征农的《没有民主就没有社会主义》启卷，醒目推出李侃的《封建顽固派的形成及其思想特征》、宗福先的话剧《于无声处》；《新华文摘》1981 年第 1 期以冯文彬的《改革和完善社会主义政治制度》启卷，组合编发三篇政治体制改革文章：《不能以党代政》（京东）、《权力不能过分集中》（滕文生、贾春峰）和《官僚主义与委任制》（吴敏）。后者被李盛平、张明澍写入《1976—1986 十年政治大事记》，足见其影响力。

1997 年，《新华文摘》由原来的全社统一核算改为“二级核算”，自身成为二级法人，拥有了更多自主权。新的经营机制进一步焕发了该刊的生机，1998 年码洋达到 2000 多万元，占全社总码洋的三分之一；全社 200 人，而《新华文摘》编辑部只有 10 个人，人均所创利润和对人民出版社的贡献一目了然。2004 年起，《新华文摘》由月刊变更为半月刊，并依国家学科目录调整、扩充原有栏目，如《法学》《社会学》《教育学》增加篇幅，独立设栏，增设了《管理学》，并将原《读书与出版》改为《读书与传媒》，使《新华文摘》对国家颁布的人文社会科学门类学科全覆盖，而新设的《新华观察》专栏则集中展示人文社会科学领域里交叉学科的研究成果，引领中国人文社会科学突破学科本位定式，倡导以中国社会转型中的现实问题为中心的学术关怀。2004 年第二季度，发行量比第一季度上涨了 2 万册，月发行量达到 27 万册，比上年同期增长 2. 16 倍，社会效益、经济效益取得双丰收。

《新华文摘》在中国思想文化史上的独特地位是建构了一个以期刊为载体的思想库。黎澍在 1988 年就说：“《新华文摘》的出版是中国出版事业走向兴旺发达的一个标识。”北京大学黄楠森教授指出，像《新华文摘》这样“具有的规模如此之大、包括的品种之多、学术性如此之强、权威性如此之高，这是唯一的一本，说它是我国 20 年来社会主义文化建设的一个缩影，我想绝不为过”。“承载整个时代”就是它作为思想库价值形态的核心。以思想库价值为起点，《新华文摘》在中国期刊史上的地位是，其创意开启改革开放期刊史上文摘期刊的新种群并引领其发展，“其选编实践创造性地发展了当代期刊的内容结构形态，这是在大众期刊的杂志模式与学术期刊的论著发布模式有机合成基础上创造的新的期刊结构方式，是中国期刊实践的新发展”。

《新华文摘》兼具独立性、综合性、权威性、稳定性等文化品格。它由人民出版社主办，人民出版社是我国级别最高的政治思想读物专业出版社。由权威机构主办又独立于我国现有的社科院、高校等学术系统，这种独立性是它得以成功的重要的体制因素。其综合性首先指向其学科内容的多样性，它全面地转摘政治、哲学、经济、历史、文学、文化、科技等各个学科与领域的成果，成为它赢得广大读者的内容基础；其次还表现在感性与理性文字的复合性，即前沿学术性论文与文学作品、人物评传等非学术性文字的结合。学术性文字提高了《新华文摘》的思想内涵，而文学作品、人物评传等思想性与文采兼具的文字又增加其可读性，使学术性强的论文赢得了专业圈以外的更多读者。显然，单就小说作品的选刊而言，国内并非没有堪与比美的杂志，但因缺乏学术的思想含量，难有《新华文摘》广泛而深刻的影响力。单就学术而言，有的学术论文选刊亦前沿性、探索性较强，在学术界有较高的知名度和良好的美誉度，唯其纯学术，没有小说作品、人物评传、漫画等文字的组合搭配，难有《新华文摘》所拥有的发行量和读者数。

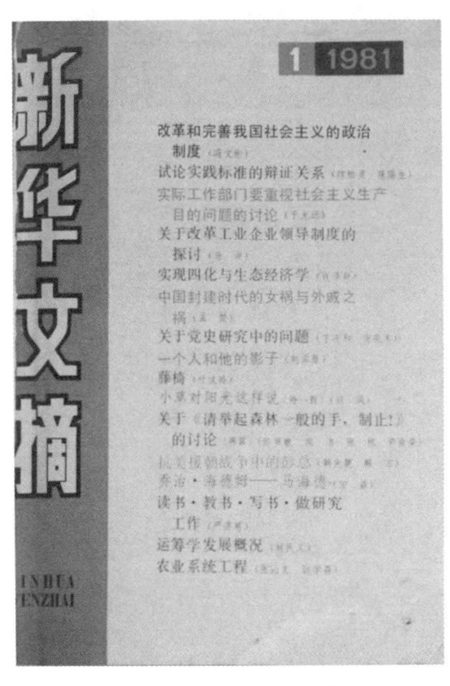

图2-4 《新华文摘》

就稳定性而言，改革开放期刊史上像《新华文摘》从封面到专栏等坚持三十余年基本不变（变亦只微调）的杂志极为少见，凸显了它作为连续出版价值生成的样本意义。如《新华文摘》的封面，从创刊号开始，一直沿用至今。封面凝练、庄重而又兼顾来源期刊的广告性，以框图的变种形式既整齐又呈现开放的态势，同时将版面空间最大化，以利于排要目。封面阐释了杂志的编辑思想对《新华文摘》而言是最适合的。该刊好些栏目常年没有变化，相对某些大众类杂志而言，这显然是稳重有余、革新不够。相反，《新华文摘》变中求稳反倒更尊重其出版规律，因为《新华文摘》以内容和思想赢得市场，形式更多的是服从于内容并为内容服务的。

《新华文摘》的不变有两方面的含义：其一，创刊策划成功。《新华文摘》的策划者是陈翰伯、陈原，具体主持创刊事宜的是范用，都堪称大家；其二，后来的编辑或者出于对前辈的尊敬，或者出于对《新华文摘》出版规律的理解，认同了创办者的期刊结构方式与运作方式，并将其模式化、范式化。这既是它成功的重要原因，也彰显了期刊连续出版规律的范式价值。

就其期刊品格的多维关系而言，综合性是《新华文摘》的生存发展基础，信息质量和思想内容的权威性则是其生命价值所在，是它的学术性、资料性、前沿性等单方面特征的集中指向，学术性是其信息内容的性质，资料性显现杂志可保存的价值形态。唯其权威，才有广泛的美誉度与深刻的影响力。韩庆祥认为，《新华文摘》所刊载的作品许多是上乘之作或作者的代表作，基本上能代表国内文化研究的走势和水平，故而它在读者心中具有崇高的地位，享有权威性的荣誉。能否站在改革开放和现代化建设以及思想理论研究的前沿，捕捉时代和理论研究的热点和焦点，是刊物能否具有生命力之所在。而稳定性则伴随期刊连续出版而将几代《新华文摘》人的思想智慧合成为累积效应。

《新华月报》探索实行分版，在中国期刊史上颇富改革开放的示范意义。20 世纪 50 年代，以新华社副社长李普为代表的相当一部分读者主张《新华月报》一分为二，分别出版文献版和文摘版。“文化大革命”前，人民出版社副总编辑范用还独自试编过一本《新华文萃》，印行少量样本征求读者意见。在《新华文摘》创刊 15 周年时，范用撰写了《忘不了愈之先生　忘不了〈月报〉》，在文中明确指出：“《新华文萃》和《新华文摘》，脱胎于《月报》、《新华月报》，是它们的后代。”《新华文摘》不仅是中国共产党的出版事业的重要组成部分，它的历史渊源还与新中国出版事业的缔造者胡愈之有着紧密的联系。因此，《新华文摘》的品牌不仅是一种出版资源，有相当的产业开发价值，而且是一份浸润中国共产党人的出版精神并正在走向历史传统的出版文化遗产，有引导激励后来出版人的示范价值。

第六节 《青年一代》:“中间层青年”的益友

《青年一代》创刊于1979年4月,上海人民出版社主办;初为季刊,1980年改为双月刊,1993年改为月刊;早期由新华书店上海发行所发行,1994年起改为邮局发行;2010年12月停刊,共出版338期。

一、创刊及其发行量

《青年一代》创刊,正值党的十一届三中全会结束,“在新时期、新形势下,青年思想教育读物应该怎么出,如何才能出好,是需要我们解放思想、打破旧框框,闯出一条新路子来的。《青年一代》丛刊的出版,是一种探索,是一种尝试。”其《创刊词》说:

> 中国人民当前关心着什么?四个现代化。
>
> 中国青年当前向往着什么?四个现代化。
>
> 四个现代化鼓舞着充满朝气的青年一代:欢呼党的十一届三中全会的决定,迈开新长征的雄伟步伐,迎接伟大祖国光辉灿烂的明天。在这个时机,《青年一代》的创刊,就显得十分必要。
>
> 《青年一代》从诞生的第一天起,就接受了这样的任务:她将成为青年最真挚的同志和朋友。青年正在思考、探索的问题,她重视;青年迫切需要解决的问题,她关心;青年的呼声,她反映。她深深懂得,青年是社会一支最不可忽视的力量,青年是祖国的未来,祖国的希望。
>
> ……
>
> 奋斗吧,我们的青年一代,一定会用实际行动来证明自己是党的忠实儿女,是伟大长征的当之无愧的接班人。我们《青年一代》丛刊,也愿为青年同志们,为四个现代化,贡献一份力量。

《青年一代》创办初期,平均期印数为37万册,1980年为90万册,1982年达223万册,1983年第1期突破300万册,1984年达到527万册。《青年一代》发行量高峰年段增长情况见表2-11。

表 2－11　《青年一代》1982—1986 年均期印数增长情况

单位：万册

年　份	1982	1983	1984	1985	1986
发行量	223.4	397.5	527.1	463.4	395.1

资料来源：《中国出版年鉴》1983—1987 年版。

可见，1984 年、1985 年是《青年一代》的兴旺时期，平均期印数达到四五百万册；编辑部同时被评为上海市模范集体。沈嘉禄认为，这在中国出版界无疑是一个不可复制的神话。到 1987 年年底累计出版 52 期，总印数 15358 万册，平均期印数 295 万册。

罗竹风在 1986 年说："《青年一代》的发行量从创刊时的二三十万册不断上升，现在每期已经突破了四百万册'大关'。仅就这个数字来看，就值得我们深思。当然，书刊应当是多层次的，为满足各阶层读者的不同需要，不能单纯从发行数字多少来论断……且说《青年一代》为什么会在广大青年其中也包括中间偏下的青年所欢迎呢？这正说明它有自己的特色，如许多栏目都是针对读者对象的实际情况，反映他们的喜、怒、哀、乐，对症下药，循循善诱，起到潜移默化的作用。""《中国青年》是全国性的青年读物，发行量很大，办得也好。它的读者对象主要是青年团干部和先进青年。但《青年一代》却是属于另外一个层次的，而这个层次中的青年人数恐怕更多。为了满足他们的需要，适合他们的口味，就必须另辟蹊径、另想办法。《青年一代》这样做了，于是广大读者就甘愿自掏'腰包'去买。大约这正是发行量高达四百多万册的奥妙所在。"

图 2－5　《青年一代》

二、读者群及青年期刊差异定位

《青年一代》是面向青年的综合性丛刊，所关注的是“具有初中以上文化水平”的“广大青年”，“重点对象是占青年多数的中间层青年，其中包括后进青年，以及犯过错误愿意改正的青年”。

循此定位，刊物设置《和青年谈话》《青年生活顾问》《青春颂》《青年信箱》《外国文学介绍》《他们在年轻的时候》《青年法律问讯处》《我爱我这一行》《在逆境下》《道德法庭》《社会一角》《生活中的甜酸苦辣》等常用栏目，《谈心篇》《信心篇》《信仰篇》《成才篇》《追求篇》《命运篇》《希望篇》《奋斗篇》等系列专栏；稿件内容包括各类专文、革命回忆录、青年信箱、学习方法介绍、杂文与小品、国内外见闻、哲学、经济知识、通俗史话、青年生活、文学作品欣赏、科学知识、思想火花等方面。还发表了知名人士关于“青年”主题的优秀作品，如1984年评选的好稿有，韦君宜的《海上繁花梦》，漆启泰的《蛇巷》，邓蜀生的《读书·练笔·走路·识人》，黄汉民、高叙法的《勇于创新的人》，温元凯的《海外归来思改革》，项南的《项南同志给青年改革者的信》，方建文的《他们为什么不能被评为“五好家庭”》，吴阶平的《新婚性知识问答》，刘湘如、王中义的《夜访骡马店》，吴润霖的《业余大学生的欢乐与苦恼》，刘学强的《深圳青年的观念变化》，曹正文的《文凭、读书、做人——与秦牧同志一席谈》和修晓林的《“城乡型”家庭调查》等。

在细分主题上，一方面，刊物高度关注社会弱势青年群体，刊登张德明的《萤之歌——应一平得了不治之症以后》（1980年第1期），臧志良、汤浩的《用脚写字的姑娘》（1981年第4期），明生的《今日盲人聋哑人（调查报告）》（1983年第2期），朱世荣、李健民的《残缺儿的命运》（1984年第1期），肖素芬的《丑姑娘寻找生活答案》（1984年第1期），巾凡的《一个口吃患者的奋斗史》（1984年第5期）等；帮助后进青年尤其是失足青年转化，刊登何乃友的《警惕在错误路上迈出第一步》和黄汉民的《附：她怎么会走上犯罪道路的?》（1979年第1期），陈惠玉的《从少年犯到大专生》（1981年第2期），顾潜、葛乃福的《他愿痛改前非》（1981年第3期），徐家俊、徐丽群的《顽石点头——记原上海市三青团头子范锡品的新生》（1981 年第 4 期），车烈的《一个赌徒的悔恨》（1981 年第 5 期），奚椿年的《失足青年可以成材》（1982 年第 1 期），范鸿禧的《和失足青年讲几句话》（1982 年第 4 期），天飞的《给我改正错误的机会》（1983 年第 4 期），关子展的《青年要学法、知法、懂法》（1983 年第 6 期）等。另一方面，刊物“更多地、更有重点地关心、重视 26 岁到 35 岁大年龄青年中的现实问题，他们包括工交、财贸战线，手工、服务行业中的青年工人，农场青工、个体劳动者、社会待业青年等”。1980 年曾宣传了《火葬场的化妆工》，读者对该文“反映强烈”，称“对青年很有教育作用”。之后，还陆续报道了矿工生活、列车“医生”，发表了《她会做生意》《照相馆里两代人》等；在《为了大家能吃得满意》中，讴歌青年鸡鸭拔毛工、照蛋工、屠宰工等；在《管理粪便的人们》中，赞美在城市中过着“最肮脏的生活”的粪便管理工与清运工；在《上海城市垃圾清运记》中，介绍环卫所垃圾工腐烂、腥臭的工作环境和每人每日四五吨的工作量等。

以上特定的读者定位决定了《青年一代》的办刊思想与方针，使刊物在同时期的青年期刊中呈现出独特的功能与价值。

（一）“引桥”功能与选题导向

《青年一代》在办刊思想、内容安排等方面，“力求量体‘裁衣’，按人‘烧菜’，深浅适中，浓淡相宜”，“编辑部甘心作为团报团刊的‘补充’，在广大青年中起一座长江大桥上‘引桥’的作用”。刊物与青年读者平等交流，以全面考虑其心理特征与诉求作为选题策划的基础，认真对待读者提出的意见与建议。

1979 年，《青年一代》“调查了一所医院，发现未婚先孕是青年当前一个不可忽视的问题，在医院人工流产中，未婚青年占百分之八十以上”。经与作者反复商讨研究，从思想教育和生理卫生角度，在公开报刊上第一次发表了《要珍惜处女的贞操》一文，引起了社会的强烈反响。虹口区有一所工读学校，一个班级 20 个女生，其中 19 个有生活问题，她们读了这篇文章，个个痛哭流涕，放下包袱，表示悔改。有的说，我们如果能够早些读到这种文章，就可能避免错误，很有些后悔莫及的感觉。针对这种心情和来信、座谈情况，编辑部又组织了《失身以后怎么办?》，之后收到大量读者来信。一封很有代表性的来信认为：贞操问题，不单是女青年的责任，男青年也有责任。为此，刊发了第三篇文章《和男青年谈两性道德》，指出每个青年在处理自己的恋爱、婚姻“终身大事”中，一定要十分严肃负责，用高尚道德力量来控制纯生理的性冲动，要以互爱互尊去代替利己自私。

《青年一代》每期出版后，收到大量读者来信，赞扬、批评、建议都有，责任编辑阅处、整理后，汇编成读者对当期刊物意见的专辑，供编辑部所有编辑研究参考。这些读者意见在每期杂志中通过“读者反映摘登”“来信应答选登”“读者中来”等形式公布。1979 年第 2 期的“读者·作者·编者”刊登了座谈会中读者对创刊号的热情支持，也公布了刊物对创刊号错误的修正；1980 年第 2 期的“读者反映摘登”刊登了读者对《火葬场的化妆工》《爱情与偏见》《触目惊心》等文章及《青年生活顾问》栏目的意见。1979 年在上海机床公司团委、五爱中学举行的创刊号座谈会上，有读者建议“多刊登一些上海掌故、历史人物、科技小品以及青年们爱读的中外名著介绍”，同年第 4 期起刊物每期就开辟了《知识天地》《外国文学介绍》等专栏；1984 年第 6 期，编辑部“接受了年轻朋友的建议，从本期起开辟《夜晚十二点钟》专栏”，与青年读者“谈谈知心话”，为青年读者答疑解惑、出主意；1987 年第 3 期发表的《本刊接待室记事》中说，自《大姑娘的苦恼》后开辟的《征婚》专栏因其弊端而逐渐停办，然而仍有很多来信和来访，坦率地倾诉他们的寻求和愿望，他们希望《青年一代》能再次给予他们帮助和指点，因此，刊物公开征集关于重办“征婚”活动的建议，并在 1988 年将该活动重新付诸实践。

（二）内容品格与社会反响

《青年一代》每期 12 万字，十几个栏目，五十篇左右文章，最吸引青年读者的主要有三类文章：一是引起青年共鸣的文章，如《我的遭遇》一文发表后，一周内编辑部收到来信 300 封，有十几人来访；二是与青年切身利益相关的文章，如《愿天下有情人早成眷属——访房管所交换员黄贱民》一文反映强烈，编辑部收到 700 多封信，希望帮助解决困难；三是针对青年人正在思考探索的那些问题的文章，如目前一些青年为什么自杀的问题等。这些文章充分展示了《青年一代》“新、真、实、软”的主要特色。“新”，表现在刊物内容上，题材新、角度新、观念新，能不断地提出新问题、反映新潮流、顺应新动向，时代气息浓；“真”，反映在刊物上的人和事，多是发生在青年生活周围的，看得见、听得到，不是虚构杜撰，没有人为拔高，是有血有肉活生生的人，真切可信；“实”，刊物文风朴实，言之有物，言之有理，不尚大话空话，不讲套话官话，调子适中，不高不低，实实在在，实事求是；“软”，刊物编者与读者、作者之间，心心相印，息息相通，平等对话，双向交流；文章多以情感人、以理服人，用滋润渗透、潜移默化、旁敲侧击的种种手段，在涓涓细流中、在润物细无声中，让读者处于真诚、亲切、关怀氛围中，从而以影响、思考、启迪和引导，达到“软加于人”的效果。

作为一本青年思想教育刊物，《青年一代》提出了刊物内容应以思想性与知识性、趣味性相结合为原则；以后又逐步强调了刊物内容一定要密切联系当前青年实际，有浓厚的时代气息和青年生活气息。从 1981 年起，每期除了《历史人物》《文学作品评介》《基本常识》等栏目外，五分之四的篇幅内容都要取自于青年现实题材，使青年读者感到真实而可信，能够与青年同欢共乐、解愁分忧。编辑部始终遵循“多、准、深、新”的要求，即“掌握青年的思想要多些更多些，摸透青年的脉搏要准些更准些，触及青年的问题要深些更深些，分析青年的动向要新些更新些”。

1979 年第 3 期的《甜蜜的爱情、幸福的生活——介绍上海芭蕾舞团演员的爱情生活》，是《青年一代》在全国青年报刊中较早地提出恋爱道德问题：“当我坐在文化广场观众席上，欣赏着‘王子’和‘白天鹅’娴熟优雅的爱情双人舞的时候，不由得想起这群舞姿优美的女演员，她们个人的爱情生活是否和《天鹅湖》那样高雅、纯洁、甜蜜？她们是怎样选择对象、建立家庭的？”这一提问，扣住了青年的心弦。该文被《中国青年报》转载，中央人民广播电台全文播报，法新社等外国通讯社也作了专门报道，《青年一代》“打破了‘四人帮’长期设置的男女恋爱问题的禁区”。1980 年 8 月第 4 期的《青年一代》刊登了《大姑娘的苦恼》，一位 27 岁女青年向社会“征友”，主编夏画回忆：“有六百多封来信，全部都要向她来求婚。”这比 1981 年《人民日报》下属《市场报》宣传的“新中国公开征婚第一人”丁乃钧的征婚行为早了 5 个月。该征友活动还延展出 1980 年第6期的“大小伙子的苦恼”征友活动和1988年的“寻知音，找对象”活动。1981年第4期的《可不可以这样追求爱情?》，开启了为期9个月的关于“爱情自由”与“感情道德”的读者讨论，到1982年3月底，编辑部“陆续收到读者来信1611件”，引起了读者的广泛重视。1982年第6期的《风波》，讲述一位青年改革能手遭遇非议，在读者中引起广泛同情和支持，1983年2月20日的《人民日报》将该文重新发表。此外，《青年一代》还曾开展“我的业余生活”（刊文13篇，1982年）、“人啊，应该怎样相处”（刊文22篇，1983—1984年）、“我的命运”（刊文18篇，1988年）等征文活动，“每次讨论、征文，编辑部都能收到几百几千以至上万件来信、来稿”。这类文章所以能打动读者的心，因为内容生动、文字优美，还因为以它朴实的感情、真切的事例、浓厚的生活气息，寄寓着深邃的人生哲理，感染读者，从而产生共鸣。

该刊还多次与其他青年期刊合作，以进一步实现“三性结合”与密切联系群众。1988年3月与广东《黄金时代》共同架设“友谊之桥”，为读者架起友谊的桥梁，让每个人都能在自己的生活圈外以至天南地北找到亲密的朋友；同年5月，为回应读者重办“征婚启事”，两刊再次联手，为未婚青年开设“寻知音，找对象”的服务。

《青年一代》从1993年由双月刊改为月刊后，仍坚持“三性结合”与联系青年实际的办刊原则，针对“生在困难时期，长在动乱时期，关键时刻（面临升学、就业）又处在调整时期”，“对前途观望叹息，用怀疑的眼光观察周围事物和各式人”的青年办刊，提出了“中间层青年”这一特殊的读者群体。注重反映青年现实、青年动向与国内外青年信息，强调新闻性、可读性、真实性，密切联系青年人的思想实际、恋爱婚姻、求知、求乐、求富及各地青年普遍关心的问题，出版后青年读者比较欢迎，赞扬它是一种“创新”，是青年的真挚朋友。

三、创办《少女》子刊

1987年1月，《青年一代》编辑部拟定出版《少女》增刊，以了解少女世界，研究少女问题，指导少女学习、生活、思想为己任。专辑力图给予少女思想道德品质方面的教育，知识文娱体育方面的指导，性格锻炼意志培养方面的熏陶，社会心理人际关系方面的启蒙，青春发育生理卫生方面的常识，等等，将为少女的成长、教育竭尽全力。1990 年第 3 期正式定为双月刊。自第 1 期始，有"少女言今述志、自我描述"，有"指导少女如何走向聪慧之路，如何与人相处，怎样懂礼貌、讨人喜"，有"反映父母与女儿、老师和学生相互看法、意见、态度，求得沟通、理解、和谐"，有"少女的心灵写真，写真情实感，写对社会对人生看法，活生生呈现出少女的内心世界"，有"诗歌、散文、小报告文学、小说等"；开设了《少女礼节》《珊珊告诉你》《她和爸爸奶奶》《师生之间》《请你认识她》《心理探秘》《社会摄影》《名著欣赏》《少男世界》《生活顾问》等栏目及同主题专栏，承袭了《青年一代》的办刊特色。

《少女》的创办，将"少男少女"这一群体从《青年一代》的读者对象中分离出来，《青年一代》从而更专注地为"中间层青年"办刊。1993 年第 1 期开始，《少女》改由《少女》编辑部出版，实现独立；1994 年改为由邮局发行；2008 年停刊。

《青年一代》曾多次参与或召开期刊改革会议，始终在前进中坚持自己的刊物特色。在 1980 年 8 月上海出版局召开的所属出版社编辑出版的刊物负责人会议上，《青年一代》负责人提出，为使刊物更有个性和特色，办刊物也要扬长避短，并进一步加强调查研究，听取读者反映，每期出版后开座谈会征求意见。1985 年，编辑部在青岛举行了改革与发展研讨会，讨论如何使刊物内容更深一些、更新一些、更广一些等问题。1988 年，刊物的四十多位作者和编辑在安徽黄山召开改革与发展研讨会，会上有人提出"'读者'，是我们刊物的上帝！"1989 年 7 月，《青年一代》与《中国青年》《新体育》《青年文摘》《世界博览》《演讲与口才》《辽宁青年》《读者文摘》《福建青年》《健康之友》《农村青年》《风流一代》等 12 家期刊总（主）编在苏州大学开会，针对国内期刊出版环境共商协作良策。1989 年年底，在厦门召开创刊十周年研讨会，对《青年一代》10 年的办刊经验与体会予以梳理。

《青年一代》的发展状态在新时期的社办青年期刊中具有典型意义。1985 年，在上海地区精神产品的抽样调查中该刊被评为"十种优秀精神产品"，在《北京晚报》举行的"最佳杂志大家评"活动中被评为"十五种群众最喜欢的杂志"之一；1988 年被评为"上海市十佳刊物"之一。

第三章

解放思想与期刊复刊

复刊，是原有刊物停止出版后又以原刊名恢复出版，并累积记载刊物期号的连续出版的行为。“文化大革命”中绝大部分被迫停刊的期刊，在解放思想、拨乱反正中逐步得到复刊。第一个复刊的是《世界文学》，发生在1977年。复刊过程中，冲突最激烈、社会反响最深刻的是1978年复刊的《中国青年》，其复刊活动发生在党的十一届三中全会之前，思想交锋有其历史的必然性，因而具有重要的史料研究价值。

第一节　《中国青年》复刊的引领作用

《中国青年》是中国共产主义青年团的机关刊，一直伴随着中国共产党成长壮大、执掌政权和社会治理的历程，见证了近百年中国社会的变迁，在20世纪思想文化史和青年运动史上占有极其重要的地位。《中国青年》1923年10月创刊于上海，1927年10月停刊；1939年4月复刊于延安，后于1941年3月停刊；1948年12月再次复刊于河北平山县，后于1966年8月再度停刊。

一、复刊号事件

《中国青年》1978年复刊因政治因素复杂而历时较长。

1973年10月，中国青年杂志社部分工作人员回京后筹备复刊。1978年5月4日，中共中央发出《关于召开共青团第十次全国代表大会的通知》，决定《中国青年》《中国青年报》《中国少年报》要积极准备，在全国团代会前后陆续复刊。这是《中国青年》出版史上第三次复刊，由关志豪、王江云主持启动。

图 3－1　《中国青年》

《中国青年》即将再复刊的消息引来各方关注。他们关注在这新时期当口，《中国青年》复刊亮什么旗、迈什么步、以何种面目出现在读者面前。秉承胡耀邦任团中央第一书记时《中国青年》形成的“吃透两头”[①] 的传统，1978 年 5 月，编辑部在关志豪主持下兵分七路，分赴十几个省市进行了一个月的调查，收集基层群众需要澄清、需要回答、需要探索、需要思考的问题。据筹备组负责人之一的王江云回忆，当时，来自于青年人的问题集中反映在这几个方面：如何看待毛泽东亲自发动的“文化大革命”？如何看待天安门事件？如何看待“文化大革命”中被打倒致死的刘少奇、彭德怀等人？如何看待无产阶级专政下继续革命的理论？如何认识阶级斗争是主课同经济建设是中心的关系？复刊号要不要涉及这些问题？能不能回答？怎么回答？[②] 当时真理标准问题讨论尚未展开，复刊后的《中国青年》又试图回答这些难以回避的问题，这不能不说是一场严峻的考验。

编辑部既觉得责任重大，又深感压力沉重。1977 年 7 月 7 日，关志豪、王江云、郭楠柠一同拜访了时任中央组织部部长胡耀邦，向他征求对

---

① 指吃透下面青年的实际情况和上面的中央精神。

② 段跃：《〈中国青年〉复刊号事件》，见邱石主编《共和国轶事　共和国重大事件和决策内幕》，经济日报出版社 1998 年版，第 1794 页。

《中国青年》复刊号办刊方针的意见。胡耀邦主张思想解放。当问及复刊号主要挂帅文章该是什么题目时，胡耀邦毫不犹豫回答说：“破除迷信，掌握科学”。谈到典型宣传时，胡耀邦主张要优先宣传反“四人帮”的青年英雄人物，可以开设一个栏目，叫作《反“四人帮”青年英雄谱》，复刊后可以连续报道，这才能反映出这一代青年的精神风貌，并指示要搞确实。① 编辑部反复讨论胡耀邦提出的思想和调查结果，最终确定了复刊号的基本方针：旗帜鲜明地回答青年提出的问题，负责任地反映青年人的要求。

复刊号头条是特约评论员文章《破除迷信，掌握科学》，文章呼吁：“为了加快四个现代化的步伐，要思想解放一点，胆量更壮一点，步子迈得更大一点，办法更多一点。”与此呼应的是邢贲思的《“句句是真理”为什么是荒谬的》，作者掌握了大量的青年思想动态，所以文章的内容能做到有的放矢，很有针对性。② 文艺部还从天安门广场张贴过的诗中编选了《青年革命诗抄》，并采写了报告文学《革命何须怕断头——记同“四人帮”英勇斗争的青年工人韩志雄》等文章。1978 年 9 月 6—7 日的《人民日报》和新华社先后发出《中国青年》将复刊出版的消息。9 月 10 日，在北京印刷的 60 万册刊物全部印完，北京地区就有四万多册发到读者手中。同时，依照“文化大革命”前的惯例将杂志分送到中央领导手中。但是，9 月 10 日，当时分管团中央的中央领导对《中国青年》复刊号提出严厉批评，下令停发。经过编辑部的据理力争，9 月 15 日复刊号再次发行，刊物内文没有抽文章，也没有做任何删节和修改，只加印了插页——毛主席像、毛主席诗词和华主席题词。

这一期的《中国青年》发行 300 万册，《人民日报》转发了复刊号上的特约评论员文章《破除迷信，掌握科学》，随后很多大报刊也纷纷转载了这篇文章。一时，《中国青年》敢于坚持真理、不惧权威的胆识在新闻界被传为佳话。

---

① 孙兴盛：《〈中国青年〉复刊风波》，《百年潮》2008 年第 10 期。

② 成晓明：《一复刊就向“凡是派”开仗》，见彭波主编《传奇如歌——〈中国青年〉的故事》，上海人民出版社 2000 年版，第 10 页。

1978年10月20日，《中国青年》举行创刊55周年纪念会，到会的同志热烈地赞扬复刊后的《中国青年》敢于说真话讲真理的战斗风格，认为这是一个良好的开端，希望《中国青年》保持和发扬前辈革命家办报刊的那种敢讲真话、坚持真理的革命精神，高举毛主席的伟大旗帜，勇敢地站在思想战线的前列。[①] 第二天的《人民日报》刊发了题为《赞扬复刊后的〈中国青年〉敢于讲真理》的报道，认为它办得旗帜鲜明、尖锐泼辣、生动活泼。10月28日，邓颖超在政协礼堂接见出席共青团十大的女代表时，她握着《中国青年》记者刘全聚的手说："你们是很勇敢的啊!"即指《中国青年》复刊号的出版。

二、复刊的历史意义

《中国青年》复刊号事件是拨乱反正过程中影响深远的政治事件，事件过程波及远不止在期刊界，其"有惊无险"的过程主要在于正义力量的胜利，而非单独依靠期刊社自身的力量，因此影响深远而广泛。它首先在于为天安门事件平反成功创造了全国性舆论，是改革开放传播史上的经典案例，凝结了极为丰富的舆论学内涵。《中国青年》复刊群体在复刊行为中表现出高度的政治觉悟和几乎无懈可击的智慧，树立了期刊在政治激流中乘风破浪、推进改革开放历史进程的经典样本。复刊号从主题策划、重点专题文章的写作以及编辑、出版进度的时间节奏把控等，都丝丝入扣、周密策划，[②] 开改革开放期刊史上重大影响报道、策划的先河，因而具有重要的历史意义。

（一）复刊号"以其惊世骇俗的勇气和个性，开启了改革开放期刊史的征程"

《中国青年》复刊，可以说是编辑群体的政治觉醒开启了改革开放期刊史的新征程。一方面，作为机关刊，《中国青年》本该如它在"文化大

---

① 《人民日报》1978年10月22日。

② 作为主力参与复刊号编辑出版、时任中国青年杂志社文艺部主任的宋文郁在《为天安门事件平反鼓与呼》中回忆说："1978年9月10日出版的《中国青年》复刊第一期，是我们编辑、记者们精心设计编辑的。"参见彭波主编《传奇如歌——〈中国青年〉的故事》，上海人民出版社2000年版，第17页。

革命”前那样，每一期严格按照上级的指示精神完成宣传配合任务，但在1978年，无论是社会发展形势还是编辑的思想，都发生了巨大的变化，上传下达式的宣传模式已无法再让人接受。粉碎“四人帮”后，人们不得不继续进一步思考中国的发展，打破思想的禁锢已成为人们渐渐明确的要求，在“实践是检验真理的唯一标准”的大讨论中，人们开始小心翼翼但极其热切地关注着一系列敏感的问题。在思想的禁锢中生产力的解放根本无法实现，实现四个现代化也就成了一句空泛的政治口号。是前进还是倒退，是在沉默中等待还是冲破禁区，已是摆在所有人面前的一个无法回避的选择。另一方面，经过“文化大革命”的磨难，重新回到新闻出版岗位的编辑记者们普遍有一种跃跃欲试的激情，这种激情在紧张而兴奋地筹备《中国青年》复刊工作的编辑记者们身上尤为强烈。一位编辑这样说：“经过十年动乱，我们这些从‘五七’干校回来不久的编辑记者都憋了一肚子话要说，都有站在新时期时代最前列的愿望，都矢志履行编辑记者的神圣职责。”当时社会上思想解放的强烈要求与“两个凡是”的较量，使敏感的编辑记者们有一种置身历史转折点而发挥作用的激动。因此，从复刊伊始便充分展示其创刊时期曾有过的勇气和个性。①

（二）面对社会舆论，挺身而出，精心细致打造专题文章，引领舆论导向

《中国青年》复刊前，1976年4月5日的天安门事件是极为敏感的舆论热点。“四人帮”假借中央名义将其定性为“反革命事件”，成为国人心头的重痛。要彻底否定“文化大革命”，要深入揭批“四人帮”，就要重新评价天安门事件，为该事件被关押的青年平反。胡耀邦对复刊开辟《反“四人帮”青年英雄谱》专栏的建议，给《中国青年》以巨大鼓舞。② 这固然是顺应民心的重要支持力量，但在当时矛盾斗争的焦点时刻，这方面舆论的压制力量同样强大，甚至更为强大。文艺部副主任陈

---

① 王林：《中国最富传奇的杂志》，见彭波主编《传奇如歌——〈中国青年〉的故事》，上海人民出版社2000年版，第11—12页。

② 宋文郁在《为天安门事件平反鼓与呼》中说：“胡耀邦的意见，使我们深受鼓舞，也启发我们开辟了一个专栏：《同“四人帮”斗争的青年英雄谱》。”见彭波主编《传奇如歌——〈中国青年〉的故事》，上海人民出版社2000年版，第19页。

汉涛了解到，《人民日报》采写编发的一篇揭露天安门事件真相的文章和文艺部编发的一版天安门诗抄，都在送给当时主管宣传的领导审查时被“枪毙”了。于是共同商量出一个办法：以《中国青年》复刊号为突破禁区的“第一只燕子”，如果成功了，《人民日报》再登。后来印证这样做是正确的。[①]

《中国青年》复刊号的人物报道，文艺部提出了两套方案。其一，报道先进青年，反映广大青年勇于承担建设社会主义现代化强国的历史重任，并无私奉献；其二，报道同“四人帮”作斗争的青年英雄人物，反映青年人忧国忧民、敢于同“四人帮”斗争的革命精神。文艺部主任宋文郁更倾向于后者，认为其宣传主题，在当时更为迫切、更能贴近时代、更能抓住广大青年的心，也能抓住广大人民群众的心。他还提议发表一组《青年革命诗抄》相配合。这一方案得到中国青年社领导的支持。陈汉涛找到《人民日报》群工部王永安，调研人物线索，宋文郁、陈汉涛等商量后选定北京市第二房修公司机械队共青团员韩志雄作为采访对象。

《革命何须怕断头》是宋文郁、陈汉涛、孙兴盛三人合作作品，三人讨论整体大纲后分段执笔，最后由宋文郁统稿。采写此文的最大难点和考验是，“既要写‘四·五天安门事件’，而通篇文章又不能出现‘四·五天安门事件’的字样。我们当时的想法是，既要为‘四·五天安门事件’平反大造舆论，又要让文章顺利地发表出来，发表后又经得起各方面的检查和挑剔。”宋文郁统稿后，又“请陈汉涛从头至尾挑毛病，仔细推敲，把所有可能授人以柄的地方，都要做好文字上的处理”。“直到认为这篇文章经得起各种检查、无懈可击时，这才送社领导阅后发排。”[②] 为了慎重起见，在付印前社里将文章小样送给胡耀邦审阅，胡耀邦说不看文章了，但嘱咐把所写的事实核对准确无误。为了慎重和周到，社里又把该文小样送给团中央十大筹备组韩英、王照华（原团中央书记）和邢崇智（原团中央

---

① 段跃：《〈中国青年〉复刊号事件》，见邱石主编《共和国轶事》第一卷《共和国重大事件和决策内幕》，经济日报出版社 1998 年版，第 1796 页。

② 宋文郁：《为天安门事件平反鼓与呼》，见彭波主编《传奇如歌——〈中国青年〉的故事》，上海人民出版社 2000 年版，第 23 页。

常委）审阅，退还编辑部后才签字付印。[①] 著名诗人艾青看到《中国青年》复刊号上韩志雄的报道后，在《诗刊》1978 年 12 月号发表了一首脍炙人口的长诗《在浪尖上——给韩志雄与他同一代的青年朋友》。艾青在诗中深情地写道："我把你介绍给别人：／'这是一个英雄。'／你却笑着否认：／'不是英雄，是韩志雄'／自封的'英雄'当然可耻/人民给的称号最光荣——你是当之无愧的"。韩志雄受到广大青年的普遍赞扬，之后当选为共青团十大代表，还当选为第十届中央委员。

第二节　期刊复刊的影响和意义

一、复刊带有深刻的时代印痕

这一阶段的期刊复刊大多形成社会反响较大的文化事件，引起报纸和社会的广泛关注。其《复刊词》也多少反映了特定的时代印痕。

1977 年复刊的《世界文学》，1953 年创刊时名为《译文》，1959 年改为《世界文学》。复刊号 1977 年第 1 期（总内第 1 期）版权页标明"内部发行"，没有标明具体月份。1978 年第 1 期是"总内第 3 期"，出版于 1978 年 2 月 15 日，由此推断该刊复刊当不晚于 1977 年 10 月。[②] 因在党的十一届三中全会召开之前，新旧交替的时代痕迹尤其明显，封面选用《毛主席与外国青年在一起》的照片。复刊的最初几期内部发行，自 1978 年第 2 期起交邮局公开发行。第 2 期出版于当年 11 月 25 日，而 1978 年第 4 期出版于当年 8 月 15 日，为何出版时间如此倒错，不得而知。庄嘉宁回忆："1978 年下半年，刊物由内部转为全国邮局公开发行"，[③] "下半年"

① 宋文郁：《为天安门事件平反鼓与呼》，见彭波主编《传奇如歌——〈中国青年〉的故事》，上海人民出版社 2000 年版，第 23—24 页。

② 佐证这一时间推断的还有，茅盾为复刊号写的笔谈《向鲁迅学习》文末注明"1977 年 7 月 8 日写完"。冯至为该号写的笔谈《论"洋为中用"》长达 20 页，文末标注"1977 年 7 月 31 日写完，1977 年 8 月 25 日修改"。

③ 庄嘉宁：《〈世界文学〉中的美术》，社会科学文献出版社 2013 年版，第 75 页。

实为年末。其“筹备过程较急促”,[①] 主编冯至为复刊号撰写的《论“洋为中用”》写作于1977年7月31日，修改于8月25日，其良苦用心在于引用毛泽东《在延安文艺座谈会上的讲话》发表以来的经典语录，以含蓄证明复刊《世界文学》的必要性，因此说其复刊带有较深的时代交替烙印。

《大众电影》1979年1月在北京复刊，该刊1966年在上海停刊，复刊号由《大众电影》编辑部编辑，中国电影出版社出版。袁文殊撰写了复刊词《祝〈大众电影〉复刊》:“《大众电影》从1950年创刊到被林彪、‘四人帮’扼杀的1966年以前共出版了306期，这次复刊是从第307期开始的。《大众电影》是一个最有群众性的全国性的电影刊物，每一期《大众电影》都联系着国内外千百万读者，也关系着亿万电影观众。所以我们肩负的任务是非同小可的。做好这一工作又是有十分重大意义的。在整个的编辑工作中，必须说真话，不能说假话，这又是一个根本的前提。如果离开了这个前提，则将是对千百万读者的犯罪。”[②]

1979年2月2日,《人民日报》转发新华社1月28日消息:“复刊后的《大众电影》将继续发扬传统，通过新片评介、电影故事、电影欣赏、电影常识、电影歌曲、国内外电影消息、电影工作者动态、读者来信来稿等多种栏目和文章，帮助广大群众理解和欣赏影片，向读者介绍国内外电影界情况，密切电影观众和电影工作者的联系。”[③]

同样停刊于1966年、复刊于1979年的刊物还有1934年创刊的《世界知识》，这是一个兼具时事性、知识性、理论性的通俗的国际问题刊物。1979年1月1日复刊时，华国锋题词：“放眼世界，普及和提高国际知识”。其《复刊词》还特别提到“文化大革命”中遭到迫害致死的刊物的负责人、编辑和作者，并致以深切的悼念。

1979年5月复刊的《知识就是力量》，创刊于1956年3月，是沿用苏联同名期刊的科普期刊。复刊后继续用周恩来题写的刊名，卷首发表编辑

① 庄嘉宁:《〈世界文学〉中的美术》，社会科学文献出版社2013年版，第74页。
② 袁文殊:《祝〈大众电影〉复刊》,《大众电影》1979年第1期。
③ 《〈大众电影〉等三刊物将复刊》,《人民日报》1979年2月2日。

部长文《敬爱的周总理与科学普及工作》。其《复刊词》说：复刊后“将以创作为主，适当编译一些国外科技知识材料”，“希望成为科普创作中的《收获》”。[①]

二、一批20世纪五六十年代停办期刊的复刊

20世纪80年代复刊的期刊并非全部停办于“文化大革命”期间，也有的停办于物质生产紧张的1960年前后，这批期刊复刊标志着这一阶段中国期刊的全面复苏。例如，中国青年出版社主办的《旅行家》创刊于1955年1月，停刊于1960年7月，复刊于1980年1月。复刊号接续前期编为总第67期，由中国青年出版社以书号出版，交新华书店北京发行所发行，全国各地新华书店代售，印数17.3万册。李庚在《复刊词》中说：

> 《旅行家》有它的特点和个性。它要做的是介绍我们这个国家和这个地球的“面貌”；介绍山川景物、风土人情、先民长期积累的文化遗产，今人日新月异的崭新创造。从这一方面，让大家“看看”、认识认识我们生活的国土和世界。这是正当的有益的。可惜，后来“旅行”也有了“资产阶级生活方式”的嫌疑。这种刊物“从政治上看”，至少“不是那么需要”。《旅行家》就停刊了。

《新观察》也于1980年复刊。该刊的自身经历，亦是中国社会的思想生活中一个不大不小的事件。[②] 至1989年停刊时，共出版450期。

第三节　《半月谈》：辐射全国，影响一代

“新华社办杂志是改革开放以来的创举。”[③] 这一以改革开放来定义、修饰的创举，始于1980年出版《半月谈》和《环球》。《半月谈》以“辐

① 《复刊的话》，《知识就是力量》1979年第1期。

② 宋振庭：《要观察，更要思考》，《新观察》1980年复刊号。

③ 陈联：《图文并茂：〈瞭望〉周刊的特色和追求》，载新华社新闻研究所编《新闻周刊的理论与实践》，新华出版社1991年版，第228页。

射全国、影响一代”著称，“辐射全国”指它作为“中华第一刊”的发行量与覆盖率；“影响一代”则既指其出版活动鲜明典型地铭刻了20世纪80年代的期刊文化特征，也指其破旧立新的期刊传播效果。

一、沿革、刊名与宗旨

1979年国庆节后，中宣部召开省、地宣传部长会议。与会人员反映，地方做思想政治工作的干部缺乏权威性的时政宣传参考资料，希望中宣部创办一个类似新中国成立初期的《时事手册》的刊物。胡耀邦和常务副部长朱穆之都同意创办这样一份刊物，实际上中宣部正在调集干部准备办一份时政月刊。当他们了解到新华社正在准备恢复编辑出版《时事手册》，便决定把办刊物的事交给新华社来办，并要求争取在1980年春节就出版。

图3－2　《半月谈》

《半月谈》的复刊筹备始于1979年8、9月间，时任新华社国内部地方组副组长的叶佐标与人商议，为了更好地宣传党的十一届三中全会精神，满足县以下党政干部和工农兵群众学习时事政策的需要，准备恢复原由新华社地方部编辑的《时事手册》。此议得到地方组及国内部认同，叶佐标借来全套《时事手册》以备查考借鉴，还到印刷厂了解印刷每本《时事手册》的成本。“办刊方案”包括：办刊的宗旨、性质、内容、对象、编辑方针、栏目设置、刊物风格、开本和篇幅、四封设计的设想、预计发行50万册所需的新闻纸吨数、代印单位、发行渠道、发行费率、经营盈亏预测、所需编辑的人数，等等。其中预计发行50万册所需的新闻纸吨数，为当时以及20世纪80年代前期的创刊策划所特有，典型地反映了计划经济时代纸张供应的特征。

《半月谈》创始主编为闵凡路、叶佐标、喻权域。闵凡路此前任新华社辽宁分社副社长，曾在新华社总编室工作10年，是筹办和主持编辑部工作的负责人。叶佐标最先调研筹备，参与筹备的还有从新华社四川分社调任的喻权域和从新华社上海分社借调的周永康（1987年评定为高级记者）(1987年评定为高级记者)。筹备时，有沿用旧名以利发行、启用新名以突出80年代新气象两种不同意见，新名考虑的有《时事政策顾问》《时事与生活》《学习生活之友》《时事观察》《半月时事》《生活之友》等，直到1979年12月22日向中宣部递交办刊申请报告中，还只说“办一个类似50年代《时事手册》的半月刊，刊名待定”。

关于《半月谈》定名，喻权域回忆说，他们正在发愁，传来穆青同志的话：只要刊物办得好，刊名关系不大。文学刊物《十月》《当代》都是中性刊名，读者也欢迎。我们这个刊物是半月一期，就叫它《半月》吧。他们听到穆青这段话，周永康说：“半月”太简单，什么也没有说，加个“谈”字吧，叫它《半月谈》吧。① 喻权域立即拍手赞成，并得到穆青的同意。《半月谈》这个刊名就此定下来了，② 专家、领导充分肯定此刊的特色在于“谈”。③ 这一刊名是内容定位、读者定位和风格定位的集中浓缩。当时邮局对新老报刊执行不同的发行费率，袭用旧刊名和启用新刊名，有不同的经济收益：恢复《时事手册》，发行费率是25%；而以《半月谈》去登记，属于新办刊物，发行费率是售价的30%。这5个百分点的差额非同小可，一年少收入几十万元、上百万元。当时确有编辑同人推断袭用旧

---

① 周永康对此的回忆和解释是，“大家经过反复讨论，最后认为穆青同志提出的刊名——《半月》比较好。但又觉得可以根据刊物的特点做点改动。有的同志提出，卜迦丘过去写过一本《十日谈》，《人民日报》每天发表《今日谈》，那我们是否可以加上一个‘谈’字，变成《半月谈》呢？这个刊名，既可说明这本刊物每半月出版一期，具有时间上的概念，同时还说明这是一本专门谈论时事政策的刊物。最后大家取得了完全一致的意见，同意采用《半月谈》这个刊名。”周永康：《创刊前后》，见任家骥主编《半月谈10年》，半月谈杂志社1990年内部印行，第40页。

② 喻权域：《书生办刊记》，见任家骥主编《半月谈10年》，半月谈杂志社1990年内部印行，第28页。

③ 徐惟诚1990年5月在《半月谈》电视纪录片《携手共进这十年》中的讲话中说：“刊物的名称叫《半月谈》，带有谈心的意思。我们进行时事政策教育，很重要的一条，就是用谈心的方式，最容易为群众所接受。”见任家骥主编《半月谈10年》，半月谈杂志社1990年内部印行，第14页。

刘云山在《以“谈”取胜的〈半月谈〉》中说：“我以为《半月谈》的特色就在一个‘谈’字上。谈国事，谈心事，谈政治，谈经济，谈文化，谈生活，读者所关心的几乎无所不谈。这是其他刊物所不可比的。”参见《中国记者》1994年第8期。

刊名有利于吸引读者、扩大发行。即便后来《半月谈》很成功，喻权域也不讳言主张恢复《时事手册》这个老名字。①

《半月谈》于1980年5月出版。《发刊词》指出：这个刊物的前身是50年代创办的《时事手册》……我们将发扬《时事手册》面向基层的好传统，以党的四项基本原则为指导，紧紧围绕四化这个中心，密切联系实际，解放思想，办好刊物。《半月谈》的主要内容是，通俗解释时事政策，评说社会思潮，报道国内外大事新事，普及科技文化知识，讨论读者在四化进程中所遇到或关心的某些带普遍性的问题。我们力求做到政治性、知识性、趣味性三者结合，城乡共赏，力求比当年的《时事手册》内容更丰富，风格更活泼。读者一册在手，花时间不多，就可以知道天下大事。

二、中宣部委托新华社主办的党刊

1981年3月18日，时任中宣部常务副部长赵守一约《半月谈》负责人开会。穆青带领该刊总编辑李峰和闵凡路、叶佐标、喻权域三位主编与会，参加会议的还有时任中宣部宣传局局长韦明和丁磐石、黄韬。会上，赵守一谈到，1980年下半年以来，不断有从下面工作回来的干部反映，《半月谈》很受基层干部和群众的欢迎。中宣部派了些人下基层去调查，情况果然如此。中宣部组织了几位干部通读创刊以来的各期《半月谈》，发现这个刊物既坚持四项基本原则，又坚持改革开放，政治上与中央完全一致。中宣部发电报给几个省、区、市党委宣传部征求意见，所有的回电都称赞《半月谈》，认为它很适合基层干部和群众的需要，应支持它办好，广为发行。随后，邮电部也发出通知，要全国邮政部门优先保证《半月谈》的发行和运送；人民解放军总政治部亦发出通知，要求全军重视订阅《半月谈》。②

1981年3月24日，中宣部向各级党委宣传部门发出《关于改进〈半月谈〉杂志编辑工作和发行工作的通知》。要求各级党委宣传部门重视和

---

① 喻权域：《书生办刊记》，见任家骥主编《半月谈10年》，半月谈杂志社1990年内部印行，第34页。

② 喻权域：《书生办刊记》，见任家骥主编《半月谈10年》，半月谈杂志社1990年内部印行，第38页。

运用这个刊物，使它真正成为各地党委进行时事政策宣传和加强思想政治工作的一个有力武器，并注意协助邮政、铁路、交通等部门做好发行工作，使《半月谈》杂志真正发行到农村、工矿等基层单位，充分发挥它的作用。4 月 2 日，中宣部致函邮电部称，据反映，这个刊物发行渠道不畅通，有些地方订阅困难，要求改进发行工作，协助新华社解决有关问题。邮电部 4 月 21 日发出《关于大力加强〈半月谈〉杂志发行工作的通知》，要求各省、区、市局及各县、市邮局领导要重视杂志的发行工作，针对订销与投递工作中存在的问题，具体研究采取有力措施加以改进，积极做好收订、零售与运输、投递工作，对错过订期的可以破季收订，并积极发展零售工作，尽可能地适应城乡、工矿等广大读者的需要。喻权域认为："《半月谈》事业的转折点是 1981 年 3 月，从此开始大飞跃。"①

期刊出版是连续性的系统工程，对期刊现象的解析尤其要在时间的历史过程和对象自身各种媒介关系要素的结合上保持高度的理性。喻权域明确主张解析《半月谈》相关因素的后先次序与因果关联。他说，有人认为《半月谈》是靠中宣部的通知才发行到近五百万册，成为全国发行量最大的政治性刊物的，但不知道是因为《半月谈》办得好，受到广大基层干部、群众的欢迎，中宣部才为它发通知的。②

1981 年 4 月，胡耀邦在中央书记处会议上提出，由《半月谈》杂志首先发表中央关于农村工作的两个重要文件《中共中央关于进一步加强和完善农业生产责任制的通知》和《中共中央国务院关于积极发展农村多种经营的通知》，让广大农村基层干部和农民能直接看到中央文件，听到中央的声音。1981 年第 8 期全文发表这两个重要文件，受到全国广大干部、群众的普遍欢迎。这一期杂志发行量高达 460 万册，相当于平时发行量的 5 倍。独家刊发中央文件，《半月谈》一举奠定了深入基层的党刊地位。

1980 年 8 月，邓小平两次会见意大利记者法拉奇，发表了重要谈话。《半月谈》编辑部当年 10 月请示中央，可否公开发表这篇谈话，胡耀邦批

---

① 喻权域：《书生办刊记》，见任家骥主编《半月谈 10 年》，半月谈杂志社 1990 年内部印行，第 38 页。

② 喻权域：《书生办刊记》，见任家骥主编《半月谈 10 年》，半月谈杂志社 1990 年内部印行，第 38 页。

示同意。这是党中央领导第一次亲自给《半月谈》批准发表稿件。《半月谈》1980 年第 12、13 期连载了这篇谈话。这篇“邓小平答意大利记者问，就党的十一届三中全会后‘拨乱反正’时国内外对许多政治理论问题的疑惑作出了最权威的解答，全国报纸争相转载，外电亦纷纷转播，《半月谈》一时声誉鹊起”。[①]

此文一出，基本确立了该刊的权威地位。“香港报纸把《红旗》《半月谈》《瞭望》称之为中共三大权威刊物，法新社说《半月谈》是反映邓小平观点的刊物。”[②] 中宣部副部长王大明 1986 年 9 月在有关讲话中也说：“外国新闻机构在转发《半月谈》上的文章时，称之为‘中国的官方刊物’、‘有影响的中国官方杂志’，可见国外认为《半月谈》具有权威性的。”[③] 对《半月谈》而言，这是难得的殊荣。权威性是《半月谈》的核心竞争力和制胜法宝。关注改革、思想解放、大胆敏锐地触及群众关心的一系列重大问题，是《半月谈》这一 32 开的小杂志创刊初期成功赢得读者的关键所在。[④] 如果说《半月谈》能办得好，那首先是因为《半月谈》围绕改革，抓住了改革的脉搏，真正回答了群众最关心的问题，编辑和通讯员都把握住这一点。围绕改革了解群众的思想实际，每迈一步，群众怎么想，对这一步有些什么不同的看法，议论、争论，有些什么思想不通，然后有针对性回答这一问题。[⑤] 在通俗解释、宣传社会变迁等重大理论和实践问题的过程中，《半月谈》树立了权威性。

在 1980 年年底的中央工作会议上，中国科学院党组书记、副院长李昌写信给邓小平，建议在全国提出“建设社会主义精神文明”的目标。《半月谈》编辑部于 1981 年 1 月请示中央，拟公开发表此信。时任中央书记处书记的王任重批示：“很好，可以发表。”1981 年第 3 期摘要发表了李昌的

---

① 王启星：《〈半月谈〉长盛不衰》，《报刊管理》1999 年第 10 期。

② 闵凡路：《在〈半月谈〉第八次通讯员会议上的工作报告》，《半月谈通报》1986 年《第八次通讯员会议特刊》。

③ 《中共中央宣传部副部长王大明在〈半月谈〉第八次通讯员会议上的讲话》，《半月谈通报》1986 年《第八次通讯员会议特刊》。

④ 王启星：《〈半月谈〉长盛不衰》，《报刊管理》1999 年第 10 期。

⑤ 《中共中央宣传部副部长王大明在〈半月谈〉第八次通讯员会议上的讲话》，《半月谈通报》1986 年《第八次通讯员会议特刊》。

信，并开展了“建设社会主义精神文明”的讨论。社会主义精神文明是中国改革开放的重大理论命题，《半月谈》此举，敏锐高瞻，实证了“中华第一刊”[①] 的思想锋芒和理论锐气。1982 年发表的评论《破除“共产主义渺茫论”》，1983 年发表的《翻两番问题答疑》，1984 年刊登的《关于彻底否定“文化大革命”的问答》等重头稿件，均在国内外引起轰动。1988 年第 1 期开始，《半月谈》推出孙伶撰写，欧阳晓晴、任家骥定稿的长篇连载《中国改革开放进程纪事》，连载近两年，共 39 期，约十万字。这是《半月谈》历史上唯一的长篇连载，也是最早见诸公开出版物的改革开放历史梳理。

创始主编闵凡路在改革开放 30 周年时回顾说：“《半月谈》是与中国改革开放伴生共长的。杂志 28 年来出版近七百期，约六千多万字（仅算公开版）。它记述了党的十一届三中全会以来中国改革开放、建设发展的历史进程，记述了这 28 年间世界上发生的巨大变动。”[②] 该刊构成了一部我国人民冲破重重阻碍、把改革和建设推向前进的编年史。

三、“中华第一刊”的规模、组织基础与覆盖率

《半月谈》以其高发行量、大覆盖面而享有“中华第一刊”的美誉。这一说法的最早出处可能与 1994 年 8 月《中国记者》发表的文章有关。[③]

（一）发行量快速增长

《半月谈》及其系列刊物的征订数在创刊的第五年 1985 年突破 500 万册之后，到创刊 15 周年，已经有 10 年在 500 万册以上。这种盛况在中国新闻史上不曾有过，在亚洲各国也属前所未有。[④]

20 世纪 80 年代前期，无论老刊新刊发行量都有不同程度的快速增长，

---

① 吴廷俊说，《半月谈》“自 1985 年开始，发行量一直位居全国首位，最高时超过 700 万册，被誉为‘中华第一刊’，1995 年被评为时事政治类全国优秀期刊第一名”。见吴廷俊主编《中国新闻传播史（1978—2008）》，复旦大学出版社 2011 年版，第 303 页。

② 闵凡路：《在〈半月谈〉初创的那十三年》，《青年记者》2008 年第 28 期。

③ 文中指出，1995 年 3 月刘云山在约见杂志社负责人，听取工作汇报和《半月谈》创刊 15 周年纪念活动设想后，为杂志题词“中华第一刊”。

④ 于有海：《〈半月谈〉十五年》，见《当半月谈“老总”的岁月》，新华出版社 1998 年版，第 501 页。

以《半月谈》最为显著、典型。创刊后头五年，平均每年递增100万册，至1985年4月，发行量便达到503万册。据邮局的同志说：像《半月谈》这样连续五年平均每年增加100万册，在我国报刊发行史上是罕见的。[①]《半月谈》在1992年年初达到其单种单版发行量的最高峰724万册，[②] 被誉为“中华第一刊”，此为根本原因。“《半月谈》现象”的显性指标，首先在于发行量的数量级增长速度，其次才是由发行量折射的媒介关系。

据崔葆章日记记载，1980年6月6日，新华社副社长李普主持《半月谈》全体编辑出版人员座谈会，会上有人建议制定一个奋斗目标：今年年底50万册，明年年底100万册，三年内突破150万册。[③] 叶佐标说，同人下决心一定要使《半月谈》超过当年的《时事手册》，争取最高发行量达到150万册。[④] 发行量增长出乎办刊人意料并非《半月谈》独有，《读者文摘》（《读者》前身）亦然。这为20世纪80年代特有的期刊现象，有其形成机理及其本质性的期刊文化意义。《半月谈》自觉冲刺中国期刊的最高发行量始于1984年8月26日至9月1日，杂志召开第六次通讯员会议，闵凡路提出高举改革旗帜、开拓进取，到1985年创刊5周年时，发行量达到500万册。新华社社长穆青到会给通讯员发奖并讲话，希望编辑部和全体通讯员携手并肩，向1000万册的目标进军。[⑤]

求解《半月谈》发行量快速增长与中宣部下发文件的关系，需要年度的时点观察和10年持续增长的高峰时段观察的双重视角。1981年10月该

---

① 叶佐标：《艰难的起步》，见任家骥主编《半月谈10年》，半月谈杂志社1990年内部印行，第31页。据《〈半月谈〉十年大事记》记载：“据邮局统计，1985年3月底，《半月谈》（单本，即汉文公开版）发行量突破500万大关，达到5000766册。创刊五周年，发行量平均每年以百万册递增，这在中国报刊史实属罕见。1985年全年在海外发行累计13446册，分布在亚洲、非洲、欧洲、美洲、大洋洲。其中，香港地区订阅最多，其次是日本、朝鲜、美国、法国、联邦德国、苏联。”参见任家骥主编《半月谈10年》，半月谈杂志社1990年内部印行，第150页。

② 2016年2月19日上午闵凡路电话告知笔者。在《〈半月谈〉初创的那十三年》中，闵凡路说，“到我离开半月谈杂志社的时候，杂志的发行量达到724万册的高峰”。参见《半月谈30年》。

③ 崔葆章：《四百个日日夜夜——一个“临时工”的日记摘抄》，见任家骥主编《半月谈10年》，半月谈杂志社1990年内部印行，第101页。

④ 叶佐标：《艰难的起步》，见任家骥主编《半月谈10年》，半月谈杂志社1990年内部印行，第29页。

⑤ 任家骥等：《〈半月谈〉十年大事记》，见任家骥主编《半月谈10年》，半月谈杂志社1990年内部印行，第149页。

刊订户突破百万大关，达 101 万册，“提前一个季度实现年计划”，被崔葆章称为“爆炸性新闻”。这无疑与中宣部、邮电部下发文件有因果关联。但就其增长速度而言，只是其以往惯性的自然发展。因品种填补空白、潜在市场广阔、编辑部全体铆劲赶超《时事手册》等多方面原因，《半月谈》创刊后发行量增长迅猛；另外有中宣部下文后刊物发行量增长的滚动和累积效应。也就是说，期刊发行量增长有其因连续出版带来的自身运动机理。

因此，《半月谈》依托新华社的优势资源，依靠中宣部的政治力量，读者需求的市场力量，邮局系统的推送力量而形成合力，巩固了“中华第一刊”的地位。任何单一解释都难免违背历史真实，曲解期刊全面渗透社会，进而发展壮大的自身规律。

（二）“大编辑部战略”

“大编辑部”是对《半月谈》编辑出版队伍及其编辑出版活动组织形态的特称，是延安以来党的新闻出版传统在 20 世纪 80 年代的发扬光大。

《半月谈》从 1982 年起建立通讯员队伍，在全国 13 个省市发展了首批通讯员共 14 名，并于当年 4 月在北京举行了第一次全国通讯员会议。随着通讯员与编辑部交流沟通的深入，《半月谈》“大编辑部”思想酝酿成熟。1987 年 9 月，在北戴河召开的第九次通讯员会议上，闵凡路代表编委会的工作报告中首次提出“大编辑部战略”,① 一经提出便激起热烈反响，成为《半月谈》编辑出版工作的指导思想，被通称为“大编辑部”思想。后来《半月谈》通讯员达到五六百名，遍及全国各地市，并建立了 27 个省级和两个市级通联站，还另外聘请了八十多名特约记者。

关于“大”“小”编辑部的互动关系，通讯员这样描述：“‘小’是指编辑部，‘大’则是指遍布全国各地各条战线的五百多名通讯员和一大批特约记者。‘大’与‘小’有机和谐地统一在‘大编辑部’思想中，以

---

① 闵凡路在《向着全国最大最佳杂志的目标奋进——在〈半月谈〉第八次通讯员会议上的工作报告》“对今后工作的设想”中说：“一个指导思想，即确立‘大编辑部战略’，办好这样一个发行量巨大的时事政策性刊物，不能只靠 40 人的小编辑部，要靠包括记者、通讯员在内的 400 多人的大编辑部，要靠新华社、中宣部以及各级党委的大力支持。这样，我们的力量就不是单薄而是雄厚的了。”见《〈半月谈〉第八次通讯员会议文件汇编》，半月谈杂志社 1987 年打印本，第 9 页。

‘小’带‘大’，以‘大’促‘小’，‘大’‘小’结合，上下一心。有了一支通讯员队伍作为‘大编辑部’成员，就形成了一个遍布全国各地的与人民群众保持密切关系的信息网络。通过这个网络，可将基层干部群众的思想动态、舆论民情和各种信息及时反馈到‘小编辑部’；然后再把‘小编辑部’的意图和工作要求及时贯彻落实下去。‘大’‘小’配合，上下贯通，自成体系。”① “如果说，建立通讯员网络是我们党报党刊的优良传统，那么提出‘大编辑部’则是英明的首创。他们称通讯员为大编辑部里的人，是自家人，是《半月谈》的一员。自打第一次通讯员会议后，他们就想了很多办法，采取了很多措施，增强通讯员的主人翁意识和责任感。通讯员到北京，他们说是回编辑部，回到家里来坐一坐。编辑部不惜花费人力物力办刊物，办培训班，请专家权威人士做报告，用各种办法让通讯员开阔眼界、增长知识、提高素质。”②

《半月谈》的成功，通联部主任席军认为：“《半月谈》的独家优势——‘大编辑部’思想这面旗帜没有褪色。正是由于历届领导和杂志社全体同志高高举起了这面旗帜，才使《半月谈》在强手如林的报刊竞争中始终处于主动地位，保持了‘中华第一刊’的美誉。”③

因此，是五百多名通讯员与编辑部同志以及大编辑部其他成员一起，携手共创了《半月谈》的辉煌：“这支队伍的基本成员大多是省、地、市委宣传部的宣传干部，他们热情高、干劲大、责任心强。通讯员的任务，一是向刊物反映下情（包括基层干部、群众的思想动向，读者对刊物的意见和要求等）；二是为刊物撰写稿件和帮助组织一些重点稿件；三是协助宣传部门和邮电部门做好刊物的宣传、运用和发行工作。这是《半月谈》的‘独家优势’，也是《半月谈》10 年来能取得飞速发展的重要原因之一。”④

---

① 杨青峰：《为有幸加入大编辑部而欣慰》，见《半月谈 15 年》，半月谈杂志社 1995 年印行，第 76 页。

② 涂普生：《进谏如潮　从谏如流——〈半月谈〉成功秘诀之一》，见《半月谈 15 年》，半月谈杂志社 1995 年印行，第 70 页。

③ 席军：《“大编辑部思想”——一面永不褪色的旗帜》，见《半月谈 15 年》，半月谈杂志社 1995 年印行，第 62 页。

④ 任家骥等：《〈半月谈〉十年大事记》，见任家骥主编《半月谈 10 年》，半月谈杂志社 1990 年内部印行，第 147 页。

（三）覆盖率与传播深度

单种期刊发行量以期刊实物量形式描述其拥有的市场规模，是其传播广度的量化指标。对于《半月谈》而言，“中华第一刊”更意味着传播深度：“报纸刊物里面，真正能到基层和群众手里并发挥作用的，恐怕就是《半月谈》。要确保这个读者群，把党的声音传下去。这个作用是相当大的。”① 1991 年《半月谈》系列刊物增长幅度达到 20%，总发行量高达 632 万册。以当年全国 11 亿人口计，180 人就有一份《半月谈》系列刊。

“百人一份”是《半月谈》发行工作中的常用语，用以评估《半月谈》在某一行政区划市场的发行密度，也是衡量发行工作业绩的重要指标。基于中国共产党宣传系统的组织力量，《半月谈》的通讯员才可能动员基层组织资源订阅，“百人一册”就此而显示其系统发行的创造性。例如，《半月谈》1989 年第一季度青岛市的订阅数为 54986 册，内部版 11436 册，《时事报告》2214 册，共 68636 册。当年青岛市人口 634 万，平均 108 人一册，“其中平度县三种版本共 26346 册，平均 40 人一册。”②

（四）刊群及独特性

在改革开放期刊史上自发地形成了为数不多的几个品牌期刊群。《半月谈》刊群除主刊外，有子刊《半月谈内部版》《时事报告》《时事资料手册》《内部参考》等。这刊群起步并非最早，但总体规模较大，子刊发行量突破且多年稳定在百万册，因而成为少见有双百万期刊的刊群。这是其他刊群所没有的独特性。

1983 年 1 月底，《半月谈》推出第一个子刊《半月谈内部版》，最初名为《半月谈通讯》。每期印 5000 册赠阅，创始主编余振鹏。卷首《编者的话》明确其任务是，交流编辑部和记者、通讯员、作者积极分子之间的情况，加强联系、切磋业务，为进一步办好《半月谈》服务。后经文化部出版局批准，从 1985 年第 1 期起由赠阅改为内部征订，依靠《半月谈》自建的通讯员队伍，自办发行，发行 13 万册。当年第 7 期起，封面刊名后

---

① 徐光春：《正确的办刊方针，有效的工作方法——谈〈半月谈〉的宣传》，《漫谈新闻出版》，辽宁教育出版社 1996 年版。

② 王德艳：《青岛连续领先　平度仍居榜首》，《半月谈通讯》1989 年第 2 期。

加“（半月谈内部版）”，由侧重新闻业务转变为以传达精神、反映动向为主的综合性内部刊物。1986年1月正式改名为《半月谈内部版》，自办发行，第一期发行量26万册。此后以平均每年21万册的速度递增，1990年发行量达到115万册，成为订户超百万的杂志，“发行量最高时达180万册”。[①]

《半月谈内部版》与《半月谈》办刊宗旨不同，读者对象不同，其可读性强于诸多新闻单位编辑出版的“内参”，特色鲜明：“权威性——有来头，重事实，保准确，始终与中央保持一致；内部性——完全公开的东西不用，太机密，不能让大范围知道的不用；可读性——读者关心，较有兴味，文字力求活泼。”[②] 中宣部新闻局局长王树人评论说：“《半月谈》两个版本，各有特色，都不错。《内部版》是办得受欢迎的，是年年有起色的，所谓内不内、外不外，我看不正好占领了一个中间地带吗？你们不是在‘夹缝’中求生存，而是独辟了一种新的期刊，很有前途。”[③]

为了便于读者查阅、研究有关时事资料，半月谈杂志社自1981年起，把曾在《半月谈》和其他报刊上登载过的有长期参考价值的资料，以实录、问答、图表等形式汇编成册，每年出版一本特刊《时事资料手册》。它汇全年要事于一书，集天下风云于一册，内容丰富、材料齐全、事实准确、方便实用，深受读者喜爱，被称为学习时事政策的“小百科”。1994年起由年刊改为季刊。

1987年夏，中宣部宣传局把原由该局主办的《时事报告》交给《半月谈》编辑出版。该刊原由经济日报社管理，发行3万册。《半月谈》调研后将其改成与《半月谈》一样的版本，重新设置栏目，作为“半月谈系列刊物”进入其发行网络中，当年就发行13万册，第二年上升到60万册，最高年份超过100万册。[④] 1990年冬，《时事报告音像版》创刊，把时事报告录像配上画面出版发行。1991年8月，与烟台电视台合作创办了《国

---

① 闵凡路：《在〈半月谈〉初创的那十三年》，《青年记者》2008年第28期。

② 韦顺：《回顾〈内部版〉的诞生与学步》，见任家骥主编《半月谈10年》，半月谈杂志社1990年内部印行，第58页。

③ 韦顺：《回顾〈内部版〉的诞生与学步》，见任家骥主编《半月谈10年》，半月谈杂志社1990年内部印行，第59页。

④ 闵凡路：《在〈半月谈〉初创的那十三年》，《青年记者》2008年第28期。

际时事半月谈》电视专题节目，供150家城市电视台播放。这为新华社摄制电视节目积累了经验，为新华社音视频事业的发展奠定了基础。

四、《半月谈》在中国期刊史上的地位

《半月谈》深刻影响了改革开放的历史进程，其继承与创新、新闻传播改革等方面思想文化价值呈多元形态，因而在中国期刊史尤其是改革开放期刊史上具有重要地位。

（一）复刊的时点价值与期刊时段意义

《半月谈》复刊于《时事手册》，继承了过去的好传统，也从内容、编排、文风和发行范围等方面都超过老刊物。[①] 其恢复对广大读者的意义并不只是一个普通刊物的再次出版，实际上它代表了20世纪50年代正确思想的恢复、正常观念的恢复，以及另一种思想和观念的被摈弃。因此，实际上是作为政治改革的产物，诞生了一份时事政策刊物。[②]

从新中国成立的期刊时段看，《半月谈》是接力“百万大刊”冲刺“千万大刊”的领跑者。《时事手册》发行量过百万，是新中国期刊史上第一个发行量过百万的期刊。20世纪80年代，复刊新生的《半月谈》发行量长期稳定在500万册。这是它区别于同类群期刊的个性所在，象征了新中国期刊历史的巨大进步。

（二）改革开放期刊史上第一个时政期刊

《半月谈》是改革开放期刊史上第一个时政期刊，这既是它作为“中华第一刊”的木质内涵，也启迪了关联其主办单位新华社思考其历史地位的分析路径。“20世纪80年代初，《半月谈》和《瞭望》一样，既是当时社会改革开放的产物，同时也是新闻改革的突破口，其生动、权威、深入的报道内容开启了那个时代的新闻改革。”[③] 《半月谈》创刊早于《瞭望》半年多，时差作为关键因素决定了《半月谈》“破冰之旅”的难度和创新

---

① 穆青:《辐射全国影响一代》，见任家骥主编《半月谈10年》，半月谈杂志社1990年内部印行，第15页。

② 吴廷俊主编:《中国新闻传播史（1978—2008）》，复旦大学出版社2011年版，第302页。

③ 吴廷俊主编:《中国新闻传播史（1978—2008）》，复旦大学出版社2011年版，第301页。

的影响力度。

其一，《半月谈》的编辑方针及其影响。《半月谈》以小版本、短文章、大信息量为编辑方针，这在创刊之初即已明确，刊载的新鲜活泼、言之有物的短文，力求政治性、知识性、趣味性三者结合，而且通俗易懂、事实准确。① 闵凡路曾拟过一副对联："有软有硬有味道，一深一广一交叉"，强调报道内容要深，领域要宽，要在政治、经济、社会的交叉点上、接合部上做文章。创刊时期，李普就提出长文章要少，不要超过两千字，并且身体力行，开辟《学习与思考》专栏，连续发表《西藏新政的教益》《何来两极分化》《可敬的醴泉绣花手》三篇短文，受到读者好评。

其二，《半月谈》创办及其用稿标准倒逼新华社记者变革传播观念。创刊时，诸多记者"误以为总社创办《半月谈》就是为了解决新闻稿'落地'问题，甚至把它看成新华社的'次品收容所'。有的记者把好稿拿去发新华社通稿，把次品送给《半月谈》；通稿发出去没有报纸登，剪下新闻稿再往《半月谈》塞"。② 喻权域认为，记者必须研究《半月谈》，专门为《半月谈》写，才有希望。《半月谈》是独立的时政刊物，它的文章水平要高于报纸。能上报的文章多半不能上《半月谈》；报纸都不要的文章，《半月谈》更不要。因此创刊第一年所发表的记者文章，大半是经过编辑部加工甚至重写的。一年以后，情况才好转，逐步形成了一支作者队伍。

《半月谈》编辑部写稿、编稿都精益求精。崔葆章日记记载，1980 年第 3 期《答读者问》专栏中刊发了来稿《积极搞副业影响不影响入党入团?》，因为政策性强，答复必须有根有据，一篇七百来字的稿子，一天没编完，他第二天继续编，加进许多新内容重新改写，已经看不到原作的影子了。③ 1981 年 6 月编辑部研究第 12 期纪念"七一"60 周年的文章，他苦心经营三天，写了 4200 字。后经国内部主任李峰、副社长李普修改定

---

① 《欢迎投稿》，《半月谈》1980 年第 1 期。

② 喻权域：《书生办刊记》，见任家骥主编《半月谈 10 年》，半月谈杂志社 1990 年内部印行，第 35 页。

③ 崔葆章：《四百个日日夜夜——一个"临时工"的日记摘抄》，见任家骥主编《半月谈 10 年》，半月谈杂志社 1990 年内部印行，第 101 页。

稿，见刊时只有2500字。李普指出，“红卫兵语言应尽量少用”。[①]

其三，《半月谈》的期刊文本形式具有告别“文化大革命”的新闻传播转型的范式意义，比肩《读书》，影响深远。有学人注意到，“作为新闻改革的突破口，《半月谈》的内容风格是当时党的机关报所缺乏的。”[②] 创刊号第一个专栏为《国事与新事》，一篇文章题为《四项基本原则能解决“票子、房子、篮子、儿子”问题吗?》，直面人心，引起街谈巷议。刊风、文风，《半月谈》追求最下力气。

其四，《半月谈》高度重视图片。1988年“每期正文题图、插图采用照片均在10张以上，最多的一期是第14期用了19张”，“公开版1988年采用图片526幅，其中四封采用彩色片113幅、黑白片154幅，正文用图片259幅”。[③] 1992年《半月谈》公开版每月用图40张，内部版25张，时事报告15张，共80张图片。1993年《半月谈》从64页扩版为80页，每月用图100张。如此大量运用图片，当时少见。

（三）年度评选等创新举措

改革开放期刊史的本质是伴随社会变迁的期刊创新史。像《半月谈》这样的大刊名刊，都是靠改革而建立起现实影响和历史地位。《半月谈》的创新，分布在多个层面和多个维度。自创刊号起，它就设立了《小测验》专栏，1981年第1期将上年杂志的“小测验”汇编成《时事测验百题》，此后成为年度常规专题，深受欢迎，也成为高考和其他政治试卷出题的重要源头，这强化了刊物的实用性。该刊在全国期刊界第一个实行第一读者制，请读者在期刊付印前到厂阅读检查期刊编校质量，首次荣膺此任务的是崔葆章和王启星；而最具创始性、被效仿最多的是年度“十大评选”和承包经营。

《半月谈》1980年最后一期和1981年第1期先后推出《1980年国内十件大事》《1980年国际十件大事》，是中国报刊史首创。它集全年大事

---

① 崔葆章：《四百个日日夜夜——一个“临时工”的日记摘抄》，见任家骥主编《半月谈10年》，半月谈杂志社1990年内部印行，第103页。

② 吴廷俊主编：《中国新闻传播史》（1978—2008），复旦大学出版社2011年版，第303页。

③ 黄凤琴：《〈半月谈〉1988年采用照片情况》，《半月谈通讯》1988年第3期。

于一篇，简明扼要、引人注目。此后每年的《国内外十件大事》成为《半月谈》年末岁首的传统栏目，众多新闻媒体纷纷效仿，评选推出各行业、各领域的“十件大事”或“十大新闻”。此举于期刊的内容生产传播影响较为深远。1984 年第 1 期《半月谈》上刊登 1983 年国内十位新闻人物，并在封面上刊登每位新闻人物的肖像。这是继此前推选国内十件大事后，在新中国报刊史上的又一创举。在 1985 年第 1 期又推选年度国际十位新闻人物，与国内十位新闻人物同时刊登。

《半月谈》还是改革开放期刊史上第一个承包经营的中央期刊社。1983 年 7 月 1 日起，出版、发行、财务等经营管理业务从新华出版社剥离，移交半月谈杂志社自主负责。经新华社党组批准，半月谈杂志社与新华社总社事业发展局达成承包协议：“实行独立核算，自负盈亏。在有盈利的情况下，将纯利润 85% 上交给总社，留下 15% 给杂志社，作为事业发展基金、集体福利基金、奖励基金和总编辑基金。”①

1986 年 3 月杂志从新华社国内部独立。期刊出版单位行政级别升格，《半月谈》并非最早、更非最后，但就中央期刊而言，是最早也影响最大的，示范意义明显。

第四节 《装饰》复刊重塑国家设计艺术大刊

一、复刊及其背景

1958 年创刊的《装饰》是中国期刊史上个性卓异、影响深远的期刊，相当长时段里是全国唯一的工艺美术综合性学术期刊，1960 年停刊。

随着 1977 年中央工艺美术学院恢复招生和 1979 年全国工艺美术艺人创作设计人员代表大会在北京召开，并成立有史以来第一个工艺美术学会，《装饰》的复刊也提到议事日程。国家出版局代局长陈翰伯很关心《装饰》的复刊，1979 年 3 月在书籍装帧工作座谈会上为“《装饰》杂志

① 叶佐标：《艰难的起步》，见任家骥主编《半月谈 10 年》，半月谈杂志社 1990 年内部印行，第 31 页。

未能恢复”[①] 而焦急。1980 年 6 月，《装饰》复刊，同时还创刊《工艺美术论丛》，这成为中国工艺美术界的一件大事。新华社发布复刊消息，《人民日报》以《〈装饰〉杂志复刊》为题报道：“《装饰》工艺美术双月刊，是中央工艺美术学院主办的一本综合性工艺美术学术刊物。50 年代末创刊，先后出版了 12 期。现在，作为丛刊复刊了。《装饰》图文并茂，形象地介绍各种日用工业品和民族民间实用艺术；发表工艺美术和工艺美术教育方面的论文、译文，以及工艺美术科学技术的文章。”[②]

《装饰》复刊后至 1984 年总第 7 期为不定期连续出版丛刊，1984 年总第 8 期起改为季刊，交邮局发行，还在醒目位置标示“工艺美术季刊”，自总第 9 期起在封面标明出版年份。

《装饰》复刊之初的不定期连续出版是当时期刊出版的普遍现象。较为特殊的印刷装订工艺要求和匮乏的印刷物资、紧张的印刷生产能力，成为其难以定期出版的客观原因，实际也典型地反映了当时因为编、印、发总体落后而导致的较为落后的期刊出版水平。前 10 期《装饰》的出版情况见表 3 – 1。

表 3 – 1 《装饰》复刊后前 10 期出版情况一览表

期　号	出版时间	彩色图片页数	黑白图片页数
1	1980. 6	13	29
2	1980. 12	14	33
3	1981. 8	14	26
4	1982. 4	14	39
5	1983. 4	14	36
6	1983. 10	14	28
7	1983. 12	14	25
8	1984. 4	5	27
9	1984. 8	4	29
10	1984. 11	4	30

① 《陈翰伯出版文集》，中国书籍出版社 1995 年版，第 80 页。

② 梁任生：《〈装饰〉杂志复刊》，《人民日报》1980 年 8 月 2 日。

1986年第3期刊登《〈装饰〉、〈美术〉延期出刊声明》（原载于1986年5月13日《光明日报》），文中提到，由于出版管理上的缺陷，《装饰》1986年第1期，因纸张、印刷等问题长期拖延出版。文后附《装饰》编辑部“编者按”：从人民美术出版社有关部门获悉，今后他们将做到定期出刊。自1980年复刊到1987年年底，《装饰》出版了22期。自1988年第1期起，总期号更正为“总第35期”，即从1958年创刊号算起，逐期累计。《装饰》还在该期刊发《更正本刊总期号的说明》，后来再次强调：“任何一份期刊的总期号，都从创刊号算起，这是常识。这个更正，是尊重历史，也体现了后人对前辈创业者的一片敬意。”①

二、办刊宗旨及历史传承

《装饰》复刊后历经数十年发展，已成为代表国家设计学科发展水平的大刊。其发展以主编轮替而有阶段性，著名艺术家袁运甫称赞它最可贵的地方在于“学术上的一致性和延续性，很难得”，是“发扬民族民间艺术的精华”。② 1980年到1985年是《装饰》复刊后的第一阶段，主编吴劳在创刊时曾与张仃、张光宇同任执行编委，保证了刊物的继承性。复刊后的主要内容包括：日用工艺美术（日用轻工业品、印染丝织服装、日用手工艺），工业美术品，手工艺品、书籍装帧、商品包装装潢，装饰绘画（包括壁画）、装饰雕刻，室内室外装饰和建筑美术，民族民间工艺美术，古代工艺美术，外国工艺美术，工艺美术教育，以及其他形式的工艺美术创作设计、论文、译文，有关工艺美术科学

图3－3　《装饰》

① 《装饰》编辑部：《缲缀手记——装饰编务备忘》，《装饰》1991年第4期。

② 本刊记者：《纪念〈装饰〉创刊40周年座谈会纪要》，《装饰》1998年第6期。

技术的文献。①

《装饰》复刊号的封面是张仃设计的首都机场壁画《哪吒闹海》；内文汇编了众多专家学者的经典文章，有王家树的《提高工艺美术品的水平》、庞薰琹的《论工艺美术和工艺美术教育》、雷圭元的《漫谈中国传统图案中的美的格式》等，丁聪、韩美林、马长山、黄苗子等文章均收录其中；既延续了创刊时期对本土民间工艺美术和民间传统美术的理论建设研究的办刊方向，又以专题、专栏等形式对复刊后的《装饰》发展产生了相当的影响。此后一段时期内刊发的以知名工艺美术学者文章为主，如总第 2 期李绵璐的《对工艺美术教育的几点想法》、总第 3 期庞薰琹的《应该从全面看问题》、总第 4 期王家树的《"民间工艺"释》等，都是民间美术和传统工艺美术发展时期的论文经典之作。有论者指出："《装饰》向读者、向整个工艺美术界举荐民间美术，意在高扬一种清新、刚健、质朴的美学风格，意在形象地阐释实用、经济、美观创造原则和价值准则，意在展示对传统、对现实的理性思考，意在以亲近的事物向人们申明工艺美术深刻而根本的涵义，意在从思想上认识和生产实践上'开启一个中国工艺美术的新纪元'。"②

"复刊初期，张仃院长请来著名漫画家丁聪先生进行指导，梁任生先生主持日常工作。丁聪先生负责每期《装饰》图片的选定，亲手画版式。"③《装饰》与《读书》一起，成为现代期刊史上少有的由丁聪亲自设计版式的期刊。此后，《装饰》自觉"继承张光宇先生和丁聪先生这两位艺术总编缔造的装饰杂志的艺术风貌，珍惜这个刊物特有的风格，开拓创新，走向国际化"。④

1985 年第 4 期的《稿约》表明该刊定性的变化和深化："《装饰》是工艺美术综合性学术刊物。她致力于研讨美化人们的衣、食、住、行、用，促进工艺美术事业的发展。""《装饰》的综合性，既是它的难点，也是它的优点和特点，综合促使它站得高，才能看得远，只有兼收并蓄，才

① 《编后》，《装饰》复刊号，1980 年。
② 彭迪、孙建君：《〈装饰〉与当代中国工艺美术理论建设》，《装饰》1991 年第 4 期。
③ 王家树：《〈装饰〉杂志刊行百期感怀》，《装饰》2001 年第 2 期。
④ 庄边：《〈装饰〉杂志创刊 43 周年暨刊行 100 期座谈会发言摘要》，《装饰》2001 年第 6 期。

能宏观把握艺术设计的未来。”① 杂和专、综合性和专业性的平衡统一，一直是期刊内容定位的难点，《装饰》于此可圈可点。

杭间深有感触地说：对于《装饰》的复刊，老一辈创业者一定是悲喜交集，但让他们始料不及的是，面对形势，《装饰》无法专心在原有的学术积累下向前递进，要花相当多的精力连接纯正的传统，使之薪火相传。这一阶段，国家称之为“新时期”，同样，对于《装饰》来说亦然，它基本延续了20世纪50年代的办刊思想，并将它从丛刊改为定期交由邮局发行的季刊，同时又明确《装饰》兼为中央工艺美术学院学报。除了吴劳先生外，这一时期先后为《装饰》付出巨大心力的有丁聪、李绵璐、梁任生、郭华、李尊贤等，到了80年代中后期，《装饰》已经是一本学术声誉良好、发行量可观的杂志了。②

1987年至1992年何燕明主编（陶如让任副主编）时期，是《装饰》的重要发展阶段。何燕明作为《装饰》第三任主编，对办刊方针有了较大调整，从而进入了一个全新时期。何燕明1956年调入中央工艺美术学院，任庞薰琹先生的专业秘书。他对《装饰》的发展卓有建树，为其品牌建设做出了独到贡献。其一，强化了《装饰》个性。“在80年代中国的工艺美术和设计的情况有了很大的变化，探索性、理论性增强了。《装饰》也表现出理论研究的格局，包括问题意识，奠定了今天的工艺美术的理论研究的大格局，也对今天的理论思考有着非常深远的影响。”其二，创建了一组出现频率较高且相对固定的专栏，如《刊眉短语》《艺苑撷英》《求索与争鸣》《理论之树》《教学论坛》《设计纵横》《人物风采》《域外艺廊》《民艺之窗》等，这些专栏探讨这一时期的学术热点，结合现代设计、工艺文化、民艺研究等方面，推出大量有影响的文章。栏目的定位和调整利于《装饰》生命力的深度开发，其办刊思想的布局更加成熟完善。其三，培养了同人“细微处见精神”的编辑意识。何燕明教编辑一个技巧，每个版面的最后段落，都要落在最后一行的最后一个字，或者是最后一行，保证那个版面是完整的，不会转页。这需要文编和美编的统一，是《装饰》

---

① 《装饰》1999年第6期《刊眉短语》。

② 杭间：《〈装饰〉之树》，《装饰》1998年第10期。

的一种开创之举。

1993 年中国装饰杂志社成立。1995 年由季刊改为双月刊发行。1996 年杭间任主编。《装饰》于 20 世纪 90 年代前期每期发行 5 万册。1999 年 11 月，中央工艺美术学院与清华大学合并，《装饰》杂志主办单位由中央工艺美术学院改为清华大学。90 年代的《装饰》以其特刊、专辑、专版等引人注目。《装饰》在改革开放以后顺应了设计领域的重大变革，推出了一批重要的文章和作品。[①] 1992 年第 4 期《装饰》推出了《纪念张光宇特刊》，这一期“名家效应”引发的印刷量、发行量之大达到了空前的程度。此外，《纪念庞薰琹专辑》（1985 年第 3 期）、《纪念陈叔亮专辑》（1992 年第 1 期）、《纪念张仃专版》（2005 年第 4 期）、《邱陵纪念专栏》（2009 年第 1 期）也取得较大的反响。“《装饰》杂志能时刻继承以往的传统，定期召开座谈研讨会，并且以更加多样的形式纪念张光宇、庞薰琹先生对《装饰》创刊初期所作出的巨大贡献。”[②] 悉心开掘本刊精神文化传统资源，以连续出版，专文、专题、专栏、专刊等多种期刊手段与时俱进，持续阐释，强化了《装饰》的向心力、个性和品牌。连续出版过程中继承性与开放性、创新性和稳定性的统一，使几代《装饰》人持续接力形成累积效应，这是《装饰》走向代表国家水平的权威大刊的关键原因。

2000 年以后，张夫也、赵萌、方晓风先后担任主编。这十余年是《装饰》的开放探索期，科技进步强化了现代设计对社会的强力渗透，乃至催生了设计文化产业，国际化大力拓宽了刊物的视野，学术活动活跃而多样。2002 年，刊物由双月刊变更为月刊。2008 年在创刊五十周年时举办了一系列大型庆典活动，纪念活动开幕式、“装饰·中国路——新中国设计文献展”、“从工艺美术到艺术设计”研讨会，同时出版《纪念创刊 50 周年·增刊》，精选历年发表的具有重要文献价值的文章，作为新中国艺术设计发展历程和《装饰》成长历程的见证。方晓风 2007 年任主编后，自主采编内容增多，每期撰写的《卷首语》（后更名为《写在前面》），从评论和思想角度增加了该刊的学术分量。2014 年以《写在前面》为题结集出版。

---

① 邵文：《〈装饰〉杂志人不惑之年》，《人民日报》1998 年 12 月 11 日。

② 庄边：《〈装饰〉杂志创刊 43 周年暨刊行 100 期座谈会发言摘要》，《装饰》2001 年第 6 期。

《装饰》是我国少数几个传承了20世纪30年代期刊传统的期刊之一。原中央工艺美术学院院长、《装饰》创办人张仃在《装饰》创刊40周年时回忆说，张光宇先生理想中要办一个像《装饰》这样的杂志，即后来的《万象》，出下来几期赔钱，胡考接办了两期，仍是亏本，办不下去。“解放后，张光宇先生到工艺美院，我和他商量，希望能再搞起来，一起想了个名字叫《装饰》。当时雷圭元、庞薰琹、徐振鹏先生都很赞成。开本考虑12开，便于登作品，我画了创刊号封面上面的‘衣食住行’四个标志代表了杂志的办刊宗旨。”① 对张光宇与30年代期刊文化的关联，杭间这样陈述其渊源：“张光宇先生当年主持时代图书公司时，曾出版发行了如《上海漫画》《时代画报》《万象》《时代漫画》等许多杂志。大概《万象》过于理想化了，仅出了三期就因赔钱而被迫停刊，但是张先生对于这本刊物情有独钟。据丁聪先生说，他甚至在1957年还想恢复它，等到1958年张仃先生从中央美术学院过来主持中央工艺美术学院的教学工作，两位40年代的朋友灵犀相通，因此共同创办《装饰》这本当时中国唯一的工艺美术学术刊物，便成了张光宇先生完成《万象》未竟理想的延续，甚至在刊名字体设计上，《装饰》和《万象》都有相似之处，这样算起来，《装饰》的历史更长了。”②

三、《装饰》在中国现代期刊史上的地位

《装饰》创刊之日便承载了中国现代工艺美术创造、艺术设计理性及理论发展和传播的平台使命。它既是中央工艺美术学院、清华大学美术学院的一个学术窗口，又是中国设计界代表国家水平的设计理论和学术期刊。艺术理论家吕品田认为其特点是，密切关注现实，对民族民间艺术的重视，对工业设计的大力倡导，贴近时代的需要，推出重要的文章，对中国当代工艺美术理论建设具有无法估量的意义。③

《装饰》几乎与社会主义中国的建立和建设同程，它刊登的文章和作

① 本刊记者：《纪念〈装饰〉创刊40周年座谈会纪要》，《装饰》1998年第6期。

② 杭间：《〈装饰〉之树》，《装饰》1998年第10期。

③ 本刊记者：《纪念〈装饰〉创刊40周年座谈会纪要》，《装饰》1998年第6期。

品，不仅是中国现代设计发展的集体记忆，也是中国社会变迁的一个独特文本。陈履生认为，从《装饰》的发展历程可以读出中国工艺美术事业发展的进程，看到新时期以来由工艺美术到装饰到艺术设计整个观念和学科的巨大变化。它实际上在梳理传统工艺美术方面作出了巨大贡献，反映了中国装饰艺术发展的历史。①

“燃心智之火，启意匠之扉。”《装饰》的发展演绎和见证了中国装饰艺术和设计学科的思想脉络，设计艺术与设计科学的合流成就其文本和特征。它所关注和讨论的问题随着时代的发展而更加深入细致，刊载的内容有着很强的现实性和对事业发展的指导意义。它积累的“传统”和“学术”，是在一种尊重民族文化和传统学术基础上的“再出发”，是在世界科学和人文格局大背景下进行再创造的前提。作为中国设计艺术界的一面旗帜，《装饰》以其思想和理论的凝聚力、强大的号召力，引领和促进中国设计事业的高速拓展。

传统与现代、通俗与文雅、书卷气与商业化、本土化与国际化等方面的两难冲突，是改革开放期刊史上众多期刊共同面临的难题，《装饰》在调整与处理这一般性难题的同时，还要处理装饰与设计、设计艺术与设计学科、艺术杂志和设计理论学术期刊等专业领域的特殊性难题。它继承和发扬了传统，集纳集体智慧，既“维护了先行者的理论贡献，秉承了探索者的思想路线，同时也不断向更深广的思想境界掘进”。从而创造性地化解了共同性的时代难题和特殊性的专业难题，成就了该刊卓异特行的大刊气象。

《装饰》既大力开掘装饰艺术的传统资源，又努力推进设计艺术、设计学科的国际交流；既在理论建设上见证并推进从“工艺美术”到“设计艺术”的嬗变，成为业界和学界集体记忆的专业读本，又在专业教育方面高举“工艺美院精神”的旗帜，热烈关注和推动现代设计教育。《装饰》之创刊、复刊，中央工艺美院均为主办单位，以至中央工艺美院合并成为清华大学美术学院后，血脉和传统仍在。这种主办关系天然地构建了《装饰》与设计教育的媒介关系及其期刊特色。艺术教育资深人士赵健注意

① 见庄边《〈装饰〉杂志创刊43周年暨刊行100期座谈会发言摘要》，《装饰》2001年第5期。

到："《装饰》伴随着几代设计和设计教育的开拓与实验而成长，伴随着中国设计和设计教育的理论和实践而成熟。《装饰》可谓扼要生动且重要的'中国设计与设计教育文献集'。"

清华大学美术学院教授包林认为，过去的《装饰》更像一面镜子，映射出中国农业文明与西方现代文明碰撞之后所发生的一系列肌理变化；当下的《装饰》更像一扇窗户，我们可以由此领略国人的集体智慧在世界经济危机中行云流水般的闪亮登场；今后的《装饰》有理由成为一个更为开放的平台，让所有鲜活的想象力和创新力在此交融聚变。他提示了审视《装饰》的时空坐标系。

张伯海说："我是《装饰》杂志的老读者。从五六十年代到八九十年代，从当时期刊中它作为一扇难得的审美窗口，在工艺美术时尚、文化生活时尚使我在青年时代获得的宝贵的审美享受，到今天《装饰》杂志审美视野、审美思路更加宽阔，创意更加大胆、新颖，我深深地喜欢上了这本杂志。我为它仍然以'国家期刊奖'获得者的荣誉屹立在中国期刊的画廊中，显示着自己的辉煌与生命力所打动，也为它一直矜持地保持着那一份书卷气有一丝挂念。"

第四任主编陶如让认为："《装饰》长期以来就是一本具有独立品格的杂志。1958 年创刊时，首期封面是张仃先生设计的，第二期是张光宇先生设计，第三期是郁风先生设计的'鬓头花'，与大跃进的气氛不合，没有赶潮流；50 年代，沈从文先生在社会上是'黑'作家，许多刊物不敢发沈先生的作品，在他从文学向文博研究的重要转折时，他有许多重要的文章如《龙凤艺术》等都是在《装饰》上发表的，《装饰》有这个魅力。"

《装饰》的独立品格绝非孤傲不群，它与《收获》呼应，应为改革开放期刊史上承继 20 世纪 30 年代期刊文化的名刊双璧。一群人创办一个杂志，或者说，一群知名期刊人，一种权威期刊，一个著名高校，一个有广泛影响力和发展前景的设计学科，就是《装饰》在那起点之后的中点，也是在那起点之后故事的基本构架和情节结构。专业性学术性期刊的媒介功能尽现于兹。

第五节 《大众医学》复刊与科普期刊热

数据表明，改革开放之初曾短暂出现了一个科技期刊的高潮。这主要与 1978 年 3 月召开全国科学大会，党中央号召全国向科学技术进军的政治动员有关。此后数年，科技期刊品种猛增，从 1978 年的 632 种迅速攀升到 1988 年的 2951 种，增长 3.67 倍，而科技期刊的总印数则从 1978 年 2.27 亿册增加到 1988 年的 2.93 亿册，10 年间仅增加 0.66 亿册（见表 3 -2）。这充分反映了改革开放期刊史上科技期刊发展的基本特征：科技期刊品种随着科学技术的发展而迅速增加，其总印数则基本维持一个恒常数，增长极其缓慢。为何出现这一科技期刊特有的期刊现象，值得深入细致研究。

改革开放之初的科技期刊热潮发生在 1979 年。数据表明，1979 年，科技期刊种数比 1978 年增加 346 种，总印数增加 1.6 亿册；1980 年，科技期刊种数在 1979 年基础上再增加 406 种，总印数则比 1979 年减少了 1.68 亿册，低于 1978 年科技期刊的总印数水平。

表 3 -2 1978—1988 年科技期刊种数、印数与全国期刊总体比较情况

单位：种，百万册

年份	全国期刊		科技期刊	
	种数	总印数	种数	总印数
1978	930	762	632	227
1979	1470	1184	978	387
1980	2191	1125	1384	219
1981	2801	1462	1582	233
1982	3100	1514	1745	278
1983	3415	1769	1928	284
1984	3907	2182	2120	269
1985	4705	2560	2437	287
1986	5248	2400	2684	281
1987	5687	2589	2877	295
1988	5865	2550	2951	293

资料来源：中国新闻出版统计资料汇编。

改革开放之初的科技期刊热从期刊品种角度说主要是科普期刊热。一是“文化大革命”十年禁锢，社会需要科普期刊启蒙；二是综合、学术、技术、检索等非科普类科技期刊都具有相当的专业性，读者面窄，不容易引起社会公众的广泛关注。这阶段科普期刊热销情况见表3-3。

表3-3　1982—1985年部分平均期印数在40万册以上的科普期刊统计

单位：万册

刊　名	1982	1983	1984	1985
大众医学	131.7	114.7	96.2	96.3
无线电	181.7	177.7	164.3	164.3
科学与生活	139	94.3	94.9	94.9
知识与生活	50.5	63.8	74.3	74.3
健康	82.4	104.4	111.8	111.8
祝你健康	48	59.2	60.3	60.3
农业知识			54.0	75.0
电子世界				65.5

资料来源：《中国出版年鉴》。

这批热销的科普期刊中，既有当时复刊的老牌科普期刊，如1933年创刊的《科学画报》等，也有新创刊的科普期刊新锐。复刊后热销的科普期刊主要有1948年创刊的《大众医学》，1955年创刊的《无线电》，1956年创刊的《知识就是力量》，1963年创刊的《我们爱科学》等。《科学画报》1933年创刊于上海，“文化大革命”后期曾以《科学普及》为刊名复刊，1978年起恢复原刊名《科学画报》。

《大众医学》以具有初中文化水平的工农兵群众和干部为主要读者对象，题材广阔，有常见病和多发病的防治、群众性除害灭病经验、环境保护、妇幼保健、计划生育、医学基础知识、中医中药、针灸推拿、药物常识、护理科学知识、医疗体育、中西医结合成果、医学新苗、科研珍闻、国外医学动态等内容。[①]

---

① 《读者·作者·编者》，《大众医学》复刊号，1978年。

《我们爱科学》创刊于1963年3月，“文化大革命”中停刊。1977年以《少年科技》的刊名出版了两期，从1978年开始，恢复《我们爱科学》原刊名。在复刊号上重新发表了创刊号上中国科学院院长郭沫若的题词和全国科技协会顾问高士其写的诗。此举重在表明复刊与创刊的承续关系。

当时新创办的科普期刊大多为综合性，主要有北京出版社主办的《少年科学画报》，北京自然博物馆主办的《大自然》，四川省科协1979年创办的《科学文艺》，天津科技出版社主办的《科学与生活》，湖南科技出版社1979年创办的《科学天地》，辽宁人民出版社1980年创办的《科学与生活》等。在这批新创办的科普期刊中，1978年试刊4期后、1979年创刊于重庆的《科学》，是改革开放期刊史上第一个引进版的科技期刊，其《创刊词》说：“为实现新时期的总任务，贯彻‘洋为中用’的方针，我所自全国科学大会以来，试译出版了四期《Scientific American》(《科学的美国人》)，中译本定名为《科学》。《科学》试刊以来受到广大读者的欢迎，现已由国家科委批准，从今年起逐期翻译出版。《科学的美国人》为月刊，每期除刊登8篇文章外，还辟有《数学游戏》《业余科学家》《科学与大众》等专栏。中译本《科学》，在内容上除作必要的删节外，基本上全文照译；在版面形式上完全保留原刊的特色。”①

---

① 《创刊词》,《科学》创刊号，1979年。

第四章

社会变迁推动改刊改版

第一节 《黄金时代》《家庭》引领青年妇女工会期刊改革

改刊是期刊连续出版过程中以变更刊名为标志，以调整期刊内容、读者对象、办刊方针等为重心的转折性出版行为。20 世纪 80 年代前后出现的改刊改版现象，最显期刊界解放思想、拨乱反正的时代特征。

1981 年，《广东青年》在团省委支持下率先进行改刊，刊名改为《黄金时代》，内容也冲破原来偏重自上而下宣传的团委机关刊的旧模式，改为与广大青年平等对话的群众性综合性期刊。改版获得广大青年读者的热烈欢迎，发行量由原来的二三十万册迅速上升到 140 万册，并且在全国青年刊物中引起了“更名热”，推动了全国改版浪潮。

图 4－1 《黄金时代》

紧接着，1982 年 4 月刚创刊的《广东妇女》杂志，在主办单位广东省妇联的领导、支持下，不顾许多人的怀疑反对，于 1983 年 1 月更名为《家庭》，同样冲破妇联机关刊的旧模式，内容做了比《黄金时代》跨度更大的革新：读者对象不再单纯是妇女，而是男女老少兼而有之；报道内容也不单是妇女解放问题，而是妇女和其他群众共同关心的婚姻家庭问题。因此，《家庭》改名的成效更为明显，发行量迅速由原来的2万多册剧增到100多万册。

《黄金时代》《家庭》两刊取得成功，在本省以至全国期刊界形成了较大的影响和“示范效应”。此后，全国《××青年》《××妇女》《××工人》模式的期刊基本上都做了改名。这可以说是广东期刊的第一次改革浪潮对全国期刊界大的冲击。[①]

《家庭》杂志是全国第一家专门研究、报道婚姻家庭问题的杂志。随着中国改革开放和经济的日益发展，大众对自身生活质量空前关注，而当时市场上虽然有众多消费性刊物，却没有一本以恋爱、婚姻、家庭为报道和研究对象的综合月刊，经过一定的市场调查及专家论证，《家庭》对办刊理念、追求目标及读者对象进行重新定位，改版后第一期印数就飞升到16万，接着月月刷新发行数，1984年达到157万。该刊在着重研究、报道婚姻家庭问题的同时，开辟了《家庭与社会》这个栏目，报道读者关心的如赌博、卖淫、葬礼铺张等社会问题；还设立了《家庭书架》栏目，专门介绍广大读者注意、喜爱的社会题材书目，读者反映良好，认为《家庭》内容越来越丰富，内涵越来越伸展。杂志社还连续举办家庭问题学术讨论会，邀请家庭理论研究工作者参加。短短两年时间，《家庭》深入千家万户，迅速赢得高市场渗透率，同时在全国报刊界形成了一股强劲的“家庭”冲击波，带动期刊、报纸副刊纷纷改名，高渗透率、高影响力的结果使《家庭》跃居强势品牌。第一次学术讨

图4-2 《家庭》

① 李骏：《谈岭南期刊改革形势》，《中国出版》1992年第8期。

论会就发表了《家庭宣言》。后于 1988 年、1992 年、1996 年、2000 年分别举行第二、三、四、五届家庭问题学术讨论会，并连续发表《家庭宣言》。

在 20 世纪 90 年代的市场化浪潮下，改版与更名成为中国期刊市场化转型的重要组成部分，其核心要义在于导入市场定位新观念，通过对既有期刊的定位改换或调整以寻找更有市场价值的受众群，或更进一步强化某种市场效应以更充分地实现期刊的媒介功能与价值。

20 世纪 90 年代的期刊改版肇始于《女友》1992 改国际大开本，其成功引爆了 1993 年、1994 年的改版潮，以致有专业人士称为“过去是‘办刊热’，现在是‘改版热’”。[①] 改版潮的实质在于从“粗放型经营”向“集约型精细化经营”转变，前者只重内容不重形式，只重编辑不顾发行和经营，只重办刊不重读者参与，而后者则从定位、内容、风格，封面、形象代言、包装，刊期、上市时间、销售渠道，读者参与、活动策划、发行等全方位地运作。在这个改版潮中，开本改换折射了市场竞争意识的觉醒。

1992 年，《女友》改换国际大开本取得极大的市场成功后，“在期刊界特别是大众化期刊中引起了较大的反响。1994 年，全国已有近二百家期刊用国际标准开本的形式出版，其中以大众化期刊居多，也有不少其他类刊物”。[②]

就期刊类群而言，20 世纪 90 年代的改版以文学期刊为甚，始于 1994 年的《山花》改版和 1995 年年底的《天涯》改版。《南方文坛》从 1996 年第 6 期推出“改版号”以后，在张燕玲的主持下，突破广西的地域限制，聚集全国范围内的新锐批评家，办得“圆融”而活泼，成为文学批评期刊中新生的劲旅。文学期刊改版在 1999 年形成规模，蔚成世纪末的“文学期刊改版潮”。

20 世纪 80 年代末至 90 年代初，数百万民工涌入广东，形成了一个庞

---

① 谭启泰等:《对期刊“改版热”的分析研究》,《新闻大学》1996 年春季号。

② 张泽青:《改国际标准 16 开本出版的期刊情况调研》，见《现代期刊编辑论丛》（3），第 195 页。

大的打工群体。后有电视剧《外来妹》热播，反映了这一群体的生活。《佛山文艺》抓住这一时代特点，结合地缘优势，将其定位调整为打工者的杂志，伴随“打工浪潮”而标举引领“打工文学”，既取得了期刊出版的成功，也做出了独特的期刊文化贡献。

1992年，《佛山文艺》扩版，由64页增至96页，增设了“打工OK”专栏，单发反映打工生活的作品，为该刊成为“中国第一打工文学大刊”奠定了基础。同年，该刊月发行量突破30万册。1993年，《佛山文艺》获准创办子刊《外来工》文艺月刊，是全国首家“打工”期刊，2000年更名为《打工族》。

《打工族》作为《佛山文艺》的子刊，在内容和功能上有明确的分工。一切带有新闻性、纪实性、服务性的文字统归于《外来工》，以利《佛山文艺》专发小说、散文、诗歌经典意义上的文学作品。《打工族》为“打工杂志”正名，通过将打工者列为期刊服务对象而将这个庞大的群体纳入了文化关怀的视野，功不可没，激励和引领了沿海地带一批“打工杂志”的发展。

《佛山文艺》及其子刊的读者对象主要是中下层打工者，发行区域主要是珠江三角洲，作者也主要从打工者中间产生，这样也就为无名者提供了话语空间。1994年9月，《佛山文艺》改为半月刊，期发行量达到50万份，月发行量突破100万份，取得了市场上的巨大成功。有专家指出，“《佛山文艺》最有启发性的经验恐怕还不在于它明确的市场意识和出色的市场操作经验，而在于它是一本纯粹靠文学的魅力吸引读者的期刊。”①“《佛山文艺》的市场性、民间性以及独特的生产流程，使底层打工者的书写成为现实，成为广大无名者的写作实践之地，推动了打工文学的形成以及农民工文学书写者多元化格局的形成。”②

因为各刊社的市场觉悟时间有先后、程度有差异，20世纪90年代的改刊潮持续时间较长。1991年，四川省科协主办的《科学文艺》更名为《科幻世界》，并成功承办了1991年世界科幻协会年会。1997年，《科幻世

---

① 邵燕君：《倾斜的文学场》，江苏人民出版社2003年版，第63页。
② 贺芒：《〈佛山文艺〉与打工文学的生产》，《文艺争鸣》2009年第11期。

界》在成都和北京举办了“97 北京国际科幻大会”，邀请世界科幻名家、美国和俄罗斯宇航局莅临大会，引起轰动。1998 年发行量达到 20 万册，1999 年攀升到 30 万册，2000 年达到 40 万册。

第二节　《天涯》：以“先锋”突破“边缘”

《天涯》自改版后成为 20 世纪 90 年代中国思想文化界标志性刊物，被誉为那个年代文学期刊改版成功案例之一。[①] 从文学期刊改版到思想文化标志性刊物的跨越，本身就意味着期刊文化意义的多元性和丰富性。

（一）改版策划与定位

《天涯》的编办者、旁观评论者都认可：“《天涯》有一种内在的精神与气质，一种自由、开放、民主与实事求是的精神气质。而这种精神气质的形成与存在，又与创刊人韩少功有莫大的关系。韩少功的不少个人兴趣影响到《天涯》的风格与框架。”[②]

韩少功接手《天涯》时，《天涯》存在多年，残喘多时。刊名袭旧，就连续出版而言，说韩少功创刊《天涯》并不合适。就文本建构和出版影响言，《天涯》与其说是改旧刊，不如说是创新刊。韩本人认可改刊：“我们觉得没有什么可说的，连短短的改刊词也不要，就把新的一期稿件送进了印刷厂。”[③] 他后来写的长文《我与〈天涯〉》分四节，其中两个节题分别为“产品改型”“管理改制”。

《天涯》改版启动于 1995 年 5 月。蒋子丹回忆：“1995 年春季某天，海南省作家协会新任主席韩少功找我谈话，希望我能接替上任《天涯》主编叶蔚林先生退休的空缺来办这份杂志”。[④] 蒋子丹深知艰难，以韩少功亲

---

① 邵燕君认为：“在迄今改版的文学期刊中，被公认较为成功的只有两家，一家是 1996 年改版的《天涯》，另一家是 1999 年改版的《萌芽》。”见《倾斜的文学场》，江苏人民出版社 2003 年版，第 58 页。

② 李少君：《天涯咫尺间》，《中国图书商报》2001 年 11 月 1 日。

③ 韩少功：《我与〈天涯〉》，见韩少功《然后》，山东文艺出版社 2001 年版，第 209 页。

④ 蒋子丹：《只说〈天涯〉改版》，见靳大成主编《生机——新时期著名人文期刊素描》，中国文联出版社 2003 年版，第 139 页。

任社长为条件，受命主编。[①]《天涯》改版就此启程，重复着一个屡试不爽的期刊成功故事：在期刊发展机遇的窗口期，办刊群体关键的两三人对上了眼。

为《天涯》改版，韩少功与蒋子丹反复商讨。巧合而又意味深长的是，韩少功“与《天涯》改版同时进行的，是他对长篇小说《马桥词典》的创造性构想，这部著名小说，凝结了他对西方的言语哲学、中国明清笔记文学以及他自己多年的写作实践等等多层次的积累和研究成果”。“《天涯》改版的定位，跟这部小说的构思其实是两位一体一脉相通的。”[②] 这现象到底该如何认知，只能让后人去解释说明。

“韩少功首先提出要从文体上突破‘纯文学’的框架，把《天涯》办成一本真正意义上的‘杂’志，或者说‘杂文学’刊物。”[③] 为此，蒋子丹“庆幸《天涯》在它的孕育期已经具备了后来使它在刊山报海之中脱颖而出的条件，就是它独特的文体气质，是这种气质决定了它的品位。也许跟所有其他杂志的设计不同，《天涯》的改版是以文体为酵母，启发了其他如题材、栏目、议题等等别的一直是更重要更主要的方面，而不是相反。这一点，我也是在办了五年《天涯》之后才体味出来的”。[④]

文学期刊改刊不可亦不能单兵深入以文体为突破口。《天涯》破常规地以此为切入口，就因为韩少功、蒋子丹身为作家，一眼洞穿了文学期刊的异数和本质。韩、蒋是职业作家，编辑工作亦资深有年。韩少功谙熟期刊，曾任湖南省总工会的《主人翁》副主编；1988 年主编《海南纪事》迅猛冲刺到百万大刊之列，经验教训齐具。《天涯》改版从文体突破切入是他基于当时文学期刊供需关系分析的竞争策略：20 世纪 90 年代“真正

---

① 蒋子丹在《只说〈天涯〉改版》中回忆：“考虑了几天之后，我答应‘友情出演’，但条件是韩少功本人必须担任杂志社社长，我感觉以他在文坛上的影响力和号召力，他当不当社长对杂志的兴衰至关重要。后来的事情，证明我的直觉是完全正确的。”见靳大成主编《生机——新时期著名人文期刊素描》，中国文联出版社 2003 年版，第 139 页。

② 蒋子丹：《只说〈天涯〉改版》。见靳大成主编《生机——新时期著名人文期刊素描》，中国文联出版社 2003 年版，第 139 页。

③ 蒋子丹：《只说〈天涯〉改版》。见靳大成主编《生机——新时期著名人文期刊素描》，中国文联出版社 2003 年版，第 139 页。

④ 蒋子丹：《只说〈天涯〉改版》。见靳大成主编《生机——新时期著名人文期刊素描》，中国文联出版社 2003 年版，第 140 页。

有意思的文学正在明显减产”，“供小于求，稀缺的原料已被《收获》、《钟山》、《小说界》、《花城》等老牌刊物瓜分一尽，其他刊物都面临着无米之炊的深重危机。显然，在这个时候的《天涯》若要活下去，决不能再去参加各路编辑对稿件的白热化争夺，不能再去干那种四处买单请客、四处敲门赔笑然后等着一流作家恩赐三流稿件的蠢事。”“《天涯》仍是生不逢时，必须励精图变，必须另外获取资源和空间。”①

有专家指出，《天涯》“从一家边缘省份鲜有人知的地方刊物，转型为一家在思想文化界产生了广泛影响的刊物，其办刊理念确有过人之处”。②其过人之处首先在于以作家的敏锐对文学生产、对文学期刊出版生态的领悟与洞察。

《〈天涯〉杂志编辑设想》中谈及该刊的精神追求和功能定位，因有市场格局分析与竞争策略选择为基础，平常看似空洞空泛的说辞便厚实而立：

> 改版后的《天涯》力图成为一份具有道义感、人民性与创造力的文学文化刊物，致力于历史转型期的精神解放与精神建设……与此同时，文学家的非文学关注，非文学家的文学参与，作为文学的外延与纵深，亦将在这里获得充分的版面。本刊视文化多元互补和艺术与文学的个性自由发展为精神成长的必备条件，愿意成为不同观点与流派的好作品同展风采的舞台。③

1996年1月15日，改版后的《天涯》1996年第1期面世。名家云集，读者和评论者自然注意到其“超豪华”的作者阵容。蒋子丹的编辑意图与策略是，“一份读者很陌生的杂志，需要他们熟悉的名单来吸引其目光，而且需要特别集中才会有轰动效应”。如此思行显然不能仅仅归因于女主编的细腻，而在于作者与期刊、不知名期刊与知名作者、不知名期刊改刊及其知名度提升等媒介关系的解说与实践。改版后的《天涯》前三期就将本期作者姓名黑体红字从上到下铺满接近封面翻口的右边，如此谋划处

① 韩少功：《我与〈天涯〉》，见韩少功《然后》，山东文艺出版社2001年版，第209页。
② 黄发有：《文学期刊改版的经验与误区》，《中国出版》2009年第7期。
③ 转引自李少君《〈天涯〉十年回顾》，《北京文学·中篇小说月报》2007年第8期。

置，累积而成读者问题：这本名不见经传的杂志，怎么会每期集中了这么多名家？伴随着对疑问的探究、求解，《天涯》好评如潮，屡获殊荣：改版当年就被上海《新民晚报》评为1996年国内文坛十件大事之一，1997年又被《书城》杂志评为全国12种精品杂志之一，等等。

（二）专栏及思想论争

《天涯》改版号以《作家立场》打头，依次设置了《文学》《特稿》《民间语文》《艺术》《解读与批评》共6个专栏，包容性与新颖性兼具。改刊总伴随专栏的分合调整，《天涯》则率先打破此前综合性文学期刊依照小说、散文、诗歌分类编排的惯例。新设专栏《作家立场》和《民间语文》一经推出，即为内容亮点，即为圈内话题，话题深入后口碑甚佳，不久即成为品牌专栏。先觉自觉于略有争议的新专栏，伴随争议而让读者接受"先锋"，《天涯》昭示了期刊改刊借力人际传播的可行新路径。

改刊号备受推崇，改刊人却没宣示改刊词。新设专栏的辅文倒匠心独运，凸显了专栏作为期刊结构的重要地位，也透露其改刊重心所在。《民间语文》专栏首期（1996年第1期）推出时加的"编者按"中说：本刊新开设《民间语文》栏目，为作家以外更多的人开辟表达空间，展示旧文学标准常常忽略的各种日常体语文：日记、书信、传说、讲辞、顺口溜、广告、应用文、回忆录以及一切新方言和新行话，力求获得更广阔的文学视域。在我们看来，一则精彩的启事，可以比一部乏味的长篇小说更具艺术的力量。一句流行的习语，也可以比一百本矫饰的散文更能成为人们认识社会的入口。

从1997年开始，版面稍靠后的《民间语文》更靠前，位置调整表明编者对原有文学样式的态度。

《作家立场》是《天涯》另一最具独创性的专栏。编辑部设计这个专栏的本意，是想倡导一种直白犀利的文风，便于作者对现实生活中的一些热点和难点问题，表明自己的观点，表明观点自然会牵涉到立场。该专栏首次推出时的栏头语是：

> 作家是知识分子的一部分，是社会敏感的神经和价值观的重要承担者。这个栏目将展示文学之外的作家，直接表达作家们对社会与人

> 生重大热点或难点问题（政治、经济、安全、教育、家庭、时尚、环境、历史、种族、女权、性爱、疾病、死亡等等）的见解，对现实予以积极的介入。随笔、杂文、对话、专访、圆桌会议纪要等当然是这个栏目常见的体裁。

《作家立场》专栏首次刊发的第一组文章是“作家五人谈：关于电子文化”，分别是格非的《魔镜》、蒋子龙的《窗口里的人生》、华孚的《图像时代的字符文化》、叶舒宪的《电子时代新的人性》、杭之的《个人还是“大众”还是“受众”?》，紧接这一组的是史铁生的《足球内外》。此后几年，“在所谓‘自由派’与‘新左派’论争中，《天涯》的‘作家立场’栏目，确实成了两派辩论的一个场所”，这意想不到的专栏出版效果，既承载了新世纪之交中国知识界的分化、交锋，也可见该刊该栏的时代关联和思想影响。

改版后的《天涯》发表了很多有影响的文章。如2000年第1期，《天涯》发表《南山纪要：我们为什么谈生态—环境》，在知识界引起重大反响。该文的一个基本观点是，生态—环境问题不仅仅是一个生态—环境问题，也不是一个简单的科学技术问题，而是一个社会政治文化的综合性问题，其实质为公平公正。郎咸平在《天涯》2002年第1期发表了《教会、股份制与监管》，这是郎咸平关于国有企业资产流失的调查报告，也是他在国内人文刊物发表的首篇文章。在诸多文章中，影响最大的当推汪晖《论当代中国的思想状况以及现代性问题》，发表于《天涯》1997年第5期，被看成“新左派”的代表作。关于此文的发表，韩少功的回忆是：

> 当汪晖的长文《论当代中国的思想状况以及现代性问题》拿到编辑部来时，我觉得眼睛一亮，立即建议主编破例一次，不惜版面发表这篇长文。据说汪晖本人一直犹豫是否应该更晚一些在国内发表这篇文章，李陀也建议他暂时不要发表，他们对《天涯》的果断可能都有些感到意外。就像很多人后来所知道的，正是这一长文成为了后来思想文化界长达数年一场大讨论的引爆点，引来了所谓“新左”对阵“新右”或“新自由主义”的风风雨雨经久不息。①

---

① 韩少功：《我与〈天涯〉》，见韩少功《然后》，山东文艺出版社2001年版，第223页。

“三农”问题专家温铁军在《读书》1999年第12期发表《世纪末的三农问题反思》，引起强烈反响，《天涯》2000年发表了他的《中国的人民的现代化》，文章指出，农民、农村、农业这“三农”问题是中国的基本问题，中国的现代化不是少数人的现代化，不是个别人的现代化，是人民的现代化，是整个中国的、人民的、大众的现代化。该文原题为《现代化问题笔记》，现题为韩少功改拟。

（三）《天涯》经验及价值

《天涯》自改版后得到了文学评论界、期刊界的持续关注。关注主题集中在“《天涯》模式”及其当下的借鉴意义。早在改版当年，“山东的一份报纸还用了整版的篇幅来讨论‘天涯模式’。”① 与其将《天涯》改版的思想与实践提炼、浓缩为《天涯》模式，不如直接称为《天涯》经验，质朴、本真而又鲜活。韩少功、蒋子丹当年未必在意着意《天涯》模式，如果他俩真在意于此，《天涯》也就不再是《天涯》。从《天涯》文本和文本上映现的期刊实践看，他俩及其所率领的团队在乎将自己的个体写作经验、社会变迁认知和当下办好《天涯》的具体任务紧密结合起来，因而他们的左冲右突、成败得失、定位到位，再全面精细的《天涯》模式都可能难以涵盖。

建议以《天涯》经验替换《天涯》模式，主要在于提醒可能因模式而过滤、删除其中更有价值的经验成分。比如，20世纪90年代以来，期刊发行量的总体结构性下跌是各位期刊总编辑心中的难以去除的疼痛。自信、深思如韩少功亦难以超脱。带领团队奋斗5年，卸任社长时忍不住提出没有达到发行量3万份的既定目标。以《天涯》的思想含量和影响力，这3万份的数字到底该如何衡量评估，借以认知20世纪90年代的期刊生态。韩少功1988年创办《海南纪实》时，不到一年发行量突破百万，几年后，殚精竭虑5年，《天涯》发行量依然不到3万。同一个期刊主编在

---

① 蒋子丹：《只说〈天涯〉改版》，见靳大成主编《生机——新时期著名人文期刊素描》，中国文联出版社2003年版，第151页。张清华撰写了《巴别塔、金字塔——我看“天涯模式”》。邵燕君以为：“《天涯》没有跳出文学期刊的类别，而是创造了一种文学期刊的新模式。”见邵燕君《倾斜的文学场——当代文学生产机制的市场化转型》，江苏人民出版社2003年版，第44页。

不同时段办的两个期刊，尽管性质有异类群不同，发行量如此相隔天壤，到底该如何认识其中的期刊历史变迁意义和期刊出版规律内涵？韩少功及其同办《海南纪实》《天涯》的一些同事，体验尤为深广、具体，不该因《天涯》模式而删除、忽略。

再比如《天涯》1997 年第 1 期起由韩家英设计封面，“一时间引起了一阵小小的冲击波，新的封面设计让我们的杂志在各销售点一片花花绿绿的书刊中，清水出芙蓉一般脱颖而出，这使很多读者先被它的封面吸引，进而发现了它，从此成为它忠实的追捧者”。① 这种期刊包装行为得益于印刷技术的进步，也服从于市场竞争的需要，对于具备像《天涯》这样个性的刊物，强化其竞争力显然功不可没。

《天涯》经验的认知细化尚待时日，其期刊史价值可尝试从以下三个方面去求解：

1. 以思想突破地域局限，印证其期刊史价值

韩少功是中国当代作家中的思想者，视野开阔，思想前沿，坚实地奠定了他《天涯》成功的思想基础。“《天涯》的成功，韩蒋二人起了决定性作用。韩少功的思想就是《天涯》的办刊方针和指导思想。国内外众多学者作家能全力支持《天涯》，就是因为韩少功以其小说、思想随笔和翻译作品，赢得了他们的尊重和信赖，就是因为蒋子丹在其长期编辑生涯中和作家们有良好关系，而得到了他们的支持。”②

主持改版的韩少功为《天涯》确定了英文名称 Frontiers，取“边缘与先锋”的双关意。边缘暗合《天涯》的地理位置，先锋则是改版后期刊的精神定位。“寻找时代先锋的位置和感觉”就是韩少功认可的《天涯》广告词。

承接着韩少功的思想张力，“《天涯》尽管地处边缘极地，但是它自诞生之日起便置身于中国社会思想文化运动的中心”。以该刊而置身中心，置身中国社会和思想运动的中心，远非一般的媒介策划谋略所能达成，亦非勇于彰显知识分子的道德感和批判精神即可实现从边缘到中心的跨越。

---

① 蒋子丹：《只说〈天涯〉改版》，见靳大成主编《生机——新时期著名人文期刊素描》，中国文联出版公司 2003 年版，第 153 页。

② 单正平：《跳出小天地，走向大世界——我观〈天涯〉》，《当代作家评论》1999 年第 2 期。

就新中国成立以来中国思想文化的系统运行及方向言,《天涯》这种“边缘—中心”的期刊景观,尤有20世纪90年代媒介社会建构、思想文化变迁的创新意义。

2. 保存、传播世纪之交中国文化思想史底稿

李少君认为,《天涯》十年折射中国思想与文学的变迁,当为确论,具体表现为“学术思想:从总体性反思到具体问题的讨论”。[①] 至于讨论的主题及内容,韩少功也有过简要回顾:

> 关于市场化问题、全球化问题、环境与生态问题……大众文化问题、道德与人文精神问题、后殖民问题、女权问题、教育问题、传媒问题等等,腐败问题、农村与贫困问题、民族主义成为问题等等,后来都逐一成为《天涯》的聚焦点。《天涯》参与或发动了这一系列问题的讨论,是这一再启蒙的推动者,也是这一再启蒙的受益者。一批作家化的学者和一批学者型的作家在我们的预期中走上了文化前台,释放了挑战感觉和思维定规的巨大能量。[②]

上述主题在20世纪90年代是理论界、学术界关注的重要乃至重大理论、学术问题,在21世纪前叶则成为中国社会发展的重要、重大社会问题。于此足见《天涯》的敏锐。

《天涯》创刊10周年时,《南方周末》以《〈天涯〉10年:左手问题,右手主义》为题予以报道,并将“问题与主义并重”视如该刊重要的期刊特征。[③] 就此而言,《天涯》秉承近现代《新青年》的思想文化传统,在中国现代化的思想文化期刊类群中有独特价值,这是20世纪90年代期刊中少有的思想个性。

3. 创造个性鲜明的期刊

改版后的《天涯》厚重、简单、明快,所属的期刊种群多有认知差异,其期刊个性的言语表述也有不同,但一致认同它为中国期刊史上有个性的期刊。这在20世纪90年代思想文化意义消解的时代,更为难得。有

---

① 李少君:《〈天涯〉十年:折射中国思想与文学的变迁》,《文艺理论与批评》2006年第2期。

② 韩少功:《我与〈天涯〉》,见韩少功《然后》,山东文艺出版社2001年版,第206页。

③ 见夏榆《〈天涯〉10年:左手问题,右手主义》,《南方周末》2006年5月25日。

关《天涯》个性的代表性描述有：

作为继任主编，李少君认为《天涯》十年的期刊个性在于“独特的思想立场”“‘向下’的文学姿态”“新颖的编排格式”。[①]“《天涯》的成绩大致可以这样概括：跳出狭隘的旧文学的小天地，走向提倡人文关怀，追求独立自由精神的泛文化、杂文学的大境界”。[②]

张清华在《巴别塔、金字塔——我看“天涯模式”》中认为，《天涯》的成功在于“突破了仅就单纯的文学运作而维持文学的模式，把文学与当代思想潮流、文化脉动、社会问题紧紧联系在一起，以此突破了文学纯粹的象牙之塔，而成为当代知识者的某种行动，成为当代文化实践的一部分”。

从20世纪90年代的人文期刊格局看，“除了《读书》、《战略与管理》等杂志，国内几乎再没有适合文学界人士阅读的切近现实，文风活泼，又有思想深度的综合性人文社会科学刊物。而《天涯》改版向这一方面的倾斜，正好填补了一个空白。一批哲学家、思想史家、社会学家、文艺理论批评家，得以用比较活泼的语言，自由自在的行文方式，在《天涯》上谈思想文化和现实问题，给读者提供了一个了解当代中国文化、思想状况的窗口”。这是其满足读者需求的当下的期刊现实意义。

在改革开放的期刊历史视野中看《天涯》文本个性，《天涯》“一开始就决定彻底放弃五十年来在苏联文艺体制影响下的办刊模式，而转向更灵活、更有包容性的综合性刊物。多年前的《文汇月刊》和两年前创刊的《东方》大体也应该属于这样的刊物。但《文汇月刊》的理论色彩显然没有《天涯》浓烈，而《东方》的文学性要远远逊色于《天涯》，当然这与所处历史时期、刊物具体定位和编者出身、兴趣的不同都有关系”。[③]这是其20世纪90年代期刊个性的文化生态意义。

从新中国成立以来期刊历史视野中看，“改版后的《天涯》突破了50年代以来在苏联文艺体制影响下形成的旧的办刊模式，不再固守小说、散文、诗歌、评论‘四大块’的限制，特别是不再独尊小说，而是突出‘作

---

① 李少君：《〈天涯〉十年回顾》，《北京文学·中篇小说月报》2007年第8期。

② 单正平：《跳出小天地，走向大世界——我观〈天涯〉》，《当代作家评论》1999年第2期。

③ 单正平：《跳出小天地，走向大世界——我观〈天涯〉》，《当代作家评论》1999年第2期。

家立场’、‘民间语文’这样具独创性栏目的位置，强调文体、体裁上的兼容并蓄，确立泛文化、杂文学的文学文体意识和体裁观”。这是其新中国期刊史的思想突破意义。关联的期刊时段不同，《天涯》在走向历史纵深的同时，期刊的理论意义与文化价值显示出略有不同的形态，这就是它多元丰富性的精髓所在。

第三节 《萌芽》:“新概念作文大赛”

《萌芽》是上海市作家协会主办的全国第一家青年文学期刊，创刊于1956年，复刊于1981年，被文学界誉为“青年作家的摇篮”。1995年8月，赵长天受命主持编政。其时，月发行量已由复刊当年的高峰值34万份跌到1.65万份。赵长天虽然争取到《新民晚报》连续三年每年30万元的赞助，依然启动了1996年的改版。

《萌芽》改版前进行了较充分的市场调查。刊社多次在上海大中学校召开座谈会听取意见，还委托复旦大学社会学系在北京、上海、武汉、广州、兰州5个城市以“青年的阅读取向”为题进行定量的市场抽样调查，获得了较详细的调查报告。

基于调查，《萌芽》将读者对象从笼统的“青年”细化为“大学生和高中生”（后来进一步定位于以高中生为主），将刊物性质及功能定位从“以培养青年作家为目标的文学刊物”改为“以提高学生文学修养为目标的文学刊物”。与此相应，调整编辑工作方式和期刊形态：改版前，《萌芽》的编辑工作以阅读来稿为主，从大量来稿中挑选好稿发表，因为稿源充足，编辑压力不大；改版后，赵长天要求杂志社所有人员都要去跑市场，每人每期领50本杂志去学校或书摊推销。期刊形式则由标准16开改为大16开，封二刊登青年学生喜欢的明星人物，强化可看性。配合改版，《萌芽》1996年的广告口号是“用一本杂志来体验青春，用一本杂志来感受文学”，并组织签售、诗歌朗诵会等多种形式的活动强力促销，但成效并不显著。

1997年，中学语文教学大讨论席卷全国。《萌芽》1998年6月号以醒目位置推出了“教育怎么办”的专题讨论，并连续三期讨论这一关系文学未来发展的中学语文教育重大问题，激起广泛的社会反响。1999 年 12 月，《萌芽》联合北京大学、复旦大学、山东大学、厦门大学等七所全国重点大学共同主办"新概念作文大赛"，"获奖的或入围的应届高中毕业生将进入七所著名高校重点关注范围"，[①] 这尤其具有吸引力。

大赛是传统青年文学期刊《萌芽》进行市场化转型的关键环节。到 1999 年 8 月启动第二届"新概念作文大赛"时，《萌芽》已经供不应求：因为大赛规定，参赛者必须附刊登在《萌芽》杂志上的报名表，复印无效，邮局可破季订阅，杂志社可办理邮购。这样，"大赛立竿见影地解决了稿源和读者问题，使刊物的销量节节飙升，[②] 创造出'一场大赛救活一个刊物'的改版神话。此后短短五年内，《萌芽》注册了商标，出版了'萌芽书系'，组建了报刊发行公司，还成立了萌芽实验中学和萌芽网站，朝着大型杂志社迅速地发展了起来"。[③]

图 4－3 《萌芽》

赵长天坦承"新概念作文大赛""产生的影响远远超出我们事先的想象"，"大赛有力地推动了中学语文教育改革，提高了中学生文学写作的兴趣，也极大地普及了《萌芽》杂志"。[④]

《萌芽》改版成功是 20 世纪 90 年代中国期刊史的精彩华章。其中蕴涵的改革精髓和包裹在期刊事件中的媒介机理尤其值得珍视。首先，要认同《萌芽》的基本发展脉络："1996 年它要探索的是一条文学与市场如何有机结合的道路，两年后探索方向转到了

---

① 见《"新概念作文大赛"倡议书》，《萌芽》1999 年第 1 期。

② 赵长天在《绝处逢生说〈萌芽〉》中说，"现在，《萌芽》杂志的月发行量已经超过 45 万册"，见《编辑学刊》2004 年第 3 期。据《文艺报》2003 年 1 月 3 日易舟《〈萌芽〉成功"突围"》披露，到 2003 年年初，《萌芽》的销售量已从原来的 1 万余份飙至 26 万份。

③ 李阳：《〈萌芽〉的转型与郭敬明的出现》，《当代作家评论》2011 年第 1 期。

④ 赵长天：《绝处逢生说〈萌芽〉》，《编辑学刊》2004 年第 3 期。

还语文教育以应有的人文性和审美性的道路上去了，切入口小了，但给杂志以纵深发展的张力。”① 也就是说，《萌芽》改版成功从总体上说并不是事先谋划的结果，而是在改版的持续运作过程中期刊与社会互动的结果。某种看似的必然性中富含的是机遇性和偶然性。

其次，办大赛的设想产生于《萌芽》编辑部，七所著名高校参与联办有力地把设想变成了现实。“赵长天也明确表示：和高校联合举办作文大赛，是‘新概念作文大赛’成功的重要原因。”“那么《萌芽》说服这七所大学的‘秘密武器’是什么呢？其实就是‘新概念作文大赛’所提倡的理念被这些大学认同了。”② 这大赛理念就是“探索一条还语文教学以应有的人文性和审美性之路，让充满崇高的理想情操、充满创造力、想像力的语文学科，真正成为提高学生综合素质的基础学科”。而“名校的参与方式——将大赛办成类似奥数式的高考补充制度，获奖学生可以高考免试——则构成了吸引中学生及其家长的主要诱因”。可见，《萌芽》“大赛”活动构想的理念价值。“只要中国高考制度不变，只要‘新概念作文大赛’能一直保持其权威性，这些年年要‘跳龙门’的考生们就是《萌芽》杂志最稳定的读者群。”③ 这就是“大赛”作为一项期刊活动对《萌芽》的关联价值。

再次，《萌芽》及其“大赛”成功的深层意义在于“美好的语文教育改革理念被转换为改革的制度性力量，进而转换为稿源和读者群。作为畅销商品的《萌芽》其实是几次转换的产物，真正构成市场价值的不是它，而是改革的理念和权力本身。在此，改革的展开是通过出售改革的价值理念和制度权力而实现的”④。这才是《萌芽》改版成功的核心秘密，是非曲直留待众人评说。

---

① 孙悦：《“新概念作文大赛”是如何萌芽的》，《编辑学刊》2008 年第 4 期。
② 孙悦：《“新概念作文大赛”是如何萌芽的》，《编辑学刊》2008 年第 4 期。
③ 邵燕君：《倾斜的文学场》，江苏人民出版社 2003 年版，第 60 页。
④ 李阳：《〈萌芽〉的转型与郭敬明的出现》，《当代作家评论》2011 年第 1 期。

第五章

《读书》：思想解放的轰鸣与回响

《读书》是深刻烙印并深远影响改革开放思想文化进程的期刊。有学人将其与《新民丛报》《新青年》《观察》并列为“20 世纪中国最好的人文杂志”。① 三联书店在回顾本社历史时自豪地宣称“新启蒙：从《读书》杂志开始”，《读书》自然成为“新启蒙时代”的象征，而《读书》创刊号刊发的《读书无禁区》便“成为新启蒙时代最为标志性的口号、文化知识界的‘集体记忆’”。宋木文肯定：“《读书》杂志是改革开放的产物，是拨乱反正的一个成果。这个杂志在创刊的头三四年，在知识界有很大的影响力、有很强的凝聚力，起到了引领学术发展的作用。我现在还留下记忆，《读书》杂志不断地解放思想、不断地提出和解答新的问题，又有好的文风，从不穿靴戴帽，从不说大话、假话、空话，使人愿意看、喜欢看。这是源于领导和主持《读书》的几位老出版老编辑不断地解放思想，坚定地执行了一条解放思想、实事求是的思想路线。”②

第一节　创办者及发展历程

《读书》创刊于 1979 年 4 月。据董秀玉回忆：“我从 1978 年下半年开

---

① 袁伟时 1996 年 2 月 16 日致沈昌文信中说：“如果要我推举 20 世纪中国最好的人文杂志，我会毫不犹豫地写上：《新民丛报》—《新青年》—《观察》—《读书》。这是四颗最亮的启明星。”见沈昌文《师承集》，海豚出版社 2015 年版，第 225 页。

② 宋木文：《〈读书〉杂志创办初期的独特体制和引领作用》，见宋木文《八十后出版文存》，商务印书馆 2013 年版，第 109 页。

始参与《读书》杂志的筹备工作，跟在陈翰伯、陈原、范用、倪子明、史枚等老同志后面做小跑腿。”[1]《读书》副主编倪子明1981年2月向中宣部出版局汇报工作时也说“1978年第三季开始酝酿”，[2] 说明筹划创办《读书》是在党的十一届三中全会之前。

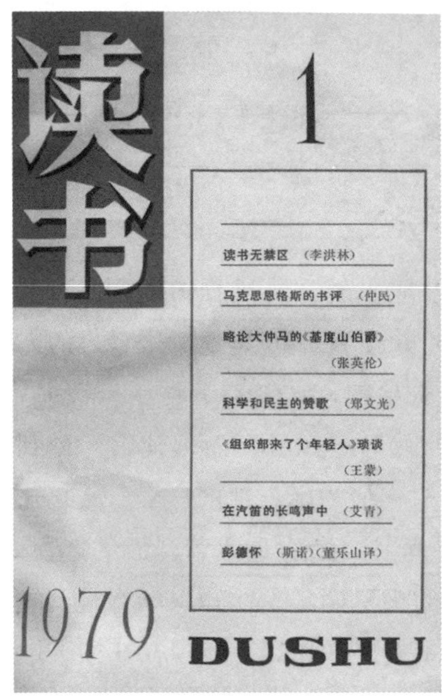

图5－1　《读书》

“《读书》创办于党的十一届三中全会以后，按照1979年4月5日局党组决定，它是由局党组领导的，以书籍为中心的文化思想评论杂志。”[3] 国家出版局于1978年11月16日、12月14日两次召开了党组会，“先后讨论了刊物的性质、任务、对象，编委会名单，编辑部负责人”。[4] 1981年2月19日，倪子明、沈昌文去中宣部出版局汇报《读书》情况，参与听取汇报的牛玉华说：《读书》“这个刊物名义上是三联书店出的，实际上是出版局的刊物。主编也是出版局的。编委都是头面人物”。[5]“据倪子明回忆，大家起初讨论方案是国家出版局研究室牵头做这件事，但又感觉此方案并不合适，‘（出版局）官方色彩太重，不好说话’。”[6] 由出版局“党组领导的，以书籍为中心的文化思想评论杂志”，是《读书》基本的组织性质和品格。

编委会由陈翰伯、王子野、许力以、陈原、于光远、夏衍、黎澍、林涧青、戈宝权、郑文光、许觉民、曾彦修、陈茂仪、范用组成，陈翰伯为

---

① 董秀玉：《智者陈原》，见陈原《我的小屋，我的梦》，浙江文艺出版社2005年版，第118页。

② 《关于〈读书〉的一些情况——1981年2月19日向中宣部出版局汇报要点》，未刊稿。

③ 《读书》编辑部于1981年4月20日向国家出版局提交《报告（草稿）》，未刊稿。

④ 《关于〈读书〉的一些情况——1981年2月19日向中宣部出版局汇报要点》，未刊稿。

⑤ 《二月十九日边春光同志谈话》，打印未刊稿。

⑥ 《守望家园》，生活·读书·新知三联书店2008年版，第53页。

编委会召集人。创始主编陈原，副主编有范用、倪子明、冯亦代、史枚；编辑部：沈昌文、董秀玉、包遵信等七人。编委会先后开过三次会议："第一次（1979. 2. 17）讨论编辑方针。陈翰伯同志说明这个刊物由局党组委托编委会领导编辑部的工作，正式定（编辑）部主编、副主编人选。人民（三联名义）负责出版工作；第二次（1979. 8. 17）回顾半年工作，提出改进意见（如加强组织有分量的书评，介绍国外文化动态、流派等等）；第三次（1980. 8. 16）编辑部汇报出版情况、读者反映，讨论原定刊物的性质、任务是否有所改变。大家认为仍应保持原来已形成的特点，着重提高质量，后来据以写成《两周年告读者》的编辑部文章。"[①]。1981 年 10 月，国家出版局党组曾以（81）出党字第 35 号下发经过中共中央宣传部批准的文件《关于加强和改进〈读书〉杂志工作的报告》。该报告中说："鉴于原编委会人数较多，成员又大都是社会知名人士，工作较忙，不易开会，拟将这个编委会改为编辑顾问委员会，另组织编委会。编委由下列 11 人组成：陈翰伯、王子野、许力以、陈茂仪、曾彦修、陈原、沈昌文、倪子明、范用、冯亦代、包遵信，以陈翰伯为召集人，每季开会一次，研究刊物方针大计。编辑部正副主编由下列 6 人组成：主编，陈原；副主编，沈昌文（常务副主编，主持编辑部日常工作）、倪子明、范用、冯亦代、包遵信。稿件中的重要问题可由常务副主编提出向主编或有关编委商决，重大问题由编委会讨论决定。"[②]

陈原说："没有翰伯，《读书》是办不成的，即使办成，也早就夭折了。""在办《读书》以前的漫长岁月里，他编过报、编过书、编过杂志，我与翰伯相处数十年，从未见过他钟情一个杂志像他对待《读书》那样，他把自己的全部生命力都倾注在这个杂志上了。"[③]

董秀玉说："陈翰伯当时是出版局领导，在上面全力支持，定方向、出方针，是个真正的思想领袖；陈原为主编，出谋划策，出方案出思想，

① 《关于〈读书〉的一些情况——1981 年 2 月 19 日向中宣部出版局汇报要点》，未刊稿。

② 《出版工作文件选编》（1981—1983. 12），文化部出版事业管理局办公室 1984 年 9 月编印，第 412 页。

③ 陈原：《〈读书〉起步那几年——深层记忆里抹不去的人和事》，《界外人语》，商务印书馆 2000 年版，第 188 页。

坐镇指挥；范用是最积极的鼓动者，实际组织筹备，并一力担当起刊物的政治责任和出版责任。还有一位倪子明，当时是出版局研究室的负责人，起草报告、调查研究、方案成文等等，都出自他手，也是创办时的骨干。”而陈原认为：

> 在最初的两年里，是史枚塑造了《读书》的体型和品格；没有他，这个新办的杂志要形成自己的特殊风格，可能需要更长的时间。他以渊博的知识，丰富的办刊经验，驾轻就熟地迅速使《读书》成型。①

从1988年起，根据出版管理部门规定，每个刊物要公布主编、副主编的姓名，《读书》1988年第1期版权页署名主编沈昌文，副主编董秀玉。这一阶段延续此前风格，注重可读性、文学性，继续保持良好的发展势头。

1996年5月起，汪晖任主编。1997年1月起，汪晖、黄平任主编。《读书》进入由学者主编的发展阶段。如果比较这一时期的《读书》和先前的《读书》，杂志风格包含了两个主要的变化：“第一，杂志中有关社会问题、国际问题的讨论和来自社会科学各领域的作者明显地增多了；第二，杂志仍以中国大陆的作者（以及海外留学生和海外华人学者）为主，但韩国、日本、欧洲、美国、东南亚、印度、拉丁美洲，以及台湾、香港地区的学者也成为《读书》的作者。”

2007年7月，三联书店副总经理潘振平担任主编，吴彬任执行主编；2013年2月，三联书店总编辑助理郑勇接任《读书》杂志执行主编；2015年8月，祝晓风任《读书》执行主编。他们都在各自任职阶段对《读书》的发展作出了贡献。

第二节 “以书为中心的文化思想评论杂志”

“以书为中心的文化思想评论杂志”是《读书》编者自定的刊物性质，也是经读者认可、历史检验的风格。这一期刊风格可追溯到1946年生活书店的刊物《读书与出版》，那是由史枚主编的以书籍为中心的思想评论的

---

① 陈原：《〈读书〉起步那几年——深层记忆里抹不去的人和事》，《界外人语》，商务印书馆2000年版，第189页。

综合性杂志。[①]。1947 年史枚调香港，由陈原接办，1948 年冬因政治环境恶化而停刊。但它一直影响三联人，范用说，“大约在 1970 年前后，我和陈翰伯在湖北咸宁干校谈起办刊物，我们设想一旦有条件，还是要办读书杂志。”[②]

关于《读书》性质的自述，首见于创刊号中“编者的话”：“我们这个月刊是以书为主题的思想评论刊物。它将为实现四个现代化、为提高全民族的科学文化水平而服务。”次见于 1981 年第 1 期的编辑部文章《两周年告读者》：“以书为中心的文化思想评论刊物”。[③] 三见于 1981 年 10 月国家出版局党组经中共中央宣传部批准后下发的《关于加强和改进〈读书〉杂志工作的报告》：“《读书》杂志仍然应当是以书籍为中心的评论杂志。”[④] 如果说“编者的话”中所述代表《读书》的初始定位，《两周年告读者》则代表《读书》两年实践所形成的期刊风格，而出版局党组的批复代表政府意志，这其中的细微变化，既折射了《读书》最初两年在思想领域左冲右突的艰辛，也反映了创始编辑们执着于“思想”，加添“文化”以显圆融妥协的智慧。这三处用语的细微改换意味深长，潜隐着解放思想、拨乱反正的壮阔波澜，围绕《读书》性质的思想交锋映衬或者说自证了该刊的思想文化价值。因缘际会，历史因此造就了《读书》，“文化思想评论”是整个 20 世纪 80 年代的时代主潮，《读书》以“文化思想评论刊物”品格而成为 20 世纪 80 年代思潮的风向标。

首先应该肯定，《读书》性质是陈翰伯、陈原等人集体智慧的结晶。

---

① “抗日战争胜利后，我回到上海。生活书店把原来一个宣传推广的刊物《读书与出版》改成一个以书籍为中心的思想评论的综合性杂志，由史枚主编，1947 年史枚调香港，由我接办。编委会有周建人、杜国庠（守素）、戈宝权、陈翰伯和我五人，我们每个月聚会一次，定选题、分任务，一直出到 1948 年冬，因政治环境恶化而停刊。回头一望，这个杂志在那‘黎明前最黑暗’的时刻，起了我们预想不到的作用，特别是第一线刊物《民主》《消息》《文萃》相继被迫停刊，这个小刊物对国统区广大读者还是起到一定作用的。”陈原：《生活·读书·新知三家出版社的杂志和我》，《陈原出版文集》，中国书籍出版社 1995 年版，第 464 页。

② 范用：《读书三百期》，见王世襄等编写《我与三联》，生活·读书·新知三联书店 2008 年版，第 255 页。

③ 陈翰伯：《两周年告读者》，《陈翰伯文集》，中国书籍出版社 1995 年版，第 108 页。

④ 《出版工作文件选编》（1981—1983. 12），文化部出版事业管理局办公室 1984 年 9 月编印，第 412 页。

陈原曾这样记述其创刊缘起：

> 几个读书人聚在我住的病房里，商量办杂志的事。
>
> 噩梦终于醒过来了。真理标准问题的讨论扣人心弦，扭转乾坤的全会开过了，破晓了！该有一个园地，让读书人抒发他们的情怀；不是个人的恩怨，而是呼唤被压抑或被歪曲了的良心。
>
> 园地在哪里？办杂志。办一个讲真话的杂志。办一个不讲“官话”的杂志。开垦一个破除迷信、破除偶像崇拜，有着“独立之人格”和“自由之思想”的园地。不讲大话，空话，套话，废话；不崇尚豪言壮语，不夸夸其谈，不随风倒，也不凑热闹。保持冷静客观头脑，独立思考。不把自己装扮成为人师表那样的道貌岸然，自然、朴素、平等，完全可以发表不同意见，但是杜绝棍子。
>
> 以上这些不是我现在想出来的，而是从深层记忆里掏出来的，应当说是编辑部同人当时的共识。
>
> 这样，就这样，几个读书人不约而同地认为，这个将出生的婴儿，应当是一个“以读书为中心的思想评论杂志”。
>
> 这样的想法，这样的定位，不是我们几个读书人冥思苦想得出来的，而是从时代的巨人发出的“实事求是，解放思想”的号召那里得到启发的。
>
> 经过十年文化“扫荡”之后，突然出现了这样一种声音，这声音很快便被读书界接受了，带着几分惊喜或者还带着几分疑虑接受了。其实这声音很平凡，其实只不过意味着人们突然找回了自己，找回已被压抑的心声，或者说人们好像重新发现了人的价值和人的尊严，而人的全部尊严在于思想。①

从“以书为主题的思想评论刊物”到“以书为中心的文化思想评论刊物”，是《读书》对创刊定位的微调。《读书》创刊的起始定位在当时引起了体制内高层的深切关注，陈原曾记述一事：“某一年，在某次会上，一位可敬的同志突然说，你们杂志还是谦虚一点好，比方说‘以读书为中

---

① 陈原：《〈读书〉起步那几年——深层记忆里抹不去的人和事》，《界外人语》，商务印书馆2000年版，第182页。

心的思想评论’就有点狂。你们怎能进行思想评论?评论思想不是你们分内的事,只有最高权威机关才能发动思想评论。”①

《两周年致读者》由《读书》编委会主任陈翰伯执笔撰写,他“通过各种渠道听取读者的反映”而做以下描述:(一)解放思想;(二)平等待人;(三)提供知识;(四)文风可喜。② 从思想文化评论杂志的性质或者说定位出发,陈翰伯对《读书》的预设是:“思想文化评论总的目的是为了扩大马克思主义的思想阵地。我们力求做到文章能发人深省,有所启发。板起面孔训人就不足取,而今思想活跃,要回答的问题很多,一时回答不上来,就引导人们去探索。这种探索真理的工作绝不是一代人所能完成的。听凭某一圣哲一言定鼎的办法,更是不足为训。我们愿意和读者一起在激荡的思想海洋里,各自拿出一点智慧来。”③ 为达到这一传播效果,他预设的途径讲究灵活性:“思想要活跃,形式也要活跃。有些文章虽然和书直接搭不上线,但是所谈内容却是当前不少同志关心的文化思想问题,我们也要酌量发表。”④ 这就是《读书》“以书为中心”而不局限于书的含义。

与“思想文化评论”品格相伴随的是“《读书》体”。两者互为表里,内容与形式交融,作者和编辑互动,既是《读书》杂志鲜明、显著的文本特征,也是《读书》作为期刊历史对象应予关注的重要方面。最早关注《读书》的文体特征,并对“《读书》体”有所界定的是陈平原。他说:“《读书》思想上追摹的是《新青年》,文体上学习的是《语丝》”。⑤ 他1999年为《读书》二十周年庆而写的《与〈读书〉结缘》对“《读书》体”有所界定:“以学识为根基,以阅历、心境为两翼,再配上适宜的文笔,迹浅而意深,言近而旨远。”⑥ 并举金克木为“《读书》体”

---

① 陈原:《〈读书〉起步那几年——深层记忆里抹不去的人和事》,《界外人语》,商务印书馆2000年版,第186页。

② 陈翰伯:《两周年告读者》,《陈翰伯文集》,中国书籍出版社1995年版,第107页。

③ 陈翰伯:《两周年告读者》,《陈翰伯文集》,中国书籍出版社1995年版,第109页。

④ 陈翰伯:《两周年告读者》,《陈翰伯文集》,中国书籍出版社1995年版,第109页。

⑤ 见《文汇报》1996年9月21日。

⑥ 陈平原:《与〈读书〉结缘》,见王世襄等编写《我与三联》,生活·读书·新知三联书店2008年版,第146页。

的代表性作者。[①] 如果真有“《读书》体”，或许初创于陈原时段，成熟于沈昌文时段，汪晖、黄平时段力求发扬光大，但绩效不够明显，并且为人诟病。

《读书》追求思想性与可读性统一，追求学术性却又自觉防止《读书》专门化。沈昌文说：“思想性和可读性，应是《读书》杂志始终不渝的目标。”[②] “故作者之进入《读书》，不只需要‘思想’的共鸣，更包括‘文体’的磨合。”[③] 梁治平是《读书》上发表文章最多的法学学者，[④] 他的写作经验谈实证了“《读书》体”对《读书》作者的规范和引导。他说：

> 按照某种严格的标准，我为《读书》写的那些文章都不能算是学术论文。不过，如果因此而认为它们也不具有学术性，那就错了。我不想在这里讨论学术的概念，我只想说，它们同样是严肃的学术思考的产物，它们与所谓学术论文的不同，只是写作方式上的，这种不同，又与刊物的性质和读者的要求有关。我为《新波斯人信札》写的篇目，和我为《读书》写的那些文章，不是写给专门家，而是写给一般的知识者，因此，我避免用专门的术语，尽可能不作引证，并且略去论证的细节。在此之外，我还注意使篇幅不要过长，文字足够平易。这样的文章当然可以由不同的人来写，但是对于学者来说，他必须有足够的知识积累，应当对问题有比较系统的思考，如果必要，还应当能够就其结论做出详尽的论证。我所谓严肃的学术思考，指的就是这些。[⑤]

---

① 陈平原查对“《读书》杂志二十年”光盘发现，为《读书》撰文最多的作者是：“王蒙82篇，黄裳98篇，董鼎山101篇，金克木101篇，冯亦代112篇。正当我颇为沮丧，为金先生没能拔得头筹而叹惜时，忽然想起，先生还用辛竹笔名发文章。一查，辛竹所撰25文，并没归入金先生名下。”见陈平原《〈读书〉的文体》，《南方周末》2006年2月16日。

② 沈昌文：《阁楼人语——〈读书〉的知识分子记忆》，作家出版社2003年版，第22页。

③ 陈平原：《与〈读书〉结缘》，见王世襄等编写《我与三联》，生活·读书·新知三联书店2008年版，第146页。

④ 据艾佳慧统计，《读书》28年间共发表法学类文章153篇，发表数量最多的作者分别是梁志平23篇，冯象20篇，苏力、夏勇各8篇。见艾佳慧《在“边缘”处感受挑战——〈读书〉法学类文章研究》，《北京大学研究生学志》2006年第4期。

⑤ 梁治平：《在边缘处思考》，《学术思想评论》（第3辑），辽宁大学出版社1998年版，第540页。

第三节 《读书无禁区》及相关讨论

创始主编陈原认为："《读书》是同'读书无禁区'共生的。这个勇敢的命题，当时令人耳目一新，却又引起某种不愉快的命题，是在开拓一个新时代的真理标准问题激辩前后，针对绝灭文化的'大革命'许多倒行逆施而提出的。"① 这里所说的"读书无禁区"既是一个思想文化命题，也指《读书》创刊号中的头题文章《读书无禁区》。《读书》在改革开放期刊史上难以撼动的崇高地位，首先就因为它响应党中央"解放思想、实事求是"的号召，最早提出了思想文化领域的一个基本命题——"读书无禁区"；读者为此奔走相告，围绕这一命题《读书》展开了为时近两年的讨论，并被赞誉为文化启蒙。

创始编辑董秀玉回忆：《读书无禁区》一题，最早是陈原先生在讨论选题时提出的。《读书》在1979年的春天破土而出，《读书无禁区》打响了第一炮，成为思想解放的大旗，也引发了无数的批评。

《读书无禁区》的现实反响，众多思想者和学人都留存了记忆。陈原在20年后的记述中说：

> 如果说这篇文章当时震撼了整个读书界，那也许是夸大其词，但是这样的命题确实得到了许多读书人的共鸣。
>
> 海内外不少读书人好像遇到奇迹。人们奔走相告：啊啊，读书无禁区？啊啊，读书无禁区！
>
> 自然，有高兴者，就有不高兴者；有拍手称快者，也有忧心忡忡者；有认为离经叛道者……
>
> ……那时，《读书》编辑部同人对这个问题却一致给出肯定的答复：如果读书设置禁区，那么怎能做到研究无禁区呢？况且，连读书

---

① 陈原：《十五年——记〈读书〉》，《不是回忆录的回忆录》，文汇出版社1997年版，第141页。

都设置禁区，怎能响应“解放思想”的伟大号召呢?①

《读书无禁区》发表后，反响非常热烈。《读书》先后发表9篇讨论文章，依次介绍这批讨论文章既可具体感知《读书无禁区》的影响，又可关联当时社会的思想状况，理解《读书》组织讨论的编辑用心。

当时图书馆尚未全面解禁，很多“图书馆仍然不敢开门或只敢小开”，曾彦修化名读者范玉民②明确主张开放图书馆，少设禁书，《“圕”必须四门大开》发表于《读书》1979年第2期。

1979年第6期同时发表了一组四篇文章，分别是秦牧的《定期公布畅销书目》、张守白的《读书不能“无禁区”》、吴越的《禁锢不好，完全开放也行不通》和读者白先才的来信《这样的提法不恰当》。张守白文章第一句话是：“《读书》第一期的《读书无禁区》一文，我看了题目就有气，很别扭，认为是不能接受的”。吴越认为，“读书无禁区”的呼声得到赞同的真正原因是长期以来形成的读书难的现实造成的，并从书籍的内容辩证地说明读书需要开放，也需要禁锢一些内容，应该区别对待。在秦牧文章的末尾，加了“编者附记：我们支持秦牧同志的建议。怎样做，当然还可以商讨。规定的学习文件，销售量大，但恐不宜列入畅销书目。高级的学术著作，读者面狭，应另有畅销标准”。表明编辑对秦牧文章的回应。20年后，定期公布畅销书目成为中国畅销书市场运作的基本环节，但当年《读书》不仅难有首倡的荣耀，相反要为此做出检讨：“秦牧同志希望我国实行定期公布畅销书的办法，作为一个建议，原本无可厚非。但是我们以编辑部名义加一按语，表明‘我们支持秦牧同志的建议’，有欠慎重。今后应避免由编辑部表态给出版行政机关和有关单位施加压力的办法，必须用编辑部表态，应由编辑讨论通过、有关领导批准。”③

第7期署名“子起”的《读书应当无禁区》以回顾缘起和讨论开头，

---

① 陈原：《〈读书〉起步那几年——深层记忆里抹不去的人和事》，《界外人语》，商务印书馆2000年版，第184页。

② 沈昌文在《师承集》中说，曾彦修“在《读书无禁区》文发后，用笔名写一长文，题《“圕”必须四门大开》，供我们发表。当时他的敢于坚持真理实在让我吃惊”。《师承集》，海豚出版社2015年版，第253页。

③ 《读书》编辑部于1981年4月20日致国家出版局党组《报告》附件“《读书》杂志若干文章的情况和问题”，未刊稿，陈原家属提供。

最后落实为“读书应当无禁区，这才是正路!”1980 年第 2 期《读者·作者·编者》专栏里，加“编者按”发表了三篇读者来信。“编者按”说：“关于读书应否设置禁区的问题，我们收到了不少来稿来信，大多数是赞成无禁区的，个别是反对的。因本刊篇幅有限，仅选刊以上三篇。”这三篇读者来信分别是：卢纯田的《“禁区”不可无，处置要慎重》、王焱的《也谈读书与“禁区”》、甘铁生的《读书设置禁区是荒谬的》。

这样的讨论，对于《读书》的创始编辑们，不过是出于明确的理念、坚定的信念而做的策略性的思想交锋安排，并非为了借助讨论来形成编辑部认识、统一编辑部思想，尽管它对树立改革开放新刊风、新文风产生了相当影响。陈原后来说：

> 那时，编辑部同人谁都不以为已经离经叛道了。不。我们提出这样的命题，只不过是针对绝灭文化的十年现实说的，只不过是针对泛滥多年的极“左”思潮说的。我们的信仰、我们的理想，丝毫没有改变，更绝对没有想过脱离领导。独立思考、解放思想，跟脱离领导、反对领导绝对不是同义语。

《两周年致读者》发表于《读书》1981 年第 1 期。系依据 1980 年 8 月 16 日《读书》第三次编委会会议讨论精神，陈翰伯“亲自执笔”写成。沈昌文说：“当时为创刊号题为《读书无禁区》的文章，觉得压力太大，请他关注。他要我仔仔细细地说了情况，于是在文章中加了一大段态度鲜明的支持这篇文章的话。”① 陈翰伯明确表示立场：“我们重申我们赞成

---

① 沈昌文:《阁楼人语》，作家出版社 2003 年版，第 11 页。陈翰伯增补的一段可能是:“我们重申我们赞成‘读书无禁区’的主张。在我们的当代史中，人人尽知，确实发生过史无前例的禁书狂飙。‘四人帮’垮台后，风沙虽然已过，不敢重开书禁的还大有人在。当时我们针对时弊，喊出‘读书无禁区’，深受读者欢迎，我们非常感激。尽人皆知，谁也没有不加分析地提倡‘开卷有益’，胡乱读书。何况在《读书无禁区》一文中，作者早已说过：‘对于书籍的编辑、翻译、出版、发行和阅读，一定要加强党的领导，加强马克思主义的阵地。对于那种玷污人类尊严，败坏社会风气，毒害青少年身心的书籍，必须严加取缔，因为这类图书根本不是文化。它极其肮脏，正如鲁迅所说，好像粪便或鼻涕。’我们引此长段，在于说明最初一文已把话说在前头，大可不必草木皆兵、杞人忧天。就此问题，本刊曾经发表过不同意见，今后我们对一些读者关心的问题仍然打算这么办。再补充一句：凡在本刊发表的文章，不就是代表本刊编辑部的观点。文责自负嘛，人人都可以对某篇文章发表不同观感。”见《陈翰伯文集》，中国书籍出版社 1995 年版，第 108 页。

‘读书无禁区’的主张”。

《读书》1981年奉命对已经出版的25期刊物进行自查，自我检讨有16篇文章存在或大或小的问题。《读书无禁区》自然居检讨之首，而重申“读书无禁区”的《两周年告读者》亦在检讨之列。对《读书无禁区》的检讨是：“本文原题《读书要打破禁区》，编辑部改为今题。改题后，引起副作用，曾陆续发表一些对本文的不同意见，并就改题问题发表声明，由编辑部承担责任，改题是不够慎重的，只注意生动，而不注意效果，容易造成思想混乱，至于改题后没有告诉作者，也是一个缺点。”①

《两周年告读者》的自我检查意见是：“此文比较受到读者欢迎，但是也有同志指出，不应当再在这里重申我们赞成‘读书无禁区’的主张。本刊创刊号有文章提出《读书无禁区》的提法，社会上有一些误解，以为这就是提倡乱看书，反对对读书的必要的指导。我们为此在这里重提‘读书无禁区’问题，初意在于对这提法作一正确解释，避免误解。因此，文中除批评了‘四人帮’时期的‘禁书狂飙’，特别引用创刊号中的下面这段话：‘对于书籍的编辑、翻译、出版、发行和阅读，一定要加强党的领导，加强马克思主义的阵地。对于那种玷污人类尊严，败坏社会风气，毒害青少年身心的书籍，必须严加取缔，因为这类图书根本不是文化。它极其肮脏，正如鲁迅所说，好像粪便或鼻涕。’现在看来，此文如果多征求一些同志的意见，不在这里简单地论述‘读书无禁区’问题，而是另外写文章全面说明读书必须有指导，可能道理会说得更充分，效果更好。”②

1981年春夏，《读书》“在编辑部内多次进行了严肃的批评与自我批评，总结经验教训，认真改正工作。今后一定要做到与中央在政治上保持一致”。③ 这“多次”“严肃的批评与自我批评”中当关涉《读书无禁区》的选题。陈原在有关会上的“检查要点”中曾表示：

> 如果认为“读书无禁区”的提法有严重错误，我承担全部责任，

---

① 《读书》编辑部于1981年4月20日致国家出版局党组《报告》，未刊稿，陈原家属提供。

② 《读书》编辑部于1981年4月20日致国家出版局党组《报告》附件“《读书》杂志若干文章的情况和问题”，未刊稿，陈原家属提供。

③ 《关于加强和改进〈读书〉杂志工作的报告》，《出版工作文件选编》(1981—1983.12)，文化部出版事业管理局办公室1984年9月编印，第412页。

> 愿意接受最严厉的处分。我是这个杂志的主编，从选题到挑选作者到审稿到清样签字，都由我负责。编辑部同人不熟悉这个杂志的格局，他们完全按照我的意见操作，所有错误跟他们无关。[①]

《读书》三十多年的发展历程见证了中国改革开放的思想史、学术史，伴随了三联书店从人民出版社副牌独立、壮大的过程，既为三联书店的图书出版积累了广泛、丰厚的作者资源和品牌影响力，也对三联书店形成“不官不商有书香”的思想人文的出版个性产生了深远影响，在改革开放以来的期刊史、出版史上均占有一席之地。

---

① 陈原：《〈读书〉起步那几年——深层记忆里抹不去的人和事》，《界外人语》，商务印书馆2000年版，第185页。

第六章

《理论动态》发起"真理标准问题"讨论

第一节 《理论动态》创刊

《理论动态》由中共中央党校主办，因 1978 年 5 月发表《实践是检验真理的唯一标准》的著名文章而彪炳史册。

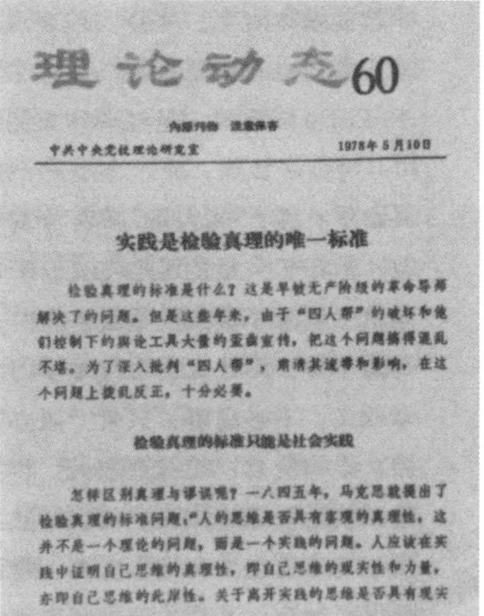

理论动态 60

内部刊物 注意保存

中共中央党校理论研究室　　1978年5月10日

实践是检验真理的唯一标准

检验真理的标准是什么？这是早被无产阶级的革命导师解决了的问题。但是这些年来，由于"四人帮"的破坏和他们控制下的舆论工具大量的歪曲宣传，把这个问题搞得混乱不堪。为了深入批判"四人帮"，肃清其流毒和影响，在这个问题上拨乱反正，十分必要。

检验真理的标准只能是社会实践

怎样区别真理与谬误呢？一八四五年，马克思就提出了检验真理的标准问题："人的思维是否具有客观的真理性，这并不是一个理论的问题，而是一个实践的问题。人应该在实践中证明自己思维的真理性，即自己思维的现实性和力量，亦即自己思维的此岸性。关于离开实践的思维是否具有现实

图 6－1　《理论动态》

《理论动态》的创刊动议于胡耀邦。1977 年 3 月 3 日，中共中央政治局作出决定，正式恢复中共中央党校。华国锋兼任中央党校校长，汪东兴兼任第一副校长，胡耀邦调任副校长主持工作。这是《理论动态》创刊的背景。胡耀邦想在中央党校办三个刊物：一个叫作《理论研究动态》或《理论动态》，任务是拨乱反正，完整地、准确地阐述马列主义和毛泽东思想，把"四人帮"搞乱了的路线是非、理论是非颠倒过来；第二个叫作《中央党校校刊》，是文献性质的；第三个叫作《中央党校简报》，

不定期，是向学员作调查，向中央反映情况。[①] 并明确“《理论动态》是一个面向党的理论干部和领导干部的思想性质的内部刊物”，把它作为反击教条主义、思想僵化的一块阵地。对其办刊宗旨、内容定位、稿件组织、刊期、发行范围等，胡耀邦也提出了具体的意见，即《理论动态》的作用主要有两个：一是给中央领导同志了解理论战线的动态起一个耳目作用；二是在理论研究上起引导和举纲作用。

《理论动态》发表了很多很有影响的文章，创刊号发表的中央党校吴江的《继续中央党校革命问题的探讨》，胡耀邦事后将《理论动态》创刊号送邓小平，他“表示完全同意”。第 18 期发表的《关于社会主义企业利润的几个问题》，充分肯定并阐明了社会主义企业利润的必要性和合理性，提出要理直气壮地抓利润；第 36 期发表的《农村集市贸易是资本主义的自由市场吗?》、第 50 期发表的《怎样看待正当的家庭副业?》，有力地驳斥了多年来流行的所谓“资本主义自发倾向”的说法，这两篇文章在《人民日报》公开发表后，引起了强烈的社会反响。在诸多产生重大影响的文章中，影响最大的当属第 60 期刊发的《实践是检验真理的唯一标准》。

第二节 “实践是检验真理的唯一标准”的由来

“实践是检验真理的标准”是马克思主义的基本原理，因为这一基本原理在“文化大革命”中被“四人帮”搞乱了，在 1977 年下半年到 1978 年年初，有三个人互不联系在撰写同一主题的三篇文章。这三个人分别是南京大学哲学系教师胡福明、中央党校理论研究室的孙长江和中国社会科学院哲学研究所的邢贲思。

胡福明文章的发表经过是，1977 年 7 月，光明日报社理论部哲学组组长王强华在南京的一次理论讨论会上，发现南京大学哲学系青年教师胡福明的发言有锋芒、有见地，就约他为《光明日报 · 哲学专刊》写一篇“拨乱反正”的文章，胡福明将写成的文章寄给了王强华。胡福明说：“这篇

① 韩洪洪：《胡耀邦在历史转折关头》，人民出版社 2009 年版，第 68 页。

文章，是我在揭批‘四人帮’的斗争中，自己选定的题目、自己形成的主题、自己提出的观点、自己拟定的提纲、自己撰写的文章。”①

王强华在1978年1月14日和3月13日两次去信，向胡福明提出修改意见。4月中下旬，胡福明到北京参加全国哲学讨论会。《光明日报》总编辑杨西光将胡福明接到光明日报社，与中央党校副校长马沛文、孙长江等一起商议胡文的修改问题。原来，杨西光看到胡福明写的《实践是检验一切真理的标准》后，将它从哲学版上拿了下来，要作为重要文章放在第一版发表，再做进一步修改。胡福明修改了数日，“五一”节前将稿件返回给《光明日报》。

杨西光对胡福明说：这篇文章，要请胡耀邦同志审定。他在中央党校成立了理论研究室，办了个内部刊物叫作《理论动态》，发表在该刊上的文章，都要经过胡耀邦同志审阅批准。所以，我们这篇文章要交给中央党校理论研究室修改，请胡耀邦同志审阅，先在《理论动态》上发表，《光明日报》第二天再公开发表。杨西光还就文章署名对胡福明说，这篇文章发表在第一版，不以作者个人名义而以“本报评论员”的名义发表，这样可以加重文章的分量，并表示聘请胡福明做《光明日报》的特约评论员。

《理论动态》于1978年5月10日出版的第60期发表了《实践是检验真理的唯一标准》，并在文后注明“《光明日报》供稿，本刊作了些修改”。标题中的“唯一”两字由杨西光确定。5月11日，《光明日报》公开发表；5月12日，《人民日报》《解放军报》转载，新华社向全国发稿，《解放日报》等十几家省报转载。该文在全国产生巨大影响，掀起了轰轰烈烈的真理标准大讨论。

第三节　“真理标准问题”讨论的社会影响

1978年的5、6月间，《光明日报》《人民日报》《解放军报》分别刊发了关于真理标准问题的文章。6月16日《人民日报》发表了约请邢贲思

① 转引自沈宝祥《真理标准问题讨论始末》，中国青年出版社1997年版，第68页。

撰写的文章《关于真理的标准问题》，也是一篇相当有分量的文章；6 月 18 日《光明日报》全文转载；6 月 24 日《马克思主义的一个最基本的原则》在《解放军报》发表。首都三家主要报纸各自都发表了一篇论述真理标准问题的重要文章，而且相互转载，这确实非同寻常。人民出版社和人民日报出版社，都在 1978 年 7 月间将上述三篇文章汇编成书出版发行。人民出版社的书名是《实践是检验真理的唯一标准》，人民日报出版社的书名是《马克思主义的一个最基本的原则》。这是全国关于真理标准问题讨论最早的专集，值得写上一笔。这就是 1978 年就真理标准问题讨论而展开的“刊—报—书”联动的媒介故事，而故事的起点和原发动力则是《理论动态》。

1978 年 6 月 20 日，胡乔木到胡耀邦家，对他说，这场争论是党校挑起来的，我不同意争论下去，要立即停止争论，《理论动态》不能再发可能引起争论的文章了。胡乔木走后，胡耀邦立即打电话把吴江和阮铭叫到他家，向他们转达了胡乔木的话，并表示打算冷却一下的想法。吴江他们不同意胡乔木的意见，也不同意冷却一下的主张，继续撰写《马克思主义的一个最基本的原则》的文章（孙长江参与）。①

1981 年 6 月，胡耀邦在中共十一届六中全会上当选为中共中央主席。9 月 29 日，他召集《理论动态》组成员作了长篇讲话，这是他最后一次召集《理论动态》组的同志开会。他曾幽默地表达对《理论动态》的深情：我死后要写上一笔，生前办过《理论动态》。他在中央党校曾多次讲过：“这个刊物你别看它小，办得好以后，等于我们办了另外一个党校。”

有专家指出：“《理论动态》是当时全国唯一的一家内部性的思想理论性质的刊物，大家都知道它是胡耀邦同志主持办的一个刊物，特别是这个刊物的内容和文风的特点，很快在党内在社会上发生了影响。”② 其意义在于：

第一，全国思想、理论界大动员的真理标准讨论，开启了新时期思

---

① 沈宝祥：《真理标准问题讨论始末》，中国青年出版社 1997 年版，第 133 页。

② 沈宝祥：《真理标准问题讨论始末》，中国青年出版社 1997 年版，第 57 页。

想解放的历程，为改革开放奠定了思想路线。“据不完全统计，截至1978年年底，中央及省级报刊登载关于实践是检验真理的唯一标准的专文六百五十余篇。”对这场讨论，邓小平在《解放思想，团结一致向前看》报告中给予高度评价：“关于真理标准问题的争论，的确是个思想路线问题，是个政治问题，是个关系到党和国家的前途和命运的问题。”《中共中央关于建国以来党的若干历史问题的决议》中也有更全面的论述。

第二，开1978年以来社会科学理论期刊资政建言之先河。有专家记载，1977年12月30日出刊的《理论动态》第34期，刊登了《以怎样的精神状态跨进新的一年》，当天送到华国锋同志手里，他看后很赞赏。据《政府工作报告》起草组的同志讲，华国锋同志在12月30日晚上，拿了创刊以来的所有34期《理论动态》问起草组的同志，这三十几期你们都看过没有？这一期看过没有？这一期写得很好，观点也是好的，提出的问题和观点都是好的。华国锋同志把这篇文章中的三个问题讲了一遍后说，现在就是新时期、新形势、新课题，我们全党同志面临着一个重新学习的问题。怎么学习呢？多谋善断特别重要。他对文章的第三段“多谋善断”，反复地讲了，要大家好好看一看，学一学。①

第三，开破除迷信、解放思想的一代刊风。《理论动态》创刊不久就大胆触及领袖的个人迷信等敏感问题，在第9期（1977年8月25日）就引用了毛泽东同志关于要破除迷信的一段话：“我们除了科学以外，什么都不要相信，就是说，不要迷信。中国人也好，外国人也好，死人也好，活人也好，对的就是对的，不对的就是不对的，不然就叫作迷信。要破除迷信。不论古代的也好，现代的也好，正确的就信，不正确的就不信，不仅不信而且还要批评。这才是科学的态度。”引用这段话的针对性是很明显的。《理论动态》第33期（1977年12月25日）以《无产阶级革命导师反对对自己的不科学评价》为题，编发了马克思、恩格斯、列宁、斯大林和毛泽东的几条语录，并加了“编者按”。“这一期反响之强烈可想而知

---

① 据沈宝祥：《真理标准问题讨论始末》，中国青年出版社1997年版，第63—64页。该书第63页也说，1978年1月31日，胡耀邦同志在中央组织部的秘书梁金泉同志打电话来说：“华主席说这篇文章好。新时期，新任务，新要求，多谋善断，提法很好。叫起草《政府工作报告》的组参考。”

的，不少人叫好，也有一些人表示愤怒。我记得，中央党校一个教研单位的同志打电话叫我去一下。我去了以后，他们拿出这一期《理论动态》责问：你们要干什么？你们的矛头是针对谁的？当时，不少人的思想还没有从‘左’的框子中跳出来，个人迷信的历史重负还没有卸下，发生这种情况是完全可以理解的。他们不好对别人提出责问，就把我找去了。这充分说明拨乱反正之艰难。”①

无独有偶，1978 年 9 月复刊第一期的《中国青年》发表了《科学和迷信》，也曾遭到严厉指责，引起不小的风波。虽然目前尚未见《中国青年》复刊之前与《理论动态》刊际交往的实证材料，但从两刊所发文章的时间及思想主旨不难看出，两者一致的心灵感应与精神谱系。

① 沈宝祥：《真理标准问题讨论始末》，中国青年出版社 1997 年版，第 56—57 页。

第七章

改革开放与期刊内涵的拓展

第一节 《八小时以外》创刊的象征意义

《八小时以外》由天津人民出版社1980年1月编辑出版，创始编辑余秋明等。1980年2月，丛林调任天津人民出版社副总编辑，主编《八小时以外》。创刊时为双月刊，1990年起变更为月刊。这是改革开放之初国内最早的休闲文化期刊之一，该刊一面世即大受读者欢迎，创刊号发行二十多万册。

《八小时以外》以内容取胜，更以丰富多彩的刊社活动见长，两者相互促进，影响极一时之盛，成为该刊发展历史上"最辉煌"[①]的阶段。该刊高峰年份的平均期印数情况见表7－1。

表7－1 《八小时以外》高峰年份平均期印数统计情况

单位：万册

年份	1980	1981	1982	1983	1984	1985	1986
发行量	67	84	81.3	102.6	114.5	93.5	58.7

资料来源：《中国出版年鉴》1981—1987年版。

① 尹春华回忆："在丛林、余秋明直接领导下工作的几年，正是《八小时以外》最辉煌的时代。"见尹春华《我们看历史 同时也被历史回望——忆〈八小时以外〉〈珍贵的留影〉专栏》，《八小时以外》2010年12月号。

八小时工作制，是人类自工业文明以来劳工们奋力抗争才获得的制度安排。科学技术把人类推进到信息社会和休闲社会后，八小时工作制度瓦解，弹性工作制兴起，八小时便只具有职业工时的象征意义，而不再具有职业工时的规约意义。以此为刊名并迅猛崛起成为名刊的《八小时以外》恰恰因缘际会，参与、推进了改革开放的中国世俗社会的兴起与变迁。

相较于20世纪90年代市场化探索兴起后，期刊的读者定位、内容定位、功能定位均殊为明确具体，“八小时以外”仅显示时间区割，定位显然模糊。但这刊名却被称颂一时，叫好声一大片，读者、作者、期刊编办者乃至管理者都充分肯定刊名明确宣示其办刊宗旨。

图7－1　《八小时以外》

《八小时以外》是供广大群众业余阅读的综合性丛刊，办刊宗旨是：“从广大群众、特别是青年职工的业余生活实际出发，具有一定的思想性、知识性、趣味性和实用性。题材多样，生动活泼，使读者能从中得到富有营养的精神食粮，以便更好地献身于四化建设。”① 创刊号《致读者》中说：

> 平日，我们在八小时工作、劳动以外，除去必要的休息，还有不少时间供自由支配。这段时间，可以说占生命的三分之一。这些时间应当怎样度过？应该看点什么？学点什么？想点什么？干点什么？怎样把八小时以外的生活同八小时以内的工作、劳动有机地结合起来，胸怀宏伟目标，不断前进？这是一个很有意义的问题。我们愿意和读者一道，利用这个刊物进行交流和探索。
>
> 珍惜八小时以外的时间，学好本领，增长见闻，陶冶情操，提高

① 《欢迎投稿》，《八小时以外》1980年第2期。

修养，充实知识，丰富生活，为四化建设作出更大的贡献。这是广大读者的心愿，也是我们创办这个刊物的目的。

《八小时以外》出版后，《人民日报》发表文章予以赞誉，对这一新杂志持肯定态度，认为这株新花把思想性、知识性、趣味性、实用性作为自己的特点，生动活泼地引导广大读者在紧张劳动、工作的八小时以外，增添些有意义的文化生活，成为人民群众精神生活的良师益友。

《八小时以外》文章短小、文字活泼、文风清新、内容丰富，透过《名人轶事》《夜读偶记》《峥嵘岁月》等栏目，可以看到不少趣味横生、意味深长的好文章。例如，《把宝贵的时光献给革命事业》，介绍了马克思孜孜不倦的忘我革命精神；《列宁的"八小时以外"》，介绍了列宁的多种生活情趣；《一身机智一身胆》，介绍了周恩来在白区的光辉战斗生活；《贺老总看戏》记述了贺龙平易近人……读后如见其人、如闻其声，仿佛他们正迎面向我们走来。该刊的另一特点是图文并茂，如 1980 年第 3 期的封面摄影，是一轮明月、一根竹影，被蓝色的、广阔的空间衬托着，显得美好而宁静。①

《八小时以外》以响亮的刊名激发了读者社会生活观念的更新，以健康有益、积极向上的内容和丰富多彩的刊社活动引领了读者职业之外的业余生活，对 1978 年以来的社会变迁以及城市休闲生活构建都产生了重要影响。它开启了改革开放休闲文化的先声，"面对思想被禁锢多年，渴望解放、渴望自由、渴望新鲜的社会大众，杂志以几千年来人类文明的光芒照亮了无数个苦难的干涸的心灵，抚慰并陶冶着人们的情操。"② 因此，表面看是创办一种杂志，更深层意义上是拨乱反正的一个思想成果，不仅成为告别"文化大革命"、观念变革的象征，而且实际地构筑了改革开放社会生活变迁的亮丽景观，是解读 20 世纪 80 年代社会心态的重要符码。

《八小时以外》以看似宽泛的"八小时以外"引导读者丰富业余生活、回归世俗社会，在三十多年的社会变迁中发挥了积极作用，这也是它在改革开放期刊史上的独特贡献。就此而言，《八小时以外》是个启蒙者：

---

① 杨连仲：《读〈八小时以外〉》，《人民日报》1980 年 8 月 7 日。

② 刘思训：《一本杂志的三十年》，《八小时以外》2010 年 12 月号。

在那个刚刚从重生产轻生活、重教育轻引导、重工作轻休闲的旧观念中解脱出来的环境下，《八小时以外》大胆地宣扬吃喝玩乐，如今看来虽远不到位，可当时的确令读者为之一振。这就是它的优势，亦即独特之处。①

第二节　《译林》创刊打开一扇新窗

江苏人民出版社于1979年创办的《译林》，是改革开放之初人们认识世界、认识外国文学的一扇新窗。它见证了1978年以来中国翻译外国通俗小说的发展史，既为中国现代文学史作出了重要贡献，也是它区别于众多期刊的独特功能。1989年，以《译林》为基础创建了译林出版社，以同名期刊而发展建立、称名出版社的，在中国改革开放出版史上亦为数不多。《译林》创刊号上发表侦探小说《尼罗河上的惨案》成为全国性风波的引爆点，也成为期刊突破禁区、思想解放的生动案例。

一、对创刊号尖锐对立的两极评价

《译林》创刊于1979年11月。当时，国际间科学文化交流日益频繁，出国考察、访问、学习、演出的团体和人员越来越多，各界、各部门、各科研单位引进的外国科技信息资料数量急剧增多，人们都需要观察世界、了解世界、熟悉世界。把《译林》作为一个窗口，通过外国文学作品来反映世界风云的变幻和各国社会政治、经济、文化生活的动向，就具有现实的迫切性。因此，《译林》的主要篇幅用来译载当代世界各国具有一定进步倾向、艺术水平较高、为广大读者所欢迎的文学作品。

《译林》创刊号刊出《尼罗河上的惨案》小说后，给长年看不到西方当代小说的广大读者带来不小震动。1978年夏天全国影院正在放映英国侦探影片《尼罗河上的惨案》，李景端想，若把该小说原著译出，一定会使观众了解到影片中疏漏了的许多细节，于是约请上海外国语学院的英语教

① 刘思训：《一本杂志的三十年》，《八小时以外》2010年12月号。

师翻译，在创刊号上全文登载。初版20万册很快售完，立即又加印20万册。

图7-2 《译林》

1980年4月7日，中国社科院外国文学研究所一位学者致信胡乔木，批评《译林》用将近全刊一半的篇幅刊登《尼罗河上的惨案》。信中指出，个别出版社有片面追求利润的倾向，当前我国印刷和纸张都很紧张，他们却翻译出版了不是我们所需要的作品，如江苏人民出版社出版的“外国文学丛刊”《译林》1979年第1期，用将近全刊一半的篇幅登载了英国侦探小说女作家克里斯蒂的《尼罗河上的惨案》；浙江人民出版社出版了同一作家的《东方快车上的谋杀案》。这些书刊被一部分读者争相购阅，广为“流传”，印数达到数十万册以上……我国自从五四以来，翻译介绍外国文学，对于新文学的建设和革命事业是起过积极作用的。现在为什么有的出版社置自己的责任于不顾，出那些“惨案”“谋杀案”之类的书籍而沾沾自喜？自五四以来，我国的出版界还从来没有像现在这么堕落过……当前出版界和读书界之所以有这种混乱现象，可以说是对于十多年极左路线广设禁区的一种惩罚。希望出版界多出些好书，不要趋“时”媚“世”，多想一想作为社会主义国家的出版者应负的责任，把不良的风气扭转过来。

胡乔木收到这封信后，加了批语转发给中共江苏省委和浙江省委处理。江苏省委书记许家屯批示：“《译林》还是应该办下去，但选稿应当坚持党的文艺方针，要办得更好，要认真做到为社会主义四化服务，这方面建议认真总结改进。还应开展文艺评论工作。”① 江苏省委政策研究室的内

---

① 李景端：《波涛上的足迹》，重庆出版社1999年版，第38页。

刊《调查与研究》加“编者按语”转发了胡乔木批转的长信，希望《译林》以及其他文艺刊物，都能够通过这封信，总结自己的工作，帮助群众提高鉴别能力和欣赏水平，以便更好地贯彻党的文艺方针，促进文艺事业的发展，在建设高度的物质文明的同时，建设高度的社会主义精神文明。

这封信在江苏出版界内外引起了一场大风波，外部传闻很多，指责纷来，甚至外省市有人散布江苏办《译林》犯了路线性错误的说法。[①] 江苏省出版局党组进行了多次认真讨论。出版局党组书记、局长高斯态度十分鲜明地认为，在电影公映后，《译林》将《尼罗河上的惨案》原著翻译出版，有助于读者更全面地认识这部作品，这并不是什么错误。如果要算是什么“大错误”的话，我作为党组书记，应当负责。出版局党组形成共识，强调对《译林》要实事求是，不要轻率地采取组织处理，同时责成《译林》编辑部向省委写出自查报告。

二、“文学期刊会议”争鸣逆转

1980 年 5 月上旬，全国文学期刊编辑工作会议在北京召开，同时举行的还有全国出版工作座谈会，《译林》编辑部受邀参加全国文学期刊编辑工作会议。大多数与会代表都不同意对当时外国文学翻译出版工作的看法，也不同意介绍侦探小说太多“已形成一种倾向”的估计。冯亦代、陈登科、于浩成、黄伟经等人针对信中观点发表了自己的见解。冯亦代认为，侦探小说也是文学的一个品种，《尼罗河上的惨案》电影能放映，《译林》为什么就不能登。《译林》的李景端谈了他的看法：（1）估量当前外国文学翻译出版工作的形势要实事求是，不能因为出了一两本有争议的书，就认为出现了什么倾向，更不能因此把出版界、读书界都说成是“倒退”；（2）对外国通俗文学、侦探小说有不同看法，这是学术问题，应当提倡讨论、争鸣，不要简单地下个“堕落”的断语；（3）“左联”时期的革命精神要发扬，但时代已变化了，今天介绍外国文学的视野，应该比 50 年前要有发展，这正是繁荣社会主义文艺的需要；（4）《译林》是江苏省

---

① 高斯：《涉难而知深浅——〈波涛上的足迹〉读后感》，见李景端《波涛上的足迹》，重庆出版社 1999 年版，第 22 页。

委指示办的，办刊方针和宗旨也是经过上级党委审核批准的，刊物定价并未超过国家规定的标准，因此不存在唯利是图的问题；（5）老前辈对我们的工作提出批评，我们欢迎，但采取向中央负责同志"告状"的办法来代替正常的文艺批评，不利于"双百"方针的贯彻执行；（6）我们将本着"有则改之，无则加勉"的精神，遵照省委及出版局党组的指示，进一步总结检查工作，复查和调整翻译选题，努力把《译林》办得更好。

新华社记者据此认为，《译林》的实际情况与信中的反映有出入，有必要让更多的领导同志了解情况，反映与会者的意见，于是专访李景端后编发了一篇题为《江苏省〈译林〉编辑部副主任李景端谈当前出版外国文学作品的状况和意见》，发表在新华社 1980 年 5 月 8 日的《国内动态清样》上。文中提到引起争论的问题：如何评价 1979 年前后外国文学书刊出版的多和少？如何认定 1979 年前后有争议作品的倾向性质？如何看待出版社只"为了赚钱"？如何区别对待文艺领域中学术性和方向性问题？如何看待和保护 1979 年前后的编辑积极性？

时任中宣部部长王任重在全国文学期刊编辑工作会议闭幕式上指出，这些信和江苏省委转发时写的按语，我和耀邦同志都看了。耀邦同志要我说一下，这件事就这样处理，就到此结束。我们认为，江苏省委对这个问题的处理是妥当的。[①]《译林》创刊号风波暂告结束。

时任国家出版局副局长刘杲回忆：《尼罗河上的惨案》电影已经上映，可是同名小说的出版当时却遭到了某些有影响人物的批评。那时陈翰伯同志主持国家出版局的工作，这种批评使翰伯和我以及局里的许多同志都感到奇怪。这类外国推理小说是不是可以向中国读者介绍呢？现在大概没有争议了。[②] 陈翰伯在全国出版工作座谈会上的讲话指出："某些书可以出

---

① 转引自李景端《波涛上的足迹》，重庆出版社 1999 年版，第 54 页。李景端所记王任重讲话内容，未见于《王任重文集》。《王任重文集》收录了当天讲话，题为《文艺必须为人民服务为社会主义服务》。王任重在讲话中说："这次同志们来开会，有些同志存在一些抵触情绪，以为这次会议要纠偏，好像我们工作出了什么大问题，犯了什么大错误。会议开了几天之后，这种情绪大概消失了吧。我们的会议，并没有对哪个同志围攻，也没有把哪个刊物取消，把哪个主编撤职，都没有嘛。"见《王任重文集》（下卷），中央文献出版社 1999 年版，第 96 页。

② 刘杲：《一位知难而进的老编辑》，见李景端编《波涛上的足迹》，重庆出版社 1999 年版，第 16—17 页。

版，可是在当前纸张和印刷紧张的条件之下印数过多了，这算是一类的问题”，“《尼罗河上的惨案》，登在《译林》上的共印30万册，然后46万册是单行本，一共76万册。我们不是说这些书出错了，问题在于印数多了一点。这一点确实是可以研究一下的。”①

1981年5月，《译林》编委会会议在扬州召开，钱锺书、杨绛夫妇特意寄去贺信，肯定《译林》的个性特色及成功影响。《译林》的个性集中表现在以下几个方面：以“打开窗口，了解世界”为宗旨；作品题材反映了当代外国的社会；以选择健康的通俗文学为重点；每期全文刊登一部长篇小说。这在当时翻译出版界确是首创，以至一创刊就赢得极大的反响。中国社科院副院长宦乡在《译林》1986年第1期发表了《愿〈译林〉更好地发挥窗口的作用》一文，深入浅出地解释了《译林》在中国对外开放的历史进程中的期刊文化功能。

第三节　《瞭望》为改革开放鼓与呼

《瞭望》创刊于1981年，新华社主管主办，是以时事政治为重点内容的综合性杂志；初为月刊，1984年变更为周刊。自创刊以来一直受到高层领导及各界人士的广泛关注，被公认为权威性期刊之一。它所传播的信息、思想观念，强力推进了中国社会及期刊出版的现代化转型，在改革开放期刊史上具有较重大意义。

《瞭望》创刊号开辟了颇受世人欢迎的《中南海纪事》专栏，得到了中央领导的支持，是改革开放期刊史上第一个也是唯一一个得到党和国家领导人批准的期刊专栏。第一篇文章是冯健、曾建徽撰写的《中南海的春天》。文章真实地记叙了新老交替之后的党中央书记处奋发有为的工作状况，配发了三张过去从未发表过的中南海颐年堂、瀛台等处的图片。在此以前中南海从未向世人开放，所以这些照片突破禁区的价值鲜明，显得非常珍贵。

① 《陈翰伯文集》，商务印书馆2000年版，第131页。

《邓小平年谱》1981 年 3 月 26 日记载:

> 阅穆青来信,同意新华社在《瞭望》杂志上开辟《中南海纪事》专栏。来信提出专栏将以新华社记者在中南海采访见闻的形式,报道十一届三中全会以来党中央继承和发扬党的优良传统和作风,党中央和国务院为实现四个现代化、为人民生活日夜操劳的事实。审阅并同意《中南海纪事》之一《中南海的春天》。本月出版的《瞭望》杂志第一期,刊登了这篇报道。①

《中南海纪事》与《民主与法制》的《道德法庭》等共同构成了改革开放期刊史上最早的一批著名专栏。《中南海纪事》的意义在于独家新闻,以独家新闻形成该刊的拳头产品和特色,赢得市场竞争,更深远的意义在于党和国家重大决策的公开报道。这种信息披露的改革在一定程度上引领了中国新闻传播业的改革开放。

图 7-3 《瞭望》

1984 年 1 月 2 日起,《瞭望》变更为周刊,从期刊内容到版面形式都凝聚了全球视野和国际气度。穆青曾为《瞭望》写了《创刊词》:"我们要依靠党为我们提供的'望远镜',目不转睛地观察眼前的波涛,注视远处的风云;我们要利用人民为我们提供的'收讯机',夜以继日地去搜索生活的大海所发出的各种战斗的讯息。"1986 年为庆贺改周刊两周年,穆青祝愿"《瞭望》周刊正像它的刊名所表示的那样,要成为社会主义新中国前进航船上的瞭望哨。"②

① 《邓小平年谱》,中央文献出版社 2004 年版,第 727 页。
② 《瞭望周刊特辑》,1986 年,非卖品。

一、引入了中国改革开放期刊业的周刊观念

《瞭望》周刊最初的功能定位是：一本立足国内、面向世界的大型政治时事性新闻周刊。由月刊变更为周刊也是中国改革开放后信息传播的现实需要，《瞭望》兼采报纸和杂志两者之长，独树一帜。它“集一周于一日”，把一周内的国内外大事经过精心筛选，凝聚在一期周刊内，“不仅进行带有分析的报道，还尽可能介绍有关事件的背景和来龙去脉，以便工作繁忙的读者阅读。”[①] 西方新闻学界称这种报道形式为“解释性报道”。《瞭望》专题报道的特色是由月刊变更为周刊后的七年多时间里逐步探索形成的。它不仅告诉读者新近发生的事实，而且告诉读者这个事实为什么发生，其发生又意味着什么，以及未来的发展趋势将会如何。因此，从读者和编者两个维度重新引入了中国期刊的周刊观念。从读者维度说，培养了读者阅读周刊的习惯，从而为20世纪90年代中国周刊的市场兴旺培养了潜在读者；从编者维度说，实例阐释了“集一周于一日”的周刊理念，示范了周刊内容生产的核心技术——专题报道或者说解释性报道。

1990年9月下旬至10月上旬，第十一届亚运会在北京举行。这是中国首次承办国际赛事。《瞭望》1990年第24期推出了第十一届亚运会专题。亚运会前后在第35、38、39、40、41期连续推出5个大型专题报道，共计17篇文章，41页，十多万字。这是改革开放期刊史最早的长篇专题连续报道。在一个月中，如此大规模、全方位地深入报道是其他报纸和刊物难以相比的。

“站在时代的塔尖上”是新华社总编辑南振中在《瞭望》创刊10周年新闻周刊学术研讨会开幕时的讲话题目。《瞭望》也“像自己的名字一样，站在时代的塔尖上‘瞭望’，敏锐地捕捉整个世界和整个社会围绕着转动的重大问题”，[②] 这就是《瞭望》突出鲜明的期刊特色。“《瞭望》周刊创刊以来，发表了许多独家所有的文章，赢得国内外读者的赞誉。周刊第一

---

① 《当代中国》丛书编辑部编：《当代中国的出版事业》（中），当代中国出版社1993年版，第48页。

② 南振中：《站在时代的塔尖上瞭望》，见新华社新闻研究所编《新闻周刊的理论与实践》，新华出版社1991年版，第4页。

个系统地报道了邓小平‘一国两制’的谈话，第一个报道了原子弹、氢弹、火箭研制过程的奋斗，第一个进行了邮政追踪和城市流动人口的调查报道，第一个报道中南海高层领导集体的活动，以及国际国内许多重要活动家的专访和谈话，等等。但更多的是，周刊对日报、电台已经报道过的事物、事件，进行更深一层、更新一层的报道，写出日报报道没有的而读者乐意知道的新鲜内容，比如事物的背景和轮廓勾勒，发生的缘由和未来趋向，意义作用的新评价，某些侧面的深入剖析等等，使已知事实有了新的或者更重要的新闻价值。周刊追求的，有许多就是这样‘精加工后的增值’新闻。这也是读者期望于新闻周刊的。”①

周刊出版时效性强，为在重大事件报道上提高《瞭望》的时效性以提高其媒介竞争力，《瞭望》国内版首创了两次发稿制度。所谓两次发稿，就是将一本周刊的三个印张分成两个部分，其中两个印张先制版印刷，是为第一次发稿；另一个印张推迟五天发稿，是为第二次发稿。第二次发稿即可以尽可能地把那些最新事态报道出来。封皮的四个版，即封面、封二、封三、封底，在必要时也商请印刷厂允许封面、封二稍稍推迟发稿。这就大大提高了时效。② 反映了在当时印刷技术落后状态下期刊内容编辑环节和印刷复制环节的对接、流程调整，可见《瞭望》周刊在媒介竞争中应对自如。

二、开创了一刊多版的期刊发展道路

《瞭望》周刊海外版创刊于 1984 年 9 月，原在美国纽约印刷发行，1986 年 1 月改在香港印刷，向东南亚、北美、拉丁美洲及日本、西欧、大洋洲等地发行。创办海外版的宗旨，一如邓颖超在《祝贺〈瞭望〉周刊海外版创刊》一文中所指出，是为了使该刊成为海外华侨华人、各国朋友了解中国的窗口，成为传播友谊的桥梁，成为增强发展中华民族大团结的纽带。它设有《北京书简》《特稿》《中外交流》《华人华侨》《华夏文化》《人物专访》《专题报道》《大陆专栏》《台港澳专栏》《国际专栏》等栏

---

① 新华社新闻研究所编：《新闻周刊的理论与实践》，新华出版社 1991 年版，第 90 页。

② 徐民和：《新闻周刊在重大事件新闻的报道上如何与其他媒介竞争?》，见新华社新闻研究所编《新闻周刊的理论与实践》，新华出版社 1991 年版，第 98 页。

目。其中《北京书简》是以书信体为表现形式的言论、评论性专栏，开端首次用“吾兄”，信末首次用“鲍信”（取报信之意）。“采用书信形式写评论，是《瞭望》海外版的一种创新，其目的就在于期求与缩短海外读者之间的距离，以达到心灵上的沟通。”[①] 自1986年第3期创设起，每周一封，长期坚持，截至1991年已发表了二百多篇。《北京书简》辟谣正讹、澄清事实、以正视听，在海外产生了广泛影响。该专栏还注意以小见大、见微知著，生动具体地宣传中国改革开放的政策及其历史变化，如1986年第43期（10月27日出版）发表了《一个重要提法的变化》，提示、引导读者注意中共中央提倡建设社会主义精神文明，不再提“以共产主义思想为核心”。

《瞭望》还于1986年创办了英文版，是中国改革开放后中文期刊第一个创办外文版。《瞭望》英文版筹备将近一年，创刊前曾于1986年10月14日、12月9日先后试刊了第一、二期。

三、创新、领先了中国期刊的图文传播

《瞭望》1981年第7期发表了《卡特在中国》一文，被誉为“外事报道上的一个突破”。该文翔实而富有情趣地描写美国前总统卡特在中国参观访问的经历，尽脱以往报道政治人物的板正框套，三千多字的文章配发了四幅图片，而且没有一张是“官样文章”式的图片。这四张图片是：卡特骑自行车游览、卡特津津有味地品尝油条、卡特在幼儿园里跳绳、卡特在农贸市场买物美价廉的石榴，图片反映了改革开放后中国农村农产品的丰富和人民健康向上的精神风貌。这一组图文并茂的报道颇受好评，这组图片也被评为新华社1981年的优秀照片。

图片报道内容丰富、发稿量大，是《瞭望》周刊显著的期刊特色。“每期《瞭望》周刊发表的图片报道最少为40张，一般为50—60张，最多的时候曾达70多张。这在我国刊物中，除摄影画报之外，《瞭望》周刊是采用图片报道最多的，真正做到了图文并茂。”[②] “1986年至1990年共

---

① 张春亭：《谈〈瞭望〉周刊海外版〈北京书简〉的写作》，见《新闻周刊的理论与实践》，新华出版社1991年版，第206页。

② 李耐因：《瞭望周刊的创办及其特色》，见新华社新闻研究所编《新闻周刊的理论与实践》，新华出版社1991年版，第91页。

刊用图片 20674 幅，年平均 4134.8 幅，超过目前国内任何一家新闻报刊的发稿量，居全国之首。”① 这固然源于《瞭望》背靠新华社强大的新闻摄影记者队伍，因而拥有其他期刊难以比肩的图片资源，它对中国期刊内容创新、版面语言创新树立了最早的示范和榜样。“《瞭望》周刊一问世就建立摄影编辑室，并赋予它采访、组稿、使用版面和指挥记者的权力，放手让他们处理业务范围内的事情，鼓励图片采编人员发挥聪明才智，在实践中增长才干，这是搞好周刊图片报道十分重要的一环。”② 这既是《瞭望》的经验，也是其内容生产的制度创新。《瞭望》周刊社因此成为改革开放期刊史上第一个成立摄影室以专事图像生产和传播的期刊社，当然，《瞭望》的图像传播也是日臻完善的。在 1991 年，还有专家引述新华社同人一手调查数据，提出了《瞭望》“正文图片和文字的比例问题”，认为“增加图片分量，却是一个大趋势”，“需要编辑部统筹考虑，加以改进”。其参照欧美大刊以发现自身不足，这种做法尤其应该肯定：“美国《时代》周刊图片所占篇幅与文字的比例是 1∶2；《新闻周刊》略低些；《美国新闻与世界报道》过去是 1∶4，现在正在增加。《瞭望》周刊海外版包括彩色插页，在广告少的情况下，可以达到 1∶6，而国内版可能只有 1∶7，甚至更少。”③

四、开启结合个案的期刊类群规律研究

在《瞭望》周刊创刊 10 周年之际，瞭望周刊社和新华社新闻研究所于 1991 年 4 月联合举办新闻周刊学术讨论会，会议收到新华社内外论文四十余篇。这是改革开放期刊史上第二次④结合现办期刊实践而展开理论研究的讨论会，会后又将论文结集成书《新闻周刊的理论与实践》。该书成为中国期刊学术史上第一本周刊研究书籍，产生了一定影响。这次会议及

① 王辉：《浅谈〈瞭望〉摄影报道的特色》，见新华社新闻研究所编《新闻周刊的理论与实践》，新华出版社 1991 年版，第 241 页。

② 王辉：《浅谈〈瞭望〉摄影报道的特色》，见新华社新闻研究所编《新闻周刊的理论与实践》，新华出版社 1991 年版，第 243 页。

③ 陈联：《图文并茂：〈瞭望〉周刊的特色和追求》，见新华社新闻研究所编《新闻周刊的理论与实践》，新华出版社 1991 年版，第 232 页。

④ 第一次类似会议是 1988 年 9 月 12 日，中国记协和中国新闻学会在北京联合召开的《南风窗》办刊实践研讨会。

研讨成果以国际新闻大刊和名刊历史发展为专业背景，以总结《瞭望》经验探讨《瞭望》发展为专业问题，对后续期刊研究尤其是周刊研究产生了积极影响。与会者研究了当今世界上一些有影响的新闻周刊的特点，以理论与实践相结合的方法，深入总结《瞭望》周刊的实践经验，探讨办好具有中国特色的新闻周刊的规律。与会者认为，这是一次理论与实践相结合的有较高水平的研讨会。它所取得的丰硕成果，不仅对进一步办好《瞭望》周刊具有积极作用，而且也丰富了新闻理论研究的内容。[①] 按照1991年新华社发展规划，“《瞭望》还要形成自己的系列刊物，还要稳步走向世界。”[②] 其系列刊物之一，就是2003年创刊的《瞭望东方周刊》。

第四节　《文史知识》倡导一代学风

《文史知识》是以中学文史教师、大专院校的文科学生以及广大的文史爱好者为读者对象的月刊，由中华书局主办并编辑出版。创刊酝酿于1980年下半年，正式创刊于1981年1月。创始主编是中华书局总编辑李侃，实际负责人是杨牧之和黄克。

一、“大专家写小文章”的特色

《文史知识》的特色，是文史界众多专家学者一致认可的“大专家写小文章”。最早指出这一特色的是宋振庭。1984年他撰文评论说：“此刊‘大专家写小文章’，深入浅出，童叟无欺，少长咸宜；‘大专家写小文章’，既能深入，又能浅出，如高度浓缩之‘铀235’。”[③] 1985年，著名语言学家王力撰文进一步肯定《文史知识》的这一特色。他认为，《文史知识》的作者不论名人、非名人，大多对他所撰述的问题有研究，这就可以保证刊物的质量。“大专家写小文章”当然表现了大专家普及文史知识的

---

① 新华社新闻研究所编：《新闻周刊的理论与实践》，新华出版社1991年版，第281页。

② 南振中：《站在时代的塔尖上瞭望》，见新华社新闻研究所编《新闻周刊的理论与实践》，新华出版社1991年版，第2页。

③ 宋振庭：《发人深思的三个数字——谈谈〈文史知识〉月刊》，《文汇报》1984年1月30日。

热情，然而，杂志编辑部能组织众多的专家来写文章，可以想见他们要付出多少心血和精力。这表达了刊物编者的事业心。[①]

“大专家写小文章”是《文史知识》创刊的自觉追求，最早源于创刊调研时黄克、杨牧之对余冠英的访谈。专门家撰写知识性读物，没有专门著作那样的深奥，然而以其权威性所做的知识普及工作却更容易得到年轻人的信赖，成为莘莘学子的良师益友。组织大专家撰写小文章，正是创办《文史知识》所应遵循的宗旨。[②] 创刊号重点向读者推荐的 7 篇文章是：宋振庭的《我欢呼〈文史知识〉创刊》，董纯才的《学好语文，学好历史》，夏承焘的《我的学词经历》，罗宗强的《诗歌史上的双子星座——李白和杜甫》，周振甫的《谈谈〈唐诗三百首〉》，王瑞来的《历史上的岳飞和小说中的岳飞》和《叶圣陶先生对〈青铜器浅谈〉一文的修改意见》。这些“小文章”得到了文史学界专家的一致肯定。钱锺书于 1982 年 11 月致编委徐公持的信中说：“寄来今年第一期《文史知识》，内容花样很多，也很扎实，读后增添不少知识。”[③] 著名历史学家龚书铎说：“文章虽多出自专家手笔，却大多是深入浅出，是不同层次、不同年龄的人都能通过阅读《文史知识》而有所收益。”[④]

《文史知识》的“大专家写小文章”和“名人写名文”两种方式，其实是一体两面。“大专家写小文章”着眼于作者为《文史知识》的写作，大专家指向作者治学领域的专门性、权威性，小文章指向刊物的容量及其刊载篇幅；而“名人写名文”则着重于《文史知识》的社会影响，约请在文史专业领域术业专攻且享有较高知名度的专家学者撰文，经刊物发表后成为“名文”，成为文史领域某一主题或某一问题释疑解惑的代表作。促成“大专家写小文章”“名人写名文”的则是《文史知识》编辑部特有的文化自觉。杨牧之说：“《文史知识》的组稿原则：名人写名文。写这个题

① 王力：《我投〈文史知识〉一票》，《北京晚报》1985 年 3 月 11 日。

② 黄克：《回味是美好的——参与创办〈文史知识〉纪事》，见《〈文史知识〉三十年》，中华书局 2012 年版，第 56 页。

③ 徐公持：《我们共同的家园——我与〈文史知识〉杂忆》，见《〈文史知识〉三十年》，中华书局 2012 年版，第 39 页。

④ 龚书铎：《文史知识要普及于民》，《人民日报》1998 年 2 月 27 日。

目的一定是研究这个题目的‘名人’，也就是专家。这个专家写出来的文章，够不上‘名文’，一定退改。既不要给刊物丢人，也不要给他自己丢人。落实这个原则，大概就是《文史知识》受欢迎的一个原因吧？后来我们都走了，友鸣仍然坚守着这一原则。”①

1984 年春节前夕，李侃致信瞿林东，请他写一篇“东林书院和东林党”。瞿林东花一个多月查阅多种正史、野史资料，写成一万四千余字的《东林书院和东林党》。编辑部删削到约八千字，发表于《文史知识》1984 年第 11 期。可见编辑对稿件精益求精的质量要求。

二、“专号”结构化

白化文先生认为：“《文史知识》以专号著称，不可不写一篇‘专号论’。”专辑、专号是报刊特有的出版体裁形式，以一期报刊的全部篇幅刊载某一主题的内容，即构成期刊的一个专辑或专号。

《文史知识》最早摸索、创新期刊专号，专号出版较为频密，以朝代专号为先导，积淀形成了朝代专号、专题专号、地方专号三个系列，蔚为壮观。第一个专号是 1982 年第 7 期的《魏晋南北朝专号》，后来陆续出版了《唐代专号》(1982 年第 10 期)、《清代专号》(1983 年第 3 期)、《宋代专号》(1983 年第 9 期)、《明代专号》(1984 年第 3 期)、《近代专号》(1984 年第 9 期)、《元代专号》(1985 年第 3 期)、《先秦专号》(1986 年第 5、6 期) 等 7 个专号。地方专号是 1987 年第 10 期推出的《山东专号》，这一专号的刊出，不仅引起国内学

图 7－4 《文史知识》

① 杨牧之：《编辑部里的年轻人》，见《〈文史知识〉三十年》，中华书局 2012 年版，第 73 页。

术界对齐文化的热切关注，也充分唤起地方政府对当地历史文化研究的热情。专题专号有《佛教与中国文化专号》（1986年第10期）、《道教与传统文化专号》（1987年第5期）、《中国传统文化讨论专号》（1987年第1期）、《儒学与传统文化专号》（1988年第6期）等。专号也同样体现了“大专家写小文章”的编辑方针，产生了较大的社会反响。

《文史知识》的专号形成了鲜明的结构特色，朝代专号以时代为序，可以说是时间系列；地方专号以地域为中心，可以说是空间系列；两大系列经纬交织，再以专题专号点缀其中。三大系列交互推进，编织出一幅中国文化的灿烂图景。从对青少年进行爱国主义教育方面来说，地方专号也有现实意义。其以地域为中心，将各地区文化的古往今来介绍给读者，使广大读者不仅了解我国的过去和现在，而且了解我国地域广大、每个地区都有丰富多彩的文化。[①]

三、《文史知识》在改革开放期刊史上的影响

（一）1978年以来中国文史研究的强力推进者和生动见证者

《文史知识》见证和推动1978年以来中国文史研究的发展，不仅在于及时发表文史专家短小精悍的研究成果，更在于它在特定的历史时段既能有机会向一代文化宗师致敬，留存他们的侧影，又能与为数不少的创始编委“同行”，见证他们的崛起。该刊拥有堪可传承中国文化的一流学者阵容，优势突出。它的第一代作者季羡林、张岱年和钟敬文等，都是我国现代学术各领域的顶级宗师。在《文史知识》办刊史上，他们的往来稿件达20年以上，这个数据证明，《文史知识》的文化自觉不是一时一事，而是有长期的规划，正所谓办刊有“格”。[②]

（二）“八十年代的学风”的自觉倡导者

《文史知识》生动见证和有效推进了新时期中国文史研究，自创刊起就倡导了“八十年代的学风”。它表现的实事求是的文风，是20世纪

① 杨牧之：《编辑艺术》，中华书局2006年版，第106页。

② 张涛：《〈文史知识〉与改革开放以来的中国文史研究》，见《〈文史知识〉三十年》，中华书局2012年版，第160页。

80 年代的学风在文史领域的反映。这是该刊取得瞩目成就的思想灵魂所在。余冠英先生也认为："《文史知识》的编者自己就具备了历史的使命感，因此才能脚踏实地、兢兢业业、'我行我素'地来办这样一份既活泼又严肃的刊物，从事精神上的能源建设工作。"[①] 正因为有文化传承创新的历史使命感，《文史知识》才自觉地倡导 20 世纪 80 年代学风文风。这种学风文风是中国改革开放的新气象，同样也是老一辈文史专家为中国文化建设奠定的新传统。《文史知识》抓住历史的机遇朴实地铺陈了它独有的厚重而亮丽的底色，是改革开放的时代气息与老一辈文史专家同声相应、同气相求的有机合成。倡导"八十年代的学风"既是《文史知识》成熟的文化自觉在编辑行为中的表现，也显示了它在历史文化长河中的独特价值与意义。

第五节　《社会科学战线》引领社会科学发展

《社会科学战线》是 1978 年以来第一个大型社科学术理论期刊，对新时期人文社会科学发展和期刊业的发展均产生了较大影响。对于这一刊物的创办，宋振庭居功至伟。宋振庭 1950 年任中共吉林省委宣传部副部长，1952 年任宣传部长。1977 年 11 月，刚刚返回吉林省委主持宣传文教工作的省委常委、宣传部长宋振庭敏锐地感觉到，从理论上彻底清算"四人帮"的反动思想体系，从社会的历史根源弄清其由来和发展有十分重要的意义。于是他领导省直宣传文教部门，从社会科学的各个领域里进行理论上的拨乱反正、正本清源，除了召开一系列批判会议以外，在短短的两个月里就筹备并出版了大型社会科学理论刊物《社会科学战线》。

1978 年 1 月 15 日宋振庭主持召开了《社会科学战线》首次编委会，指出要办全省性社会科学学术刊物，带动研究，带动工作，带动整个社会科学战线；要办杂志，不是一般的理论刊物，是综合性的，要涉及社会科

---

① 王季思：《课外的良友　自学的良师——向青年读者推荐〈文史知识〉》，《光明日报》1984 年 10 月 20 日。

学的各个领域；要办“季刊”，搞它几十万字，一年几大本；一定要组织外稿，要和全国社会科学战线建立联系，闭塞不好；要提倡大胆争鸣，学术性较强的可以先搞；编辑委员会要扩大，方方面面的人都搞一点；吉大、师大两个学报可以继续办，但这个刊物要优先出版，全省各文科大学从人力、物力、稿件都要支持。

宋振庭提议佟冬任《社会科学战线》创始主编。佟冬1961年创办东北文史研究所，任所长兼党委书记，1978年以73岁高龄任吉林省社会科学院首任院长、党委书记。他在创刊号上发表了题为《开展百家争鸣，繁荣社会科学》的文章，强调“必须坚决贯彻执行党的‘百花齐放、百家争鸣’的方针，通过自由讨论去探索真理，靠争鸣解决问题”。文中所列学术问题,[①] 表达了作为主编的选题取向，对该刊创刊后数年间的格局、组织的学术讨论产生了积极有效影响。

《社会科学战线》由齐燕铭题写刊名,[②] 隐含了齐燕铭与佟冬东北大学的师生之缘和延安中央研究院的同事之谊。创刊号三百多页，五十余万字，1978年5月出版，首印10万册，被读者抢购一空，在学术界产生热烈反响，被香港《大公报》誉为“有分量的大型杂志”。1981年，美国总统卡特的顾问奥克森伯格访华时指名要见《社会科学战线》负责人，在与佟冬会见时甚至提出办刊的背景问题。[③] 有学人记其盛况：

> 1978年春，我正在北京师范大学从事世界历史教材的编撰工作。一次去王府井书店买书，正赶上《战线》有关人员在王府井南口东侧摆出书摊，推销《战线》创刊号。众人麇集、熙来攘往，争购《战线》。我也购得一册带回住所，为《战线》作为当时创刊最早的社会

---

① 佟冬在该文中说：“当前，在社会科学的各个领域，都有许多问题有待通过百家争鸣去探索解决。如历史方面的中国古代史分期问题、历史人物评价问题、民族英雄问题；文学方面的形象思维理论问题、中国诗歌的传统及发展道路问题、《红楼梦》研究问题、鲁迅研究问题等等，都不能由少数人下结论或用行政手段解决。唯一解决问题的办法，就是各抒己见，百家争鸣。是非对错，让广大群众去鉴别，有些问题还要通过实践去检验。”见《社会科学战线》1978年第1期。

② 齐燕铭为《社会科学战线》题写了两幅刊名，一幅俊秀，一幅朴拙。《社会科学战线》创刊号用的是朴拙风格的刊名，1978年第2期始，用俊秀字体的刊名，并沿用至今。

③ 佟多人：《砥砺志弥坚——谨以此文献给父亲佟冬百年诞辰》，《吉林大学哲学社会科学学报》2005年第4期。

科学杂志竟然诞生在早春季节的吉林，感到自豪。《战线》突然出现在北京街头，好像一块石头投进了水潭，激起了学术界的极大反响。①

《社会科学战线》在改革开放期刊史上有其独特贡献。

第一，期刊品格厚重地显示了拨乱反正的新气象，成为1978年以来精神文化流变和转型的标志性符码。

《社会科学战线》创刊10周年时，该刊陈述了刊物与时代、与学术界的关系：1978年，由于正处于拨乱反正时期，马克思主义与中国实际结合的“第二次飞跃”正在酝酿，学苑荒芜、书林萧索的状况亟待改变，所以，《社会科学战线》的创刊，得到学术界与广大读者意想不到的支持。著名哲学家、北京大学教授张世英如此评价该刊：《社会科学战线》以其卓识远见和罕见的气魄出现于学林，为读书人提供了解放思想、复活文化的园地和讲坛，激励了他们摆脱“洞穴”中的阴影、在“真实世界”中不断创新的信心和勇气；并认为，该刊“20年来，一直坚持学术唯真唯实的原则与学风”。这是它的生命与活力的源泉，也是我国学术界、出版界的一大骄傲。《社会科学战线》创刊伊始就力倡争鸣，力求办成学术争鸣的园地，这不仅给学术界带来“百花齐放、百家争鸣”的清新学风，而且通过组织学术讨论切实推进了学术进步。如杂志先后开展了关于形象思维、关于新诗艺术形式、关于历史上的宋江是不是投降派、关于民间文学“改旧编新”、关于思维与存在的同一性、关于中国古代史分期问题等等的讨论，尤其是鼓励支持一批闯“禁区”、翻旧案的文章，比如发表了为“印象派”翻案的文章，正面介绍现代派艺术；关于《金瓶梅》版本的讨论、关于重新恢复社会学研究等，大都是在学术界打响“第一枪”，引起了较为强烈的反响。

第二，创刊过程较典型地反映了改革开放之初期刊的“井喷”特征。

改革开放之初期刊的这种“井喷”现象，既表现于创刊速度，也表现在单册期刊的内容规模。从倡议创刊到1978年2月24日，吉林省委常委办公会议讨论，正式下达文件，同意创办杂志；从第一次编委会，从1978年4月初交稿到1978年5月1日出刊，在当时较为陈旧的印刷技术条件

---

① 朱寰：《发扬“敢为天下先”的精神——为〈社会科学战线〉创刊20周年而作》，《社会科学战线》1998年第3期。

下，后人不能不惊叹当年的出刊速度，以及一代学人和期刊人的激情。人民出版社的董秀玉曾帮助解决了校对难题。①《社会科学战线》在创刊后的相当一段时间里以“一大二杂”著称，其篇幅大，固然是编辑的自觉追求，也有作者和稿源。由于稿源丰富、佳作较多，在编辑创刊号时，突破了原定的40万字的数量，定稿成55万字，这个规模一直维持了几年的时间以后才做了改动。

第三，刊发了一批新中国成立前知名学人晚年的扛鼎之作，为中国人文社会科学史留下了一批名家名作。

《社会科学战线》在酝酿筹备时，就定位为大型的、综合性的、有全国影响的学术性刊物。这正是《战线》创办者宋振庭、佟冬等同志的大气派、大手笔，就是要用重槌敲响鼓，为改变学术界在“四人帮”文化专制主义杀伐之下沉寂、萧条的局面，出一份力、点一把火。此举顺应了“拨乱反正”的时代潮流，反映了广大学术工作者的愿望，得到学术界的热烈响应，所以编辑部征集到了一批解放思想、冲破禁区的文章，有较高学术水平的精品力作，这中间当然包括向学术界名流大家征稿。宋振庭亲自动员本省几位著名学者向《战线》供稿。②

图7－5 《社会科学战线》

《社会科学战线》1978年最初两期连载了张松如、孙常叙（晓野）、

① 王慎荣回忆说：“最大的难题是校对，印刷厂虽然有校对员，但只能进行初校工作，还不能保证杂志的质量。最后请北京的人民出版社副总编辑范用帮助，他给予了积极的支持，派来了水平较高的专职校对董秀玉同志（后任三联书店总经理），整整一个星期，以每天7万字的速度，通校一遍，还要再改再校，直到没有明显的差错。”见王慎荣《难忘的1978——〈社会科学战线〉创始记》，《社会科学战线》2003年第6期。

② 宋敉：《〈战线〉往事随笔》，《社会科学战线》2013年第7期。

杨公骥的文章。其中，张松如的《老子校读（一）》（1978 年第 1 期）、《老子校读（二）》（1978 年第 2 期），孙常叙的《〈楚辞・九歌〉十一章的整体关系——〈楚辞九歌通体系解・事解〉之一》（1978 年第 1 期）、《〈楚辞・九歌〉十一章的整体关系——〈楚辞九歌通体系解・事解〉之二》（1978 年第 2 期），杨公骥的“学习哲学与语言学的札记”《漫谈桢榦（一）》（1978 年第 1 期）、《漫谈桢榦（二）》（1978 年第 2 期）。

1979 年，经刘起舒先生帮助，著名历史学家顾颉刚先生给《社会科学战线》寄来《从古籍中探索我国的西部民族——羌族》，全文 6 万字。编辑部几个同志认为确是名家力作，但考虑到文章很长，一次发表要撤掉几篇原来计划刊出的文章，而分期连载又不解渴，讨论再三，下决心一次刊出。佟老也明确同意一次刊出。这篇文章在 1980 年第 1 期刊出后，在学术界震动不小，一个刊物一次刊出 6 万字的长文，实属罕见，显示了杂志的气魄。1986 年第 4 期、1987 年第 1 期《民族学》栏内连发了林耀华教授的《三上凉山》上、下篇，使读者了解这一民族如何从落后的社会发展阶段进入新的历史时期。文章具体生动，其他作家无法写出，因而具有不可替代的独特价值。

第四，自觉践行改革开放，在期刊界第一个显示“立足本省、面向全国、走向世界”的实绩，对中国出版业的改革开放产生了一定影响。

《社会科学战线》1979 年第 1 期以《国外专稿》刊登了日本著名学者实藤惠秀博士的《对中国的称谓——中日关系史中的微妙问题》。此稿由汪向荣教授约来。实藤惠秀是日本研究中日关系的资深学者，时年 83 岁。他在前言中说：“应中国权威刊物《社会科学战线》之约，向中国有识之士发表我的意见，实在是莫大的荣幸。”此文刊出后，反响强烈，陆续有多位外国学者给《社会科学战线》投稿。后由佟冬提议，宋焱起草并报请吉林省委宣传部批准，《社会科学战线》1979 年第 3 期上发表。该期刊登了《扩大征稿启事》：为提高刊物的质量，促进祖国社会科学事业的繁荣与发展，增进国际间的学术交流，本刊除继续欢迎省内外社会科学工作者踊跃赐稿外，特扩大征稿范围：欢迎台湾省学术界人士；欢迎港澳及国外华侨学术界人士；欢迎国外学术界人士，直接向本刊投稿。该《启事》在当时历史条件下确系惊人之举。编辑部陆续收到了来自日本、美国、新加坡、英国，以及香港、台湾地区的来稿，国内一些学者也纷纷向该刊推荐国外海外学者的文章，如胡道静先后两次为《社会科学战线》约到了英国著名学者李约瑟的论文——《近代科技史作者纵横谈——在第十五届国际科学史会议开幕式上的讲话》《东西方长生不老丹的概念与化学药剂》，分别发表在1979年第3期和1980年第3期。在联合国教科文组织工作的沈大力介绍了法国著名学者埃·罗布莱斯的论文《马尔罗——中国革命的预言家》，发表于1980年第4期。该刊《国外专稿》专栏得以长办不衰。

《社会科学战线》面向全国、名家云集，先于图书出版界开始了“立足本省、面向全国、走向世界”的尝试，为出版界确立的改革方针树立了实践典范。当时自然难免招来物议，但地方社科院办全国性学术期刊进而国际组稿，冲刺“国际刊物”，的确成为中国期刊改革开放的先声。1979年12月，国家出版局在长沙召开全国出版工作座谈会，湖南、四川代表在会上提出“立足本省、面向全国、走向世界”的出版方针，国家出版局代局长陈翰伯在会议总结时认为可以试验，后来才进一步明确为全国出版方针。两相联系，可见《社会科学战线》的改革创新意义。

第六节　山西刊授大学的创新思维

刊授大学借鉴自日本的广播电视大学，源于山西青年社副总编辑杨宗1980年10月随中国青年代表团一行10人出访日本受到的启发。这是1978年以来地方期刊社人员第一次跨出国门，新闻性和影响力可想而知。杨宗归来后，在《山西青年》杂志上发表了三篇访日散记，分别是《第一次当外国人的报告》(1981年第1期)、《日本青年的婚恋》(1981年第2期)、《日本青年在想什么》(1981年第4期)。杨宗还就访日见闻在省城太原应邀作了三十余场报告。

1980年11月，杨宗在家中与同事们闲谈时介绍：“日本有电视大学、汽车大学、火车大学，能利用人们乘汽车、火车这段时间，通过电视讲授大学课程，我们是否可以利用刊物也开办一所大学?”这一提议得到刊社同人的一致响应，便决定将《山西青年》原设专栏《自修大学》自1981

年起改栏目为《刊授大学》，并在创办《刊授大学》专栏的同时，创办刊授大学实体，实行不定期面授。

《山西青年》1981年第1期发布消息《本刊“自修大学”建立大学中文专业刊授、考核制度》：

> 从今年第1期起连续刊授大学中文系专业系统知识，培养具有大专水平的专业人才，刊授年限4年，刊授主要课程按正规大学中文系专业设置。凡是具有高中毕业水平或同等学历、连续4年订阅本杂志者，不分年龄、职业，经本刊登载的考试题自我测验后，自己认为达到大专本科毕业水平，并经有关单位进行政治情况、工作表现、健康状况鉴定，由本社签发准考证件，可参加我们指定的大专院校中文系专业毕业考试，凡符合标准的，发给毕业证书，并按大专院校毕业生同等待遇对待。

同时，共青团山西省委常委会决定，邀请主管文教的山西省副省长王中青任刊授大学校长，团省委书记路正西任副校长，山西青年社副总编辑杨宗任常务副校长兼秘书长。

到1981年5月31日报名截止，刊授大学共接收五十余万名学员。因报名实在太踊跃，只好扩招，最后学员达到六十七万余人。其报名的大致情况是，“创办之初，原计划招收一二万人，顶多能招三五万人。谁知，刊大招生的消息一经传出，立即在全国引起了强烈的反响，三个多月就有五十一万多人报名，最多一天收到三百二十封电报、一万六千多封报名信函。报名结束后，仍有大量青年发电报，写血书（我们先后收到11封血书），甚至千里迢迢凑够路费从全国各地专程赶到太原要求报名。在这些学员中，70.5%是党团员，95%是35岁以下的年轻人，60岁以上的有9人。”①

1981年9月20日，刊授大学在太原举行开学典礼，来自全国各地的五千多名学员代表出席了大会。1982年春，刊授大学又破格录取了几位渴望深造的艺术家成为学员，如电影表演艺术家秦怡，著名相声演员马季、

---

① 杨宗：《在振兴中华的壮丽行程中前进——刊授大学向全社会的汇报》，《山西青年》1984年第4期。

姜昆、李文华、赵羽、侯耀文等。1982 年 3 月，刊授大学组织全国四千余名学员到太原集中面授。正在太原出席共青团中央等主办的“我所喜爱的十本书”评选、颁奖活动的著名作家王蒙、著名教育家于漪，还到正在授课的太原湖滨会堂看望学员，这对学员是一个巨大的鼓舞。

刊授大学先后聘请了多批学界、文艺界知名专家担任顾问。1982 年聘请的第三批顾问中有上海市委副书记陈沂、国务院学位委员会委员王元化、华东师大中文系主任徐中玉等。

1981 年 5 月 30 日，薄一波为刊授大学题写刊名，并为刊大题词：“努力学习政治理论，钻研科学技术，发扬革命传统，为四化建设作出新的贡献”。1982 年，陈云为刊大题词：“刊授大学，前途远大”。1983 年，薄一波再次在《人民日报》撰文肯定刊大：现有的职工业余大学、电视大学、函授大学等等，都是好的自学进修方式。这已为多年的实践所证明，而刊授大学则是个新创造。据我所知，刊授大学最早是《山西青年》在两年多以前开始创办的，我曾为他们题过“刊授大学”四个字。当时对这个办学形式是否有生命力，《山西青年》的同志们能否真正把“刊大”办好？我心里是没有底的。但我赞赏这个形式，还是给他们题了这四个字。①

刊授大学自建校之初起，就作为山西青年社的一个独立机构独立发展。经过三至四年的努力，就拥有了一块占地三十亩的校园，一座二层办公楼、一座宿舍、一座十六层的希望大厦和三个书库，拥有了《刊授大学报》② 和《我的大学》《童话大王》等一报两刊。《童话大王》后来还成为办刊模式独特、在少儿期刊中影响较大的名刊。胡耀邦也为太原市区当时少见的十六层高楼题写了“希望大厦”。

刊授大学产生了巨大的社会反响。1981 年 8 月至 9 月，中央电视台两次报道了刊授大学；1982 年 3 月 19 日，中央电视台《新闻联播》又第三

---

① 薄一波：《造就大批又红又专的干部——祝贺〈经济管理〉刊授联合大学成立》，《人民日报》1983 年 8 月 21 日。

② 由刊授大学编辑室编辑，据推断编印于 1982 年的《刊授大学》（其中刊登了《刊授大学 1981 年十大新闻》）在其《敬告亲爱的读者》中说：“《刊授大学——习作与辅导》是刊大学生练习和表现写作才能，刊大顾问、指导教师进行辅导的重要园地。”“办刊暂定为季刊，每季第二个月出版发行。”该期发表了王中青的《把刊授大学办成人才辈出的新型大学》，中共山西省委常务书记李立功在刊授大学开学典礼上的讲话《发扬为振兴中华而刻苦攻读的进击精神》。

次报道，题为《用抗大精神办刊大》。香港《大公报》1982 年 1 月 19 日也以《全国最大一间“刊授大学”》为题予以报道。《瞭望》1983 年第 8 期发表东书的《这里聚集了一批有志青年——〈山西青年〉刊授大学见闻》。

刊授大学还得到了山西等地方政府的支持，不仅山西省内的阳泉市政府，临汾、雁北、周口、运城等行署为刊授大学的办学处解决了编制和经费，武汉市政府、江西萍乡市政府、西安市政府等也分别为刊授大学武汉分校、萍乡分校、西安分校等批准给予了事业编制和活动经费的支持，扶持刊授大学的发展。此前的 1983 年 3 月，辽宁省委主办的共产党员杂志社也创办了辽宁刊授党校，全国各省、区、市共有 15 万名党员和入党积极分子报名参加学习。1983 年 3 月 2 日《人民日报》第一版发表《辽宁成立一所刊授党校》报道此事。后来，共产党员杂志社创办了专门期刊《刊授党校》。刊授党校在中央党校的支持下，以《刊授党校》杂志为阵地，采用刊授和面授相结合的教学方式，组织党员、干部学习马列，累计有 63 万人参加学习。

刊授大学虽然存在时间不是很长，但既有改革开放期刊史的创新意义，更有 20 世纪 80 年代的时代意义。关于其时代意义，山西青年社社长、总编辑赵政民总结说：刊授大学是一座没有围墙的大学，是《山西青年》革新创造的产物，更是时代的产物。它诞生于 20 世纪 80 年代初期，适应了那一时期因“文化大革命”动乱造成大量学校停办，大批高中毕业生面临升学难、成才难的问题而欲求出路的需要，适应了改革开放初期对于人才的需求。因此，刊授大学的出现，能轰动一时、红极一时。在这个意义上说，刊大是我国高等教育出现断档、人才出现断层这一特殊历史时期的产物，它的使命是要将这一断档填补起来、这一断层衔接起来，将青年一代耽误了的时间、青春和知识弥补回来。正是由于它肩负了自己应该肩负的使命，所以它的出现是必然的，是极有价值的，是业余教育的一项创造，是成人教育的一项革新，给文化教育开辟了一条道路，填补了世界各国文化教育的一项空白。①

刊授大学的期刊史意义虽然可以多维度、多层面地求解，其核心意义

① 参见赵政民《我在报刊社的时候》，《山西文史资料》1997 年第 3 期。

在从专栏到专刊、再到刊授大学的期刊服务形式与性质的创新。由专栏办成专刊，期刊史上多有成功案例；由专栏而办成刊授大学，在中国期刊史上仅《山西青年》独有，也仅仅可能出现在20世纪80年代。刊授大学缘起于《山西青年》之专栏《自修大学》，该专栏为刊授大学的创建奠定了社会影响、学院组织等方面的成功基础。刊授大学建设之初，《山西青年》自1981年第3期起，将《自修大学》栏目更名为《刊授大学》，每期十余个页面，直到1985年第1期。终止该专栏，是因为刊授大学的教学需要另办了《刊授大学》校刊和《刊授导报》《我的大学》两种杂志。《山西青年》的《刊授大学》专栏内容从1985年第2期起全面移交给《我的大学》杂志。

1983年7月，远在贵阳出版的《电影评介》杂志也创办了全国第一家电影知识刊授班，此后三年间共收学员六千余人。该班后转为贵州省电视大学电影专业。

第八章

期刊社会互动功能的彰显

20 世纪 80 年代自由争鸣的风气彪炳改革开放史册。争鸣，不但对同一问题可以各抒所见、各是其所是、各非其所非，而且常常你争我辩、互不相让。这一局面的改变是来之不易的，其“功劳主要应该归功于党在这几年来比较认真地执行了‘百花齐放、百家争鸣’的政策，归之于党中央对学术民主、创作自由的重要性和必要性，有了比较清醒的认识”。[①]

第一节 《“歌德”与“缺德”》事件首开讨论新风

《河北文艺》1979 年第 6 期发表李剑的《“歌德”与“缺德”》一文，迅即在全国产生广泛影响，成为粉碎“四人帮”后第一个地方期刊因发表文章而产生全国性舆论影响的期刊事件。胡耀邦当时将其称为“风波”。[②]由此展开了改革开放期刊史上第一次全国性讨论，具有鲜明独特的历史意义。

“1979 年三四月份的一段时间里，是文艺界思想比较活跃，也比较混

① 钱谷融：《争鸣三境界》，《文艺争鸣》1989 年第 1 期。

② 1979 年 9 月 6 日，胡耀邦在中宣部举办的座谈会上说：“是否这是全国性粉碎‘四人帮’三年以来，文坛上不大不小的第一次风波？‘伤痕’讨论过，‘阿诗玛’范围更小，全国性讨论这是第一次。”“这是粉碎‘四人帮’后文艺战线第一次比较大的风波。我用了‘风波’这个词，这个比较恰当，一场风波。”见刘哲《关于〈“歌德”与“缺德”〉风波的纪事》，《编余论集》，花山文艺出版社 2007 年版，第 240 页。

乱的时期，是改革开放的春风劲吹与因循守旧的思想不断较量的时期。”① 这是李剑文章发表及其风波产生的历史背景。针对当时文艺界的热点敏感问题，《河北文艺》副主编刘哲写了篇短文《歌颂与暴露》，因外出开会，交给另一位负责人肖杰转主编田间审定。田间认为，刘文略弱，分量不够，便安排评论组李剑再抓一些评论文章。李剑把拟寄交《人民日报》的稿子交给肖杰，《“歌德”与“缺德”》经田间修改审定。之后，田间将刘、李两文补发在《河北文艺》1979 年第 6 期，出刊后社会反响强烈。出于反右以及“文化大革命”中的思维惯性，读者都很关心、臆测这组文章的来头和背景，以为“新的棍子又要来了”，是反右的信号。有不少来稿议论这组文章的观点，意见自然很不一致。编辑部从来稿中选两篇不同意见的文章，即陈良运的《关于歌颂领袖的问题》、李运杰的《也说“歌德”与“缺德”——与李剑同志商榷》，并加“编者按语”② 发表于《河北文艺》1979 年第 8 期。

1979 年 7 月 16 日《人民日报》发表了阎钢的《现在还是放得不够》一文，认为“文艺作者是歌德还是缺德”的问题，将有一场讨论，用争鸣的方法来解决这个问题。《文艺报》1979 年第 7 期在《让“百家争鸣”的方针在文艺界开花结果》的简讯中，介绍了《“歌德”与“缺德”》文章的内容。1979 年 7 月 20 日《光明日报》发表王若望《春天里的一股冷风》的批评文章，使讨论升温。1979 年 7 月 22 日的《文汇报》报道上海文艺界座谈讨论《“歌德”与“缺德”》一文的情况，认为该文是一种错误思潮在文艺上的反映，这一错误思潮是粉碎“四人帮”以后，对党中央采取的重大决策和一系列方针政策很不理解的表现。

1979 年 7 月 31 日，《人民日报》第 3 版整版均为《“歌德”与“缺德”》的相关讨论，上半版是摘选王若望的主要观点，配发周岳的文艺短评《阻挡不住春天的脚步》；下半版转发了李剑全文。周岳的文章认为，

---

① 刘哲：《关于〈“歌德”与“缺德”〉风波的纪事》，见《编余论集》，花山文艺出版社 2007 年版，第 224 页。

② “编者按语”是：“本刊今年第 6 期发表了《歌颂与暴露》、《“歌德”与“缺德”》两篇文艺短论以后，在读者中引起不同的反响。在人民内部，坚决贯彻‘百花齐放、百家争鸣’的方针，发扬民主，解放思想，开展不同意见之间的争论，对发展社会主义文艺事业是非常有益的。”

《“歌德”与“缺德”》一文“打着‘歌颂社会主义’、‘为四化服务’的旗号，散布极左思潮，反对解放思想，反对‘双百’方针，抵制三中全会精神的贯彻执行”。短评如此定性，加上整版及其版面安排，向读者释放了要发动一场大批判的架势。紧接着，新华社刊发消息，全国24家报纸也发了消息，产生了全国性影响。

河北省内也有不同声音，省报的公开声音与文联系统的实际工作之间又不尽一致，显示了当时舆情的某种复杂性。1979年8月1日《河北日报》以《阻挡不住春天的脚步》的通栏大标题，转述了7月31日《人民日报》的内容，且摘要报道了周岳的主要观点。8月7日又综合报道全国7月31日以前的讨论情况，并加“编者按语”，指出《“歌德”与“缺德”》一文在全国各地文艺界和广大读者中引起了强烈的反响，纷纷进行评论和批判。“各地报刊指出，这篇文章重弹了林彪、‘四人帮’推行的极左论调，是危害党的‘双百’方针，危害作家的创作，危害社会主义文艺繁荣的。它打着维护四项基本原则的旗号，反对解放思想，抵制三中全会精神的贯彻执行。”8月9日再次全文转载7月31日《人民日报》发表的周岳短评。

《河北日报》作为地方党报，是在《人民日报》之后跟进式报道和批判性引导，但河北省委宣传部主要负责同志与此意见不尽相同。①《河北文艺》编辑部没有盲从《人民日报》和《河北日报》，而是与《长城》丛刊等单位于1979年8月11日至19日召开专题座谈会；还就风波情况向河北省委主管文教副书记尹哲专门汇报，谈了该刊的初步认识和自我批评，形成了刊社的明确认识，主张通过讨论解决思想认识分歧。这种讨论的吁请

---

① 1979年7月20日，河北省委宣传部许纯性在该部文艺处简报上就《“歌德”与“缺德”》及其风波批示说：“1. 可以讨论，但要求以科学态度，民主空气，不粗暴，树立好的党风文风。2. 在马列主义毛泽东思想指导下，正确坚持三中全会精神，坚持四项基本原则，坚持党的文艺方针，防止‘左’和右的思潮。”

1979年7月26日，省委宣传部副部长齐斌主持省文联党组扩大会，编辑部汇报了有关情况。经过充分讨论，齐斌根据许纯性的意见，提出：“1. 帮助李剑提高、锻炼，抱正确态度：一要贯彻‘百家争鸣’精神；二要允许人家批评；三要坚持真理、修正错误；四要认真研究人家的文章，以学习的态度研究，对的就接受，错的不发火、沉住气，不能帽子对帽子、棍子对棍子，考虑清楚，可写文章说清楚。2. 正确领导：一要坚持‘百家争鸣’方针；二要摆事实、讲道理，防止简单粗暴；三要提高文章质量。”

和组织有告别“大批判”的崭新意义。

《河北文艺》1979年第9期发表冯健男《排除阻力，团结向前——评〈“歌德”与“缺德”〉》等四篇文章，并刊发了经省委宣传部部长审定的“编者按语”，指出实践是检验真理的唯一标准。艺术和认识的是非问题，应当通过讨论和实践去解决。坚持“百花齐放、百家争鸣”的方针，坚持“三不主义”，在讨论中发展正确意见，克服错误意见，推动文艺创作和文艺理论的繁荣和发展。并选发了四篇文章，希望就歌颂与暴露等问题展开讨论，把大家的思想统一到党的十一届三中全会和五届人大二次会议精神上来。

1979年9月4日，中央宣传部召开关于《“歌德”与“缺德”》的小型座谈会，参加者有河北省委宣传部和省文联的有关领导、作家、文艺界代表和《河北文艺》编辑人员，还邀请了全国文艺界和主要文艺刊物的领导林默涵、陈荒煤、冯牧、李季、朱穆之等参加。中宣部副部长廖井丹主持座谈会，他提出，这个会是耀邦提议召开的。《“歌德”与“缺德”》文章出来后，影响范围广泛，有15个省市参加了讨论。需要请河北的同志来，同全国文联和主要的全国文艺刊物一起交换一下意见。目的是真正开动机器，解放思想，贯彻“双百”方针，使文艺理论、创作进一步繁荣。会的开法是畅所欲言，不要有拘束、顾虑、压力，有什么，说什么，怎么认识就怎么说，“三不主义”。意见不同，可以充分展开，目的是把文艺思想搞端正。还特别指出：“这个会不是专为批评《“歌德”与“缺德”》这篇文章的，也不是追究个人责任、杂志的责任。对的坚持，错的改正，通过这件事，吸取一点教训。”①

1979年9月6日上午，胡耀邦亲临会场，并发表讲话，指出：“这是第一次不大不小的风波，要采取同志式的、平心静气的讨论方式，区别于‘四人帮’打棍子的那套方法。希望推广这种方法，使文艺上的争论纳入非常健康的轨道上面来。”② 林默涵、朱穆之、陈荒煤、冯牧、李季等先后

---

① 引自刘哲《关于〈“歌德”与“缺德”〉风波的纪事》，见《编余论集》，花山文艺出版社2007年版，第239页。

② 引自刘哲《关于〈“歌德”与“缺德”〉风波的纪事》，见《编余论集》，花山文艺出版社2007年版，第241页。

发言。林默涵认为，采取这样一种方式方法解决人民内部思想问题，开了一个新的风气，“这种方法非常好，不仅中宣部，文联、文化部都要这样（胡耀邦插话：推广这种方法）”。[①]

《河北文艺》1979 年第 10 期发表“本刊编辑部”写的《解放思想，打破禁锢》，比较全面地总结了这场风波的经验教训，并作了实事求是的自我批评，还发表“本刊记者”写的《端正思想路线　繁荣文艺创作》，详细报道了《河北文艺》编辑部、《长城》丛刊编辑部、河北省作协、文艺理论研究室四单位于 1979 年 8 月 11 日至 19 日联合召开的关于《“歌德”与“缺德”》文艺理论座谈会的主要内容。以此为标志，风波正式结束。

《“歌德”与“缺德”》事件在改革开放期刊史上有一定的认识意义。

其一，首开讨论新风，标志着“文化大革命”中的“大批判”遗风式微，平等讨论从此成为报刊界的新规范。刘哲作为亲历者最早注意到 1979 年 8 月初全国舆情的逆转。他说：“8 月初，全国报刊上的调门一下子就又都降下来了，变得平和、讲道理、不那么剑拔弩张了，也把李剑当成‘同志’了。”[②] 1979 年 8 月 4 日，上海《解放日报》报道上海文联的戏剧艺术座谈会情况时说：“对《河北文艺》这篇文字的讨论表明，争鸣之风定在上海文艺界掀起。只有允许各抒己见，畅所欲言，才能明辨是非，共同前进。”8 月 6 日，《人民日报》报道上海电影创作会议情况时，又谈到要讨论文艺上的歌颂与暴露问题，但调门不像 7 月 31 日转发王若望并配周岳短评时的高昂激越。时任中宣部部长胡耀邦在其中发挥了相当重要的作用，他 9 月 6 日的讲话，开启了 20 世纪 80 年代平等协商、讨论对话的文风。刘哲认为：“中宣部这次座谈会为我们正确理解和贯彻‘双百’方针和发展文艺、学术事业开了一代新风。”“只有在这次座谈会上，我们才真正弄清了‘双百’方针的精神实质，才运用‘双百’方针来正确解决我们文艺界和文学艺术上的是非问题。这个功劳应该首先归于胡耀邦，是他总

① 引自刘哲《关于〈“歌德”与“缺德”〉风波的纪事》，见《编余论集》，花山文艺出版社 2007 年版，第 241 页。

② 刘哲：《关于〈“歌德”与“缺德”〉风波的纪事》，见《编余论集》，花山文艺出版社 2007 年版，第 231 页。

结了我们党一二十年以来在处理文艺和学术问题上的正反面经验，提出要用‘根本区别于林彪、‘四人帮’打棍子的方法，也有区别于‘文化大革命’前某些方法’（粗暴、简单的方法），完全平心静气的方式，同志式的方法，讨论的方法”。①

其二，反映了新旧交替时点的社会舆情，显示了期刊监测社会舆情的媒介功能。围绕《“歌德”与“缺德”》事件，《河北文艺》的来稿情况是:《“歌德”与“缺德”》一文，从 1979 年 6 月初与读者见面至 9 月 1 日，编辑部共收到有关这方面的稿件 227 篇，其中持批评态度的 119 篇，持同情和支持态度的 108 篇，几乎是不相上下。有一个现象很有趣，在 1979 年 7 月 20 日《光明日报》发表王若望《春天里的一股冷风》以前的一段时间里，在 20 篇来稿中，批评《歌》文的就有 18 篇，同情和支持的稿件只有 2 篇，只占来稿的 10%；可是自从王若望的文章发表后，同情和支持的稿件逐日上升，从 7 月 21 日至 8 月 6 日的 67 篇来稿中，批评的 41 篇，支持的增至 26 篇，已占来稿的 38.9% 了；从 8 月 7 日以后直到 9 月 1 日，每天来稿支持的稿件却都反超过批评的稿件，比例倒过来了，在 140 篇来稿中，批评的有 60 篇，支持的竟增至 80 篇，占 57% 还多了。②

第二节 “潘晓问题”讨论的社会影响

1980 年 5 月，《中国青年》第 5 期发表了潘晓题为《人生的路呵，怎么越走越窄》的文章，引发了全国范围内的讨论。这次讨论以人生意义追问为内容延至次年 3 月，成为改革开放历史上影响广泛、深远的争鸣话题，在中国期刊史上亦较为少见。

对这事件的命名，主事者和后来的研究者有不同的称谓。自始至终组织、主持其事的《中国青年》副总编辑郭楠柠在有关文章中称讨论名称为

① 刘哲:《关于〈“歌德”与“缺德”〉风波的纪事》，见《编余论集》，花山文艺出版社 2007 年版，第 250 页。

② 参见刘哲《关于〈“歌德”与“缺德”〉风波的纪事》，见《编余论集》，花山文艺出版社 2007 年版，第 233 页。

"人生的意义究竟是什么?"有时简称其为"潘晓讨论",社长兼总编辑关志豪称其为"潘晓人生意义大讨论",有人称为"潘晓问题大讨论"。[①] 这几个不同称谓,从不同角度凸显了事件的内涵和意义。

一、讨论缘起

"潘晓问题"讨论最初萌发于1978年5月《中国青年》的复刊调研,关志豪等人通过调查,了解到当时青年人较为普遍的共同心理:"有一个口头禅,叫看破红尘。就是把一切都看透了,干什么都觉得没有意思了。"[②] 据郭楠柠回忆:"'潘晓讨论'是1980年5月见刊的,而这个问题的酝酿和提出却早在半年以前。当时我是《中国青年》的编委兼思想教育部主任(讨论开始后不久,改任副总编兼思教部主任),我一直认为:组织'问题讨论'是《中国青年》历代编辑者在自己多年工作中辛勤实践、认真总结所建立起来的一个好传统,是提出重大主题、抓思潮、引导青年自我教育的一种好形式。面对着当时社会的种种矛盾和青年心态,我认为,经历了'文化大革命'十年停刊又复刊的《中国青年》,尤其是思想教育部抓住当时青年中一些重大的思潮性问题来开展讨论,以努力推动青年进步和社会发展,应该是责无旁贷的。于是,在结束了《在青年中可不可以提倡学习陈景润?》的'红专'大讨论之后,我又紧接着在思教部提出如何针对当时青年思想开展下一轮问题讨论的设想,并要部里的两位编辑马笑冬和马丽珍先做一些初步的了解和材料搜集。"[③]

郭楠柠认为,人生观问题在当时青年思想中是带根本性和更普遍的问题,就把开展人生观问题的讨论和进一步调查的设想提到编委会和编前会上,得到了多数同志和社长兼总编辑关志豪、副总编辑王江云及其他编委的支持。思教部调研时,采访了第五羊毛衫厂的青年女工黄晓菊、北京经济学院二年级学生潘祎,认为黄、潘两人的经历和思想在当时的青年中都很有代表性。郭楠柠认为,可以以黄晓菊的经历和思想作为基础,同时吸

---

① 徐贵权:《"潘晓问题"大讨论的社会学思考》,《中国青年政治学院学报》2002年第5期。

② 丁东:《听中国青年杂志原总编辑关志豪讲述"潘晓人生意义大讨论"事件始末》,《人物》2011年第4期。

③ 郭楠柠:《我亲历的"潘晓讨论"》,《炎黄春秋》2008年第12期。

收大学生潘祎来稿中一些较有理论特色的语言和观点，再加上调查的情况，综合整理一个当代青年探索人生意义的思想典型，以此引发讨论。文章经关志豪终审后发表。

1980年5月11日，《中国青年》第5期以通栏标题《人生的意义究竟是什么?》，并加“编者的话”发表了题为《人生的路呵，怎么越走越窄》的文章，作者署名“潘晓”。“潘晓”的信提出了三个方面的问题：一是对社会和人际关系的看法，指出“人都是自私的”；二是对“个人价值”的呼唤，说“不甘心社会把我看成一个无足轻重的人，我要用我的作品来证明我的存在”；三是理想与现实的矛盾，之前所坚持的信仰在现实面前被摧毁。这些问题尤其是第三个问题在当时青年中较为普遍。

二、讨论过程

《中国青年》第5期出版后引起空前的巨大反响。读者参与讨论的来信不足一个月就收到了两万多件。[①] 社会上除了感佩与叫好，也存在猜疑，“他们有的怀疑发表这封信是为了引诱青年谈出真思想，是个‘圈套’。”“基层的一些领导对这场讨论横加压制，将这一期《中国青年》当成禁书，有的人甚至写信谩骂编辑部是‘纵火犯’。”[②]

《人民日报》和新华社报道了这次讨论，称“把青年思想深处的东西端了出来，进行真正同志式的讨论，是感人至深的”，[③] 肯定“只有了解青年，才能帮助青年；只有实事求是，才能解决问题”。[④] 1980年6月12日《中国青年报》以《怎样认识人生的意义？怎样找到前进的路标？——〈中国青年〉杂志开展人生意义讨论引起强烈反响》为题转载了关于人生意义讨论的主要言论，明确表示：“欢迎大家就人活着是为别人还是自己，

---

① 彭明榜：《牵动青年的讨论（1）：新时期的思想启蒙——纪念“潘晓讨论”20周年》，《中国青年》2000年第5期。

② 彭明榜：《牵动青年的讨论（1）：新时期的思想启蒙——纪念“潘晓讨论”20周年》，《中国青年》2000年第5期。

③ 彭明榜：《牵动青年的讨论（1）：新时期的思想启蒙——纪念“潘晓讨论”20周年》，《中国青年》2000年第5期。

④ 彭明榜：《牵动青年的讨论（1）：新时期的思想启蒙——纪念“潘晓讨论”20周年》，《中国青年》2000年第5期。

社会与个人、理想与现实是怎样的关系，以及自己感到的有关人生的其他问题，发表自己的意见。”[①] 7 月 11 日还刊登了《两个好姑娘为什么走上绝路》，以一个极端事例反映青年在人生观问题上的困惑与迷惘。

1980 年 6 月 18 日，中央书记处书记胡乔木与团中央书记处常务书记胡启立来到《中国青年》编辑部，“整整谈了两个小时”，[②] 谈话的主要内容发表于 1980 年 8 月 11 日出版的《中国青年》第 8 期。胡乔木认为，这是一场很有意义的讨论，凡是关心青年一代成长的人都应该有兴趣……感到苦闷和失望的青年把自己的心情讲出来，这表示他们对社会究竟还是抱着希望和信任，他们究竟还是在寻求答案，尽管许多现有的答案不能使他们满足。青年们伸出了手，难道能够把这伸出的手打回去吗？难道不应该把他们伸出的手紧紧地握住，然后再鼓励他们拿出勇气和信心继续前进吗？[③] 胡乔木还提出以“要放开”为核心的建设性指导意见。“编辑部对于人生意义的讨论如何继续进行，决定采取两项措施：一、扩大篇幅，继续发表不同观点的文章以推动讨论进一步深入开展；二、增加人力，强化编辑部力量以保证及时、认真地处理每天涌入编

图 8－1 《中国青年》

---

① 《怎样认识人生的意义？怎样找到前进的路标？——〈中国青年〉杂志开展人生意义讨论引起强烈反响》，《中国青年报》1980 年 6 月 12 日。

② 在《人物》2011 年第 4 期上，关志豪、丁东、鲁利玲的《听〈中国青年〉杂志原总编辑关志豪讲述“潘晓人生意义大讨论”事件始末》里说的是“整整谈了两个小时”；而在《党史博览》2006 年第 2 期上杜玉芳的《胡乔木与〈中国青年〉的不解之缘》中，是说“将近 3 个小时的谈话”。

③ 胡乔木语，《要帮助青年们找到希望的所在 胡乔木到〈中国青年〉编辑部了解人生意义讨论情况并讲了话》，《人民日报》1980 年 8 月 9 日。

辑部的大量稿件，使讨论的群众性得以更充分地体现。”① 除了原先的马丽珍和马笑冬外，又从杂志社其他部门抽调了骨干编辑陈汉涛等 10 人。“人生意义”讨论的版面原为 2 页，第 6 期增为 5 页，从第 7 期开始版面增加到 20 页，约占整本杂志页面的 41.7%，之后直到第 11 期都维持在 12 页及以上，占据杂志至少四分之一的页面。第 7 期讨论专栏共发表了郑义的《感谢你！大地和海洋》等 13 篇文章，其中的第 5 篇文章为《信稿摘登》，10600 字，汇编了 49 位读者的主要观点，意在“把有代表性的各种不同观点提供给读者进一步思考和讨论”。② 郭楠柠执笔写了《写给参加讨论的青年朋友》一文，就社会上一些否定与怀疑的言论予以回应，表明了扩大和深入讨论的意图。

1980 年 8 月 11 日出版的《中国青年》第 8 期将“潘晓问题”讨论推向高潮。其讨论专栏共发表 10 篇文章，共 17 页，打头文章是《胡乔木同志关心人生意义的讨论》，接着是《潘晓同志的来信》和武汉大学历史系三年级学生赵林的《只有自我是绝对的》，殿后的是本刊记者写的《他有了真正的金色衣裳——年轻的马克思主义战士遇罗克纪事》。这样组合安排，是对胡乔木相关指示的具体落实：“潘晓还要让她出场，还要写信”和“讨论要有点波澜，中间要奇峰突起”。赵林的《只有自我是绝对的》，比潘晓的信更大胆、更直言不讳。他告诉“潘晓”：“你为什么要去追求相对的东西？你应该去发掘自我，只有自我是绝对的！”③ “这篇文章，编辑部本来已收到了一段时间，此前一直压着不敢发。结果发出后果然起到了‘奇峰突起’的效果，使‘潘晓讨论’再度升温。”④

“潘晓问题”讨论达到高潮时的盛况是，“中宣部编印的《宣教动态》转发了王任重让编辑部写给中央书记处的情况反映，并印发给出席中央宣传工作会议的代表；编辑部的领导被邀请到各种场合去作关于讨论的报告；美联社、路透社、法新社等国际大通讯社也作了报道；国内的报刊更是报道不断；邮局的‘蹦蹦车’每天仍源源不断地运来读者的来信；越来

① 郭楠柠：《“潘晓”讨论前前后后》，《当代青年研究》1994 年第 2 期。

② 郭楠柠：《我亲历的“潘晓讨论”》，《炎黄春秋》2008 年第 12 期。

③ 赵林：《只有自我是绝对的》，《中国青年》1980 年第 8 期。

④ 杜玉芳：《胡乔木与〈中国青年〉的不解之缘》，《党史博览》2006 年第 2 期。

越多的读者或打电话或直接找到编辑部要见潘晓；社会上甚至出现了一些被别人指认为潘晓和自己冒充潘晓的人；许多新闻单位的记者成天堵在编辑部提出直接采访潘晓的要求……”①

三、讨论转折

1980年8月20日中央电视台《新闻联播》播出了黄晓菊的访谈，这导致“潘晓问题”讨论无可挽回地急转直下。

1980年9月23日，工人日报社内刊《情况参考》第212期刊登两封关于潘晓的群众来信。第一封信题为《此种做法弊多利少——有感于潘晓上电视》，写信人署名“山西娘子关电厂宁翠荣”；第二封信题为《邻居眼里的潘晓》，署名为“北京石月”。几天后，中宣部《宣传要闻》转发了这两封信。9月30日，胡耀邦在当天的《宣传要闻》上批示：“请有关部门查查这件事，报刊、电台有个猎奇的思想，没有解决好。”

10月7日，中宣部在各主要新闻单位参加的例会上传达胡耀邦的批示。不久，新华社《国内动态清样》刊登了徐光耀写的《北京羊毛绒五厂负责人谈“潘晓”和她的信问世的情况》。为了回应《情况参考》的两封信以及徐光耀的文章，郭楠柠受《中国青年》杂志编委会委托，领导起草《关于工人日报等单位反映“潘晓问题”的调查报告》，于10月30日上送至中央有关领导及中宣部，同时还送各家媒体。报告在充分摆事实的基础上，据理说明：“（1）刊物上以潘晓名义发表的那封信主要经历和观点都是黄晓菊的原稿和谈话中有的，编辑部只是做了必要的整理和删节、补充，这是属于编辑的正常工作范围，说这封信就是编辑部‘编’出来的，不符合事实。（2）各新闻单位对人生观问题讨论的报道，都是从肯定鼓励青年人严肃探讨人生、支持宣传工作青年工作进行改革的角度来谈的，没有一篇宣传过潘晓本人，也没有对潘晓的信做过不恰当的评价，舆论界并没有对潘晓‘大肆吹捧’。（3）黄晓菊是以一个有苦闷、有弱点而敢于说心里话的问题提出者的身份上电视的，那种认为一上电视就是‘树’、就

① 彭明榜：《牵动青年的讨论（1）：新时期的思想启蒙——纪念“潘晓讨论”20周年》，《中国青年》2000年第5期。

得是先进青年的看法是一种误解。(4)经过编辑部再次调查,黄晓菊的具体情况与邻居讲的有较大出入。”①《调查报告》还提出:“胡乔木同志说:‘青年们伸出了手,难道能够把这伸出的手打回去吗?难道不应该把他们伸出的手紧紧握住,然后再鼓励他们拿出勇气和信心前进吗?’我们是这样来做的。”②

1980 年 11 月 11 日出版的《中国青年》第 11 期发表了《写在深入讨论之后》,公开声明讨论不是在宣传个人,“人生的路呵,怎么越走越窄……”这是我国在相当长的一个时期内政治生活动乱、经济生产遭受破坏形成的苦果在青年思想上的反映,是当前青年中一种有代表性的思潮。潘晓的信比较典型地反映了这种思潮,发表她的信,是为了引起全社会对这种思潮的共同关注、认识和研究。这场讨论的出发点和着力点都不是为了宣传某个人,而是希望在更加广阔的领域里发生作用。③

1980 年 12 月 11 日,《中国青年》第 12 期“潘晓问题”讨论的篇幅降至 8 页,《讨论的进程》还宣告群众性的笔谈讨论自此结束:本刊开展的“人生的意义究竟是什么?”的讨论,从 5 月份开始,已经有 7 个月了。以潘晓同志的一封信为发端,“几张纸片”真的“搅动了生活”“影响了社会”,一个青年伸出的手,被千万个青年和许多成年人紧紧地握住了。7 个月里,编辑部收到了五万七千多件信稿;投稿的人,有全国各地工、农、商、学、兵和党、政、工、青、妇等各条战线各个部门的青年、团员、青年干部和成老年同志,还有港澳和大洋彼岸的青年朋友。从今年第 5 期到第 12 期的八期杂志上,我们共编发了 111 位读者的 111 份稿件(文、图、歌曲等),约十七八万字。发完本期,群众性的笔谈讨论就告一段落了。我们谨向所有热情支持和参加讨论的同志,表示衷心的感谢。④

1981 年 3 月 26 日出版的《中国青年》第 6 期发表《献给人生意义的

---

① 郭楠柠:《我亲历的“潘晓讨论”》,《炎黄春秋》2008 年第 12 期。

② 彭明榜:《牵动青年的讨论(1):新时期的思想启蒙——纪念“潘晓讨论”20 周年》,《中国青年》2000 年第 5 期。

③ 节选自《写在讨论深入之后》,《中国青年》1980 年第 11 期。

④ 节选自《讨论的进程》,《中国青年》1980 年第 12 期。

思考者》，较为全面地总结了“潘晓问题讨论”。该文分四部分：（一）重新探索人生意义是历史的需要；（二）正确认识“人的价值”；（三）科学地看待“公”与“私”；（四）在振兴祖国的奋斗中开拓人生之路。读者纷纷致函说这篇总结文章“是对‘人生意义’问题讨论的一篇公正的答卷”。[①] 1981 年 3 月 26 日《中国青年报》全文转载这篇文章，《人民日报》也以整版篇幅刊登了文章的摘要。这宣示“潘晓问题”讨论结束。

四、讨论余波

时隔 2 年零 10 月后，《中国青年》在 1984 年第 1 期发表《“主观为自己，客观为别人”错在哪里?》，还加了“编者按”公开向社会做检讨：1980 年《中国青年》第 5 期发表了一篇署名潘晓的文章《人生的路呵，怎么越走越窄》，并以此为发稿，在刊物上组织读者开展“人生的意义究竟是什么?”的问题讨论。编辑部开展这次讨论的出发点是好的，广大青年积极参加讨论的热情也应该肯定，但是，由于我们的失误，这场讨论的社会效果不好，在青年中造成了不良影响。我们要认真记取教训，现发表《“主观为自我，客观为别人”错在哪里?》这篇文章，作为我们对讨论引导不够的一个弥补。[②]

《青年一代》1987 年第 1 期发表署名凡夫的文章《“潘晓问题”讨论的反思》，认为当前的经济改革，决定“四化”前景的成败；经济改革的成败，从一定意义上说，取决于人民群众积极性调动得如何。因此，凡是不利于广泛吸引群众积极投身经济改革的论调，肯定都是违背和有损党的总路线的。正是从这个根本点出发，我们说，不要再把“主观为自己，客观为他人”以及诸如此类的观点视为“资产阶级个人主义”的洪水猛兽而愚蠢地加以围剿了。理论的不完善，生活本身会加以补充和发展，倒是应该透过这场青年讨论多舛的命运，从生活实际出发，好好反思一些问题才是。

1996 年年底，《中国青年》以《我不停地奋斗，为什么成功却离我越来越远》为题，在杂志上展开讨论。16 年前“潘晓问题”讨论的主要人物之

---

① 郭楠柠：《我亲历的“潘晓讨论”》，《炎黄春秋》2008 年第 12 期。

② “编者按”——《“主观为自己，客观为别人”错在哪里?》，《中国青年》1984 年第 1 期。

—潘袆寄来了一篇长文《奋斗就是我们的生活——“潘晓”答“李明益”》，以自己曲折磨难而又奋斗不息的经历，劝告写信人李明益仍要“奋斗”。①

2010 年 5 月，《中国青年》编辑部在读者中开展“人生的路，是不是越走越难”的大讨论，使广大青年在阅读和参与讨论中分享彼此的思想和生活智慧。

五、讨论的历史意义

“潘晓问题”讨论被誉为改革开放史上中国青年思想解放的开端。它超越了青年的行列，长辈们也举笔长谈；超越了《中国青年》的范围，一些兄弟报刊，以同样内容开展讨论；超越了时间的限制，时隔数年，人们还在议论这场讨论。

（一）期刊史维度的开放式讨论及其承前启后的意义

“潘晓问题”讨论既有一定的历史背景，又是《中国青年》性质和任务使然。《中国青年》杂志并不是一般的刊物，而是充满着思想性和战斗性的刊物。胡耀邦曾经指出：“《中国青年》第一位的工作是抓思想，根据当前中心工作，根据党的路线和政策谈思想。……《中国青年》是个政治思想教育的综合性刊物，那么它就应该有思想的权威……因此我们杂志的主要任务，就是应该配合国内外大事，宣传党的方针政策，解决青年的思想问题。”② 在这种性质和任务的引导下，《中国青年》采取问题讨论的形式进行人生观教育，引导青年树立正确的人生观，以更积极的态度对待生活，以更积极的态度投入“四化”建设。

新中国成立以来，《中国青年》多种形式的讨论是该刊对中国期刊历史的原创性贡献，渐成程式和传统。20 世纪 80 年代初期，凡办期刊，大多想到借鉴其讨论理念而有所作为。《中国青年》复刊号就组织开展了“在青年中可不可以提倡学习陈景润？”的问题讨论，共进行 5 期，至 1979 年第 1 期结束。“潘晓问题”讨论更厚重的意义不仅在于继承，更在于继承中的范式转换：由封闭式讨论自觉转换到开放式讨论；有大体讨论范围

① 参见张世明《做青年的知心朋友》，《青年报刊界》2011 年第 3 期。

② 邢方群：《温故集》，中国青年出版社 1997 年版，第 13 页。

但与读者共同求解可能可能的结论，因而讨论的本质在于社会的思想解放。期刊编辑部以讨论为手段实施、督促读者们思想解放，用他们自己的头脑思考、探究自我的人生社会问题。此乃《中国青年》的历史价值所在，其转型时期的时代意义也源于此：顺应改革的时代浪潮推出开放式的专题讨论，强力促进了国人的观念更新。

郭楠柠认为："这次讨论与以往历次讨论有一个根本不同：以往提出讨论时，编辑部大都有了答案，该怎样引导，最后如何定论，都心中有数。这次却事先没有答案，不知最后如何结论，而是编者和读者共同来寻求。但我相信，在一场人生意义的坦诚的、平等的、科学的探讨之中，潘晓和类似潘晓这样迷惘的青年，是会受到启迪，在各自不同的人生道路上找到自己前进的路标的。我把这些想法写进了'编者的话'，表明了我们对潘晓的困惑的同情和对她坦诚发文的鼓励，点明了讨论的意义和我们的方针、原则，确定了讨论的基调。"[①] "在这场讨论中，我们从一开始就明确了几条：一要面对现实，讲真话；二要平等探讨，群众参与；三要实事求是，科学、辩证地分析和回答问题，不搞'两个极端'"[②]。

徐贵权认为："'潘晓问题'大讨论不愧为一次正确对待不同意见和思想观点，恢复和发扬社会主义民主的重要实践，它使人民群众特别是青年增强了恢复和发扬社会主义民主的信心以及对党的信任，增进了社会和谐……在客观上增强了全社会构建新的具有权威性的价值观念体系的紧迫性……使当代中国社会提前进入了多元价值观念激烈碰撞、尖锐冲突的时代。"就普遍民众参与的广度来说，"是一次空前的思想洗礼，大众传媒体现了以往所罕见的亲和力，营造出一种直抒胸臆的民主氛围"。"讨论中各种声音都获得了公开表达的机会，多样化的观念全方位碰撞，也从不同维度预示了新时期社会思潮的深刻嬗变。'潘晓讨论'为多元价值观萌发、涌动开启了序幕，'合理的利己主义'成为新时期许多青年认同的'新'伦理观。这种伦理观后来在大商品市场经济大潮的影响下，发展、裂变出

---

① 郭楠柠：《我亲历的"潘晓讨论"》，《炎黄春秋》2008 年第 12 期。
② 郭楠柠：《"潘晓讨论"前前后后》，《当代青年研究》1994 年第 2 期。

十分壮观的思想文化现象和社会思潮景观。”①

郭楠柠认为，这场人生观大讨论，是党的十一届三中全会后新时期思想解放浪潮对青年成长的新的呼唤；是同代人、不同代人之间的一次真诚的积极的对话；是报刊宣传中一次最广泛、最动情的群众参与；是读者、作者和编者的一次共同的寻求——“潘晓讨论”不只属于编者，属于一家刊物，更属于一个时代和那个时代的万千青年。②

（二）社会史维度的青年精英涵化培育

期刊史视野中的社会史和思想史是期刊内容传播的一体两面：社会史更多地关注期刊内容传播的当下、最短时段的社会效果，而思想史更多地关注期刊文本内容长时段的传播效果。

“潘晓问题”讨论历时半年多，收到读者来信来稿 6 万件，创《中国青年》历史的纪录；共发讨论稿 111 件，十七万余字。读者给潘晓寄了二千多元人民币和许多物品，潘晓都转给了石家庄育红学校。③ 这些都充分地反映了“潘晓问题”讨论的现实影响。有专家认为：“80 年代的大门是‘潘晓讨论’开启的。‘潘晓讨论’的思想史价值被远远低估了，它对中国社会的影响有两个：一、挑开了问题；二、培育了 80 年代的青年精英队伍。‘潘晓讨论’是一次真正的思想解放运动，是新闻媒体面对改革开放初期的中国人，特别是青年人的精神危机做出的反应。”④

浙江一位名叫周晓东的青年，以“让我们用血肉来拥抱世界”为题来信说：“潘晓同志的信，促使我下决心给党中央负责同志写了一封自荐信，请求党和人民交给我一个最穷的公社或某个局部地区，我有信心叫它五年改观。我知道困难重重风险不小，我也自知没有特殊的本领。可是，我有一颗赤子之心。如果我的请求得到批准，我将遵循党的三中全会方针，依靠人民，踏踏实实地干下去。我愿把我的血洒在这块土地上。”这封信发

---

① 陈伟军：《潘晓讨论与 1980 年社会思潮》，《粤海风》2012 年第 3 期。

② 郭楠柠：《“潘晓讨论”前前后后》，《当代青年研究》1994 年第 2 期。

③ 程恩瑞主编：《中国青年杂志大事记》（1923—1993），中国青年杂志社 1993 年自印本，第 315 页。

④ 贺照田：《从“潘晓讨论”看当代中国大陆虚无主义的历史与观念成因》，《开放时代》2010 年第 7 期。该处是卢跃刚的观点。

表后，引来别的青年来信，他们说："如果你的自荐成功，请让我们和你一起干。虽然我们身上还有创伤，但是，为了子孙后代，我们要走出一条带着血印的前进的路。"[①]

（三）思想史维度的价值观变迁标志

从20世纪中国思想论争的稍长时段看，有人认为"这是继中国20世纪20年代科学人生观与玄学人生观论战之后的又一次有关人生问题的大讨论"。从改革开放的短时段看，"80年代社会思潮波涛汹涌，其标志是三次大争论。第一次是'潘晓讨论'，第二次是'人道主义和异化问题争论'，第三次是'姓资姓社大讨论'"。[②] 而以20世纪80年代初期的时点看，"如果说1978年关于真理标准的大讨论标志着中国政治思想的重大转折，那么1980年这场讨论则标志着中国人人生态度的转折"。[③]

尽管时段不同、关联对象不同，但有识之士都关注、思考"潘晓问题"讨论，并试图求解其思想史意义。正如有人感慨："它是中国期刊史上令人难以置信的一个传奇；也是中国思想史上一阕回声不断的绝唱……"[④]

"潘晓问题"讨论在中国思想史上的核心价值在于导引价值观变迁。涂志刚认为，人生观大讨论的结果不仅促成了未来三十年价值观的变迁，就思想史的意义而言，它也是几十年之后，人们接续曾经断裂思想的触媒。"'潘晓问题'大讨论促进了社会价值导向的革新，使社会价值导向更好地发挥了社会调节、整合的功能"，"是青年对传统思想教育思想模式和理念的第一次公开的质疑和挑战，它捅破了那层'窗户纸'。从此，对传统思想教育模式和理念的质疑变得越来越习以为常了，以至有人说，'潘晓问题'大讨论是当代中国青年基于自己思考的面向社会的'第一声啼

---

① 关志豪等：《听〈中国青年〉杂志总编辑关志豪讲述"潘晓人生意义大讨论"事件始末》，《人物》2011年第4期。

② 贺照田：《从"潘晓讨论"看当代中国大陆虚无主义的历史与观念成因》，《开放时代》2010年第7期。该处是卢跃刚的观点。

③ 文晔：《潘晓：一代中国青年的思想初恋》，《新闻周刊》2004年10月14日。

④ 彭明榜：《牵动青年的讨论（1）：新时期的思想启蒙——纪念"潘晓讨论"20周年》，《中国青年》2000年第5期。

鸣'"。[①] 因此，贺照田颇为"潘晓问题"讨论夭折而扼腕："当时不仅国家，而且知识界都对这样一种时代精神伦理状况、时代精神伦理课题没有足够清楚的意识和思考，否则，潘晓问题的有力提出，正提供了绝好进一步认清状况，并在认清状况的情况下开启有关实践的细腻思考契机，从而使国家更好地正视：一方面理想主义犹强，但其存在形式过于依靠和大历史、大政治课题关联；另一方面理想主义遭遇历史挫折所引发的广泛虚无主义问题，其时不仅犹未定型且内存强烈意义渴望的特点，以深化顺承转化现存理想主义资源、消弭现存虚无主义问题的思考。同时在这样一种现实感与思考视野下，谨慎对待传统伦理资源的复苏和转化问题，谨慎对待中国革命和社会主义实践中丰富的精神伦理文化思考与实践摸索的再定位与转化问题，并谨慎寻求和引入可配合这样一种历史问题意识、精神伦理状况的外部相关资源。而一旦如此，中国大陆的精神伦理状况肯定将和我们现今实际所见的令人扼腕的精神史现实非常不同。"[②]

第三节　《作品与争鸣》的价值

《作品与争鸣》创刊于1981年1月1日，最早由中宣部文化艺术局主办，[③] 1981年由百花文艺出版社出版，1982年由作品与争鸣月刊社出版，1983年改由文化艺术出版社出版。其办刊缘起和宗旨是：为了向读者比较及时和比较集中地提供当前全国文艺创作和文艺批评中的新情况、新问题，以利于开展对新的文艺现象及其规律的研究，促进社会主义文艺的繁荣，促进当代文学创作经验的总结。主要选登全国已经发表过的有争议而又有一定思想艺术价值的小说、戏剧、电影、诗歌、散文、报告文学等各种形式的作品，以及由此而引起的有代表性的争论文章，必要时也推荐一

---

① 徐贵权：《"潘晓问题"大讨论的社会学思考》，《中国青年政治学院学报》2002年9月第21卷第5期。

② 贺照田：《从"潘晓讨论"看当代中国大陆虚无主义的历史与观念成因》，《开放时代》2010年第7期。

③ 见张伯海主编《全国期刊名录》（上），天津人民出版社1992年版，第127页。《中国当代期刊总览》（上）第81页介绍《作品与争鸣》时，"主办单位《作品与争鸣》编辑部"。

些值得注意的作品和评论文章。①

20 世纪 80 年代的《作品与争鸣》以正统的形象出现，传达了主流话语的声音，这集中表现在该刊的《专论》专栏。自创刊到 1989 年年底的 9 年中，1984 年、1988 年、1989 年没有出现《专论》专栏，其余年份共发表“专论”54 篇，按 9 年出版 108 期计，平均每两期出现一篇“专论”，可见其推出密度。这批文章语气严肃、正襟危坐，宣传党的文艺方针和政策，代表性文章主要有：《文艺在批评中前进》（1981 年第 3 期）、《文艺和社会主义精神文明建设》（1981 年第 4 期）、《创作的繁荣需要批评的发展》（1981 年第 11 期）、《为繁荣创作而发展批评》（1982 年第 1 期）、《新人塑造和社会主义精神文明》（1982 年第 10 期）、《文学与社会主义精神文明》（1986 年第 7 期）。由此可见，部分“专论”文章的建设性品格，最早将文艺纳入精神文明建设的框架中审视并思考，有一定的理论创新意义。

图 8－2 《作品与争鸣》

《作品与争鸣》的主体专栏是《作品争鸣》，所占篇幅最大，主要转载一些有争议的作品及其评论，如 1981 年第 7 期选登了《北京文学》1980 年第 10 期发表的汪曾祺的《受戒》，并附上两篇观点不同的文章。其一为张同吾的《写吧，为了心灵——读短篇小说〈受戒〉》，肯定该小说清新淡雅，讴歌人性美、人情美；其二为国东的《莫名其妙的捧场——读〈受戒〉的某些评论有感》，认为该小说离奇荒诞、脱离现实。1989 年第 5 期又刊登了《汪曾祺作品研讨会专辑》，继续讨论包括《受戒》在内的汪曾祺作品，发表了汪曾祺的创作谈《认识到的和没有认识的自己》和黄子平的评论《汪曾祺的意义》等。

① 《致读者》，《作品与争鸣》创刊号，1981 年第 1 期。

另一重要专栏是《文艺流派介绍》，主要介绍西方的文艺批评方法与创作流派。从创刊到1987年，共介绍了西方的26个文艺流派，每种流派都详细介绍它的思想基础与发展过程、基本概念、代表人物、艺术特征和主张等，而以1981年（共5期）、1982年（共7期）、1984年（共6期）介绍最为密集，或许与当时的文艺政策相对宽松有关。20世纪80年代是西方文艺思潮大规模涌入中国的阶段，《作品与争鸣》理性严谨地介绍西方文艺思潮，对文艺思想观念的更新进而社会思想观念的开放，功不可没。

有学人指出：“80年代的《作品与争鸣》是个‘半开半闭、欲说还休’的刊物。一方面它要顺应政治的要求，转述党的文艺方针和政策，转述其他刊物上的作品和评论，这时候它起到的作用是福柯所说的‘规训’作用。另一方面作为一个文学刊物，它又在抵制着政治，按照文学发展规律编辑着刊物，因为一个好的刊物是能超越自己的历史语境的。”因而它“在贯彻主流思想的同时，策略地在合法性的庇护下讨论文学的真问题”，[①]认为“它在80年代是比较成功的，超越了那个时代”。

关于《作品与争鸣》的社会影响和价值，有学者这样认识：“‘十七年文学’的争论即使表面在‘文人’中间展开，但结论也不是‘文人’作出的，因为那时‘文坛’已经销声匿迹，‘作协’和领导它的人们成为判断是非的最后标准。但是到了80年代，这种文学格局出现很大改变，其中一个亮点，是《作品与争鸣》这份杂志的创刊。这份杂志的维持，表明作协的作用在降低，‘文学’的批评在出现，批评家的队伍在形成，文学力量在逐渐填充因为作协撤退而出现的‘权力空间’”。[②]

第四节 《夏令营中的较量》引发全国讨论

1992年8月，全国少工委、宋庆龄基金会与日本合作的“中日儿童联合探险夏令营”在内蒙古大草原上举办。《少年儿童研究》副主编孙云晓

---

① 刘洪霞：《“正统”或“异类”：〈作品与争鸣〉的多样面孔》，《海南师范学院学报》（社会科学版）2007年第1期。

② 程光炜：《文学讲稿：“八十年代”作为方法》，北京大学出版社2009年版，第173页。

跟踪采访了这次夏令营，写出系列报告文学作品交有关报刊发表，如《微笑的挑战者》发表于《儿童文学》1992 年 7 月，《夏令营史上的一场变革——中日儿童探险夏令营的启示录》刊于《少年儿童研究》1993 年第 2 期，《隐患》刊于《小溪流》1993 年第 12 期。后来，他应《黄金时代》编辑之约将《夏令营史上的一场变革——中日儿童探险夏令营的启示录》压缩为三千字，以《我们的孩子是日本人的对手吗?》[①] 为题发表于 1993 年 7 月号《黄金时代》。《东西南北》将标题改为《中国孩子在世界上有竞争力吗?》在 1993 年第 10 期全文转载，刚更名不久的《读者》以《夏令营中的较量》为题在 1993 年第 11 期全文转载。[②] 自此，《夏令营中的较量》引起广泛的社会关注，尤其在媒体界和教育界反响热烈，各阶层以“怎样培养和关心下一代?”为中心，就中国教育问题展开了大讨论。这是继 20 世纪 80 年代“人生意义”讨论后的第二个由期刊刊文引发的社会大讨论，对推动中国教育改革有重大意义。

事隔多年，有行家进行“‘较量’背后的时代反思”时依然断言：“讨论的载体，源于《读者》”，“凭借着《读者》的良好口碑，加上修改后的响亮标题，全国刮起了‘夏令营旋风’”。[③] 引起全国性反响的讨论载体不是原发期刊而是文摘期刊；同是文摘期刊，先期一月转载的《东西南北》影响不大，延后一月的《读者》却影响深远，其中既有偶然因素，更有必然性。偶然因素是，“一位主管教育的中央领导同志在《读者》上看到了《夏令营中的较量》，即指示教育部门的同志，这样的好文章应该多登”。[④] 必然因素是，《读者》转载时的标题定性准确、客观冷静，相比《黄金时代》《东西南北》疑问式标题少了潜在的预设，而多了平和的沉

---

① 此标题为《黄金时代》责任编辑陈锐军所改。他还在该文结尾加了一小段：“全球在竞争，教育是关键。假如，中国的孩子在世界上不具备竞争力，中国能不落伍?”见陈锐军《“夏令营风波”的前前后后》，《南风窗》1995 年第 9 期。

② 郑元绪 2015 年 12 月 3 日为答复相关问题回复李频说：“《夏令营中的较量》是在我手里发的，李剑冰责编，他选的稿并改了题目。改题在发稿中是常有的事，我审稿时就已是《夏令营中的较量》了。”

③ 张春铭：《“较量”背后的时代反思》，《中国教育报》2009 年 9 月 25 日。

④ 陈锐军：《“夏令营风波”的前前后后》，《南风窗》1995 年第 9 期。师永刚在他著的《〈读者〉传奇》中记载：“这篇文章引起了当时主管教育的国务院副总理李岚清的重视，他批示有关部门要研究解决这一问题背后的问题。”中国社会科学出版社 2004 年版，第 161 页。

思。《读者》标题之改换,《黄金时代》责任编辑亦首肯:“别出心裁地将文章标题改成《夏令营中的较量》。此后,几乎所有的文章提到该事件时都用了这一说法。”[①] 据《新闻出版统计资料汇编》(1994 年版)公布的1993 年期刊平均期印数,《东西南北》月刊期印数为 34.8 万册,《读者》期印数为 345.4 万册,期印数相差 10 倍。同是文摘期刊,转载动作最快的传播效果让位于标题定性准确深刻,这对于期刊出版尤其是文摘期刊出版应该说是意味隽永。

1993 年 11 月 25 日,教育部主办的《中国教育报》头版头条转载《夏令营中的较量》,时任总编辑余家庆发表短评《心中沉甸甸的较量》提出,“在内蒙古乌兰察布盟草原上举行的夏令营活动中,在困难面前,中国少年和日本少年的不同表现,以及两国家长帮助、爱护孩子的不同做法,使我们如坐针毡,无比愧疚,一个巨石般的问号沉甸甸压在我们心上:怎样培养和教育我们的下一代?”以此为源头,《中国教育报》于 11 月 29 日向全社会征文,开启教育思考大讨论。紧跟着,《人民日报》《光明日报》《羊城晚报》《中国青年报》《北京青年报》《中国妇女报》《蜀报》《中国体育报》《文摘周报》《中国人口报》《半月谈》等几十家报刊也对《夏令营中的较量》发表评论或转载,中央人民广播电台、北京人民广播电台播放该文,中央电视台制作播出四集专题片《学会生存》。在这诸多再传播的媒体中,如果说《中国教育报》持续时间最长、力度最大,那么《人民日报》超常规的连续传播也功不可没。《人民日报》于 1994 年 1 月 8 日发表评论《“夏令营中的较量”的深思》;1 月 28 日发表长篇文章《黄金时代缺什么》,提出“太平盛世应该听到慷慨悲歌”;2 月 8 日,在头版头条发表《给孩子们留些什么》,并加“编者按”,正式开专栏讨论。据《中国青年报》1994 年 3 月 17 日发表的文章统计,有约八十家媒体转载、报道《夏令营中的较量》一文相关内容。

由《夏令营中的较量》而展开的社会讨论,是 20 世纪 90 年代意义重大、影响深远的媒介事件。相比 20 世纪 80 年代的“人生意义”讨论,“较量”讨论更深入、更圆满,参与的媒体更多,尤其是电子媒体在其中

---

① 陈锐军:《“夏令营风波”的前前后后》,《南风窗》1995 年第 9 期。

发挥了更强劲的传播优势。这固然是20世纪90年代广播电视长足发展的媒介生态使然，却也可见当时的期刊参与其中的传播新气象。电子媒介中，除中央电视台摄制播送《学会生存》专题系列片外，山西电视台、辽宁电视台等也做了专题报道。1994年1月10日，《羊城晚报》头版头条发表陈心宇的报道《乌兰察布探险，一个沉重之“?”》在第7版转载《夏令营中的较量》，同时开设公众话题《未来忧思——我们的孩子缺了什么》予以讨论。《羊城晚报》下午4点半上报摊，当日下午6点半广东电台新闻台《今日热线》节目就用了一个半小时进行专题讨论，听众参与十分踊跃。

1994年1月24日，全国宣传思想工作会议在北京召开，中共中央总书记江泽民在讲话时谈到了《夏令营中的较量》，表现出深沉的忧患意识，要求有关方面抓紧抓好青少年教育工作。同年3月，在全国政协八届二次会议上，《夏令营中的较量》依然是会议上下的议论话题。时任全国老龄委主任、中国关心下一代工作委员会常务副主任、中央组织部前副部长王照华，在其发言的最后一部分“努力提高中国孩子在世界上的竞争力”中专门谈了《夏令营中的较量》。1995年6月，第三次全国少先队代表大会在北京召开，会议报道中有小标题《夏令营的话题并没有完》。该报道说：“1994年初，草原夏令营的磨难教育话题被国人广为议论着，它引申出今日已被普遍接受的素质教育，并被确立为国家规范化的教育思想之一。”①1999年，党中央即正式公布了《中共中央国务院关于深化教育改革，全面推进素质教育的决定》。

同为由期刊刊发文章而引发的全国性媒介事件，从20世纪80年代的“人生意义”讨论到20世纪90年代的“夏令营中的较量”的讨论，既具体显示了期刊一以贯之地作为思想舆论源敏锐捕捉社会问题、诱发引领社会舆论的功能，也表现了从原发期刊到报纸、从原发期刊到文摘期刊、从文摘期刊到电视传播的媒介社会发展水平的提升。

---

① 《人民日报》1995年6月10日。

第九章

《读者》：中国人的心灵读本

《读者》是中国新时期期刊的成功品牌，不仅成就了中国出版史上第一个以期刊命名的出版集团，而且其期刊的现实文化影响和期刊运作的创新意义都是丰富而深远的。

第一节 《读者文摘》更名为《读者》

《读者》的前身《读者文摘》，创刊于1981年4月。甘肃人民出版社总编辑曹克己于1980年12月倡议创办一个文摘杂志，先是胡亚权、郑元绪两人编辑，彭长城于1982年兰州大学毕业后参与该刊的编辑出版工作。

《新华文摘》1981年1月创刊，《青年文摘》1981年2月试刊，《甘肃日报》亦有创办文摘期刊之动议，[①] 这印证了当时的社会需求及相关人士共同的职业敏感。甘肃人民出版社拟办的文摘期刊，征集上来的刊名有“敦煌文摘”“大众文摘”“书报文摘”等四十多个。当时胡亚权和郑元绪

---

① 刘玉的《〈读者〉与曹克己》一文说：“其实最先想到创办这一文摘刊物的是甘肃日报社的一些同志。在此之前，甘肃日报社在全国最早创办了文摘版，每周六在第四版刊出，由于有关编辑的精心选编，一经刊出，立刻受到广大读者的欢迎，不少读者要求专门订阅《甘肃日报》的周六版。在此启发下，甘肃日报社准备编辑出版一个文摘杂志，并且抽调了几位老报人，其中包括资深老报人、高级编辑、以杂文和散文见长的吴月同志和学识渊博被人称为活资料的牛华生同志等，从人力和物力方面做准备。在筹措工作紧锣密鼓进行时，传来曾在甘肃日报社担任过副总编辑、时任甘肃人民出版社总编辑的曹克己也准备创办一个文摘类刊物。甘肃日报社的同志得知消息后，想到在一个省内办两个同类刊物没有必要，便主动作了让步。”见《甘肃日报》2005年1月14日。

看到美国的《读者文摘》中文版，对其平民化风格有深刻印象。出版社讨论刊名时，结果出奇的一致，都觉得《读者文摘》这个名字好，而且符合这本杂志的意图，即“编辑为读者摘文，读者为编辑荐文”这一主旨，拟办期刊因此作为参照蓝本。刊名由郑元绪登门请赵朴初题写。1981 年《读者文摘》创刊号问世，首期印数 5 万册，其中 1 万册寄赠给县以上文化馆、图书馆。创刊号封底告示其宗旨、性质和栏目：

本刊的宗旨是：博采中外，荟萃精华，启迪思想，开阔眼界；帮助大家多读书、读好书，想读者之所想、急读者之所急，是本刊的愿望。

本刊是综合性的文摘刊物，辟有《文苑》《人物》《社会之窗》《青年之页》《父母必读》《风情录》《科海览胜》《未知世界》《生活之友》《健美与长寿》《秘闻轶事》《书与作家》等栏目，选登各科之精彩文章。

1993 年 7 月，《读者文摘》更名为《读者》。

一、更名由来

美国《读者文摘》创刊于 1923 年，1965 年创办了《读者文摘》中文版，在中国香港地区发行十多万册，在中国内地发行上千册。1982 年年初，美国《读者文摘》远东公司经理致函中国出版工作者协会副主席许力以，让甘肃人民出版社停止使用《读者文摘》中文名。因当时中国没有参加国际版权公约，《读者文摘》编辑部礼貌地回绝了美方请求。①

1982 年 8 月，第五届全国人大常委会第 24 次会议审议通过了《中华人民共和国商标法》。美国读者文摘协会以最快的速度向中国申请中文版《读者文摘》的商标注册。1982 年 12 月 30 日，中国国家工商总局把美国中文版《读者文摘》，作为第 63 类使用商品（期刊、书籍）给予注册，同时发给第 168794 号商标注册证，有效期 10 年。

---

① 郑元绪 2014 年 2 月 8 日回忆，许力以时任国家出版局副局长，他转来美国《读者文摘》信函的同时，附上了以甘肃人民出版社名义复函的拟稿，如果甘肃人民出版社同意，就以该拟稿答复美方《读者文摘》。版权、商标在当时是个太陌生的新事物，许力以可能考虑到甘肃人民出版社为不知如何回答而作难，便让出版局工作人员先代拟了答复。

1986 年，美国《读者文摘》致函中国《读者文摘》，要求停止转载美方《读者文摘》上的文章，并赔偿侵权损失。同时致函中国国家商标局，以中方《读者文摘》商标不合法为由，要求停刊。1989 年 9 月，为了避开商标纠纷，又不引起更名带来的震动，甘肃人民出版社以《读者文摘月刊》注册，试图用增加“月刊”两字区别于美国《读者文摘》。中方《读者文摘月刊》在中国国家工商总局的注册编号为 361532，有效期 10 年。1990 年 8 月 24 日，美国读者文摘协会致函中国国家商标评审委员会，对《读者文摘月刊》商标提出争议。[①] 1991 年 4 月 1 日，《读者文摘月刊》社将书面答辩[②]提交国家商标评审委员会，认为美方陈述不能成立。

1992 年 10 月，中国正式加入《伯尔尼保护文学和艺术作品公约》和《世界版权公约》。甘肃人民出版社研究决定，主动放弃现有刊名，1994 年将启动新刊名《读者》。

1993 年 3 月《读者文摘》在发出征名启事后，美国读者文摘协会又委托一专利代理公司于 3 月 30 日致函《读者文摘》：新刊名应事先征得美国方面同意。《读者文摘》因已取得政府有关部门的高度信任和大力支持，于 4 月下旬回复该专利公司：我刊一俟确定新刊名，即向国家有关部门报批，无须征得海内外其他报刊和团体组织同意。

---

① 信函要点见师永刚的《读者传奇》，中国社会科学出版社 2004 年版，第 134 页。其要点为：“美国读者文摘协会，早在 1982 年就在中国申请并获得了《读者文摘》商标的注册，我们协会使用上述中英文商标已有多年，使用范围遍及世界多个国家，已在中国以及世界各地建立起了良好的信誉，其驰名度也是国际间颇高的。我们最近诧异地发现中国的甘肃省有一家杂志竟然也使用《读者文摘》。对方是甘肃人民出版社，他们向我们出示了其最近也在中国商标局获得注册的《读者文摘月刊》商标，公告号是 361532。我们认为，商标局不应当核准 361532 的商标注册，因该商标与我们早已注册在先的《读者文摘》商标是在相同商品上的相同商标，依中国商标法第十一条规定是应予以驳回的，虽然对方的商标中加有“月刊”两字，但“月刊”二字作为商品名称用在杂志上，虽作为特例允许，但应当属于非专用权的范围，“月刊”两字不具备显著性。因此，我们认为，商标局批准 361532 号《读者文摘月刊》商标是不正确的，是违反商标法规定的。由于我们事先没有订阅商标公告，未能及时知道这个情况，也未能及时对甘肃人民出版社的这个商标提出异议。我们现在根据商标法第二十条，对《读者文摘月刊》提出争议，请商标评审委员会依照商标法有关规定及巴黎公约保护驰名商标之条款，早日做出撤销 361532 号商标的决定，以确保我公司早已注册在先之《读者文摘》商标的专用权。并由中国专利代理（香港）有限公司代理，以其注册的第 168794 号《读者文摘》商标，对《读者文摘月刊》杂志社注册的第 361532 号《读者文摘月刊》商标提出争议。”

② 答辩要点见师永刚的《读者传奇》，中国社会科学出版社 2004 年版，第 135 页。

二、更名过程

期刊更名是其作为连续出版物常见的出版活动，《读者文摘》更名因中美期刊交锋而显示中国期刊走向开放的时代意义，又因为发生在中国实行市场经济初期，彰显了期刊市场运作的实践意义。因此，从《读者文摘》到《读者》不仅是商标与刊名的改换，更主要的是《读者》市场化意识的觉醒和由此伴生的化危机为转机的市场化运作。其运作过程及其发展结果均显示，《读者文摘》更名，变被动为主动，是中国期刊营销的成功案例，有力地推动了中国期刊以商标为核心的品牌意识的觉醒，进而对中国期刊业的整体发展产生深远影响。

《读者文摘》更名的系列活动正式启动于 1992 年 10 月。甘肃人民出版社召开了专题会议，决定主动放弃现有名称，1993 年准备一年，1994 年启用新名称。但国家商标局明确指出，更名绝不能拖到 1994 年，必须从 1993 年下半年开始。这就要求新刊名必须在杂志的当年 7 月号上刊发，编辑部便提前进行了更名工作。1993 年第 3、4 期封二连续刊登了《有奖征名启事》,[①] 向社会公布“1994 年读者文摘月刊更换刊名”；第 5 期封二《编辑部答读者问》宣布“1993 年下半年启用新刊名”。经广泛征求有关部门和各界人士的意见，为了新旧刊名顺利衔接，以利于读者的认同和接受，决定第 6 期公布新刊名，第 7 期开始启用。

据郑元绪回忆，最早表达更名为《读者》的意向是 1990 年 4 月。他认为，《读者》简明、大气，像个世界大刊的名字，国际上的著名大刊都是简

---

① 《有奖征名启事》全文如下：《读者文摘月刊》于 1981 年创刊。12 年来，在广大读者的关怀、支持下持续发展，拥有 300 多万订户，读者遍及城乡。精湛的内容、独特的风格和高贵的气质使她得到了各界读者特别是知识阶层的首肯，12 年长盛不衰。“读者文摘”这个最熟悉、最亲切的名字，已深入千百万人的心中。

众所周知，美国有一份《读者文摘》（Reader's Digest）杂志。虽然本刊刊名已在国家商标局做了注册（注册号 361532），但两刊刊名容易混淆，毕竟带来许多不便。尤其随着改革开放的深入，本刊将逐渐步入国际市场，并开展各项交流、合作，刊名问题便日益突出，成为刊物走向世界的一个障碍。经郑重研究，本刊决定自 1994 年起更换刊名。为此，特举办“有奖征名”活动。刊名要体现刊物的性质和特点，简洁、厚重、通俗。每位读者可推荐 1 至 3 个刊名，寄本刊“征名办公室”收。录用的新刊名发给奖金 500 元。若被录用的刊名为众人推荐，则公开抽奖。未抽中奖者发给纪念品。征名活动 5 月 1 日截止。

单而内涵丰富；新刊名取用了原刊名中的两个字，维持了与原刊的承继性。在向读者征集新刊名的同时，他们还通过媒体向社会告知更名实情。该刊同时致函全国上百家报刊社，请求他们刊登《读者文摘》更名启事。郑元绪还为中央电视台《观察与思考》自写选题策划《从〈读者文摘〉改名谈起……》，1993 年 5 月 9 日，中央电视台在《观察与思考》专题节目中，就《读者文摘》更名的背景、社会各界的反响，以及更名的法律思考进行了全方位的报道，《读者文摘》更名由一个商标纠纷问题成为一个社会热门话题。《中国青年报》《人民日报》等几十家报纸先后报道，新华社也两次向全球播发《读者文摘》即将更名的消息。读者杂志社 1998 年调查结果表明："1981—1989 年开始看《读者》的占 28.63%，1990—1994 年开始看《读者》的占 37.7%，1995 年以后开始看的占 34%。"① 《读者》更名前后时段的占比最高，这些数据从侧面印证了《读者》化危机为转机，扩大了知名度。《读者》通过媒体如实向社会告知更名实情的行动，既反映其开放的心态，也是引发发行量高速增长并跃居全国第一的关键要素。

图 9－1　《读者》

《读者》更名事件，彭长城认为是中国出版走向现代法治的一个缩影："在处理同美国读者文摘协会的商标纠纷中，走过了一段从迷茫到清醒、从彷徨到执著、从被动到主动的路程，我国出版界可以以我刊为鉴，从中悟出点什么。"② 循此，不难回溯到《读者》更名对中国期刊业宏观和微观两个层面的影响。微观是对读者杂志社自身运作及其发展思路的影响；宏观的影响则主要表现在全国的商标、著作权等领域较为广泛的社会影响，因为中央电视台《观察与思考》节目对《读者》更名事件的

① 《刊社开展读者调查·读者杂志社》，《中国期刊协会通讯》1998 年第 4 期。

② 彭长城：《〈读者文摘〉更名的一些问题及思考》，《出版研究》1993 年第 4 期；又见彭长城《让〈读者〉御风而行》，甘肃教育出版社 2011 年版，第 187 页。

报道,《读者》迅即成为社会热点。对其内涵的开掘与事件的反思主要在商标和期刊出版两个领域展开。商标视角的评议1993年、1994年持续热烈,诸多报刊发表了相关文章。① 借此生动案例,媒体大力推广商标法和民族品牌的知识,影响深远。彭长城说:"从宏观上看,我刊所反映的问题,是中国出版走向现代法治的一个缩影,整个出版界商标法律意识淡薄。出版界习惯于按照国家出版管理政策运行,期刊有上级部门核发的刊号即可出版,很难想象还有个商标法与己休戚相关,更难有期刊亦是特殊商品的意识。"②

第二节 以读者为中心的办刊理念

改名后的《读者》维持《读者文摘》的品质,"刊物的样式风格不变、质量不变、刊号不变、定价不变",这是《读者》更名过程中颇具匠心的文本处理。统计1993年上半年6期《读者文摘》和下半年6期《读者》,可以发现以下细微差异:

1. 载文数量出现起伏

图9-2显示,1993年间《读者文摘》和《读者》各期刊载文章数有一个起伏。第6期44篇,为全年谷底;更名后的第一期即第7期上升为55篇,第8期攀升到62篇,为全年高峰。与《致读者辞》中所说相吻合。

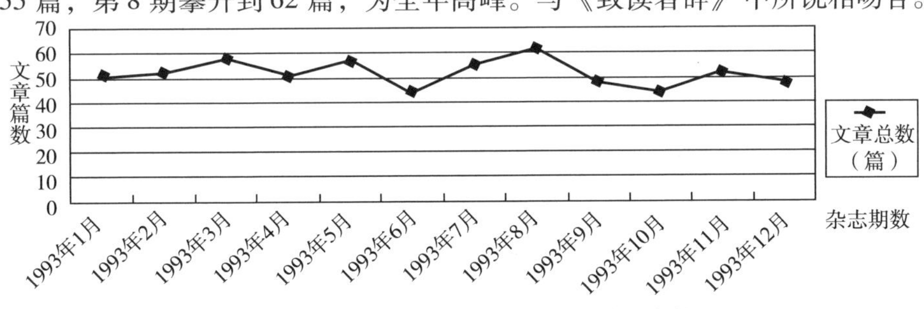

图9-2 《读者》1993年各期文章篇数走势图

① 从商标角度谈的文章,以刘克谦发表于《时代潮》1994年第9期的《中国商标寻找回来的世界》为代表。该文说:"1993年,深受读者欢迎的甘肃《读者文摘》月刊,因美国《读者文摘》在中国抢先办理了中文注册,结果,红红火火几年之后,于7月1日起,甘肃方面只得按国际惯例办事,忍痛将《读者文摘》改为《读者》。"

② 彭长城:《〈读者文摘〉更名的一些问题及思考》,《出版研究》1993年第4期;又见彭长城《让〈读者〉御风而行》,甘肃教育出版社2011年版,第185页。

2. 选文策略微调

图 9－3 显示,《读者》1993 年上半年和下半年所摘录文章的文献源种类及其变化。书、报、刊、不详的文献源构成比例,上半年分别为 7%、39%、29%、25%,下半年分别为 7%、41%、33%、19%。可见,书籍作为文献源所占的比例基本未变,报纸和期刊的比例提升明显,而“不详”的文献源下降明显。尽可能多地标注文摘出处,不仅是对原创作者和原载媒体的尊重,更是对更名事件所透露的知识产权思想的落实。

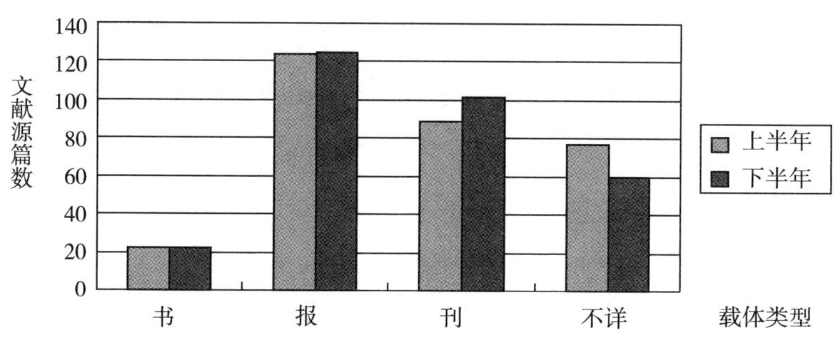

图 9－3 《读者》1993 年文献源载体类型(篇数)对比分析

3. 摘录文章最多的文献源的变化

图 9－4 和图 9－5 分别反映了 1993 年上半年和下半年被摘录文章最多的 13 个大文献源,以及文章数在《读者》当年文章总数中所占百分比。两图显示,《羊城晚报》《中国青年报》《环球》《新民晚报》《青年参考》《文汇报》《北京青年报》这七家报刊上半年、下半年均排在前 13 名,是被《读者》全年摘转文章最多的媒体;《文汇读书周报》《新闻出版报》《中华工商时报》《散文》等媒体,并未出现在上半年的 13 大媒体中,却跻身于改刊后的 13 大媒体当中,这是《读者》更名后的一大显著变化。《羊城晚报》在上半年和下半年均位于被摘录文章最多的媒体首位,足见《读者》对它的重视。《环球》作为一份介绍国内外资讯的大刊,也一直处于前三位之中。《文汇读书周报》在更名前位于 13 大媒体之外,更名后一跃而升至第二位,足显《读者》内容选择的策略变更。《读者》改刊后,进一步加大了对全国性、综合性报刊的关注,地方性、专业性报刊的选择频率相应减少。

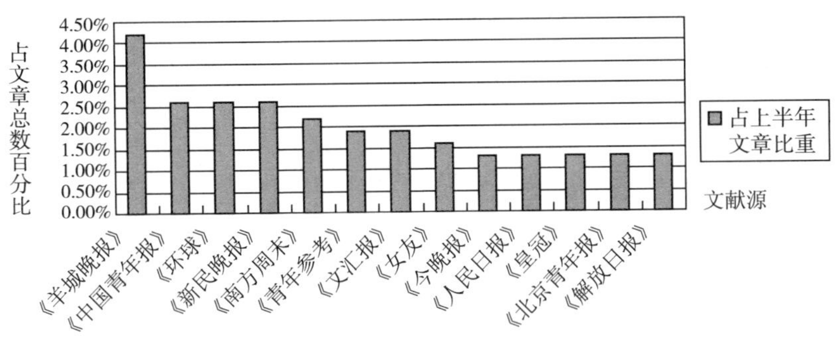

图 9-4 《读者》1993 年上半年 13 大文献源统计图

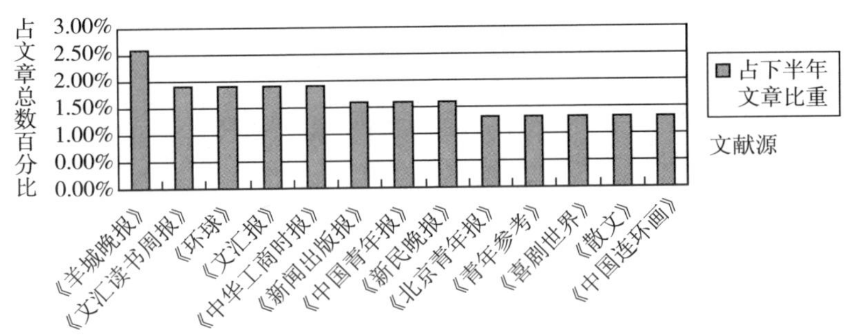

图 9-5 《读者》1993 年下半年 13 大文献源统计图

4. 《读者》文章内容选择有一定的集中度

从全年来看，前 13 位的大媒体被摘录文章数都占半年被转文章总数不到三分之一，上半年占 26.1%，下半年占 21.5%。可见下半年在维持既有集中度和专一性的同时，更多地关注了广泛性。编辑部在回答读者关于刊物更名后的变化时，表示“办刊方针不变、宗旨不变、风格不变。如果说变化，那就是进一步提高质量，将刊物提高到一个新水平”。[①] 前述的四个图表实证了从《读者文摘》到《读者》的变与不变。

编辑部还表示:“《读者文摘》的事业，在出刊 143 期之后，将由《读者》来继续。”“新旧两个名字代表着同一份杂志，《读者》仍将遵循从读者中来，到读者中去，依靠读者办杂志的宗旨，保持高雅、深邃、亲切、幽默的特色，并在此基础上拓展题材，增加容量，更好地把握时代的脉

① 《编辑部答读者问》,《读者》1993 年第 5 期。

搏。”① 对《读者》1993年更名前后的截面分析可触摸《读者》“不变”中有“微调”的操作技巧。

以“读者”为中心，是更名后的《读者》“走向成熟的一个标志”。

编辑部认为，《读者》不仅仅是替代或继承了《读者文摘》，还蕴含更深的内涵。更名是《读者》发展历程中的分界碑，既为后续的产业化规模化发展扫清了商标障碍，又通过更名事件的积极应对和自觉参与，强化了《读者》的品牌效应。1985—1990年间《读者文摘》月平均发行量都在150万册左右徘徊，1991年突破200万册，次年又突破300万册，1994年成为全国第一大刊，1995年再突破400万册大关。在成熟期间发行量的一路飙升过程中，更名是《读者》成为全国第一大刊的节点。1993年和1994年全国期刊发行量前10名的品种对比，也实证了它作为“全国第一大刊”的业绩（见表9－1）。

表9－1 1993—1994年全国期刊发行量前10名统计

单位：万册

名次	1993年		1994年	
	刊名	发行量	刊名	发行量
1	半月谈	380	读者	347.4579
2	农民文摘	349.4895	广东第二课堂	340
3	读者	345.4059	故事会	324.8027
4	读者文摘	334.1336	半月谈	281.4
5	广东第二课堂	320	家庭	245.8371
6	故事会	292.6613	农民文摘	228.8429
7	家庭	244.8203	共产党员	183
8	共产党员	183	半月谈（内部版）	153
9	半月谈（内部版）	182	小学生优秀作文	150
10	家庭医生	163.3	家庭医生	148.8

资料来源：1994—1995年《全国新闻出版统计资料汇编》。

① 《卷首语》，《读者》1993年第7期。

业界观察者指出："1994 年也就是改刊后的第一年，《读者》月平均发行量上升到 350 万册，1995 年达到 407 万册，并且于 1994 年和 1995 年连续两年作为一本文摘类杂志排名中国十大期刊首位，成了名副其实的中国第一大刊。"① 《读者》20 世纪 90 年代发行量平稳上升，更名不仅没有对发行量产生负面影响，反而成为一种事件营销，刺激了发行量的增长。

发行量飙升的背后，是《读者》更名事件让刊社在阵痛中觉悟，从而形成更符合市场经济、全球化历史潮流的新思路。胡亚权认为，更名事件本身是简单的，但启示是深刻的。它告诉我们，在社会主义市场经济环境下，一个企业要生存下去，必须适应外部挤压和内部竞争的环境，唯一的办法是树立并强化自己的形象，保护和壮大自己的品牌。《读者》在 1994 年策划了征集刊徽的活动，三个多月时间，收到应征设计稿件近三万件。读者的热情超出了原先的预料。更重要的是，在读者心目中根植了一种品牌意识，随着"蜜蜂"刊徽被确认，《读者》的企业形象被强化并达到了预期效果，《读者》的品牌深入人心。这应该说是溢出《读者》文本之外的社会效果，其他期刊难以企及。1995 年第 7 期起开始使用这一刊徽。为使绿色小蜜蜂标志不再被人侵权，读者杂志社申请在国家商标局注册，同时也注册了 READERS 与汉语拼音 DUZHE，加上赵朴初书写"读者"两字已于 1993 年注册成功，《读者》的相关商标全部注册成功。《读者》杂志实施了对刊社形象全方位的商标注册和保护。这也是在中国期刊史上领先的。

《读者》更名，表面看来是同名期刊的刊名之争，实质上是中美期刊业的较量。围绕这一主要矛盾才展开了其他矛盾的方方面面。《读者》编辑群体意识到这一矛盾冲突的深远意义，以中国期刊人的爱国情感唤起了广大读者的民族情感。他们展开了缜密的宣传策划，比如刊名的压缩、借助中央电视台《观察与思考》栏目，向社会告知更名的真相和社会意义。应该说，中国期刊参与国际竞争的重要标志就是《读者》更名事件，以及更名后与《读者文摘》展开的对垒。1998 年 11 月，美国读者文摘协会新任总裁唐纳德先生携集团的全部高级人员访华，受到中国政府副总理李岚

---

① 柳堤：《打造中国期刊的第一品牌》，《中关村》2006 年第 5 期。

清的接见。接待这次访问的是北京诚成文化企业集团，郑元绪时任该集团传媒中心首席顾问，安排了唐纳德先生一行与中国几家著名杂志主编的座谈。

2002年4月，中央电视台《让世界了解你》栏目以越洋采访形式，促成了《读者》主编彭长城与美国读者文摘公司总裁汤姆·瑞德的对话，这次对话被赋予的符号价值远远大于谈话内容本身。它象征了中国期刊开始走向世界并将挺立于世界期刊之林。2002年11月，为纪念尼克松访华30周年，由美国《读者文摘》基金会独家赞助的《走向和平与合作之旅》在中国历史博物馆举行。彭长城与汤姆·瑞德在北京会面。《甘肃日报》2002年11月28日所做的报道是，“十六年前为版权、刊名对簿公堂十六年后谋求合作握手言和——《读者》与《读者文摘》北京重聚首”。这两次对话是中国民族期刊走向世界的标志之一。这时的《读者》，已经实现以守为攻，开始进入国际市场了。

第三节　人格化的编辑思维

一、人格化的办刊理念

《读者》在文摘期刊类型中显示了与众不同的创造性。张伯海在《读者》创刊200期时指出：“优秀的文摘期刊绝不仅是信息的二次传递，而是以调度这些信息进入新的思想层面、新的情感境界、新的智能活动的创造性的精神产品。《读者》的成功还在于它找到了与众不同的文化形态。它玲珑剔透、清新俊逸，使读者一眼就认出它是别的期刊难以替代的‘这一个’。”[①] 期刊以类群为明显的文化生态特征，期刊编辑出版的行动空间就在“这一类”与“这一个”、类型性与创造性所标示的坐标系中。从文摘期刊“这一类”到《读者文摘》“这一个”的转换、生成的奥秘，就在人格化办刊的行为方式和文本表现形式。

① 《〈读者〉200期纪念专刊》，甘肃人民出版社1998年版。

《读者》人格化是《读者》群体认识较为独到且一以贯之的期刊理念。胡亚权说："编辑部从来没有把《读者》当作48页印刷纸去看待，而是把她当作一个活生生的'人'去培育，我们把《读者》人格化。"这并非他的个人认识，而是《读者》编办群体的共识。郑元绪以"刊人合一"[①]把这种人格化理念陈述得更为具体："《读者》就是一个人。他正直、仁厚，对人类对万物生灵常怀悲悯之心；他总是那样睿智，在平和中透着深刻，在庄严时也有着亲切的面孔；他时常与你促膝，把一些人和故事娓娓道来，传达着对世事的洞察，对善恶的欣喜或厌恶；他临近而立之年，成熟稳重而又充满活力；他对世界总是好奇，保持一颗孩童之心……这就是我们的杂志，也就是我们在座的这一群人。"[②]因此，在《读者》创刊200期时，郑元绪依然对风格已趋成熟的大刊保持一份警醒和警惕："我们的刊物，应该是一个永远长不大的孩子。不要有一副成熟的面孔，不要有一套娴熟的路数；要有孩子气，要有轻快而纷乱的脚步。"[③]

2004年年初，《读者》提出了"《读者》，中国人的心灵读本"。这是《读者》人格化理念的换一种说法。当年4月，彭长城在他的母校兰州大学作了题为"《读者》的人文关怀"的演讲。他说："23年的《读者》给我们的最大的感受是什么？那就是始终坚持'真、善、美'的阳光主题，以人性、人道、善良、美好为标尺，散发着独特的人文思考的芬芳，体现着看似超然、实则亲近的人文关怀。从某种意义上说，人文关怀恰恰是《读者》安身立命的基础。"

《读者》人格化是《读者》期刊理论和实践的核心，以此为思想核心，《读者》办刊群体展开了各方面的思考和行动，也只有以此为核心，才能解释《读者》行为与成功的方方面面。如21世纪初，《读者》提出了"与读者一起成长"的目标，彭长城在第三届国家期刊奖颁奖大会上的发言就以它为题。"与读者一起成长"并非《读者》首创，胡风1937年在武汉创办《七月》时第一次提出来："我们愿意献出微力，在工作中和读者一同

---

① 郑元绪说："编杂志要刊人合一，不能戴着面具。"见《读稿笔记》，甘肃教育出版社2011年版，第34页。

② 郑元绪：《读稿笔记》，甘肃教育出版社2011年版，第37页。

③ 郑元绪：《编辑心声》，《〈读者〉200期纪念专刊》，甘肃人民出版社1998年版。

得到成长!”1939年，《七月》在重庆复刊时，胡风干脆把复刊辞题为“愿再和读者一同成长”。“和读者一同成长”作为一个重要的期刊理论命题，其基本内涵是，全面动态地认识期刊出版物与读者、期刊编辑与读者的关系，在期刊连续出版的生命过程中追求期刊编辑、期刊出版物、读者的同步发展。《读者》在实践中重提“与读者一起成长”，一方面证明胡风半个多世纪前期刊思想的时空穿透力，另一方面也表明，《读者》以其诚心全意且接连不断的实践，洞察了期刊活动的本质。读者的成长是一种社会现象，伴随读者成长才是一种媒介现象。胡亚权曾说：“我对《读者》的认识有三个阶段或者三次飞跃：20世纪80年代是‘文章’阶段，我们有幸编选了在中国人看来是‘道德文章’，在西方人看来叫‘人本主义’的那些精华作品，第一次将读者引入久违了的那种‘人文关怀’的氛围，引发了广大中国读者的思索和心灵震撼。90年代是‘文化’阶段，《读者》自觉不自觉地传播了一种先进的文化形态，谁不知道，《读者》25年，年年月月唱着‘同一首歌’，这首歌的名字叫《让世界充满爱》。这种独有的文化现象，让这本杂志成为名副其实的‘中国读本’。21世纪初，我思考了《读者》与‘文明’的关联。如果把这些年《读者》刊载的几千万字文章排列起来，在那些沉甸甸的文化积淀之上，一定会闪烁出两个大字，那便是‘文明’。因为文明是人类社会的完美结晶和最高追求，也是《读者》与广大读者的完美结晶和最高追求。不是吗？从文章到文化，再从文化到文明，正是每一个公民的自我完善和自我升华过程。”①

二、编辑读者同一的行为特征

《读者》的编辑实践有其他期刊实践的共同性，甚至可能有同为文摘期刊编辑行为的类型性，但更可能存在只有《读者》才有的个别性和特殊性。正是这种个性化行为方式导致了《读者》期刊的个性化。

《读者》的资深编辑刘英坤在回顾《读者》200期时说：“做《读者》杂志的编辑，我最大的收获，就是使我更有机会成为一名好读者。在读一

---

① 胡亚权：《我与〈读者〉》，见张旭东主编《我与甘肃出版》，甘肃人民出版社2011年版，第140页。

本书、一篇文章，甚至一个段落的时候，用心去读懂它。我觉得这不仅是对作者、对文章的尊重，而且对自己的人生经历也是一次洗礼，对人性真、善、美的渴求就是在阅读中得到某种回应和认同，心灵深处的某些躁动和不安得到了慰藉和平静。"① 《读者》的编辑首先是《读者》的读者。编辑与读者合一，就是《读者》人格化办刊的行为方式。《读者文摘》选作刊名就有"编辑为读者摘文，读者为编辑荐文"的意念，1993 年改名为《读者》，取"来自读者，回归读者"之意。这种与读者合一的编辑行为方式的特征至少有三个：

1. 读者理解简便化。"每当有年轻的编辑问我怎样才能真正地了解读者时，我便给出了偷懒的答案：你就是读者。读者喜欢什么，问你自己好了。"②

2. 读者想象个体化。任何期刊的读者都是群体，不过群体有大有小。但群体以个体的存在为前提，读者群的需求尽管不是每个读者个体需求累计相加的结果，但读者个体的需求是其先决条件。胡亚权曾把《读者》比作"公民读本"，郑元绪更倾向于把《读者》比作"私民读本"。其实，胡、郑之间并无实质性差异，但在郑元绪看来，"'公民'只是他的社会身份，'私民'才是他的本质，他是世界的唯一。"因而，郑元绪主张"一本杂志只编给一个人看"。

3. 以感动编辑自我推测稿件的传播效果。彭长城常常对编辑说："能打动你的稿件才能打动读者，你的付出读者能感受到。"③ 正是基于对读者阅读的独到感知和观察，《读者》有其处理稿件的独特方式。郑元绪说他在二十多年的编辑生涯中，对待稿件一直遵循一条原则，就是少用形容词，用准动词；少用惊叹号，用好句号。而《读者》选稿和加工稿件的精细程度，揭示其深受欢迎的原因。

刊人合一、编辑与读者同一，是《读者》人格化的核心内涵，也是《读者》编办群体创造性继承和发展的结晶。开放进取的思想、真善美的

---

① 刘英坤：《编辑心声》，《读者》200 期纪念专刊。

② 郑元绪：《读稿笔记》，甘肃教育出版社 2011 年版，第 55 页。

③ 袁勤怀：《我眼中的〈读者〉的三位领导》，见张旭东主编《我与甘肃出版》，甘肃人民出版社 2011 年版，第 116 页。

内容、简朴易读而又耐读的形式，既铸就了它的成功与辉煌，它伴随了一代读者的成长；也催生了一代读者思想的成熟："不断更新、超前的思想观念是它永葆青春的秘诀，是它永不枯萎的生命力所在。它诞生于20世纪80年代初，生逢其时；它保持清醒的头脑，不断吸取现代文明的养分，在思想、文化、生活各个方面与时代的改革开放同步（甚至超前），同数百万、数千万的青年人一道思索、一道蜕变、一道成长起来。这些人眼下都成了社会的中坚，他们或已无暇浏览今天的《读者》杂志，但忘不了同我们一起长大的日子，更忘不了一本杂志的'养育'之恩。"①

《读者》纵贯1978年以来的中国期刊发展历史，是中国期刊业改革开放的缩影。作为一个期刊现象，它具有相当的典型性，浓缩了20世纪80年代的思想启蒙、90年代的市场化转轨、21世纪初期的国际化合作等鲜明的中国期刊发展特征，这是期刊与社会互动的结果，又表现了它推动社会进步的媒介功能，因而具有认识价值。

《读者》随社会变迁"御风而行"。"御风而行"是《读者》编办群体求解《读者》与社会关系问题的答案，也是期刊运作的实践结晶。《读者》遵循继承、创新、变革的原则，在发展中不断创新，实现了由介绍人类优秀文化向弘扬先进文化的渐变，实现了由编辑型向编辑经营型的渐变，实现了由面向全国到放眼世界市场的渐变，深刻地推动了中国期刊品牌意识的觉醒，推进了中国期刊市场化进程，谱写了改革开放期刊发展史的精彩一页。

---

① 郑元绪：《读稿笔记》，甘肃人民出版社2011年版，第33页。

第十章

《时尚》杂志的成功与版权合作

《时尚》创刊于1993年8月。石峰在《我国期刊业30年的改革发展与展望》一文中指出："《时尚》创刊15年，已经成为时尚传媒集团，业务涵盖期刊编辑、图书策划、网络传媒、广告、印刷、发行等，目前已经营16本杂志，并在上海、广州设立了分公司，年销售收入已达八亿多元，2008年可能达到十亿元，位于京城商业圈的时尚大厦是其实力的标志。"① 《时尚》杂志创刊于中国市场经济转轨初年，腾飞于中国加入世界贸易组织（WTO）前后，既引领、催生了中国时尚类期刊的发展，以此为基础发展而成的时尚传媒集团代表了中国期刊产业化和国际化的水平，其二十余年的发展历程，既广泛、深入地影响了中国社会的时尚生活和时尚产业，也浓缩了中国期刊市场化、国际化的发展轨迹。

第一节　《时尚》的高品质定位

《时尚》二十余年的发展历程各有其不同侧重的描述。时尚集团董事长刘江将《时尚》二十余年的发展分为四个时期：1993年8月至1997年8月的创业时期，1997年9月至2000年5月的与国际版权接轨时期，2000年6月至2009年8月的规模化发展时期，2009年8月至今的集团化管理时期。这四个时期的每个节点都代表着《时尚》的一次跨越式发展，代表着

① 石峰：《且行且思》，人民出版社2013年版，第258页。

中国时尚期刊产业从孕育到成熟的转变过程，也见证了中国时尚产业的曲折发展历程。

1993 年 8 月 8 日《时尚》正式创刊，主管单位是中国旅游局（2000 年后主管单位变更为中国旅游协会），主办单位是中国旅游报社。作为中国本土自办的第一本豪华旅游消费杂志，《时尚》开高档期刊之先河，带来了全新的消费观念。创始人之一的吴泓在《时尚》创刊号《主编寄语》中表达了《时尚》的使命：

> 《时尚》让大家久等了。
>
> 在忙忙碌碌的生活中，我们越来越真切地发现：随着社会的进步，经济的发展，观念的更新，人们越来越注重生活的质量、时尚的感觉。
>
> 于是，我们想到创办这本《时尚》。
>
> 时尚不是随波逐流的时髦，不是浅层次意义上的标新立异，时尚是一种文化、一种品位，是富有深刻精神内涵的社会现象。
>
> 时尚不是盲目的消费，当然更不是荒唐的挥霍；时尚是价值的实现，是修养的外化，是消费领域足以折射人的素质的全方位的观照。
>
> 作为旅游消费杂志，《时尚》将反映海内外最新潮流，引导人们在吃、住、行、游、购、娱这现代旅游“六要素”中的种种文明消费，成为实用指南。
>
> 《时尚》杂志是生机勃勃的最新流行通讯，她将为目前快速扩展的白领阶层打开一个全新的窗口。新的职业、新的挑战、新的体验，愿每一个时代青年跟随现代生活的步伐，享受美好的人生。
>
> 时尚，是时代风尚。《时尚》杂志将努力反映生活方式的变化给人们的观念带来的冲击，着重于现代消费文化的传播。《时尚》的读者将是成熟的文明消费者。
>
> 在波伏浪起的消费浪潮中成为一叶导航的风帆，是《时尚》的希冀。
>
> 今天，《时尚》启程了！

当时，很少有人意识到，消费能力的需求和满足，必然向更高的层次寻求突破。《时尚》白领阶层的读者定位，成为引导人们在吃、住、行、游、购、娱的实用指南的内容定位，以及“传播现代消费文化”的功能定位，是创刊人审时度势后的理性思考，是期刊出版人“领先别人一小步”抓住市场空白点的大胆实践。

一、《时尚》创刊背景

《中国旅游报·月末版》是孕育《时尚》的母体。1990 年前后，中国综合性大报一改清一色一张四版的面孔，兴起扩版热，“扩大版”“周末版”“月末版”层出不穷。有感于月末版、周末版方兴未艾，在中国旅游报社做了 10 年记者的吴泓创意要为《中国旅游报》办一份彩色“月末版”。这得到了报社领导的支持，并给予较为宽松的政策。刘江、张波欣然加盟，刘江还请来在《旅游》杂志做版式设计的艾民做后勤总管，四人一起初尝自负盈亏的滋味。经过 1990 年两期试刊，《中国旅游报·月末版》于 1991 年正式发行。《中国旅游报·月末版》编排精美、设计讲究，且第一版、第四版为全彩色印刷，栏目包括《月末特稿》《月末散笔》《人在旅途》《社会长镜头》《旅游商品信息》《国外幽默》《导游手记》等，既立足国内、更放眼海外。独立操刀《中国旅游报·月末版》，使四人对国内外报刊市场有了进一步了解，也看到了旅游消费报刊市场的发展空间。在《中国旅游报·月末版》发行两周年之际，他们策划选题、组织稿件、拉赞助广告、搞活动，出版发行《月末版精华本》，销售了几万册，这勾起了他们要自己创办一本杂志的念头，开始寻找新的空间。

图 10－1 《时尚》

1992 年，邓小平南方谈话后，新一轮改革开放潮兴起。吴泓等所在单位——中国旅游报社也积极改革，北京第二外国语学院院长李先辉调任社长，提出全社聘任制改革。吴泓等有心把旅游报彻底改头换面，并提出

《中国旅游报》应以行业分类开办专刊、合并月末版和新闻部等建议，惜未被采纳。“竞岗聘任”事件后，吴泓认识到在报社既有体制下难以施展抱负，遂提出调离报社，去独立创办一本名为《时尚》的豪华杂志。[①] 吴泓当时的想法是，中国的社会、经济在飞速发展，人们的生活方式、思维方式也在日新月异，众多海外名牌商品更在向中国市场纷纷涌来，从哪个角度看，真正的高档文化期刊都应该具有远大的发展前景。现在唯一缺的就是，还没有人把中国高档期刊的潜在市场，培育成现实的市场。吴泓“不安分”的想法得到了同样“不安分”的刘江、张波、艾民的赞同。四人在无数次切磋后确定《时尚》的面貌框架：定位是货真价实的高档豪华，以新兴的都市白领阶层为读者对象，面貌相同于海外的那些杂志；功能上是一本真正的商品杂志，以登载商业广告为其特色和生存之本。这与《时尚》创刊及后期的诸多创举一脉相承。从这个意义上说，《时尚》的创刊及风靡不是偶然，而是历史时点下的必然。

二、独树一帜的创刊号

1992 年 9 月 26 日，《时尚》创刊申请报告呈达领导，第二天李先辉社长明确批示：“创办新型期刊，正是作为行业性报纸的《中国旅游报》深化改革，走向市场的突破口；不办则已，要办就必须办成办好！”并表示愿意提供 20 万元的办刊费。[②] 1992 年 10 月 22 日，国家旅游局将申请递交国家新闻出版署审批。6 个月的漫长等待后，1993 年 4 月，国家新闻出版署同意《时尚》创刊。

刊号解决后，中国旅游报社决定让《时尚》实行企业化管理，并制定“自负盈亏，自主经营，自我积累，自我发展”的十六字经营方针。1993 年 12 月 30 日，李先辉作为中国旅游报社的“法人代表”与作为“企业经营者”的吴泓正式签订了“《时尚》杂志承包合同”。事业单位、企业化管理，使《时尚》可以自主地确定杂志发展战略，放心地加大投入，吸引

---

① 吴泓在《时尚诞生记》中写道：“我找到出版署的朋友，得知那时一个部委一年可批一个刊号，跟刘、张、艾三位一讲，他们也挺有兴趣，我便一下子有了决心：申办杂志！”

② 李先辉在《忆忘年交——吴泓》一文中回忆道，当时为了扩大报社在社会上的影响，提高经济效益，改善职工的福利待遇，我也正想办一本面向市场的杂志。所以我俩一拍即合。

国内外优秀人才，尝试更多样的创新技术与理念。吴泓事后多次感慨，这一政策使《时尚》在体制和机制上是超前的，唯其如此，《时尚》才基本形成了现代企业制度的框架。

《时尚》的刊名经由三次更改才确立。一开始起名为《旅游商品》，觉得旅游商品、纪念品的市场挺大，写报告时一商量，范围太窄，改为《旅游消费》。在上报新闻出版署之前又改变主意，他们向在国外生活过、对国外期刊有所见闻的朋友请教后认为，生活消费杂志的内容是包罗万象的，怎么能仅仅以“旅游”两字局限？于是又冥思苦想，力图跳出旅游行业杂志的局限，最终定格在《时尚》这个既具有内涵又富于感染力的名字上。当时旅游报社将《时尚》报告提交旅游局时，旅游局领导表示原则上同意，但提出《时尚》最好改名为《休闲》，认为这与旅游关系更加密切。吴泓坚决不同意，认为休闲旅游只是时尚的一部分，如改为《休闲》，杂志内容、广告范围、读者层面，都将受到局限。三改刊名，是创始人对所创刊物市场、读者、功能定位逐渐清晰的过程，正是这种认识为《时尚》日后内涵发展、精耕细作奠定了基础。

“时尚”中文刊名字体圆润、外加线条勾勒，设计方案是吴泓受《当代》刊名的启发，与招商旅行社做美工的王雷，用尺和圆规手工操作而成。此商标一用就是 10 年。英文名 Trends 则由美籍华人谢利霖提出，代表一种潮流、趋势。

三、白领阶层的读者定位

20 世纪 90 年代的中国，由于商品经济的发展，白领阶层也悄然得到了发展，虽不具有发达国家的规模，白领趣味或“中产崇拜”却已经先期而行。《时尚》杂志恰逢其时地成为这个阶层期待并造就的文化陈情者和代言人。“为白领阶层打开一个全新的窗口”，写在创刊号《主编寄语》中，也落实在创刊号的栏目设置上。

《时尚》创刊号代表性栏目及文章如下：《特写专稿》栏目有《多一份爱心，你给谁——漂亮伴侣专辑》《敞开胸襟，性格就是命运——一位成功女性的内心独白》《现场采录：白领丽人的生活观》《时尚热点：明天你是否依然爱我？——婚前财产公证》等；《时装》栏目有《男士风采：

杰尼亚——世界男装的“珠峰”》《时装界的“大情人”——瓦伦蒂诺》《巴黎夏秋时装：时装之都的感性》等文；《美容》栏目有《靳羽西：中国女性如何化妆》《肥胖与黑斑》《焕肤驻颜术》《芳香疗法——一种国际流行的美容法》等文；此外，还有《健美》《时尚购物》《美食》《出境旅游使用指南》等栏目。设置诸如此类的表意符号，该刊在文化消费上为白领阶层的身份和地位认同找到了适合的载体。“《时尚》就通过成功人士和国际品牌营造了一种令人向往的生活方式和精神境界，为中国新新阶层营造着‘富贵家园梦’。”①

《时尚》作为中国大陆创办的第一家综合性精品杂志所拥有的读者并非仅限于为白领阶层。学者戴锦华认为，类似杂志在其问世之初，其定价之高昂，超过了大部分书摊光顾者的消费能力，但它不仅存活下来，而且成功流行。这固然说明中国社会首先表现在消费上的分化或曰分层已开始发生，它同时透露了一个有趣的信息：那些并不属于类似杂志的预期读者亦间或成为类似刊物的购买者，因为其包装形态，已然负载着“未来生活”的构想，而“先后致富”则是指称这种未来想象的信念式表达。② 从这个意义上说，《时尚》的“富贵家园梦”并不限于白领阶层，而是涵括消费社会的几乎所有阶层。

如果说，栏目及文章编排是白领阶层“富贵家园梦”的内容体现，那么《时尚》的精美印刷及版式设计，则为“造梦”提供了适宜的氛围。《时尚》创刊号大16开，共有100页，其中4页封面为进口157克无光铜版纸，32页彩页为105克进口铜版纸，64页黑白页为80克进口铜版纸，全部用进口油墨印刷。有学者这样描述，“国际流行的16开本加进口铜版纸加精美的封面设计，使这刊中新一族在书摊上显出鹤立鸡群的贵族气派”。③ 在图文编排上，创刊号内文（包括广告页）有19页彩色整版人物写真、8页黑白整版人物写真，人物写真皆为国内外年轻模特，自信、着装高雅、打扮时髦，处处显露着高品位的追求。留白、出血等设计手法的

① 李频：《解读〈时尚〉连环梦》，《中国编辑》2003年第5期。

② 戴锦华：《书写文化英雄——世纪之交的文化研究》，江苏人民出版社2000年版，第265页。

③ 孟繁华：《中产阶级的文化符号：〈时尚〉杂志解读》，《河北学刊》2004年第4期。

使用，使版面极具视觉冲击力和感染力。正文文字分三栏排版，标题醒目、文章简短、小句成段，表达口语化、通俗化。简短文字配以大量四色印刷图片的版式设计，使《时尚》有别于文字为主的主流期刊，也迎合了白领阶层快节奏的阅读需求，为后期涌现的时尚类刊物设计提供了有效借鉴。

此外，“男女各一半”的双封面倒翻创意，使《时尚》创刊号在版式设计上也领先一步。从巴金斯基女郎封面开始翻阅，至正文66页处为女性世界，刊载大部分以女性为视角的图文。其中也不乏男性面孔，在《特别推荐时尚先生》栏目，胡兵成为登上《时尚》杂志的第一个男模特。从男士封面开始翻阅，则为男性世界，编排《杰尼亚——世界男装的“珠峰”》《赛车：挡不住的诱惑》《寻找自己的位置——“点子大王”何阳其人》等专为男士撰写的图文。

双封面设计的大胆创意或许出于偶然，[①] 又是创始人更深层次的期刊编辑出版理念的体现：细分市场，既是读者市场的细分，更是期刊广告市场的细分。这种封面及图文编排创意，为《时尚》后期独立出版男性、女性专刊[②]奠定了思想基础。

四、定价引起热议

《时尚》创刊号之初，其惊人的“10元”定价引起业界一番热议。20世纪90年代早期，国人心目中尚无真正高档期刊的概念，社会上绝大多数杂志都无一例外地采用一册新闻纸内瓤加彩色封面包装的面目，售价在1元至2元之间；所谓高档期刊，不过是中间多加上几个彩页、正文用质地稍好的纸张印刷，价格也不过在3元、5元上下。《时尚》定价10元一本，可谓“天价”。《北京青年报》在报道这本“10元刊”时直接用了这样的

---

① 吴泓在《时尚诞生记》一文中说道：“我认识了从台湾来的新西兰旅游办事处的田先生，他跟我介绍了台湾期刊的情况，同时提到有一本《韵》杂志是双封面倒翻的，十分有趣，我一下联想到曾看过皮尔·卡丹的宣传册，也是双封面倒翻的，敢不敢冒险双封面倒翻，刘、张、艾和占涛（注：《时尚》创刊号图美企划）一致表示，《时尚》必须横空出世，于是便有了印厂以为占涛设计错误，不敢开印的佳话。”

② 1996年11月，《时尚》改变了一半是男性、一半是女性的版面安排，出版《时尚·先生》男性专刊。1997年起，《时尚·先生》正式发行。

标题：《哇，好贵的杂志!》。1993 年中国城乡居民人均年收入只有 2572 元，10 元定价显然高于市场承受力。《时尚》高价策略的坚持是客观与主观因素共同促成。客观因素在于，杂志本身制作成本高昂。《时尚》创刊号“定价 10 元，印刷成本就在 7 元之上，发行一本杂志，社里要倒贴 1.5 元”。[①] 若是降价，杂志社所承担的压力将是空前的；主观因素在于，《时尚》锁定的目标读者为“白领阶层”，这一阶层的消费者“会越来越看重精美的装潢和漂亮的印刷给人视觉带来的美感，越来越看重杂志能给他们带来的信息，这和他们整个的消费追求高档次是统一的，他们看重的是这本作为‘产品’的档次，而不会过多地注意价格”。[②] 因此，与大众期刊导入市场初期为迅速铺满、占领市场，多采取低价策略不同，《时尚》创业阶段的运营手段创新之一，就是坚持高价位及持续涨价策略。

五、广告盈利模式的确立

《时尚》创刊号正文中，国内外高档消费品及消费场所的广告格外引人注目。巴金斯基时装、赛特购物中心、北京国际饭店、雷达表、拿破仑干邑、SYMPHONY 餐厅、美国通用汽车等出现在期刊中，构成正文内容的重要组成部分。

刊登精美广告，是《时尚》创始人摆脱发行盈利模式，依靠广告获利的市场定位结果。20 世纪 90 年代之前，领导中国杂志市场的是那些靠报摊零售和单位、个人订阅发行量大的杂志。随着中国的进一步开放，瞄准国内市场的国外品牌越来越多，但他们遗憾地发现，中国市场上没有一份能够与自身品牌形象匹配的平面宣传媒体。《时尚》创始人敏锐地捕捉到这一点，坚信新杂志的生存之路必然是商业广告，这种对过往经营模式义无反顾的否定，代表了中国杂志广告驱动盈利模式的开端。[③] 吴泓认为，他们是小众媒体，又是商业杂志，必须找准切入点，了解并应知道读者的阅读需求，同时又要考虑其所背靠的行业，有没有足够的广告资源。他从

---

① 岚子：《〈时尚〉模式——10 年打造一个期刊品牌》，《传媒》2003 年 Z1 期。

② 花青：《世纪末：中国期刊市场的变化趋向及其启示》，《报刊之友》1998 年第 4 期。

③ 马雪芬：《〈时尚〉核心竞争力》，《中国出版传媒商报》2013 年 8 月 9 日。

旅游免税商店了解到很多国际品牌进入中国市场的心情十分迫切，可是在中国做广告很难，高档耐用品一般选择杂志投放广告，可是在中国没法平面着陆。这让他看到了市场前景。面对不成熟的期刊广告市场，为了把杂志销售给雷达表、杰尼亚西装这样国际一流品牌，他们天天调查找资料，研究读者性别、年龄、教育程度、收入状况，制成表格，同时把杂志有针对性地摆放到酒店、俱乐部、美容院等高级消费场所，务必请广告主认可刊物的读者就是他们产品的直接消费者。“二次售卖”盈利模式使《时尚》创始人既是“出版人”，也是名副其实的“广告人”。①

第二节 坚持本土化办刊

“商品杂志化，杂志商品化”，是《时尚》在期刊运营探索中的成功模式之一。

《时尚》创业之始的半年中，白手起家、高制作成本、不成熟的期刊广告市场导致营运资本循环周期长，创刊初期步履维艰。吴泓、刘江等在创办《时尚》时，既无“海归”背景，也无经营经验，更无资产准备，自嘲是“三无”人员。中国旅游报社一开始借给《时尚》的 10 万元，要求必须在三年内还清贷款，办公室由他们在外租房解决。为保证制作及印刷质量，《时尚》创刊号已将 10 万元消耗殆尽，因为杂志销售收入和客户应支付的广告费短期内无法全部收回，第二期的制作费用让吴泓、刘江等人大费心思。中国旅游报社再次慷慨解囊借出 10 万元，创始人也各方筹钱，怎料第二期出版后，资金又所剩无几。吴泓、刘江等人随之从自己拮据的生活费中各挤出 1 万元，解决资金短缺发不出员工工资的燃眉之急。直到 1994 年 2 月，中国招商国际旅游总公司的张宣冰低息借出 50 万元，资金问题才得以解决。创业虽艰、激情不减，用有限的资源进行多方尝试，成为《时尚》创办人创业时期的自觉行为。

1994 年第 5 期起，杂志全部改为全彩色铜版纸印刷，使《时尚》成为

① 岚子：《〈时尚〉模式——10 年打造一个期刊品牌》，《传媒》2003 年 Z1 期。

名副其实的高档杂志。为满足读者和广告客户的需求，他们对印刷质量也进行了多方尝试，1996年艾民南下考察，与深圳当纳利旭日印刷有限公司建立合作关系，《时尚》成为与当纳利旭日印刷有限公司合作的第一家中国期刊。因为大大缩短印刷时间，《时尚》在印刷环节又处于领先地位，杂志的印刷质量得以大幅提升。

在争取国内合作的同时，《时尚》将视野投向国际。“《时尚》从一开始就提出与国际标准接轨是与我们从事旅游行业有关的，当时旅游业就提出要符合国际标准。最早的合资饭店北京建国饭店的经营权给了外国人，……这对我们的启发很大。”吴泓透露，“办刊半年后，我们已经开始意识到靠几十万元起家自我积累太慢了。我们拍的片子太土，模特在镜头前根本没感觉，摄影师也没有时尚的概念。后来我们还花过两万元拍片子，但效果还是不好。还有很多东西一开始靠自己是练不出来的。”① 《时尚》开始了艰辛的国际合作之路。1995年，《时尚》先后与中国香港地区、瑞士、日本、法国、意大利、美国等国际出版集团开始了频繁的接触。1996年第1期，《时尚》与VOGUE意大利版合作，共同策划专辑《来自地中海的问候》，这是《时尚》与国外大刊的第一次合作。该专辑占18个版面，图文丰富，彰显异域风情，有《一个意大利人的中山装情结》、意大利设计师Krizia《忘情于自然的领唱》专访等文章。《时尚》因此专辑参加了1996年2月在北京国际贸易中心举行的马可·波罗之行意大利及欧洲高级服装服饰贸易博览会。

1996年4月号，《时尚》又与Marie Claire合作出版夏季特刊《美丽佳人》。特刊独立成册，有《健康》《时装·美容》《信息窗》等栏目，以精美图片为主，可读性强。吴泓评价：“如果说与VOGUE意大利版共同策划的专辑，尚是幼稚的学步，那么54页的《时尚·美丽佳人》，则是我们向国际化迈出的踏实的一步。”Marie Claire总裁Evelyne Prouvost在当期《编者的话》中指出：“为了把Marie Claire介绍给中国读者，我们选择与北京时尚杂志社合作。该杂志社创办了中国第一本介绍生活潮流的杂志《时尚》，三年来成绩斐然，充分显示了主办者的才华。我们非常高兴将我们

---

① 岚子：《〈时尚〉模式——10年打造一个期刊品牌》，《传媒》2003年Z1期。

的杂志献给中国读者。”

《时尚》此后未能与VOGUE及Marie Claire两大国际刊物长久合作，其原因是多方面的。有学者曾提到，VOGUE只愿意做独资；与Marie Claire的合作，由于当时在国内找不到相关管理条例，Marie Claire开始在外面做宣传，说自己已经在中国出杂志了，造成了负面的影响。[①] 吴泓回忆道：“对外合作自认为跟Marie Claire签了协议，出版试刊，谁知被国家新闻出版署勒令停止出版，深刻检讨仍差点被撤职。刘江、张波、老艾同病相怜，要一起辞职，感动得我发誓要好好学习政策法规。”[②] 期刊体制的差异决定了《时尚》的国际化探索之路必定是曲折而艰辛的。在谈判中，曾有很多国际著名出版集团主动提出希望与《时尚》合作，以资金和管理作为条件借《时尚》进入中国继而做合资或独资，这与《时尚》的发展战略不合。当时的《时尚》与谈判桌对面的国际巨头比起来，只是一个势单力薄的小杂志，但面对强势对手在资金等方面的压力，《时尚》始终坚持自主经营这一原则不动摇。

两个专辑的尝试让《时尚》人体会到因体制原因带来的艰难，也看到了《时尚》与世界著名杂志的差距，更加坚定地走国际合作道路。

第三节 版权合作引领跨越式发展

在特定体制下，“版权合作（实际上是引进外资）是《时尚》发展的重要模式”，原国家新闻出版总署副署长、中国期刊协会会长石峰在《时尚》创刊20周年时如此评论，“我国现有的时尚类刊物基本都是跟国外进行合作，总体上发展得都还可以。但是发展的程度和合作指导思想的差异却非常大，要利用对外合作优势树立和发展自己的品牌，从而实现向外扩大，在这个问题上，《时尚》是做得最好的。”[③] 与国外资本进行合作的时

① 岚子：《〈时尚〉模式——10年打造一个期刊品牌》，《传媒》2003年Z1期。

② 吴泓：《假如我成为校长，是多么地幸运》，《时尚月报》2001年5月。

③ 《“时尚模式”解读合作方眼中的时尚》，《中国出版传媒商报》2013年8月9日《时尚传媒集团20周年纪念特刊》。

尚类杂志中,《时尚》并非首家,① 但其利用国际资本发展本土品牌却是中国期刊史上具有开创意义的探索。有评论者注意到:“在全权把握所有权和经营权的基础上,《时尚》将它的国际化视野放到了最大,也把对本土规则的了解挖到了最深。而这两点,前者是国内媒体发展的难点所在,后者则是国际媒体进入中国所要花费大量时间才能掌握的必备技能。”②

核心业务上引进版权,广告、发行、印刷等经营性业务中引入业外资本的一分为二的合作模式,是《时尚》创始人在特定期刊管理体制下做出的自觉选择,也是其在国际合作中坚持本土期刊品牌的必然选择。吴泓形象地将这种合作运营模式形容为“一社两制”,即编辑部实行全民所有制,经营部(广告、发行)实行有限责任公司制。在期刊出版管理部门、国外合作方利益、自身品牌发展三者之间找寻平衡点,需要以《时尚》实力作为保障,更需要《时尚》创始人的融通与勇气。

一、成立时之尚广告公司

1997 年 9 月,时尚杂志社成功进行首次业外资本合作——与美国国际数据集团公司(IDG)正式合资组建北京时之尚广告有限责任公司。与 IDG 合作,使《时尚》广告正式与国际接轨,开启了《时尚》广泛对外合作的序幕。而这次成功合作,与期刊主管、主办单位的支持,合作双方对政策的深刻认识是分不开的。

1997 年 5 月 21 日,中国旅游报社社长兼时尚杂志社社长李克夫和《中国旅游报》副总编辑邵春来到时尚杂志社进行座谈。李社长说:《时尚》这几年的发展是有目共睹的,现在的势头也很好,各方面的条件也有了明显的改善,这和在座同志的努力分不开的。报社社委会对《时尚》的工作很支持,达成统一意见,就是放手经营、自负盈亏、大胆发展,希望大家继续努力,把《时尚》办成一流的刊物。在听取了吴泓、张波关于正在筹办合资广告公司、扩大经营规模、向集团化发展的汇报后,李社长表

---

① 《世界时装之苑—ELLE》1988 年在上海创办,由上海世纪出版集团译文出版社与法国桦榭·菲力柏契出版集团版权合作出版,是首家获得官方正式许可在中国国内发行的国际性杂志。孙燕君等:《期刊中国》,中国社会科学出版社 2003 年版,第 78 页。

② 胡菡菡:《让他们学习我们——访时尚杂志社社长吴泓先生》,《传媒观察》2002 年第 8 期。

示，扩大经营、产生规模效益，总部是支持的。《时尚》在资金筹措上遇到困难，总部会尽力给予支持。有了主办单位的“令箭”，《时尚》加紧了合资成立广告公司的步伐。

而《时尚》与IDG的广告合作离不开彼时任IDG亚洲区总裁熊晓鸽的“慧眼识珠”。早在1980年，IDG就已进入中国市场，在国内合资办《计算机世界》，[①] 并成立了计算机世界出版服务公司，即现在的CCW媒体公司。中国知名的IT专业媒体中，几乎有一小半都带有IDG的“血统”。“1996年秋，IDG进入中国市场已经16年，在国内市场积累了丰富的运作经验，对出版物内容的本土化及本土化管理有比较深刻的认识。……IDG的品种比较单一，需要向新的领域拓展，而此时国内消费类刊物开始出现了比较良好的增长势头，国外成长最快的也是消费类刊物。”[②] 熊晓鸽在IDG董事长麦戈文的支持下开始寻找中国消费类刊物的合作伙伴。在与中国多家期刊社进行沟通后，IDG最终确定与《时尚》合作。熊晓鸽说，《时尚》的团队虽然不是传统意义上的时尚圈中人，也没有太多的办时尚类杂志的经验，但他们年轻，素质很好，充满活力，有创业和改变现状的干劲，愿意学习国外全新的出版理念和知识。因为是搞旅游的，也容易接受新观念新知识，不会背上自己是专家的包袱而不思进取。尤为重要的是，他们充满激情，这是办好刊物的重要条件。熊晓鸽认为与这样一个团队和这样一本杂志合作，一定会有一个比较好的成长空间。

1998年起，时之尚广告公司开始在国内争取广告代理。1998年1月时之尚公司与中国轻工业出版社合作，取得了《现代服装》杂志的广告总代理；[③] 1998年7月又取得该社《消费指南》（2000年1月号起中文名改为《都市主妇》）杂志的广告总代理；[④] 1999年与中国体育杂志社合作，取得

① IDG进入中国时，正值改革开放初期，各项工作都在摸着石头过河，在IDG境内合资后，相关的外资实施细则才确认，而出版被列入了禁止项目，因此出版业的合资经营在其后很长一段时间内都成了IDG的绝响。袁芳：《中外期刊版权合作面面观》，《出版参考》2005年第10期。

② 熊晓鸽：《〈时尚〉是我们与消费类期刊合作的成功典范》，《传媒》2003年Z1期。

③ 《现代服装》由一家新成立的有限责任公司——北京时之装文化发展有限公司负责，受董事会聘请，《时尚》副总编辑张波出任这家公司的总经理。《时尚月报》1997年9月。

④ 韩宝成（时尚杂志社成员）出任执行总编，轻工业出版社宋革新出任副主编。《时尚月报》1998年5月。

了《车王》杂志的广告总代理。[①] 这三本刊物起初由于体制限制迟迟不能走上市场化，效益低下，时尚杂志社接手后，重新确立期刊定位并进行改版，使其与《时尚》杂志高档期刊的风格相适应。[②]

1999 年 4 月,《时尚》“快马加鞭”与深圳英特泰投资有限公司组建北京英时尚广告公司，4 月正式出版《时尚·家居》。[③] 彼时正值国家启动房地产市场，家居成了大众关注热点，加之《时尚》系列刊物的品牌影响力，以及购买法国、意大利的图片版权,《时尚·家居》一炮打响。

二、版权合作

1998 年 6 月 6 日，吴泓、张波会晤了美国著名刊物《Money》杂志的国际负责人，了解了美国杂志市场的情况，并介绍了杂志社向国际化发展的思路。1998 年 7 月 4 日，吴泓等人又与德国汽车杂志《Motorpressestuttgart》的国际业务主任高夫曼进行了会谈，并与其中国总代理德润文化发展中心初步讨论了版权合作事宜。此间，《时尚》在 IDG 的引荐下，与诸多国外大刊进行版权谈判。

1997 年 12 月 13 日，时尚杂志社在 IDG 的帮助下初步谈妥购买《Cosmopolitan》的版权。1998 年 1 月 19 日，刘江、高晓红、苏芒、孙占涛赴美参加《Cosmopolitan》的培训。1998 年 3 月 27 日，新闻出版署正式批准《时尚》购买《Cosmopolitan》版权，杂志社根据有关规定，每期有偿使用《Cosmopolitan》少于 50% 的图文资料，并支付版税，赫斯特无权干涉时尚

---

① 《时尚》负责《车王》杂志总体策划和全面管理，由刘江任总经理，全权负责；并实行全员聘任制，除现有人员外，再招聘一些编辑、广告、出版、发行人员。见《时尚月报》1998 年 8 月。

② 《车王》由传统开本（285 毫米 ×210 毫米）共 72 页、零售价为 10 元，改为国际流行开本(278 毫米 ×212 毫米)，定价 20 元。读者定位从中学生变为想车、有车、爱车和玩车的现代人。广告收入也进行调整，高档印刷，以吸引最好的广告，改为自办发行，确保重点区域和重要城市，同时兼顾其他。(师平：《“车王”新概念——访〈车王〉执行出版人刘江》,《时尚月报》1998 年 8 月。)《消费指南》改版后最初定位“全方位家庭消费杂志”，但由于这个定位面太广，读者众口难调。在仔细分析后，《消费指南》最终定位于 28—40 岁、生活稳定、80% 已婚、收入中上水平的成熟女性。张波：《凤凰涅槃——〈消费指南〉市场定位的演变》,《时尚之窗》1999 年 7 月。《消费指南》2000 年 1 月号起中文刊名改为《都市主妇》。《时尚之窗》1999 年 7 月。

③ 《时尚·家居》主编殷智贤、美术设计总监孙占涛。《时尚之窗》1999 年 6 月。从第 3 期起《时尚·家居》主编由逄伟担任，孙占涛兼任副主编。

杂志社的编辑过程。“在当初合作谈判时，吴泓、刘江坚持要在刊名里保留‘时尚’二字、排在COSMO前面。《时尚·COSMO》每期都有一定量的内容是向美国赫斯特集团购买，但双方并无资本交叉，广告经营也严格独立于美国合作者。”[①] 1998年4月号，《时尚·伊人》正式与《Cosmopolitan》合作，名模辛迪·克劳馥为封面人物。《时尚》与赫斯特集团的成功合作，IDG功不可没，“没有哪个国家像中国一样在销售上困难重重。因为北京不允许注册任何新的杂志，唯一的方法是与一个已有的出版物合作。”时任赫斯特总裁乔治说，“找到一个满意的合作伙伴是困难的。这时，著名的IDG公司为HEARST和中国的TRENDS杂志建立了纽带。”[②]在谈到与赫斯特合作的原因时，熊晓鸽认为，一是赫斯特和IDG同样是私营公司，而非上市公司，投资策略不受股价变动影响，对进入一个新兴市场有足够的耐心；二是赫斯特在美国消费类刊物中名列第一，有很强的实力；三是赫斯特和IDG一样是一个国际化公司，在全世界有三十多个分公司，管理和经营思路与IDG也比较接近；四是麦先生和赫斯特的总裁是多年至交，容易沟通。[③] 吴泓毫不讳言“高攀”，从1998年4月起，可以分享全球38个国家的编辑、记者的成果，《时尚》又迈出了一大步。

有学者指出：“中外品牌的结合使《时尚》收益良多。通过合作，《时尚》从中学到了国际上成熟的办刊理念和广告经营以及品牌行销的谋略，办刊水平和经济收益出现了质的飞跃。”[④]《时尚·COSMO》的合作模式为后来时尚杂志社的规模化发展提供了可供复制的模板，孵化了时尚杂志社的国际化刊群。这不仅意味着《时尚》可以随时获得来自国际时尚前沿最及时、最丰富的资讯，以及同步吸纳最专业化、国际化的办刊理念与运营模式，更标志着《时尚》已被国际期刊界所承认和接纳。作为中国期刊业最早引入版权合作的媒体之一，《时尚》至今已经与多家国际传媒集团建

---

① 蔡钰：《“时尚”会更时尚吗?》，《中国企业家》2011年第2期。

② 《时尚月报》1998年5月第4版转载美国纽约周报EARTH TIMES第12版媒介动态专栏报道题为《中国风格的COSMO》的文章内容。

③ 熊晓鸽：《〈时尚〉是我们与消费类期刊合作的成功典范》，《传媒》2003年Z1期。

④ 岚子：《〈时尚〉模式——10年打造一个期刊品牌》，《传媒》2003年Z1期。

立了长期的版权合作关系。通过与这些国际一流传媒集团的合作与不断的交流,《时尚》自身的内容生产和企业运营水平都得到迅速提升,也为后来的国外杂志进入中国市场提供了借鉴的范本。中国期刊业的国际化时代由此到来。

三、艰难调整与跨越式发展

1999 年至 2000 年,新闻出版署为整治改革开放后报刊业的“散”与“滥”状况,加强了对期刊业的管理,颁布了多个文件,《时尚》也进入了艰难的调整年。

(一)明确国有性质

1999 年《中国经营报》《精品购物指南》的产权纠纷在期刊界引起了争议。面对外界传闻《时尚》为承包经营或是股份制企业,时尚杂志社负责人在这次风波后再次明确,时尚杂志社为中国旅游报社的全资企业性质:《时尚》杂志创办之初,由报社投资、个人集资和企业贷款这三种形式筹集资金启动,但性质一直未变,由国家旅游局主管、中国旅游报社主办的全民所有制单位。机制上的优势在于 1993 年启动伊始便实行企业化经营,中国旅游报社确立“自主经营、自负盈亏、自我积累、自我发展”十六字的经营方针,使《时尚》在市场竞争中能迅速适应、不断成长。与 IDG、英特泰合资组建广告公司,仅仅是在广告、版权代理上的合资合作。所以,吴泓指出,时尚杂志社一不是外企,二不是真正的企业,三实际上跟中国旅游报社的体制是一样的,只不过经营手段稍微灵活而已。认清体制,有利于《时尚》人重新厘清自身定位,在对外合作中有的放矢,在政策和制度的规范下良性发展。

(二)刊号、刊名调整

1999 年年底,时尚杂志社的业务除了《时尚·伊人》《时尚·先生》《时尚·家居》外,还组建发行公司,合资成立广告公司、制版公司,并代理了《车王》《现代服装》《消费指南》的广告业务;决定从 2000 年起将《时尚》更改为旬刊:每月 1 日出版《时尚·COSMO》,每月 10 日出版《时尚 Esquire》,每月 20 日出版《时尚·家居》。

在快速发展过程中，《时尚》创始人忽视了《时尚》欠缺经验充足、能独当一面的一流人才的现实，忽视了现阶段期刊业的出版政策。1999年9月8日，国家新闻出版署下发了《关于严格期刊刊号管理问题的通知》，明确规定中国期刊出版的“一刊一号”制度。《时尚》“伊人版”“先生版”“家居版”的做法，被主管部门认定为“一号多刊”行为。2000年1月13日，时尚杂志社社委会正式决定执行国家新闻出版署的规定，《时尚·家居》停刊，[①]《时尚》旬刊也调整为双月刊。1999年9月8日，国家新闻出版署还下发了《关于规范期刊刊名标识的通知》，指出“未经新闻出版署批准，不得以中文或外文将与其进行版权贸易的境外出版单位或其他机构的名称在前封面刊出”。国家新闻出版署认为，《时尚》与Cosmopolitan的版权合作，在封面上打上醒目的外方刊名，有合作办刊之嫌。1999年12月17日，时尚杂志社按出版规定，从2000年1月起，Cosmopolitan的商标从《时尚》封面上撤下。[②] 经报批，2000年4月11日，国家新闻出版署同意《时尚》杂志将“Cosmopolitan”版权合作标识打在封面上。[③]《时尚·家居》的停刊、Cosmopolitan商标撤下，体现在经济效益与社会效益的两难抉择中，《时尚》负责人最终艰难地选择了对社会效益的坚持。《时尚》的“冬天”，不仅是时尚杂志社特有的困境，更是在现行政策下，期刊从业者面临的共同困惑。

（三）业务调整与跨越式发展

经艰难的调整，《时尚》人认清体制、调整心态、积极应对，在主管部门国家旅游局党组的支持下，迎来了跨越式发展的春天。

1999年11月11日，为“使行政行为与出版行为分离”，国家新闻出版署下发了《中共中央办公厅、国务院办公厅关于调整中央国家机关和省、自治区、直辖市厅局报刊结构的通知》（简称“30号文件”），内容包

---

① 吴泓曾说：“出版《时尚家居》专刊时，曾引得数十家杂志社联名投诉，被迫停刊半年。”吴泓：《十年断想》，《时尚月报》2003年8月。

② 吴泓在《春天的感悟》一文中写道：“Cosmopolitan”从封面撤下，时尚杂志将损失200万美元的广告。2000年4月11日，新闻出版署同意《时尚》杂志将“Cosmopolitan”版权合作标识打在封面上。

③ 《今日时尚》2000年第2期。

括“中央和国家机关各部门原则上不办机关报”，“中央和国家机关各司、局不办报刊，其主管主办的报刊一律停办或划转；参与主管、主办的一律退出”等。2000 年 1 月 24 日，国家旅游局党组决定将时尚杂志社从中国旅游报社整建制划归为中国旅游协会管理，并于 2 月 22 日正式决定将时尚杂志社升格为正司级单位，将中国旅游协会主办的《中国旅游》《中外饭店》以及旅游报社主办的《中国旅游导报》划转由时尚杂志社管理。[①] 这意味着时尚杂志社脱离旅游报体系，成为隶属旅游协会的直属大社。2000 年 3 月 14 日，国家旅游局党组决定，同意时尚杂志社《中国旅游》杂志的改版，以及《中外饭店》改为《时尚·家居》、《中国旅游导报》改为《时尚健康》的申请。[②] 刘江对此评论道：首先，《家居》有了“准生证”，其次，《中国旅游》使《时尚》扩展了视野，第三，得到了创办《时尚健康》的机会。[③] 2000 年 6 月，《时尚·家居》率先复刊；7 月，《时尚健康》创刊、《中国旅游》改版发刊，彻底摆脱机关刊物的面貌，走上了良性发展之路。此外，时尚杂志社调整布局、收缩战线，组建以《时尚·COSMO》为旗舰的联合舰队；时之尚广告公司解除与中国轻工业出版社、体育总局、《现代服装》《都市主妇》和《车王》的合作协议，正式接手《时尚·家居》《时尚健康》《中国旅游》三刊的广告代理。

2000 年 11 月 2 日，经工商管理部门批准，时尚家居杂志社、时尚健康杂志社、中国旅游杂志社的企业执照正式挂牌，标志着多杂志的独立经营有了法律的保障。时尚杂志社进入了跨越式发展阶段。在探索期刊市场化发展与国家政策平衡点的过程中，《时尚》付出了“学费”，也学到了真本领，既得到了主管部门的支持，也通过了市场的考验。

---

① 中国旅游协会副会长吴文学在《吴泓——永远活在我们心中》中说：2003 年 12 月，为了明确管理责任，国家旅游局党组同意将中国旅游报社之前投资时尚杂志社的股份划转到中国旅游协会，但由于旅游协会为社团组织，财务司有疑虑，故手续未办理。这样，时尚杂志社为国家旅游局主管、中国旅游协会主办，每年向协会交管理费，而投资方为中国旅游报社，产权和管理权关系无法理顺，自然就制约了《时尚》的正常发展。原国家新闻出版总署副署长、中国期刊协会会长石峰说：2012 年 6 月 27 日，在国家旅游局党组的主导和中国旅游报社的支持下，时尚杂志社成功划转至中国旅游协会，理顺了管理关系和产权关系，在体制机制上得到更大的发展空间。晓雪：《“时尚模式”解读》，《中国出版传媒商报》2013 年 8 月 9 日。

② 《今日时尚》2000 年第 2 期。

③ 刘江：《成长是每时每刻的事情》，《时尚月报》2002 年 8 月。

第十一章

《三联生活周刊》的传承与创新意义

《三联生活周刊》正式创刊于1995年1月14日，主办单位是生活·读书·新知三联书店。对其发展历程，创办人董秀玉认为，创刊、坚守和正式转为周刊是三个关键时期。主编朱伟把它分作三个阶段：1995年至2000年是周刊创业的第一阶段，2001年至2004年是周刊积累的第二阶段，2005年以后是真正开始走向成熟的第三阶段。这两种描述合成了该刊的发展时段及其特征，也暗示了它传承与创新的双重意义。

第一节 《三联生活周刊》的"三基因"

一、创刊背景

《三联生活周刊》因远接1925年创刊的《生活》周刊，具有鲜明而独特的历史意义。创刊号上董秀玉所写的《编者手记》，揭示了它在中国期刊发展史上承前启后、继往开来的历史特征："在韬奋先生诞辰一百周年时推出的这本《三联生活周刊》，是创刊，也是复刊。68年前韬奋先生创办并主持的《生活》周刊，与生活历史共鸣，积极反映了时代潮流和社会变迁，竭诚服务于千万读者，产生了巨大的社会影响，受到了广大群众的热烈欢迎。从这个意义上讲，我们是复刊。坚持这个方向，是我们的宗旨。今天，我们正处于世纪之交的大时代中，这是我们的幸运。如何从老百姓最最平凡的生活故事中，折照出这个时代，反映出人们普遍关注的社会新课题，提供人们崭新的生活理念和生活资讯，当是我们最需努力的关键。韬奋先生从来主张，特殊时代需要提供特殊的精神食粮。这就需要创新，要前进。《三联生活周刊》的创刊，就是我们的再出发。在这历史的承传和时代的创新面前，我们惶惶然请益于师友，商讨于同志，希望作为一个共同的事业，一起来办成一份百姓自己的刊物。”

图 11－1　《生活》半月刊

复刊《生活》，一直是三联人的意愿。1979 年《读书》杂志创刊后，范用就曾经打算再办一份读者定位稍有区别的杂志。1981 年年初，范用试刊《生活》半月刊一期，在《我们希望这样来办〈生活〉》中，他写道：“要办一个有个性的刊物；我们需要思想性散文；锐气不能低于当年邹韬奋。”① 惜胎死腹中。董秀玉回忆，“创办周刊的初衷来源于香港的周刊”，“我从《壹周刊》身上看到了一本刊物是如何做起来的”。当时香港的媒体市场比内地发达，1990 年创刊的《壹周刊》在几年内迅速崛起，成为香港拥有读者人数最多的一本杂志。这使董秀玉既对周刊的媒体形式有了新的认识，也暗存雄心：“周刊有很强的新闻性，又比报纸文章更系统，这种形式的媒体在大陆市场还不多。如果在内地做一本新闻类刊物，借鉴香港杂志的形式，再把握好内容的话，也能得到大

① 范用的《生活》构想是：“《生活》是一个思想性的半月刊。它要求以生动优美、犀利简练的笔调，写出文理清新、汪洋恣肆、幽默活泼、韵味隽永的简短文章，论述政治、经济、哲学、教育、文艺、历史、自然、社会生活、道德风尚、青年修养、思想方法、工作作风等诸多问题，凡散文、随笔、杂感、纪事、纪行、回忆、读书随笔、社会调查、读者来信、寓言警句等形式均可采用。此外，也拟登少数诗歌（新旧体均可）、木刻、漫画作品。思想性是这个刊物的灵魂，生动优美、引人入胜而又深入浅出的文体是这个刊物的表达形式。”（《〈生活〉半月刊发刊旨趣、征稿启事》），见范用《记筹办〈生活〉半月刊》，《出版史料》2002 年第 2 期。

家的欢迎的。可以再创三联杂志的品牌。”①

从1993年开始，三联书店以“必须领先别人半步”的理念，调整了出版方针，形成了“一主两翼”的发展战略。恢复《生活》等期刊，是董秀玉重振三联而制定的战略计划中颇为重要的一翼。“一主两翼”的内容是：以学术文化为本位为中心，确保三联的出版文化品牌；以三联分销店的形式建立通道，确保三联出版物渠道的通畅，培养自己的忠实读者；同时，建设以《读书》《新知》《生活》为主干的期刊群，为丰富三联文化，培植各个层面的作者和读者，为三联的全方位发展和增长作出贡献。②1993年3月8日，新闻出版署〔93〕新出期196号批复《同意创办〈三联生活周刊〉》，批复还要求“希望按照社会主义精神文明建设的要求办好刊物，使刊物为培养改革开放事业所需的人才作出贡献”。③

二、试刊阶段

从1993年3月批复同意创刊到1995年1月创刊号正式出版，《三联生活周刊》有一个长达两年的试刊期。有人如此描述试刊期、创刊初期及其影响：1992年开始策划；1993年3月到1994年5月一年多的时间里，出版“讨论本”5本，然后休刊；到1994年9月再度启动出版工作，1994年12月出版试刊号；1995年1月出版创刊号，1995年5月再次休刊；1995年12月续刊号出版，此后逐渐成为双周刊出版；到2001年进入周刊出版时

图11-2 《三联生活周刊》

① 《守望家园——生活·读书·新知三联书店》，生活·读书·新知三联书店2008年版，第132页。

② 董秀玉：《在理想与现实之间》，《我与三联：生活·读书·新知三联书店成立六十周年纪念集》，生活·读书·新知三联书店2008年版，第288页；又见《守望家园——生活·读书·新知三联书店》，生活·读书·新知三联书店2008年版，第42页。

③ 《新闻出版工作文件选编》（1993年），新闻出版署办公室1995年编印，第299页。

期。这期间，有3年的准备期，2次休刊阶段，内容定位多次调整，先后经历了3位主编、[①] 5家投资商的变换，最后在创刊后的第5年，也就是1999年才开始盈利。

这数字描述或许略有遗漏或出入，但以下论断当无疑义：《三联生活周刊》试刊时间之长、参与试刊人员之广泛及豪华、[②]“讨论本”及试刊号之多，为中国期刊界罕见，亦带有当时市场经济转轨初期鲜明的时代特征。

（一）1993年的筹办阶段

1993年4月12日，《三联生活周刊》筹备小组成立，钱钢以执行主编的身份进入周刊，着手策划、部署筹备工作和各项事宜。钱钢、杨浪邀请了以《中国青年报》为代表的京城多家著名媒体的骨干[③]，让这些在新闻界颇有影响力和号召力的“大腕”参与周刊创办，招聘记者。4月15日，在《中国青年报》头版报眼位置刊登《“生活”招聘记者》广告[④]，八百多名应聘者中有苗炜、王锋、黄集伟、刘君梅等15人被录用。“8月，应聘的15名记者开始了堪称严格的职业培训”。[⑤] 从5月底到8月底，模拟周刊出版的“空转”作业，共模拟出刊14期，模拟包括对周刊运作程序的设计、时间安排、封面故事及其他栏目的细致策划。模拟刊的封面故事主题依作业编号依次是：《七岁儿童毕强被虐待致死》《走麦城归来的施拉

---

① 小古在《理想与忠诚——〈三联生活周刊〉十年》一文中说：“这期间，有3年的准备期，2次休刊阶段，内容定位多次调整，先后经历了7位主编或实际负责人、5家投资商的变换，最后在创刊后的第5年，也就是1999年才开始盈利。”见《出版参考》2005年8月上旬刊。董秀玉否定此说，2017年1月5日接受本书作者访谈时说，《三联生活周刊》在最初的十几年里只有三位主编，分别是钱钢、杨浪、朱伟，如果要加第四位的话，那是方向明。这里采用董说。

② “截至1995年8月1日，从筹备及创办已达3个年头的《三联生活周刊》正式出刊4期。聘请了四任执行主编或事实上的执行主编。参与《三联生活周刊》创意、策划、编辑业务的学界、新闻界人士前后有百余人。”见《〈三联生活周刊〉十年》，生活·读书·新知三联书店2005年版，第410页。

③ 这时钱钢组建的队伍，后来被称为“豪华阵容”，主要组成人员有：陶泰忠、何志云、毕熙东、贺延光、杨浪、杨迎明、胡舒立、陈小波、叶研、季元宏、马智、刘铮、闻丹青、季思九、程赤兵、刘晓春、王安、郭家宽、陈西林、晓蓉等；招聘的记者有苗炜、王锋、黄集伟、刘君梅等。

④ 杨浪在《三联生活周刊》2010年第42期《如果让我对15年前的自己说》中说，《中国青年报》头版刊登《三联生活周刊》招聘启事刊登在4月10日。经查，实际为15日。

⑤ 杨浪：《如果让我对15年前的自己说》，《三联生活周刊》2010年第42期。

普纳和中国足球队》《六上将授衔》《中国经济再次面临“汛期”》《寻找我的家——一个11岁孩子千里寻家的故事》《孩子将要入学》《金融形式与民众生活》《经济暑假》《国际奥委会考察报告的泄露与公布》《上海动物园出现的神秘死亡》《南方房地产的崩盘》《私立学校的兴起》《金融腐败，中国社会的毒瘤》《轿车：身边的故事》等。

1993年9月3日，国家新闻出版署核发期刊登记证，正式职工68人，其中编辑39人、记者22人。10月2日开始，陆续出版了5本“讨论本”①，让《三联生活周刊》具备了完整的运作流程与杂志形态。1994年3月，钱钢因第一轮资本合作失败而离开，5月宣布休刊。董秀玉认为：“这一年的工作明确了办刊思想、搭好了架构、锻炼了队伍、熟悉了出刊的各个环节，不少栏目十年来仍在沿用，连外刊都在借鉴。尤其在媒体中的影响力大大增强，为以后的发展打下了良好的基础。”②

（二）1994年的试刊创刊阶段

1994年9月14日，杨浪任执行副主编，人员新旧交替后继续运行。11月做了两个试印本，封面文章为《群雄角逐——中国手提电话市场》和《巩俐——红得发紫的木美人》，封面设计尝试了不同于“讨论本4”“讨论本5”的另一种设计。12月2日，试刊号③出版，大16开，64页，双色印刷。本期以韬奋先生的一段话作为《代发刊辞》：

> 本刊的态度是好像每星期趁读者在星期日上午的闲暇，代邀几位好友聚拢来谈谈，没有拘束，避免呆板，力求轻松生动简练雅洁而饶有趣味，读者好像在十几分钟至二十分钟的短时间内参加一种有趣味

---

① 钱钢离开周刊前，连续出了5本“讨论本”。“讨论本1”的封面故事是北京申奥失利，封面标题《北京不拭泪》，以“打样本”方式在北京印制，供讨论之用。“讨论本1”引起了热烈反响，从此时开始，周刊记者进入实战状态；后4本的封面主标及出版时间依次为：《沈阳婴儿死亡医案》（1993年11月13日）、《1994：人往高处走?》（1993年12月18日）、《买什么？——100个家庭下一个花大钱的目标》（1994年1月22日；从此本开始，封面设计套用《NEWS WEEK》格式，整体杂志构成完整，从模拟读者来信到模拟各类广告，从目录、版权页到封面条形码，一一俱全）、《鼠药无毒?》（1994年4月2日；“讨论本5”是此届编辑者做出的最后也最接近成熟的一本周刊）。

② 董秀玉：《期望时代大刊》，《〈三联生活周刊〉十年》，生活·读书·新知三联书店2005年版，第7页。

③ 试刊号的封面故事是有关秦兵马俑二号坑挖掘的独家采访，封面主标为《秦俑“复生”》。

的谈话会，大家在谈笑风生的空气中欣然愉快一番。

且做且学，且学且做，做到这里，学到这里，除在前进的书报上求锁钥外，无时不惶惶然请益于师友，商讨于同志。

历史既不是重复，供应特殊时代的特殊需要的精神食粮，当然也不该重复。

1995年1月14日，创刊号[①]正式出版，大16开，80页，铜版纸四色彩印，单价10.80元。后来连续出版了3期[②]。5月10日，杨浪宣布编辑工作放缓，周刊再次进入休刊状态。7月，杨浪辞去执行副主编一职，各位主笔编辑也陆续离去。8月1日，三联书店宣布解散周刊编辑部，只留少数记者留守，由三联书店总经理助理潘振平负责管理。

（三）1995年的恢复出版阶段

1995年8月，朱伟接手周刊，成为第三任执行主编。朱伟在前任工作基础上，又做了大胆的调整创新，明确了内容定位，重新定义了读者对象，进一步分析了市场。12月10日，朱伟主编的第一期（总期号承前）杂志面世，标志着《三联生活周刊》恢复出版，成为当时颇受关注的文化事件。据不完全统计，12月前后有39家主流媒体就复刊一事进行报道，或以转载复刊号封面文章《邓斌不是沈太福》的方式介绍《三联生活周刊》。

1996年1月恢复出版的《三联生活周刊》按双周出版。最初设想当年完成向1997年出版周刊的过渡，但直到2001年1月1日，总第127期，经国家新闻出版署报刊司批准，《三联生活周刊》双周出版改为单周出版，实现了真正的“周刊”运作，定价也从每本8.80元调整为5.80元。为适应调整为国内一流品质的周刊的需要，《三联生活周刊》加大了成本投入，报道内容不断出新，奠定了周刊运行品牌成功的基础。

---

① 创刊号的封面故事是有关户籍制度改革的思考，封面主标是《城门失守——户口，中国最后一道城墙》，这个选题，既有大新闻背景，又与“生活”息息相关，且富有前瞻性，特别放在20年后的今天来看，更能彰显这个选题的精彩。

② 封面主标依期号为第2期《谁是香车梦里人》（3月16日）、第3期《关于女人的话题》（3月31日）、第4期《迪斯科广场占领都市》（4月15日）。第5期未能付印，第6期组稿完毕，第5、6期与第7期中已辑成的新闻性较强的稿件被转移至其他报刊发表。

三、定位调整

“边试刊边找定位”，既是亲历者杨浪的经验观察，也是《三联生活周刊》试刊期以及创刊初期重要的媒介特征。在不断调整中，期刊定位也在逐步优化。

《三联生活周刊》的定位是众多参与试刊的创办者共同智慧的结晶，是一个反复摸索、日渐丰满成熟的完善过程。它源于董秀玉期望的“时代大刊”，起始于钱钢的“编刊总思路”，发展于杨浪，成功于朱伟。朱伟在接受《中华工商时报》采访谈及周刊定位时说：《三联生活周刊》在两年多时间内几易主编，是因为一直在寻找新闻与文化、新闻与生活、新闻与出版之间的结合点。

在《三联生活周刊》的创办过程中，董秀玉既是宏观决策者，也是“期望时代大刊”的有效推动者。朱伟说，“文化与新闻能有一个融合，一直是她办《三联生活周刊》的初衷”①。经过一段时间的探讨、磨合，1993年4月，钱钢向董秀玉提交了“总思路”② 讨论稿，特别提出了“三界共生”的创意。1995年8月，朱伟接手周刊后，提交了《〈生活〉续刊策划报告》③：

> 1.《三联生活周刊》应该是一本新闻性的文化周刊，应比较迅速地反映时代潮流流向与社会生活的变迁，表达在时代脉动中与社会变迁中的人文关怀，用平凡人的故事阐述严肃主题。
>
> 2.《三联生活周刊》应该是人文知识分子对大众生活发言的一个中介，这种中介表现为：对大众生活观、生活素质的引导和对大众生

---

① 朱伟：《1995—2010：我们与这个时代》，《三联生活周刊600期纪念特刊》。

② 钱钢的“总思路”讨论稿，分基本定位和创意要点两个部分。“在‘创意要点’方面，有‘三界’共生：基于三联书店的传统优势，《生活》将汇聚新闻界、学术界、文学界三方面人才（有的人本身就是两栖或三栖的）。其办刊过程，将是融合‘三界’优长，改变学科思维习性，推动人才相互砥砺、相互激发，形成新的共生群落的过程。新闻界的人才将进入三联书店的文化氛围，拓宽知识面，获得深入观察生活现象的新视角；学术界的人才将走出书斋，与生活接榫，为大众运思；文学界的人才将改变独自劳作的固有节奏，置身一个与生活同步的文化‘团队’，以更加快捷贴近的方式表达对人的关注。”见《〈三联生活周刊〉十年》，生活·读书·新知三联书店2005年版，第383—385页。

③ 见《〈三联生活周刊〉十年》，生活·读书·新知三联书店2005年版，第395—396页。

活质量的实用性服务。

3. 在新闻、文化、生活三者关系中，《三联生活周刊》选择新闻作为由头，通过文化、历史的角度对新闻的透视，达到提炼生活观念的目的。其文化的透视采用融入的方式，即冰山在水面以下的部分。

4. 选择“变”这个角度，即世界格局下中国转型期的变化。这种变化对人所产生的影响，角色和位置的重新设定，即正在怎么变、可能怎么变、应该怎么变的角度下，展开新旧交替、世纪之交中新的生活方式的讨论，讨论新的思维方式、心理方式、行为方式，在人与自然、人与社会、人与人之间确立新的价值规范、新的秩序。

读者对象：月工资收入在1000元以上，对国家发展、社会生活变化关心，中等文化程度以上的城市、城镇学生、知识分子和机关工作人员。

市场前景：

1. 由于人民生活水平的提高，转型期知识分子状态的分化，目前已出现了一个介于大款和一般市民之间的，月工资收入在1000元以上、5000元以内的新型知识分子阶层。其成员组成包括专业人士（全国统计数字为3439万人）、下海经商者（全国统计数字为1947万人）、办事人员（全国统计数字为1128万人），以及自由职业者。据北京市统计，月收入在1500元以上者大约已有20万至30万人。这个阶层基本都是具有高中以上的文化水平，有相当的文化素质，有向上追求的强烈欲望。在转型期中，他们的位置最不确定，最体现变化中的特点。他们最关心转变中自己的价值、自己的生活方式和行为方式的重新寻找与重新确立。

2. 目前期刊市场正在转型中向成熟期发展。在高档的思想、学术性知识分子刊物与低档大众消费性刊物之间，缺少适合这一类新型知识分子阅读的实用性刊物（也是高档的大众刊物）。因为小报、晚报不能满足他们的文化需求，已有的低档实用型刊物因多关注生活现象或具体生活技术的服务，也不符合他们的口味。随着城市化的进展，新型知识分子的队伍势必日益壮大，文化素质也会越来越高，它为《三联生活周刊》提供了较为广阔的前景。

3. 目前期刊市场尚不成熟。表现为：(1) 期刊的总体发行数量与人口比例尚不成正比（最大发行量也仅500万册）；(2) 发行量高的刊物往往并非真正依靠质量取胜；(3) 单位订阅与个人订阅比例仍呈畸形。这种不成熟正逐步向成熟发展，从发展眼光看，新型的在生活观念上有指导意义的精品刊物一定前景看好。

4. 根据以上情况，只要我们准确抓住读者心理，有可能把《三联生活周刊》办成一本大刊。

该报告涉及定位、读者对象、市场分析、周刊的语言方式、作者队伍预测、栏目结构、运作基本策略、发行设想、编辑部构架和发展规划十个方面，阐释了新闻与文化、新闻与生活、新闻与出版之间的结合点，既是见证《三联生活周刊》发展的历史文献，也是精要考量媒介社会关系的较典范的期刊策划书。它第一次较为系统阐述了新闻、文化、生活三者的关系，是对该刊内容操作、新闻视角、文本特点的揭示和自白。其核心价值在于，朱伟以其读者定位、内容定位和功能定位的系统思考，解决了自钱钢以来《三联生活周刊》一直试图厘清的问题，即如何处理周刊定位“三基因”：新闻、文化、生活三者的关系。

在内容定位方面，首先仍然强调“新闻”与“文化”这一基础定位。新闻性就是要“比较迅速地反映时代潮流流向与社会生活的变迁”，特别对“新闻”的处理，新闻的“由头”性质，整体决定了周刊的选题、文本甚至整体面貌，在由“双周刊”改成真正“周刊”，特别是2005年以后，周刊若即若离的新闻氛围，让读者更深切体会到新闻背后渗透着的文化与历史。

朱伟具体分析了读者对象及其流变。他对市场的把握，就基于他所发现的“新型知识分子”这一新出现的阶层，由此明确了市场空白点以及编辑出版行动空间。所以，他认为：“只要我们准确抓住读者心理，有可能把《三联生活周刊》办成一本大刊。”

从文化角度，周刊与“大众生活”的关系，不只简单地“敏感地记录”与“提供高质量的信息服务”,[①] 而是引入了“中介”“引导”与“服务”的概念，这就突出了期刊在社会主义市场经济背景下新的社会功能。这些功能定位既是对韬奋办刊宗旨的继承，也直接成就了后来《三联生活周刊》的广告用语：“一本杂志和他倡导的生活”。

从其后发展来看，这一定位调整是成功的，堪称该刊稳定与成功的起点。

《三联生活周刊》的刊名，完整体现出杂志的“三基因”：“周刊”的时长特性，决定了其内容的深刻与从容寻找独特角度的新闻性；“三联”代表着其文化的传统；“生活”是其内容，也是目标。“一本杂志和他倡导的生活”，正以最简洁的话语，略去新闻由头，藏起文化视角，直接浓缩并呈递出与读者息息相关的“生活”本质来。

第二节 深度报道“新生活观”的专题特色

《三联生活周刊》曾在一份杂志宣传中说，该刊的“文章既有采访深入、报道视角新颖、阐述透彻的社会和经济生活类新闻，又有高雅、前卫、风趣的文化生活类小品，是目前国内具有影响力和综合性新闻文化周刊”。综合性指它对新闻和文化的有机合成，具体表现在广角镜般的视野和活跃的期刊话语形式；新闻性是其灵魂，这不仅指其敏锐的新闻感觉、无声表白的时代意识，也指其通过封面故事、专题报道等表现出来的潮流观察和时代性引领和追求。而综合性、新闻性，都最终润物细无声地融会在读者现实的日常生活里。“一本杂志和它影响的生活”是《三联生活周刊》最早为自己确定的广告语，首次出现在1999年11月15日出版的总第99期的征订广告上，后演变为“一本杂志和他倡导的生活”。

“我们的概念是以新闻作为由头，然后用文化批评的方式，对新闻做

① “《三联生活周刊》将与生活同步，敏感地记录中国人民生活的变化踪迹，并对提高人民的生活质量和精神品位做出不懈努力。内容定位：侧重于大众经济生活和文化生活。对与大众关系较密切的国内外时事和热点话题，及时做出生活化的深入报道；对大众生活的各个方面提供高质量的信息服务。”见《〈三联生活周刊〉十年》，生活·读书·新知三联书店2005年版，第426页。

一些文化讨论，或者文化评述。也就是用文化的态度讨论发生的新闻事件，把新闻和文化、生活结合。”① 这种期刊编辑理念形成了《三联生活周刊》特有的新闻、文化、生活交织的文本结构，其文本结构特色首先体现在该刊的专栏设置中，其次体现在每期的主打文章封面专题中。

《三联生活周刊》的大小专栏合成为以深度报道、信息梳理、视觉、读者服务互动等四个板块，每个专栏都有相对固定的页码位置，以利经常阅读的老读者形成定读性，拿到杂志后迅即翻阅到自己喜欢的专栏。这是期刊版面风格成熟的标志。据行家观察，“《三联生活周刊》的文化永远是它的第二卖点，铁杆读者甚至跳过第一卖点封面故事直接阅读文化版”②。

一、《三联生活周刊》以专题确立影响力

“1997 年，是《三联生活周刊》的一个转折点。一本杂志开始步入正轨，开始有了影响力，也奠定了它的历史方位。”③ 其历史方位，就是《三联生活周刊》二十余年的历程使其成为中国改革开放进程的见证人和记录者。1997 年是中国体制改革开始深入、经济生活日益活跃的一年。梳理过往历史时，三联人欣然承认：“1997 年《三联生活周刊》的主角只能是方向明。”1994 年，方向明参与创办《三联生活周刊》，任主笔、副主编，据他回忆：“在上一轮创办期的团队中，我是唯一留下的传媒人士。”因为“董秀玉找我多次谈话，希望我留下来。”④ 在当年 24 期《三联生活周刊》中，他总共写了 12 期封面故事。第 1 期题为《中国股市跨年度风云》，第 23 期题为《中国最大家族企业产权演变轨迹——希望集团：从传统奔向现代》。后者因“对中国家族企业的第一次深入解读，前所未有”，而被诸多商学院认定为经典教学案例。当年 4 月底总第 38 期推出的《巨人集团兴衰

---

① 朱伟语，见《用文化审视新闻〈三联生活周刊〉的十年》，《新京报》2005 年 4 月 15 日。

② 闫肖锋：《新周刊菜谱——杂志的栏目设置及内容节奏》，《青年记者》2008 年 1 月。

③ 方向明：《1997：只知当时无论后来》，《三联生活周刊 600 期纪念特刊》，《三联生活周刊》2010 年第 42 期。

④ 方向明：《关于〈三联生活周刊〉的回忆》，《〈三联生活周刊〉十年》，生活·读书·新知三联书店 2005 年版，第 133 页。

史真正奥秘》，因独家报道而被誉为中国民营企业的第一部兴衰史，也使方向明成为中国企业研究中“研究失败”的领先人物。巨人集团总裁史玉柱因方向明力荐而获选2000年“CCTV中国经济年度人物”，从另一角度印证了方向明“研究失败”的价值。1997年8月底，《三联生活周刊》总第46期刊发方向明撰写的封面故事《中国VCD：大国还是强国》，独家披露了当年VCD行业巨头拟结成联盟的圆桌会议全部内容，第一次以厚重的笔触全面报道了该行业发展中的问题，引起巨大的社会反响，并在多次高层会议上引用该报道中的观点。此报道还创造了两句流行语：“先驱成为先烈”“大国不是强国”。“先驱成为先烈”比喻过早夭亡的某领域开拓者；“大国不是强国”更成为国人加入世界贸易组织（WTO）进程中反省、描述中国的基本格式，“是汽车大国而不是汽车强国”“是彩电大国而不是彩电强国”“是手机大国而不是手机强国”“是出版大国而不是出版强国”等。VCD或DVD早已退出国人的生活，计算机本来就替代了它的功能。1999年12月，《三联生活周刊》总第101期再推出《VCD死亡档案》，“全程记录了这一令世界瞠目的‘颠覆性创新’。”[①]“方向明在这一年，以一己之力，将《三联生活周刊》的深度报道能力提高到了让业界开始赞美的程度。《三联生活周刊》也是从这一年开始，具备了真正深入的影响力。”[②]

二、“9·11”专题的重大影响

《三联生活周刊》深入读者进而逐渐影响社会的是2001年的“9·11”专题。美国“9·11”事件是影响21世纪全球历史进程的重大事件，《三联生活周刊》抓住这一国际重大事件，首次演练快速反应报道，连续推出《星条旗落下》《丧钟为谁而鸣》《恐怖主义的沼泽》三期专刊，标志着周刊从一本文化趣味的杂志向一本新闻报道为主的新闻媒体转变，赢得了中国读者的广泛认可。2001年第37期，有整版彩页描述的《星条旗落下》

---

① 方向明：《1997：只知当时无论后来》，《三联生活周刊600期纪念特刊》，《三联生活周刊》2010年第42期。

② 《1997私企崛起》，《三联生活周刊》2010年第42期。

出版节奏是：

北京时间9月11日20：45，纽约发生恐怖事件

北京时间9月11日22：00，《三联生活周刊》编辑部确定更换封面

北京时间9月12日12：00，纽约、华盛顿、柏林等地记者发回稿件

北京时间9月13日04：00，制作完成，送印厂

北京时间9月14日12：00，杂志上市，封面《星条旗落下》

这一期本来已经发排下厂，封面专题是《内蒙古的迁徙》，描写贫困农牧民移民。当晚10点，编辑部决定撤稿换封面，并让国际部苗炜等人分头写文章，第二天中午前交稿，同时约请海外特约记者按时发回现场报道。此前该刊的封面故事通常由一名主笔或记者完成，篇幅为十页码左右，该期的专题由多人突击共同完成，页码也陡增到三十多页。《三联生活周刊》就这样凭借文化思想底蕴、快速反应能力和突破自己、挑战自己的勇气，在短短一天时间内完成长达26页的大型特别报道的编辑、印刷、制作工作，抢在国内所有同类刊物上市之前面市，让读者看到了全方位的报道与思考。随后两期的封面故事：《丧钟为谁而鸣》（2001年第38期）是"9·11"专集，对事件做出更从容、更全面的思考，也是周刊第一次尝试以整本杂志的篇幅对一个重大事件做出尽可能全面、权威的深度报道；《恐怖主义的沼泽》（2001年第39期），又对这一当代最重大的恐怖事件做出全面反思。

朱伟临时决定第37期加印到5万册，发行部是犹疑的。《三联生活周刊》每遇重大事件总推出重要专题且大多加印，第一次大量加印从"9·11"专题开始。细心的操办者还发现，"2001年9月11日这天编辑部在短短一天内制作出来的封面故事《星条旗落下》，以及随后的一期《丧钟为谁而鸣》，深刻的影响到此后周刊发展进程中的许多重要阶段和步骤。"① "9·11"报道给周刊带来的不仅是发行量的提升，更重要的在于品牌影响力提升和刊物形象定位改变之始。因为这一专题，《三联生活周刊》

---

① 蔡伟：《改变2001》，《三联生活周刊》2010年第42期。

在读者心目中初步完成了从一个小众的生活刊物走向一个记录时代历史大刊的第一步。它赢得的最大胜利或许是隐性的，那就是让读者每有重大事件发生时，就开始期待三联的声音。要说“一本杂志和他影响的生活”，此为例证。

人类自工业文明以来的传播史表明，国际国内重大事件一般都成为中外媒体综合实力大比拼的战场，有些媒体往往借重大事件的及时深入报道脱颖而出。《三联生活周刊》2001 年年初已由双周刊变更为周刊，成为改革开放期刊史上继《瞭望》之后的第二个周刊，而《财经》《新周刊》依然是半月刊，因刊期制约有心无力深度参与期刊竞争。《三联生活周刊》的“9·11”专题，有重大事件的媒介机遇、填补中国周刊市场空白、突发事件的专题应对等多维的期刊理论案例意义。

三、求解“新生活观”的专题视角与特色

《三联生活周刊》的深度报道板块包括《封面故事》《专题》《社会》《经济》《科技》《文化》等专栏，是每期杂志的第一卖点。“封面故事是脑袋，要体现一本刊物的思想和智商。”朱伟在其博客文章中这样表述他的思考。《封面故事》告示着这一期杂志的新闻话题，是杂志品牌主打栏目，代表着《三联生活周刊》的选题价值取向。深度报道的采编工作大多由社会部完成，因而朱伟多次指出社会部因专题报道主导了《三联生活周刊》。

2001 年真正按“周”刊运作后，把封面主题做成硬新闻，以最快的速度反映国内外的重大新闻事件，尽一切可能提高时效性，也成了周刊的自觉追求。这既是经营策略的内在要求，也是一本新闻期刊的权威性所在，更能满足读者对新闻阅读的“三联”式期待。2002 年 4 月总第 190 期，韩国空难，周刊记者李菁跨国采访，由所做的封面故事《国航悲情时刻》开始，出国采访成为周刊运作的常态之一。

《三联生活周刊》在 2002 年的征订广告中告示，“关注时代进程中的重大事件更全面、更深入”。为了“更全面更深入”地把握、理解重大事件的时代意义，《三联生活周刊》把记者的采访突破能力放在第一位。后来升为继任主编的李鸿谷要求他的社会部记者，一篇两页的稿件要采访到

10个采访对象，强调采访量、采访所得信息决定一切，凡采访写作稿件总不断叩问“核心信息源”，以致“核心信息源”成为该刊众人认同的工作规范用语，“成为这家杂志思想基础里重要的概念之一”①。

1998年1月，郑州发生公安局长张金柱酒后驾车碾死平民事件。2月25日，载有《谁能审判张金柱》封面故事的《三联生活周刊》摆上书报摊，第二天，张金柱被执行死刑。这专题为自采稿，执笔者高昱做了较深入采访，访谈了刑法学界部分专家意见，拟发稿以提出张金柱该不该判死刑为主题。编辑部在发稿时，注意到了该稿件所呈现的事件的复杂性：“关系、权力、民意、舆论都显示了各自或强或弱的力量，唯独事实、法律被召之即来挥之即去，唯独公民权利这个文明社会最神圣的圣杯没有自己的位置。”高昱按照编辑部意见改写了稿件，突出该事件中法权与人权的交织，其叩问尤其让社会警醒：“法究竟是维稳的工具，还是追求的目标？权力者翻手为云覆手为雨，民意则永远在莫测变化和自我否定，悠悠苍天，谁断是非？”②《三联生活周刊》由此“完成了一次对社会热点事件独家深入的突破”③。2000年2月底出版的总第106期以新浪“推迟上市”为由头，首次讨论了新互联网企业的资本运作。2002年4月初出版的总第187期，以封面故事《故宫百年大修》郑重关注文化遗产保护，文章提出的问题尤具思想性：2008年以后的故宫会不会像卢浮宫那样和参观者产生越来越近的亲和力，成为一个真正的历史艺术宝库？尽管《三联生活周刊》偶尔露峥嵘，提出耐人深思求解的问题，但这不是该刊长期的个性追求。董秀玉一直主张“《三联生活周刊》不以尖锐取胜，而以新闻的平实、生动打动读者”④。朱伟在回答记者问时也肯定，新闻的锐度是很重要的，新闻的锐度主要是对时代脉搏的敏感性，因为，我们作为媒体，应该是一个时代变化的记录者。

《三联生活周刊》的读者对象多为文化水平较高的阶层，他们对变化着的世界非常敏感，不断观察新的动向，从而重新审视自己，为自己确立

① 《〈三联生活周刊〉十年》，生活·读书·新知三联书店2005年版，第232页。
② 高昱：《1998年，张金柱让我成为“异教徒”》，《三联生活周刊》2010年第42期。
③ 《1998政府改革》，《三联生活周刊》2010年第42期。
④ 《〈三联生活周刊〉十年》，生活·读书·新知三联书店2005年版，第380页。

新的价值规范。这时，具有前瞻性、能为他们开拓信息与思维空间的媒体，正是他们需要的。中央电视台经济频道负责人袁正明的一句话好多年都印在周刊宣传材料上：“每当有新闻出来以后，我们都要看看《三联生活周刊》怎么说……”① 朱伟说：“我们希望读这本杂志的人和做这本杂志的人能共同探讨在一个新的时代里，作为一个比较先进的知识分子（就是我们的读者）怎样来做一个有新的生活观的人。这个新的生活观，比如说他对待社会的态度，他是不是应该激进地对待生活的态度，比如说他对待法律的态度，比如说他对待人和人之间生活关系的态度，他对环境的态度、对工作的态度等，态度是非常重要的。”②

《三联生活周刊》1997 年 3 月底总第 36 期推出的封面故事《汽车：一个世纪的速度》，出自胡泳、刘怀昭之手，对汽车所代表的工业革命对人类生活的影响做了全面反思。

《三联生活周刊》的成功，取决于新闻与文化结合的创新。《三联生活周刊》避开了单纯的新闻报道，也没有做纯文化传播，而是把二者结合，立足于新闻的文化解读，才能提供一个更加深入、深度的阅读。《三联生活周刊》提供的新闻，大多是在别的媒体都做过新闻报道之后，重新捡起的深度解读，这样的解读能让读者感觉到别有洞天，跟别的媒体观察角度不同。这获得了习惯于思考、乐于思考的有思想读者的青睐。特别当信息传播高度发达，轻松的快餐式阅读培育着人们“阅后即焚”的习性时，还有一份媒体能让人们细细去读、慢慢思考、深入其中，可谓不易。一个成熟的社会，需要思考与理性，《三联生活周刊》在快速转型期的中国，做出了自己的努力，也形成了自己的魅力。

《三联生活周刊》的选题与文本，是对新闻事实的再加工。该刊选题深度报道，新闻事件不是绝对和唯一的关注，新闻事件已沦落为“由头”的地步，兴趣点实在文化评述。三联人利用自己擅长的文化视角和人文关怀，对新闻进行初选，作为原材料，进行文化味道的再加工，经过记者的

---

① 邹剑宇：《三联不错，挺小资的》，见《〈三联生活周刊〉十年》，生活·读书·新知三联书店 2005 年版，第 222 页。

② 《三联生活周刊》朱伟做客新浪聊天室，见 http：//www. sina. com. cn（2003 年 11 月 18 日 16：51）。

细节呈现与主笔风格化文本包装，为读者提供一期携带着可形成观念的生活故事。2005 年是中国抗日战争胜利 60 周年，《三联生活周刊》推出了《沉睡的中国》（3 月 28 日，总第 329 期）、《中国人的血与火》（5 月 2 日，总第 333 期）、《国共携手共赴国难》（6 月 6 日，总第 338 期）、《全民抗战》（7 月 15 日，总第 344 期）、《审判军国主义》（9 月 5 日，总第 351 期）等五个专题合成的重访历史系列。这一专题系列篇幅长达 334 页，是杂志集中表现历史重大题材的突破，其新的历史展示方式也为学界与业界行家称道。其“操作方式是，努力进入历史事件、历史现场的细节，通过对细节的重新追究，改变空洞的历史，使历史能尽量呈现出真相。为了逼迫记者做细，我们考虑了一个做一周的结构，每个记者做一天，找历史记录，采访当事人后代或研究者。然后，在这一周前由蔡伟做一个事件发生的背景叙述，将每一期连接起来”。[①] 这五期杂志后来单独盒装成套出售，更显专题创意受读者欢迎程度。“《三联生活周刊》的文章一直保持着节制的基调，撒网找人时顾不得姿态，变成铅字时又得将自己隐藏在细节的叙述之后。”“这是一种特别尊重读者智力的方式，不去笼罩他人的判断，记者没有占有材料的优越感，而是给你提供思考的可能性。”[②]

“《三联生活周刊》是新时期第一本由文化机构创办的新闻杂志，其显著特色是文化性与新闻性并重，力求使新闻具有历史的品格，又使文化具有当下的活力，这种追求本身体现了对生活的一种理解，在此意义上，它无愧是老《生活》周刊的现代版。”[③]

第三节 艰难的社会资本合作探索

2002 年，有媒体注意到：“《三联生活周刊》是内地最早采用全彩色印刷的新闻和生活周刊，也是最早以委托广告经营权方式而引进业外资本

---

① 《2005 选秀年代》，《三联生活周刊》2010 年第 42 期。

② 吴琪：《从认识马加爵起：寻找答案的行走》，《三联生活周刊》2010 年第 42 期。

③ 周国平语，见《三联生活周刊十年》，生活 · 读书 · 新知三联书店 2005 年版，封底。

的杂志之一。”[①] 杨浪忆及创刊历程的突出印象是，“一创刊就是‘磨合’，不是与市场的‘磨合’，而是与投资方的‘磨合’”。[②] 三联书店认为：“社会资金进入媒体的曲折与复杂，《三联生活周刊》是标准样本”，该刊的“风雨资本路”[③] 成为中国期刊史上具有鲜明时代特征和开创意义的创举。

朱伟说董秀玉“一心借社会力量来哺育《三联生活周刊》”[④]，也有本单位被逼的成分。当时，《三联生活周刊》的主办单位三联书店“房无一间，地无一垄，账无余款”，条件非常艰难。在书店内部无法提供资金的条件下，要做需大投入的周刊，则需超前的想法——与社会资本合作。“从三联的发展战略说，这也是冲破三联困境的关键一大步。我们只能，也必须义无反顾地冲上去。”[⑤] 董秀玉说：“分出经营的这一块，与社会资本合作。生活周刊应该是做得相当早的。当时一方面自己没钱，同时也想尝试用广告来养刊物。我在香港时就调查了很多刊物，都是这种模式，我以为这是值得尝试、对周刊一定会行之有效的。前提是广告一定不能制衡我的内容。编一本三联自己的周刊，是我的基本点，这一点，丝毫也不可动摇。”[⑥]

《三联生活周刊》曾先后与五家投资商洽谈或合作。第一次与业外资金合作，是与早已准备打入内地媒体市场的香港商人于品海，双方由于目标一致很快达成协议。“在于品海看来，他与三联的合作实际上启动了一种新的商业模式，这在当时，是‘绝对超前’，后来一轮媒体投资热中，都是沿袭这种模式的。”但因为“典型的政治水土不服”而未能长久，[⑦]

① 张旭：《命运多舛的〈三联生活周刊〉》，《文化月刊》2002 年第 15 期。

② 杨浪：《如果让我对 15 年前的自己说》，《三联生活周刊》2010 年第 42 期。

③ 见《守望家园——生活 · 读书 · 新知三联书店》，生活 · 读书 · 新知三联书店 2008 年版，第 45、138 页。

④ 朱伟：《总编辑董秀玉》，见林道群等编《三十年的书与事》，2011 年香港自印本，第 275 页。

⑤ 董秀玉：《期待时代大刊》，见《〈三联生活周刊〉十年》，生活 · 读书 · 新知三联书店 2005 年版，第 7 页。

⑥ 董秀玉：《期待时代大刊》，见《〈三联生活周刊〉十年》，生活 · 读书 · 新知三联书店 2005 年版，第 8 页。

⑦ 见《守望家园——生活 · 读书 · 新知三联书店》，生活 · 读书 · 新知三联书店 2008 年版，第 138 页。

“第一轮投资方因政策原因撤走，颗粒无收”，董秀玉“觉得十分抱歉”[①]。第二轮投资方撤走则是因观念不合，在内容上三联不肯让其干预。第三轮[②]则是投资方本身的资金出了问题。这轮合作失败，导致杨浪辞职，编辑部解散。幸好第四轮投资者国康实业有限公司很快于1995年8月跟进。形式上，三联书店以其下属公司电脑事务所、设计事务所的名义，与国康公司合资成立了一个股份公司——北京三联阜康文化发展有限公司（以下简称阜康公司)，注册资金300万元。1995年11月24日，三联书店与阜康公司就《三联生活周刊》签署了“委托经营协议书”，协议书约定，三联书店将周刊的经营权委托给北京三联阜康公司，包括设计、制作、印刷、销售、广告工作等，由此而产生的一切收益均归后者；后者则以广告费的形式拨付周刊编辑费用和必要的设备器材。协议有效期6年，到2001年11月24日终止。

根据协议，1995年10月，第四轮投资启动资金5万元开始到位，11月、12月，阜康公司每月向编辑部提供资金7万元；从1996年1月开始，阜康公司每月提供的资金为8万元。朱伟同期恢复编辑部。《三联生活周刊》从1996年1月总第7期开始，正式以双周刊期出版，进入了再没间断的连续出版新阶段。年底交邮局征订，争取到了八千多个订户。[③] 如此按双周刊运行，一直持续了五年。2001年1月1日，总第127期时，《三联生活周刊》终于迈出了关键一步，实现了真正的“周刊”运作。

媒体与社会资本的合作，在当时没有先例，只能在国家相关政策范围内探索尝试。三联与社会资本的合作，关键有两点：第一，委托经营。与投资者合作成立一个公司，《三联生活周刊》委托公司经营杂志的广告和发行，主要通过广告盈利，养活媒体；第二，守住编辑权。编辑部由三联书店组织并控制，经营权的分离，更意味着编辑权的坚守，社会资本一定

---

① 董秀玉：《期待时代大刊》，见《〈三联生活周刊〉十年》，生活·读书·新知三联书店2005年版，第8页。

② 齐爱军在《新时期新闻周刊的生存和发展》中记载，这三轮投资方分别是香港的智才企业有限公司、泰国华裔传媒大王林明达的万利捷公司、深圳广德光电机械实业有限公司。山东人民出版社2005年版，第48页。

③ 《1996互联网离中国有多远》，《三联生活周刊》2010年第42期。

不能制衡内容编辑。这既是《三联生活周刊》的成功经验，也是一贯的出版主张。1995 年 12 月，三联书店在给国家新闻出版署的工作报告中，就该刊吸纳社会资本合作运营的经营方式作了汇报："'编辑自主，经营外联'是我们基本的经营策略。我们严格控制所有的编辑工作，不准任何人干预；同时，现代传媒，无论中外，都已经主要以刊登广告为主要收入来源。因此，我们在经营上亦采取将广告承包给外单位的方式，以确保印制和部分编辑费用。"①

经过近五年的经营，《三联生活周刊》名声渐起，一个虽然不很大，但是铁杆的读者群逐渐形成，在主流文化读者中树立了优秀品牌形象。杂志的连续出版，与此相随的是广告页在不断地增加，周刊进入良性循环的轨道，经营状况逐渐好转，到 1999 年、2000 年时，已经盈利。

三联书店与阜康公司的正式决裂，始于 2001 年 3 月 2 日，三联书店单方面终止阜康公司对周刊的委托经营，到 2001 年 11 月 24 日委托经营期满后，三联书店将为《三联生活周刊》寻求新的投资人。3 月 5 日，在董事会上，朱伟的执行总经理被罢免。3 月 6 日，《三联生活周刊》编辑部被扫地出门，不准带走所有办公用品、资料，每个办公室都有人监视，只允许带走个人物品（这造成了 2000 年以前的周刊现在成了稀缺品）。从此，周刊搬出了创刊的净土胡同 15 号小院。4 月 4 日，三联阜康文化发展有限公司以"在未得到原告同意的情况下，擅自单方面终止合同"为由，将三联书店告上法庭。最后，法律所要解决的，也只限于三联书店要付出的赔偿金额。

在三联书店与阜康公司合作失败将诉诸法庭时，当年有媒体资深人士指出："作为媒体同行，我们不必判断这件事情的是非曲直，倒是作为引入商业资本的先行者，《三联生活周刊》迄今为止的历史，已经给人们留下了许多可琢可磨的故事。从这个意义上讲，这场尚未结束的官司无论如何结案，都会给媒体以及有意在媒体投资的人们以启迪。"② 启迪的核心内

---

① 《编辑部纪事》，《〈三联生活周刊〉十年》，生活·读书·新知三联书店 2005 年版，第 458 页。

② 赵燕凌等：《媒体资本运营启示录》，《中国经济信息》2001 年第 17 期。

容是："当媒体的产权归属、资本进入的合法性尚在相对模糊的时刻，所有资本对媒体的进入在理论上都是有一定风险的。""在这种情况下，做成了是一种偶然，失败了倒可以被看作必然。"① 这就是《三联生活周刊》社会资本运营的案例意义之一。

"周刊后来的发展证明当时三联的改周刊决策层是完全正确的。实际上《三联生活周刊》走出困境是从 2001 年真正变成周刊开始的。周刊的广告和发行量在 2001 年以后不仅上升了，'而且上升的幅度很大'。广告代理公司在 2001 年提供的广告费是 700 万—800 万元，'但是我们开始起步后，到 2003 年，一下跃升为 1800 万元，2003 年《三联生活周刊》从经济上彻底走出困境'。"②

2005 年后，《三联生活周刊》再一次向综合性周刊调整，发行量也几次突破瓶颈，朱伟称为周刊发展的第三阶段。"现在三联杂志（尤其周刊）的利润已经大大超过图书"③，"第六年盈利了，第七年起改周刊，加大投入，又亏损。但因为控制了成本，第八年又转为盈利，第九年起扩大盈利，到第十一年起，才开始进入较大喜悦的连续、持久发展。从 2005 年至 2009 年，《三联生活周刊》连续 5 年做到了每年广告量增长超过 15%、发行量增长超过 20%、利润增长超过 20%、人均年利润超过 20 万元的经营指标。"④

正如建立市场经济是需要长期努力的系统工程一样，实际操作中，媒体寻求与资本的合作，存在一个摸着石头过河的探索过程，这也是合情合理的。2010 年 10 月，杨浪在《三联生活周刊》回顾早期媒体与资本运营历史时，形成如下认识："市场化意味着投资意向的清晰与投资结构的稳定，也意味着对运营机制的掌控和与经营团队的契合。这些 15 年后明白的道理，在当年并不清晰。做一本兼具人文特征与新闻性的周刊，需要学术

---

① 赵燕凌等：《媒体资本运营启示录》，《中国经济信息》2001 年第 17 期。

② 《守望家园——生活・读书・新知三联书店》，生活・读书・新知三联书店 2008 年版，第 143 页。

③ 董秀玉：《期望时代大刊》，《〈三联生活周刊〉十年》，生活・读书・新知三联书店 2005 年版，第 10 页。

④ 朱伟：《1995—2010 我们与这个时代》，《三联生活周刊 600 期纪念特刊》。

界与新闻界的融合贯通。这个道理当时明白却并无经验，而且，15 年前，中国‘报人’的素质差强，但成熟的‘杂志人’尚未产生。更重要的，15 年前，文化和传媒产业尚未觉醒，制度环境、投资环境、运营环境、对市场化媒体的容忍环境都很初级。所以，大多数投入此间的人都怀着梦想也留着退路，留下那些坚定又最有韧性的人迎接黎明。”

媒体与资本的合作，是《三联生活周刊》的艰难尝试与创新，其实质是期刊经营的市场化。当时正是我国社会主义市场经济初期，这种开创性策略的运用，虽影响了周刊前期的稳定，实际最终成就了《三联生活周刊》，因而在改革开放期刊史上有独特的意义。

《三联生活周刊》的主办者是“竭诚为读者服务”的生活·读书·新知三联书店，一直努力于建立知识界的精神家园，营造书香社会。作为三联书店重要一翼的《三联生活周刊》，拓宽了读者面，有着越来越大的影响力，在刊物内容风格与精神深度层面，已成为三联书店的一个品牌，它正与“三联书店”品牌互动，努力打造着一个文化中国的精神符号。在其软硬实力成为中国出版业旗舰的同时，维系了邹韬奋开创的《生活》周刊传统和血脉，并将其在 21 世纪发扬光大。它追摹、借鉴国际大刊经验，取得了改革开放期刊史上中国新闻生活类周刊的显著成就，在专题采写策划等方面积淀了丰富厚实的“《三联生活周刊》经验”。

第十二章

《新周刊》：追求新锐的时事生活周刊

1996年创办的《新周刊》以“中国最新锐的时事生活周刊”为标榜，成为期刊界的“黑马”。该刊创办10周年时，中国期刊协会在贺电中说：“十年来，你们以一个又一个令人感到既是意料之外又是意料之中的话题，以纵驰率性却满含逻辑力量的论评，以新颖的文图与出自胸臆的构思，吸引读者，为我国期刊事业开辟了一片新天地。当代中国期刊史会记下你们作出的贡献，并望你们继续奋发前进，再谱历史新篇章。”

《新周刊》是在全球化背景下本土化期刊的优秀代表。该刊依靠“新锐”内容创立品牌，创造了期刊市场化运营的中国经验。“一个时代·一群人·一本杂志·一个传奇”是其20年历程的关键词，其专题策划更使它成为时代的体温表，见证和记录了这个时代。

第一节　“新一点”的模糊定位

1996年8月18日，《新周刊》在广州创刊。创刊号封面是毛泽东和邓小平的合影，意在呼应首期专题《中国可以说不》。总期号标注为“第0期”。从“0”开始并非“一无所有”：创办者孙冕此前已从《新舞台》《晨报》《七天华讯》的短促出击中挖到了第一桶金，在中国报刊市场化产业化肇始期尝试和积累了市场经验。

最初的《新周刊》定位为一本时事生活周刊，大开本、新闻纸、彩色黑白套印，每期64页。办刊的理念是“我们所有的努力，就为了新一点”。

"《新周刊》在视觉和话题方面，有一大部分都继承了《七天华讯》的东西。所以那段时间的合作和交往，使他们接受了很多新概念。我就帮这本新诞生的杂志做了一个 LOGO，在'周'字上放上了一个地球，意思是站在世界的角度上看中国。"① 做出完整版 LOGO 的是曾在《中国美术报》工作的傅沙，孙冕将他调到《新周刊》任设计总监。他在敦厚的宋体字下放置一个泛着蔚蓝光晕的地球，带给人力量和希望。

改革开放后的广州人才济济，处于改革前沿而让人热血沸腾。《新周刊》有幸聚集了一群职业资讯人，这使得一个可信赖的媒体的诞生成为可能。其中，孙冕是广告行业出身，善于引发创意，勇于吸取香港和欧美报刊的特色，《新周刊》国际化的视野由此渗透；刘香成眼光长远，将前沿的设计理念引入杂志，对图片、版式有专业的审视和塑造能力，超前预判了国内的期刊设计方向；② 张海儿用镜头直接将杂志推进入都市生活，使《新周刊》的图片逼近国际化水准；主编封新城毕业于兰州大学中文系，在电台工作时已连续两次获得中国新闻奖，自称做《新周刊》是多年积累的一次大爆发，③ 其诗人思维深深影响了杂志的语言风格，简洁、犀利、准确、创造性强，在《新周刊》任职 19 年后于 2015 年 6 月 18 日正式离任。《新周刊》核心团队不仅以热情投身其中，更以专业的态度对待从采编到出版的每一个细节。

《新周刊》的《创刊词》中提出了一个口号："我们所有的努力，就为了新一点"，且印在创刊号及以后数期封面上。"周刊"是一种期刊体裁，"新"使其成为中国期刊史上用字最少的刊名。因为刊名，以制造话题出名的《新周刊》不自觉地以身说法，创设了长久的期刊专业问题——在以定位为主题词的市场经济时代，模糊定位的期刊如何运作？《新周刊》20 年与生俱来地伴随了模糊定位突围，艰难而又执着。就在这定位突围和

---

① 刘香成语，见陈艳涛《刘香成〈新周刊〉的十年来之不易》，《新周刊》2006 年第 16 期。

② 傅沙回忆说："刚来的时候，就有同事告诉我，《新周刊》的前身《七天华讯》的合作人，是曾获得过美国普利策新闻奖的刘香成，非常厉害，对图片的要求一丝不苟，国内有些知名摄影师也曾挨过他的呵斥。刘香成的作风对我影响很大。"见《〈新周刊〉口述史》，漓江出版社 2006 年版，第 110 页。

③ 见百度百科——封新城条目。网址：http：//baike. baidu. com/link？url = uai0g0ykorlt4v7zpKjtxrdqX7xY7Tmy1DYJRNO2riYKnlVQGcgyNYfyyccIinjizY4jC2u3RPS4HuQ4H1DPpta。

抗争中，《新周刊》人逐渐作别“诗意的栖居”。

创刊之初的《新周刊》八开本，新闻纸印刷，大图大标题，文图比例对半开，开题大图切题、抓人、有气势。1996年前后，国内鲜有人见过这种“大杂志”，其“外形”在当时非常出彩。《南方周末》评论说：“从创刊号看，该刊准备既走新闻路线，又不放过消闲路线。56页全彩色以及大量令人目不暇接的图片构成了其最锐利的特点。”①

《新周刊》全国发行，每期发行2万—3万册，未做宣传，亦无广告收入。《新周刊》一年花费一百余万元，资金全部从三九广告公司支出。②“《新周刊》创刊的第三个月，1996年10月25日就主办了周华健在内地的第一场演唱会。当时所有员工都到体育场卖杂志，卖周华健小册子。首次作秀赚了六十多万元。”③ 借着演唱会的火爆阵势，《新周刊》开始有了知名度。

第二节 “新锐”是《新周刊》的品牌基因

世纪之交的中国传媒业呼唤资本运作，但因制度约束和政策限制，实践层面则讳莫如深。《新周刊》是最早注入了国内非出版业国有资本④的期刊之一。其中有一个细节要明确，并非先有三九胃泰公司的投资《新周刊》才实行改刊，而是《新周刊》先有了改刊意向，为实行更市场化的改刊却缺乏资金，《新周刊》才寻求三九胃泰公司支持，才有两家一拍即合，

① 《南方周末》1996年8月23日，转引自《传媒关注〈新周刊〉》，《新周刊》1996年第6期。

② 喻乐在《新周刊，幸存者的游戏》中说：“一年下来便花去了一百多万。这些钱都是从三九广告公司里支出的，而三九广告公司是1992年由元老孙冕与目前已是导演的孙周一起创办并经营的公司。三九广告公司只是三九集团的二级公司。三九广告公司有独立的经营和投资权力。换句话说，《新周刊》的事情三九集团是不管的，孙冕把他们俩拍广告赚来的钱投资到《新周刊》。”见《传媒》2004年第8期。

③ 《〈新周刊〉口述史》，漓江出版社2006年版，第38页。

④ 在2015年6月18日封新城亲笔撰写的辞职感谢信中，对于这笔投资是这样表述的：“感谢赵新先，三九集团980万的投资让《新周刊》在期刊市场闯出了一条自己的路。”文中所记800万总投资金额的时间截止于2006年。喻乐在《幸存者的游戏》中记载：“投资分为两块，一块是投给编辑部的800万，一块是投给负责发行的三九文化发展公司。这800万的投资在如今这种投资环境里看来当然算不上什么，但在当时却是生死攸关的事情。”见《传媒》2004年第8期。

成就了《新周刊》借力国有资本市场化求索的佳话。

1997年《新周刊》改版缘于广告商的要求。当年6月，一家香港广告公司想代理广告，且要求《新周刊》改为铜版纸彩印。《新周刊》创刊号的广告页极富创意：在预留的两个空白页上分别写着“这一页留给最有眼光的广告商”“人们已经习惯于在最好的杂志上见识最好的品牌”，字印得很小，却分外醒目。其经典性不仅在于幅面宽广的空白为广告语留下了想象空间，更在于其极端话语使其成为不易化解的悖论：如果刊登的广告不是最好的品牌，那就实证了《新周刊》不是最好的杂志。《新周刊》“在创刊号出版一年半，杂志已经颇有声名的时候，仍然没有一个自采广告，和广告公司之间没有任何联系，只是在香港有一间代理公司”。[①] 可见其广告运作能力和水平。事后多年，同事们感叹《新周刊》的市场意识从创刊号的那个广告就开始了。

封新城回忆：“在香港一位广告商的建议下，我们决定改为铜版纸胶装的形态。我们发现新闻纸虽然满足了文人的阅读倾向，但广告商只选择印刷品质高的时尚类杂志投放。这次改变让我们学会了面对市场，是从文人办刊到按市场观念去经营刊物的一次转变。”[②] 以“新一点”相标榜的《新周刊》亦开始“洗心革面”。

为经营广告，《新周刊》于1998年3月聘陈若云组建广告部。陈若云学广告出身，上任伊始便拿出学院派的套路，先推广品牌，用十几万资金做专项市场调研，为践行“学广告的人相信要用一句话来说清品牌才可”[③]的箴言，她确定了“最新锐的时事生活周刊”新口号取代“我们所有的努力，就是为了新一点”。《新周刊》完成了从“新一点”到“新锐”的风格定位嬗变。

“新锐”并非《新周刊》首创。著名作家楼适夷首创于20世纪30年代，并被赋予了崭新的革命意义。经过《新周刊》的期刊运作，“新锐”所裹挟的时代情绪与社会理性更为深广。该刊总主笔闫肖锋说：“‘新锐’

---

① 陈若云：《我在〈新周刊〉学到了什么》，见《〈新周刊〉口述史》，漓江出版社2006年版，第14页。

② 《〈新周刊〉口述史》，漓江出版社2006年版，第15页。

③ 《〈新周刊〉口述史》，漓江出版社2006年版，第106页。

符合这个时代说话的腔调，它既非革命，那样火药味太浓，又非新潮，那样太过轻佻。生猛又时尚，有张力又有冲击力。”① 《新周刊》自觉强化广告经营从明确期刊总体定位开始。

《新周刊》的广告收入波动幅度非常大，曾有过年广告收入 4000 万元的辉煌战绩。从 2006 年开始，该刊将广告全部外包给一家广告公司，每年给广告公司定保底任务，超额完成的广告费用归广告公司所有。这样做，一来可以确保每月有固定收入，免去挨个收取广告费的麻烦和风险；二来保证了采编与经营的完全分离，便于集中精力做内容。在此之前，出于同样的原因，《新周刊》已经将发行从自办发行和分销转由一家发行公司总包。现在的《新周刊》只负责内容编辑和组织各种品牌延伸活动。②

第三节　“视觉开发商”的创意

2001 年年底，封新城提出了“观点供应商、视觉开发商、资讯整合商以及传媒运营商”的发展战略。此举意在强化《新周刊》的功能定位以弥补其读者定位的缺失。“视觉开发商”作为《新周刊》的追求目标，强调视觉形态的国际化，并暗示有待开发的商机。

作为“视觉开发商”，《新周刊》的封面、专栏、图片、版面等有更细分的多角度指向。《摄影日记》《图片故事》作为最具特色和优势的独创栏目，印证了“视觉开发商”的价值和内涵。前者是日常生活的瞬间影像、摄影师观察视点的即时记录；后者则是以完整的图像语言和叙述方式，讲述一个生动而有深度的人生故事。这两个专栏“已凭借其最具人文色彩和影响冲击力的图片，在与著名摄影器材厂商的成功合作中，打造成为中国顶级摄影师展示其创作个性的专业平台”③。

《新周刊》是改革开放以来期刊史上最早觉悟到视觉开发的期刊。刘香成趁《新周刊》创刊之际，介绍了一种当时国内刊物少有的理念——

① 闫肖锋：《〈新周刊〉的榜文化》,《青年记者》2008 年 1 月。

② 庞春燕：《〈新周刊〉的十年之痒》,《传媒》2006 年第 5 期。

③ 肖锋：《〈新周刊〉菜谱》,《青年记者》2008 年 1 月。

刊物要有自己专业的摄影记者。刘香成如是说："当时中国的媒体对新闻的理解、对资讯的选择都太教条、太死板。在硬新闻发生时，很多有意思的事情都被忽略掉了。而在这个环境中长大的编辑、记者不知不觉会受到影响。通过合作，把视觉的东西和文字理念结合起来，希望能打破这种教条。"①

复旦大学新闻学院教授顾铮曾言："《新周刊》可能是国内杂志中最早提出'首席摄影'这个职衔的视觉系刊物。张海儿是中国当代摄影中最早把自己的目光投向都市生活的摄影家，都市意识是张海儿摄影的核心成分。而作为一本面对都市生活者的杂志，《新周刊》以张海儿为领军人物，确定视觉基调，可说是深谋远虑，而这同时也可以感受到杂志对于自身的期待与标准。十年来，以张海儿为首席摄影的《新周刊》的杂志摄影，已经确立了它对于杂志摄影的趣味与标准。而且张海儿的摄影始终保持在一个稳定发挥的状态，极具专业水准。他的摄影，也为中国第一代杂志摄影的风格与取向定下了一种标准。"②

从创刊起，《新周刊》就有视觉开发的自觉追求，并从期刊观念、图片采编③、岗位设置等方面有意识借鉴移植港台报刊，成为逐步完善而成效卓著推动期刊行业进步的"视觉开发商"。它从创刊开始，就不存在没有图片的报道。"《新周刊》在中国媒体中首先彻底抛弃了所谓'配图'的概念，在一个好的报道中，标题、文字、图片等要素没有谁比谁重要，而是都很重要，有冲击力的标题，有信息含量又耐人寻味的个性化文字以及很棒的图片，一个都不能少。"④ 这成为《新周刊》在激烈竞争的期刊市场上的制胜武器："在周刊类或者社会话题、生活时事综合类杂志中，视

---

① 《新周刊口述史》，漓江出版社 2006 年版，第 214 页。

② 顾铮：《开创中国杂志摄影新时代的〈新周刊〉》，《新周刊》2006 年第 16 期。

③ 封新城曾回忆说：《新周刊》"在创刊的第二期开始就和国外著名通讯社建立了固定合作关系，利用他们庞大的现代化的图片传输网络，每天在电脑终端上接收来自世界各地的高水准新闻图片。我在编辑部谈到对卫星图片的使用时总是强调，这相当于在世界上的每个角落，都有最优秀的摄影师在为我们打工，用不好就太不像话了"。见《一本杂志或一个品牌——来龙去脉〈新周刊〉》，新周刊社 2001 年 8 月内部印行，第 8 页。

④ 《新周刊口述史》，漓江出版社 2006 年版，第 17—18 页。

觉仍然是我们可识别或核心竞争力的一个组成部分。”①

《新周刊》的视觉开发清晰地留存了普利策新闻奖获得者刘香成的影响力。“1996 年，我的 M 图片社只向国内屈指可数的几家媒体提供图片：《七天华讯》和后来的《新周刊》，体育是《体坛周报》。”“当时我们的图片稿费之高是少有的，所以不能不说当时这几家媒体的主编是有远见和眼光的。”②《新周刊》1998 年 3 月出版的《泰坦尼克号全内幕》制作很精美，“实际投入却只花了几万元钱买图片和资料”，为一个专辑投入几万元的图片资料费，此前的中国期刊界未必有所闻。这一专辑曾创下《新周刊》历史上的销售纪录，“是‘数钱’的感觉，发行人员赚到了一大桶金”。③ 此专辑阐释了大众期刊作为内容产业的投入与产出，也证实了刘香成 2006 年所言：“中国媒体在 10 年前，开始在视觉语言和理念上有了突破性的发展。”④“当《新周刊》出现在 1996、1997、1998 年的时候，能跟上《新周刊》达到同等高度的不多，而现在达到《新周刊》水平的很多。”可见中国期刊视觉设计水平的历史时点、迅猛发展，以及《新周刊》在其中的引领作用。

1997 年 7 月，参与《新周刊》创刊的陈南豪受托扩建《新周刊》设计部：添置设备，确定视觉定位，制定设计规范，与流程主任制定工作流程。以此为界，连续出版的《新周刊》发展出两种不同的视觉形态：1997 年 7 月以前的《新周刊》的视觉形态是：大开本、大标题、文图比较对半开。此后，“《新周刊》制定的视觉定位是：简洁、严谨、丰富，所有表现形式都是为了更容易更有趣地阅读。”⑤ 陈南豪还说：“为中国的杂志工业

---

① 《〈新周刊〉口述史》，漓江出版社 2006 年版，第 26 页。

② 刘香成：《〈新周刊〉的十年来之不易》，见《〈新周刊〉口述史》，漓江出版社 2006 年版，第 214 页。

③ 见《一本杂志或一个品牌——来龙去脉〈新周刊〉》，新周刊社 2001 年 8 月内部印行，第 6 页。

④ 刘香成：《〈新周刊〉的十年来之不易》，见《〈新周刊〉口述史》，漓江出版社 2006 年版，第 215 页。

⑤ 陈南豪：《杂志的视觉标准与工艺标准》，见《〈新周刊〉口述史》，漓江出版社 2006 年版，第 112 页。

建立视觉标准和工艺标准，这是我很想做又一直在做的事。”①

1997 年 10 月《新周刊》推出的号外《中国不踢球》，既是该刊最有影响的专刊之一，也是其视觉开发走向集体自觉的重要里程碑。“《新周刊》真正引起全国性反响，就是从《中国不踢球》这期‘号外’开始的。应该说，它的轰动，不仅因为这个热点抓得非常及时，更主要的是表现得非常有个性。黑色的封面，白色的大标题，简洁有力、一语中的、打破常规，达到了杂志与读者、球迷反应高度一致的效果。”② 这种全黑封面的悲怆格调和批判锋芒代表了当时特有的时代气息。1997 年 11 月 13 日，《羊城体育报》以《痛说中国足球》为题，用近一个整版篇幅摘编号外《中国不踢球》的相关内容。1997 年 11 月 14 日，《南方周末》的《重点》栏目在推介这期号外时说：“该周刊黑底白字封面的号外是中国球迷在秋天的一声悲凉嘶喊。”③ “《中国不踢球》是《新周刊》创刊以来言论最为激烈的一个专题，它把中国足球再度失利上升到国家时事的高度，读来令人痛心疾首、感慨万千，引发了广大读者特别是青年球迷读者的共鸣。《新周刊》也因此被称为‘号外专家’。”④

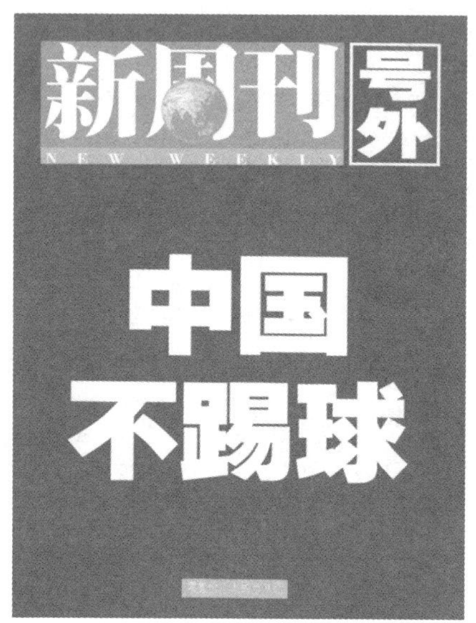

图 12－1 《新周刊》

足球特刊由责编龚晓跃两天内突击编成⑤，《新周刊》想尝试的是能不

---

① 陈南豪：《杂志的视觉标准与工艺标准》，见《〈新周刊〉口述史》，漓江出版社 2006 年版，第 111 页。

② 见《一本杂志或一个品牌——来龙去脉〈新周刊〉》，新周刊社 2001 年 8 月内部印行，第 5 页。

③ 《南方周末》1997 年 11 月 14 日，转引自《致谢》，《新周刊》1998 年第 1 期。

④ 李叶华：《〈新周刊〉专题策划模式和特色探析》，硕士学位论文，暨南大学，2006 年。

⑤ 龚晓跃在《一些乱七八糟的记忆》中说：“1997 年世界杯预选赛时，我负责执行《新周刊》的第一份号外《中国不踢球》，从封新城提出要做这个东西到成品出现在大连金州中国足球队的主场，前后不过几天，用于撰稿、编辑、排版的时间更是只有两个通宵。”见《〈新周刊〉口述史》，漓江出版社 2006 年版，第 118 页。

能把杂志拿到足球场上去卖？商量封面时，封新城提出黑色、白色行不行？美编出于本能吃惊地反问："你敢吗？"这一期号外首印 6 万册，很快卖光，因连续有足球赛又赶紧加印，"加印就意味着杂志开始往上走，从此《新周刊》第一次被全国人民知道了。有了这样成功的先例，它的范例效果就会作用到我们自身编辑人员身上，就会沿着这条路朝新的方向去走。"[①] "《新周刊》创刊一年后决定将专题策划当作看家本领，尝到甜头，颇有一招鲜吃遍天的感觉"[②]，当指这一专题。"《新周刊》对读者最大的冲击直接来源于视觉"[③]。1999 年又推出《中国足球不胜史》、2004 年推出《中国足球：越不靠谱，越有价值》，这三个专题"构成中国足球批判三部曲，也成为中国足球批判的终结者"。[④]

《新周刊》以专题开拓市场，专题即卖点，如何让封面成为叫卖本期内容的有效载体，是刊物力求解决的专业问题。《新周刊》用自己的理念和设计把专题体现在封面上，结果证明封面设计反过来可以影响到读者了。曾有一段时间，设计者坚持把每期的封面传给各个发行点，让他们对设计元素、色彩等提出建议。一般来说，用颜色比较暗的，或是画面比较混乱的封面，市场反映都不佳。经过几年磨合，《新周刊》视觉开发的思路日益清晰，找到了该刊特有的视觉语言与识别的标志，在封新城看来，其视觉风格就是：激情、锐利、简洁、舒展、细节。[⑤] 如何形成期刊的视觉风格？《新周刊》有其领先的实践和独到的经验。

2001 年第 1 期《2000 大盘点》封面，获得了第 15 届国际期刊设计奥齐奖的"最佳封面设计"大奖。奥齐奖（Ozzie）创建于 1986 年，被称为国际期刊设计中的"奥斯卡奖"。这是中国期刊界首获国际期刊业界设计大奖。时任国际期刊联盟主席唐纳德先生曾说，那期封面上的三个"0"分别隐喻计算机、环境和艾滋病，是极有创意的处理——尤其是其中一个被处理成了安全套，让很多评委认为很到位。

---

① 封新城语，见《新周刊口述史》，漓江出版社 2006 年版，第 23 页。
② 肖锋：《〈新周刊〉专题策划法》，《青年记者》2007 年 12 月。
③ 《〈新周刊〉口述史》，漓江出版社 2006 年版，第 25 页。
④ 《〈新周刊〉口述史》，漓江出版社 2006 年版，第 25 页。
⑤ 《〈新周刊〉口述史》，漓江出版社 2006 年版，第 25 页。

视觉设计缘于思想意义上的创意，成于印刷工艺方面的色彩还原、物质呈现。三九胃泰公司的投资，坚实地奠定了《新周刊》激情满怀地开发视觉刊物的物质基础。“《新周刊》最早进入成本概念。我们投入到视觉上的资金几乎可以办另外一本《新周刊》，一般编辑部的记者和广告加起来是一笔钱，设计和摄影师的成本是双倍的。”① 这里所说的成本不是简单的投入产出，而是投资驱动后的高投入高产出高回报，足显资本力量。《新周刊》设计部装备了当时世界先进水平的电子分色机、增强型平台扫描仪等昂贵机器，这既给《新周刊》的创意实现插上了高科技的翅膀，又进一步形成了创造激励。“《新周刊》设计规范”包括视觉定位、版面元素、字体大小、图文表用法、图像处理标准、插图风格及组版规范，还有“设计工单”“工作量与效益考核表”等。诸多杂志都关心其视觉设计，“但工艺标准基本没人提及，只有《新周刊》在2001年时把工艺标准摆上桌面认真对待”，这也是它在视觉开发领域的“新锐”所在。

期刊创意水平与印刷工艺水准紧密关联，这一工业文明的媒介产品特性长期得不到应有的关注，《新周刊》恰恰代表中国本土期刊迈出了赶超外资期刊的坚实步伐。设计部主任陈南豪上任后每期都到印刷厂督印，了解到《世界时装之苑—ELLE》自带纸墨到外资印刷厂委托印刷，他在2002年为《新周刊》重定印刷工艺和材料：从芬兰购买原产纸，从德国购买油墨，封面另用日本油墨、韩国纸，印出来的杂志墨色厚重发亮，漂亮极了。期刊是工业文明产物的命题得以阐释和实证。在加入世界贸易组织（WTO）前后，中国本土期刊与外资期刊从理念到产品迅速缩小差距。

中国期刊长期以来创意水平较为落后，既受制于从业者的思想穿透力和想象力，也受制于纸张、色彩还原等方面的印刷技术条件。《新周刊》认识到：“影响一本杂志最终视觉效果的因素有四点：1. 版式设计；2. 图像应用与处理；3. 印刷材料与印刷技术；4. 默契的配合。设计与图像依

① 《〈新周刊〉口述史》，漓江出版社2006年版，第26页。

存于印刷与工艺的再现，只有适合才会呈现最好效果。”① 在中国印刷媒介最后的也是最佳的机遇期演绎期刊创意的思想本质与物质技术呈现，应该说是《新周刊》被业界所忽略的期刊历史特征。

第四节 专题策划的社会学内涵

张伯海认为：“《新周刊》对期刊发展最大的贡献，是在示范中国期刊如何做创意。”② 策划专家王志纲也说：“在 90 年代中期，《新周刊》抓住了中国媒体的一个空白点，以比较另类的方式捉住了时代文化的脉搏和刺激点，并用让人意想不到的方式来表达自己的观点，这是它能成功的原因。”③

《新周刊》每期的专题占 15—40 页的篇幅，有时甚至不惜用一本杂志做一个专题，全方位报道潮流性和趋势性内容，配合以戏说的态度、相应的封面设计和言简意赅的特大标题，效果超常。总主笔闫肖锋坦言：“专题花去了主创团队 80% 的讨论时间，虽然只贡献 20% 的版面，而正是这 20% 的版面构成了杂志 80% 的购买因素。就街头购买监测，人们通常是冲着专题而来的，专题佳则销售旺、专题弱则销售衰，这也就是这本杂志在零售市场波动大的主要原因。”④《新周刊》专题中有好几个系列，每隔几期就会视时机轮番推出，如足球系列、电视系列、城市系列、大盘点系列等；阶层系列先后推出了《阶层之谜》《一个新兴阶层的兴起》《忽然中产》《伪中产》《今年首富特别多》，城市系列中以《城市魅力排行榜》《第四城》《城市败笔》《深圳怎么啦》《城市口水战》最有影响。

《新周刊》专题策划具有以下特征：

---

① 陈南豪：《杂志的视觉标准与工艺标准》，《〈新周刊〉口述史》，漓江出版社 2006 年版，第 111 页。

② 《〈新周刊〉口述史》，漓江出版社 2006 年版，第 207 页。

③ 《〈新周刊〉口述史》，漓江出版社 2006 年版，第 209 页。

④ 闫肖锋：《〈新周刊〉专题策划法》，《青年记者》2007 年 12 月。

一、贯穿以“社会学想象力”为代表的社会学思想方法

《新周刊》做专题时经常问一句话，这个问题社会学怎么看？闫肖锋1997年担任《新周刊》的总主笔，他的到来给《新周刊》灌入了一条理性血脉——社会学思维。闫肖锋认为：“面对海量资讯更需要‘社会学想象力’，一种穿透微观事件与宏观背景的观察能力与心智。要求传媒人既要有观察力的‘智’，又要有人文关怀的‘心’。”① “社会学想象力”源于美国社会学家C. 赖特·米尔斯的著作《社会学的想象力》。导入这一概念，构成了《新周刊》专题策划成功的社会理论基础，周可曾言：“运用社会学原理来把握选题近年来已经成为我们办刊的一条思路。《新周刊》不仅在大众传媒中大量引进了很多社会学的重要概念，比如‘后喻文明’、‘生活方式’、‘消费社会’等，更重要的是在其报道中，贯穿着强烈的社会学意识。这一点，在有关当代‘代际关系’以及有关网络文化的一系列报道中表现非常明显，这也使得其报道超出了一般传媒的水平。”②

“社会学想象力”就是将个人困扰和公共问题连接起来，从个体或群体在社会中所处的位置来判断他们获得教育、就业、健康、安全等各种资源和机会的可能性，进而理解他们的生存机会和人生境遇。《新周刊》专题的成功，正是从社会学的意义上揭示了个体的种种问题，在群体中得到共鸣后的体现。多少年后，人们可将《新周刊》的专题作为这个时代的社会学切片③来重温与研究。

二、为社会设置媒介议程，专题出版后成为社会话题

从专题的社会影响看，《新周刊》为社会制订议题，每期推出一个专题概念，成为读者、市民谈论的题目。“知道分子”的称谓原创于王朔，

---

① 闫肖锋：《〈新周刊〉专题策划法》，《青年记者》2007年12月。

② 《新周刊口述史》，漓江出版社2006年版，第48页。

③ 原《经济观察报》总编辑何力曾这样评价过：“一本杂志充当了时代的社会学切片，以鲜活丰盈的姿态呈现着这个剧变的世界。它做了学界专家们想做而做不到的事情，将宏大社会命题大众化。”见闫肖锋《〈新周刊〉趋势观——一本杂志的社会学文本》，《青年记者》2007年12月。

因《新周刊》2002 年 3 月《向知道分子致敬》而流传广泛，成为敏锐捕捉而又准确描述知识分子从书斋向市场和传媒转型的新身份。“作为资讯时代的宠儿，‘知道分子’的行为特征是，无所不知而又不甘寂寞，特别喜欢亲近传媒，做自己想秀的事，到处发表高见以向大众解释世界，把自己的名声当作品牌经营，把知识当作资本投向市场，既向社会发挥他们的影响力，也从社会获得回报。”第一次读到《新周刊》时，不少读者以为是知识分子的误写，后来“知道”成为百度高频词。2003 年年初，《新周刊》成立“知道分子工作室”从事图书出版业务。

2000 年 6 月，《新周刊》推出专题《飘一代》，成为当年轰动的时尚事件。“飘一代”是《新周刊》的原创概念，随后迅即成为流行语，成为新世纪新生代群体的精神标签。作为流行语，它泛指 20—35 岁的年轻人，普遍拥有高学历，追求快乐、自由的生活，厌恶循规蹈矩地过日子。封新城认为：“‘飘一代’可以说是《新周刊》发掘的最有传播学和社会学价值的概念了。”“关键的一点是如何将你琢磨了很久的深层次的东西用最符合媒体和市场的方式表达出来。”“恰在专题操作的同时，我看到了米丘的雕塑。于是，‘飘一代’的视觉识别形象也有了。”[①] 米丘雕塑伫立北京王府井的东方广场。在孙冕看来，“那尊几米高的雕塑，不男不女的一个长翅膀的人低着头，脚下踩着十字基座，分明是带有宗教色彩凝重的雕塑，却起了个美丽的轻飘飘的名字：幸福的三月。想飞，却步履艰难。”“总编封新城认为米丘的雕塑能代表‘飘一代’的精神，把他‘幸福的三月’选为封面，米丘就这么成了‘飘一代’的代言人。”[②] 同年 8 月，《新周刊》又推出《飘一代 F－G》别册，成立了“飘 CLUB”，会员达两万余人。

刘香成肯定《新周刊》“给中国期刊带来一种新的空气，把中国发展中遇到的一些社会问题大胆地提到桌面上来探讨、报道，这是之前没有人做的事情”。[③]

---

① 见《一本杂志或一个品牌——来龙去脉〈新周刊〉》，新周刊社 2001 年 8 月内部印行，第 7 页。

② 孙冕：《江湖人称老爷子》，现代出版社 2011 年版，第 18 页。

③ 刘香成：《〈新周刊〉的十年来之不易》，见《〈新周刊〉口述史》，漓江出版社 2006 年版，第 215 页。

三、观念新锐

《新周刊》糅新闻与时尚话题于一体，把国外杂志流行的“topic”（主题）操作法发挥到极致，独创《新周专题》栏目，策划出一个又一个甚至带有作秀姿态的封面专题，如《中国不踢球》《我爱你》《飘一代》《第四城》《弱智的中国电视》《八十年代下的蛋》等。2001年9月号推出《狗日的户口》专题，喊出了城市化浪潮中改革户籍制度的强音，其话语方式极具娱乐性，较典型地表现了该刊的专题风格。有专家评论说：“这个专题，无论从封面到语言使用，都非常的搞笑，非常的‘无厘头’，通过这种方式竟然把一个经典而严肃的社会问题，表达的如此具有‘恶作剧的快感’。或许这正是《新周刊》‘新锐’的地方所在：‘对某种既成规范形成挑战、反叛和批判，同时加入时尚（反叛的时尚）的先锋感。’（借用一句文化研究的表达）这使得原本沉重和压抑的东西，变得轻松愉悦。”① 真应该肯定《新周刊》的内部人观察：“《新周刊》提供的是观念，而不是思想。沉湎于思想的碎片的趣味，甚至有可能会对媒体读者设置障碍。更重要的是，《新周刊》扬名立万靠的是什么？不就是那观点鲜明，攻其一点，不及其余的傲慢劲儿吗？观点要的就是鲜明，要的就是得理不饶人，这样才能吸引眼球。”②

四、特有的专题程式

基于自身多年经验，闫肖锋曾将该刊专题策划的思路总结为四个原则：以历史感为内涵的趋势原则、以市场需求为标的的独特原则、以社会学想象力为思维基础的扩展性延伸性原则、强调对目标受众的功能性的关

---

① 曾繁旭：《〈新周刊〉与1990年代以来的中国社会脉络》，见《〈新周刊〉口述史》，漓江出版社2006年版，第290页。

② 侯虹斌：《我在〈新周刊〉的两年之痒》，见《〈新周刊〉口述史》，漓江出版社2006年版，第165页。

联原则。①

《新周刊》专题的框架，大致分为开篇、主打文章、系列采访、专题调查、个案图片、“知道分子”评述和结尾篇等；内容以采写加编辑为主，而后是盘点加贴士，外稿通常以“命题作文”形式另约，须符合专题框架之需，不能自由发挥。具体的操作中，坚持典型的四段论：开篇、破题—展开、采访—归纳、结尾。具体流程是：先要提出概念，这源自主创人员长期积累的经验和对社会的洞察，“概念”就是所谓扎准社会麻筋的那根针；随后形成理论，围绕这个概念先提出一个判断，形成假设，这些假设代表杂志观点，有时需借助咨询专家将之条理化；而后是采访对象的选择：当事人、专家学者、知道分子、意见领袖、一般民众等，这些选择并不固定，而是按专题事件的包围群，适时地摘取合适的群体；接下来便形成文章，对照先前的框架和假设，提出修正或推翻假设；最后形成版面，定版前，将所有专题文章按顺序铺开，在逻辑上、阅读习惯上再做版面调整，使之顺畅。

《新周刊》1997 年年底推出的《1997 大盘点》是改革开放期刊史上产生重大社会影响的经典专辑之一。封新城曾谈及创意由来：“马上年底了，十大要评选，之前的一年我们评选过十大社会新闻，这个新闻那个新闻，可是除了这些某某新闻的表述之外，还能做什么？到了要大盘点的时候，我觉得这条路可能会特别有意思——能不能叫‘十大痛苦’、‘十大愤怒’？”就这样，大盘点带着几大咋舌的标题新鲜出炉了，后来成为风靡报刊界的年终报道方式，而《新周刊》在坚持多年后也将其做成子品牌。

《1997 大盘点》在全国传媒界激起了热烈反响，不仅《南方周末》在《重点》栏目中作了推介，中央电视台《东方时空》节目在 1997 年 12 月

① 闫肖锋：《〈新周刊〉专题策划法》，《青年记者》2007 年 12 月下。在《〈新周刊〉的编辑大法（上）——关于选题、视角和立场》一文中，闫肖锋又解释为：“作为一本关注社会趋势的时政和生活方式类期刊，一个合格选题要符合以下判断标准：一是趋势标准，单一事件或人物映照出何种社会趋势；二是独特性标准，角度、看法和切入点有无差异化；三是扩展性、延伸性标准，运用社会学想象力将小事件、个体经验推展到宏大背景；四是关联性标准，即某选题跟目标受众的关联是什么。如选题不符合以上某个标准，那么即刻 pass 掉；如都符合，那就是上佳选题。”见《青年记者》2008 年 2 月上。

30 日《面对面》栏目中也进行了评论。1998 年 1 月 3 日《文艺报》用四个整版的篇幅全面摘编、介绍这一专题。《书城》杂志 1998 年第 1 期推出“’97 中国热门杂志排行榜”，共评出 12 家，《新周刊》榜上有名。

《1997 大盘点》专题在改革开放期刊史上具有一定的创新价值和明显的转折意义。平民化视角[①]引领了此后媒介年终盘点的专题走向；情绪化话语方式启发媒介正视社会情绪的市场开发价值，在专题中对接受众情绪；排行榜示范了信息爆炸时代资讯整合的易读格式。《新周刊》自称：“《1997 大盘点》特辑在当代期刊史上是具有革命性意义的，至少有三点可载入中国传媒史册——第一，开创了以感性化和个性化表述方式进行年度总结报道的先河，‘感动’、‘痛快’及‘愤怒’等主观性词汇具有了方法论意义。第二，强化了‘十大’这种排行榜式的思维方式的传播学价值，成为年度总结性报道甚至常规报道的通行做法。第三，开掘了‘盘点’方法的媒体价值，成为《新周刊》最有影响力的子品牌之一。2001 年之后，‘大盘点’中的年度新锐榜的落地评选和颁奖，更是《新周刊》品牌营销的成功案例。”[②]

《1997 大盘点》，引领《新周刊》开发了“盘点”“排行榜”的专题产品线，此后有生活方式创意榜、电视榜、中国城市魅力指数排行榜等等。“‘盘点’还有各种排行榜，具有资讯整合的特征，整合就能产生效益。在海量的信息里，有序排列的信息本身就提供了价值。”[③] 从 2000 年 3 月开始，《新周刊》会同报纸、杂志、电视、网络四大媒体，发起对中国电视节目、主持人以至中国电视业年度发展业绩的立体审视。“中国电视节目榜”因而成为《新周刊》最有价值的延伸品牌，对中国电视乃至中国传媒产生了深远影响。[④] 同年 5 月发布的“中国城市魅力指数榜”，史无前例地对中国城市的魅力指数进行一年一度的大型评选，在评选活动基础上，开

---

① 《南方周末》1997 年 12 月 26 日《重点》栏目推介《新周刊·1997 大盘点》时说：“《新周刊》拿出了他们的个性态度……视角平民，可以在匆匆浏览中打点一年来的记忆。”

② 见《〈新周刊〉口述史》，漓江出版社 2006 年版，第 60 页。

③ 封新城语，见柳剑能等《杂志创新策略——访〈新周刊〉执行总编封新城》，《新闻记者》2003 年第 11 期。

④ 朱学东等：《新周刊，幸存者的游戏》，《传媒》2004 年第 8 期。

展了首个中国民间大型“城市论坛”，对中国城市的发展产生积极而深远的影响。[①] 同年8月发布的“生活方式创意榜”，是《新周刊》的本色所在，倡导有趣、风格化、个人品位、灵感涌现的生活，拒绝沉闷、拒绝老土、拒绝平庸，由内地、香港与台湾三地媒体一起发布，提升了《新周刊》的知名度。同年11月发布的“中国年度新锐榜”，前身是1996年起便设立的年度榜，该榜的内容支撑则是1997年一炮打响的大盘点，在社会各界的影响力都非常强。这一系列发榜活动，为《新周刊》赢得了“榜爷”雅号，也阐释了专题策划的内容产业涵义。

第五节 从“破”到“立”的生存方式转型

《新周刊》以2000年为界分为前后两个阶段。“在2000年之前，基本上就一个字‘破’；但在2000年的第1期就发生了巨大变化，其实不是被迫，而是主动采取‘立’的姿态，第1期叫《新三十而立》，第2期叫《娱乐新世纪》，接下来什么《无厘头·COM》《世纪沟》等全出现了，这一年从批判者开始转型为生活潮流的引领者。我找到了一个词，叫‘生活方式’。”[②] 《新周刊》这种从批判者到生活潮流引领者的转型，值得细致观察深入思考，其中既隐藏了媒介的生存方式，更典型化地映现了21世纪初中国期刊在市场化旗帜下的功能变迁。

转型体现在期刊文本上主要是话语风格的明显变化。2000年以前的文字，闫肖锋概括为“饱含荷尔蒙，硬邦邦的充满某种情绪”，2000年以后“变得老到，透着看穿一切的圆滑”。在闫肖锋看来，《新周刊》的历史“是一部民间发声史”，这观察视角非长期浸润其中难以道及。“《新周刊》的核心竞争力是什么，一言以蔽之，是概念加趋势观察，是某种社会洞见、某种观察世界的角度。其中某种精神气质是不可或缺的。如果说这本杂志有传承的话，可追溯20世纪80年代，《走向未来丛书》、北岛、舒婷

---

① 朱学东等:《新周刊，幸存者的游戏》,《传媒》2004年第8期。

② 封新城语，见柳剑能等《杂志创新策略——访〈新周刊〉执行总编封新城》,《新闻记者》2003年第11期。

的诗、王朔的兴起，等等，一种既无畏向前又批判调侃的精神气质。”①

《新周刊》2000 年以后的语势渐弱，有人称是批判精神减弱。封新城解释为“阶段性市场策略”：“最初几年，《新周刊》的形象是批判者——特别批判，特别叛逆，特别爱说‘不’。不是因为那时我是‘愤青’才这么做的，而是因为那时的市场空间决定的。……破，因为那时整个社会也是这样的姿态，先破，但谈不上立，这个姿态的表现，一是强化品牌形象，二是当时的团队正好有这个优势，有多年积累，拿出来，就砸得响。”②

《新周刊》自创刊之初，常常高举“我反对”的旗帜，炮轰国内积弊、国际霸权，代表新锐群体，发出说“不”的声音，且专题策划视角刁钻，立论大胆，时有惊人之语。那时的《新周刊》和读者都持一个共同的信念：主流的声音不总是对的，历史在反对声中进步；为了公共利益，多一种反对的声音，社会就多一分理性。《新周刊》就以带有强烈批判精神的专题，快速树立品牌。在期刊初创的市场导入期，非如此“另类”做法，难以出彩。如果单维地解释为《新周刊》的市场谋略，也低估了这一团队内在的社会责任与情怀。“与其说这些话题个个是兴奋点，不如说个个都有卖点；与其说《新周刊》一不小心成了青年新锐文化的代言人，不如说一干‘愤青’们在自觉不自觉中做了一笔大买卖——把国人的情绪梳理打包，然后热火朝天地卖掉。”

每年推出的新锐榜是《新周刊》颁发新锐顶戴的大秀，名义上旨在反映时代前行和变革的脚步，实际上最为期待的还是气质相近的品牌商。“传媒的排行榜无疑为品牌商们提供了一个个绝佳的声音出口，说出商人们说不出或不便于说的宣传意图。传媒排行榜表面上是传媒在建立影响力，暗底下也是品牌商在发言。这是排行榜的潜规则。”③ 在逐步形成自己的经营之道后，《新周刊》在观点和视觉的开发之外把媒介行为整合到能够与广告、发行、活动等资源兑换的流程中。排行榜就是这种整合营销的

---

① 闫肖锋：《〈新周刊〉趋势观——一本杂志的社会学文本》，《青年记者》2007 年 12 月上。

② 封新城语，见柳剑能等《杂志创新策略——访〈新周刊〉执行总编封新城》，《新闻记者》2003 年第 11 期。

③ 闫肖锋：《〈新周刊〉的榜文化》，《青年记者》2008 年 1 月上。

代表，榜单出炉是一个系统工程，核心程序有二：成立推荐委员会，排出榜单后广泛征求意见以确定榜单，刊登广告，召开新闻通气会；落实招商事宜，确定总冠名商，分项赞助商。此后的现场设计、后续报道等都是服从服务于这两个售卖环节的。地处成都的“娇子”品牌，就因为多年捆绑《新周刊》的新锐榜而成功地开拓了全国市场。慢慢地，《新周刊》周围聚集了一批标榜新锐的品牌，而这类品牌也足以为这刊物增色。

最典型的表现由“破”到“立”的品牌经营路径莫过于电视专题系列。1998 年 5 月出版专题《弱智的中国电视》，几乎是投向中国电视的一颗重磅炸弹。当时，中国电视处于一种变与不变的尴尬局面，太需要道破天机的声音了。这一期专题强化了《新周刊》的批判姿态，也确立了刊物在电视评论上的巨大影响力。其传播效果的内在机理在于自创的概念裹挟的批判态度与情感。封新城为此解释说：“这期封面你还记得吗，不记得没关系，你记住了‘弱智的中国电视’，因为内容点了受众的穴位。”① 《新周刊》对这一专题的评价是：“‘中国电视第一骂’。凭此一骂，《新周刊》稳操中国电视评论的首席话语权。几乎就在这个专题强势推出的同时，《新周刊》找到了自己的定位：‘中国最新锐的时事生活周刊’。一年后，《新周刊》开始为中国电视节目造榜，大破之后，必有大立。”② 1999 年又推出一期《砸烂电视》，年底一期《中国电视节目榜》赶在年终“大盘点”之前出现了，“标志了《新周刊》由‘骂’电视到理性建设性地‘挺’电视的成功转型”。③ 频密的榜单意味着活跃的媒介经济。从《弱智的中国电视》到《2000 中国电视节目榜》，“《新周刊》对中国电视的关注已经远远超出了两年前的批判层面。这是一个进步，背景不同了，媒体的姿态也要调整。”④ 以“破”的姿态创立品牌，而后另举“立”的旗号，《新周刊》从打造电视节目榜开始了品牌耕耘后的收获。《新周刊》对电视

① 见《一本杂志或一个品牌——来龙去脉〈新周刊〉》，新周刊社 2001 年 8 月内部印行，第 6 页。

② 《〈新周刊〉口述史》，漓江出版社 2006 年版，第 61 页。

③ 《〈新周刊〉口述史》，漓江出版社 2006 年版，第 62 页。

④ 见《一本杂志或一个品牌——来龙去脉〈新周刊〉》，新周刊社 2001 年 8 月内部印行，第 7 页。

的数次发言已经形成很大的行业影响，在海南举行的地面活动，首次云集了最具影响电视精英和娱乐方面的人士，引人赞叹为超大规模的“秀”。“2000 中国电视节目榜”对电视节目和主持人的评选结果，后来反复被多家媒体引用。这基本解释了《新周刊》专注做电视系列专题的因果关联。

《新周刊》因推出颇有影响力的城市专题系列而被传媒学者誉为“第一个有意识地致力于发现城市的平面媒体”。2000 年 8 月出版的《第四城》被自誉为“《新周刊》城市评论的登峰造极之作。它在成都引起的反响已超出了杂志本身，这体现了《新周刊》对市场的敏感和把握能力”。[①] 暴露出它由“破”而“立”、先“破”后“立”、以“破”求“立”的《新周刊》玄机。封新城坦言，催生“第四城”专题策划的偶然因素是《新周刊》在成都的发行量位居全国第四。“成都对《新周刊》来说是重要的，《新周刊》的销量能跟京、沪、穗媲美的是成都。”[②] 成都市委宣传部长听说创意后大吃一惊：“怎么把我们成都命名为‘第四城’?”[③] 面对宣传部长的惊讶，《新周刊》自己不会端出发行量第四的老底，而提出一大串冠冕堂皇的城市文化藻饰，使《新周刊》的成都读者和潜在读者找到第四城的新坐标想象。

《新周刊》城市专题系列以 1997 年年底推出的“上海人为什么迷恋 30 年代”发轫，颇富历史纵深感。1999 年 8 月的《城市魅力排行榜》为城市专题正式亮相，2000 年以《城市败笔》发出了批判强音：“对城市的挑剔和批判体现的是人们对于高质量生活的追求，同时更是每一个公民的权利……如果我们对那些既浪费了金钱，又糟蹋了环境的城市败笔熟视无睹，那么这种沉默是可耻的，就是对人们的犯罪。”《新周刊》为这一特辑专门在成都喜来登酒店召开了新闻发布会，结果是“当地的发行量被追印

① 见《一本杂志或一个品牌——来龙去脉〈新周刊〉》，新周刊社 2001 年 8 月内部印行，第 7 页。

② 《〈新周刊〉口述史》，漓江出版社 2006 年版，第 25 页。

③ 《〈新周刊〉口述史》，漓江出版社 2006 年版，第 25 页。闫肖锋说：“‘第四城’的出炉，曾被指没做系统调查研究‘一拍脑袋’定下的题目。杂志社的确是只派了一个记者小分队，用十余天完成了这个专题。然而在‘一拍脑袋’之前，是经过了主脑人封新城的深思熟虑的。”见闫肖锋《〈新周刊〉的城市观——人性的，太人性的》，《青年记者》2008 年 5 月。

两万多册，各种话题和论战持续一个多月"①。《新周刊》在成都家喻户晓。"业界甚至传言，杂志社的'第四城'收了300万宣传费。"② 成功之后，封新城欣然自悦："从读者角度看，以榜的形式来比较和衡量事物的优劣高下，一直是很常见的思维习惯和兴趣，两方面结合到一起，'第四城'的提法就一点也不偶然。"③ 2004年7月又举办"《新周刊》·娇子·再看第四城"主题论坛，并颁发"成都十大名片"。2005年10月，《新周刊》为重庆推出专属专题——《第N城——重庆和它的可能性》，在亚太城市市长峰会召开之际，解读重庆的N种无穷多、无穷生长的可能性。应该说，由"第四城"获得的传播效益就早已引发了《新周刊》人对重庆专题的想象与期盼。封新城坦言："我必须要把这把火烧得更旺，让这个话题继续。这次我们找到的点火的时机就是今年在重庆召开的'亚太市长峰会'，这个时候整个城市呈现出一种躁动，这是需要一种表现力的时刻，有冲动、有自我需要反思和构想的时候，这个阶段非常的热，所以我们可以从我们的角度来找一个点。"④ 就此而言，不能不感叹："市场中可以作为卖点的因素都被《新周刊》及时抓住了，一种力量使得《新周刊》的整个操作都有市场因素的参与，而不是单独编辑人员的苦思冥想。"⑤

显然，将重庆定义为"第N城"与成都被命名为"第四城"有关，但N包含着巨大的发展悬念和可能性。有学人指出："通过未知数的命名所销售的话语平衡在这里成为赤裸裸的商业竞价"，"在城市化运动的权利角逐中，媒体不一定代表公共的声音，而是在更多地寻找自身利益——包装城市，延伸品牌，积累有效资源"，"媒体的城市策划，首先要抓住的是

---

① 林娟娟在《〈新周刊〉批判》中说："这篇报道也带来了负面影响，引发重庆和成都两地的论战和一些西部城市的'大比拼'。"《新闻记者》2002年第5期。

② 闫肖锋：《〈新周刊〉的城市观——人性的，太人性的》，《青年记者》2008年5月。封新城在2004年4月6日《新周刊》发行200期系列活动之2004中国电视节目榜新闻发布会上说，《第四城》"是城市营销中一个非常著名的案例，很可惜，我不好意思跟大家说，从这个策划中我们拿了多少钱"。见 http://news.sina.com.cn/c/2005-04-07/16436319423.shtml。

③ 《一本杂志或一个品牌——来龙去脉〈新周刊〉》，新周刊社2001年8月内部印行，第7页。

④ 《重庆时报》2005年10月11日。

⑤ 《〈新周刊〉口述史》，漓江出版社2006年版，第23页。

主导市场经济的两只手：地方政府和企业界。这不但要对城市进程的政治需要和经济能力有非常深入的判断，还要善于把握社会情绪，挑起话题，预热观点，全面控制传播流程以保证预期收益。”① 这是《新周刊》“第四城”“第 N 城”专题的核心所在。就此而言，以这两个案例为代表的城市专题系列，显示了《新周刊》媒介市场化运作的匠心。

该刊对此现象也有自己理性的解读：“在当今中国传媒界，公信力是显规则，商业化是潜规则。哪家媒体敢说报道了中国完整的社会事实？哪家都市报不是一手批房价，一手接地产商的广告？不同于西方，中国传媒是个双重‘市场’，一个是市场市，一个是政策市。后者意味着限制，也意味着空间。谁活下来谁就是胜者。什么理念、主义、影响力通通都要以生存为第一要义。这样去理解新锐的流变，既现实合理也是对投资者负责。”② 这里陈述的 21 世纪初叶的传媒现象，既反映了改革开放史上的潮流，也对《新周刊》“新锐的流变”做出了总体而非个体层面的客观解释。“可以说，所有政经或新闻类周刊，都表现出某种精神分裂气质。一方面代表社会良知，另一方面代言品牌商，还要顺应体制。”“这是《南方周末》之痛，《三联生活周刊》之痛，也何尝不是《新周刊》之痛。”③

---

① 陈卫星：《城市的欲望与底层的想像》，见赵汀阳主编《年度学术 2006——农村与城市》，中国人民大学出版社 2006 年版，第 10 页。

② 闫肖锋：《〈新周刊〉的榜文化》，《青年记者》2008 年 1 月上。

③ 闫肖锋：《〈新周刊〉的榜文化》，《青年记者》2008 年 1 月上。

第十三章

市场机制助推期刊业发展

1992 年 10 月 12 日至 18 日召开的中国共产党第十四次全国代表大会，确立了我国经济体制改革的目标是建立社会主义市场经济。这是中国经济体制改革的一个里程碑。在商品经济社会，经济体制的穿透力很强，影响到社会生活的方方面面，经济体制改革牵一发而动全身。为此，书刊出版行政管理部门先后出台了一系列政策措施，推动书刊出版逐步走进市场，以适应经济体制的变化。

20 世纪 90 年代，我国的期刊业虽然发展很快，但经营情况并不理想，据 1996 年中央和地方期刊主管部门对全国 7127 种期刊经营状况汇总统计，盈利的仅占 20% 左右，有约 40% 的期刊经营亏损。改善经营、激活期刊市场，成为期刊业持续稳定发展的关键问题，而我国社会主义市场经济改革目标的确立，无疑给期刊业的经营改革带来了转机。于是，有的刊社进行了多渠道发行的尝试，有的刊社开展了多种经营，有的刊社拓展了广告业务；随着改革的不断深入，有的刊社实行了经营承包责任制，有的刊社则尝试集约化经营。2002 年 1 月，经中宣部和国家新闻出版总署批准，家庭杂志社成立了我国首家期刊集团——广东家庭期刊集团，除出版《家庭》杂志，还出版《孩子》《旅游界》《财讯》等刊物。进入 21 世纪，有的刊社根据相关政策，进行了转企改制，谋求市场主体地位；有的甚至尝试上市融资等，期刊经营呈现出“八仙过海，各显神通”的活跃局面。

第一节 多维求解市场机制

20 世纪 90 年代的期刊业改革，主要是围绕市场经营而全面展开的。期刊市场也是一片充满诱惑和希望的蓝海，当然也有惊涛骇浪。下海游泳，既要有勇气，又要懂水性。在社会主义市场经济体制改革浪潮的带动下，许多期刊社走进市场，感受市场机制的魅力，借助市场的力量尝到甜头。

一、期刊时效性创造价值和效益

《海外星云》1998 年第 18 期发表《瞩目克林顿中国之行》，就是一则重视时效性特点的典型事例。《海外星云》创刊于 1985 年 8 月，当时是旬刊，每月的上市时间大致是 8 日、18 日、28 日三天。而克林顿是 6 月 26 日到达中国，如果报道放在 8 日为时太早，而放在 28 日即克林顿来华的第三天则又为时太迟，因为那时是电台、电视台和报纸的天下，《海外星云》的报道力量根本无法与之相比，所以他们便把时间放到 18 日这一期上。他们搜集并刊载了与克林顿这次访华有关的图片和文字资料，并且决定选用江泽民访美时与克林顿在一起的照片做封面。

事实证明，《海外星云》的这次策划是相当成功的：1998 年 6 月 25 日，中央电视台的《新闻联播》节目出现了该期《海外星云》；这期封面也上了美联社、路透社的多家报纸，美联社的一名记者从北京街头书摊上拍下这期封面，并发了一组摄影报道；新加坡《星洲日报》在此封面中，以“世界之握”为题给予评价。

为了抢时效，20 世纪 90 年代中后期，曾兴起在版权页标注出版时间之前上市的期刊零售竞争方式，如《读者》《女友》《家庭》等刊物，下月的刊物一般在本月月底的几天里就出现在期刊零售市场上了。《家庭生活指南》杂志自 1994 年 1 月将出版日期由每月 15 日改为 1 日后，其零售发行量由每月两千多册逐渐上升到两万多册。《人生与伴侣》采取提前出版以后，1993 年的发行量由 1992 年的二十多万册翻了一番，达到 52 万册。由此大家意识到，时效是“一只看不见的手”创造的。

二、读者俱乐部理念推进品牌和广告营销

《世界时装之苑—ELLE》1988 年创刊于上海，由上海译文出版社与法国桦榭·菲力柏契出版集团版权合作出版。1994 年以前为半年刊，1994 年改为双月刊，1995 年期发行量达到最高峰 40 万册，其中北京、上海、广州三大城市占据总发行量的 45.5%，每年大约有 1200 万美元的广告收入。该刊继《时尚》创刊后崛起，示范和引领了中国时尚类期刊的发展，有力推进了中国期刊市场化、国际化的进程。

1995 年，《世界时装之苑—ELLE》成立了国内首家读者俱乐部，向俱乐部会员赠送名牌产品试用，或许诺在指定商店购物享有优惠。从 1996 年开始，每期杂志都将由雅诗兰黛和娇韵诗等知名品牌提供 50 份礼品赠送会员。获赠礼品的幸运会员名单通过计算机抽签决定，并在杂志上公布。读者一经成为俱乐部会员，拿到每期新杂志的第一反应是在每期获奖名单中看是否有自己的名字。经过多年积累，《世界时装之苑—ELLE》的俱乐部会员超过 26 万人。这不仅较好地维系了核心读者，强化了期刊与读者的紧密联系，培养了读者的忠诚度，而且积聚了可再利用的读者资源，为以后的广告经营、活动策划等品牌推广活动奠定了基础。此后，很多杂志纷纷建立读者俱乐部，以开展广告营销和品牌营销。

三、启动“社刊工程”

新中国成立以来，中国出版业以书为主、以刊为辅的观念根深蒂固，甚至相当长一段时间内产生了一种说法，叫作“以书带刊”，意即以图书的出版来养活刊物，刊物在出版社的业务中成了点缀。1997 年，中国青年出版社的期刊与图书相比，品种不到 1%，经营收入却占到全年书刊总收入的 80%。因此，中国青年出版社 1998 年提出了经营重点由书向刊转移，并于次年 9 月将《青年文摘》改为半月刊，分别出版红版和绿版，短短 4 个月内，该刊的月发行量翻了一番多，达到二百三十多万册。当时，《青年文摘》只有 7 个人，年利润却在 3000 万元以上。毫无疑问，期刊成为中国青年出版社的经济支柱。

这一时期，“以刊养书”的除了中国青年出版社，还有甘肃人民出版社的《读者》和上海文艺出版社的《故事会》等。从“以书带刊”到“以刊养书”，反映了当时中国出版业在社会主义市场经济体制改革带动下，出版理念上的重大变化。为此，1997 年国家新闻出版署及时启动了“社刊工程”，鼓励出版社办刊物。当然，书和刊孰轻孰重，要根据书刊市场的实际需要和出版社的现实条件而定，并不是所有出版社都应该或者都能做到“以刊养书”。

四、尝试传统体制下的市场化运营

《中国企业家》由经济日报社和中国厂长（经理）工作研究会联合主办，创刊于 1985 年。其刊名以其前瞻性、权威性吸引了企业家群体。创刊号的封面人物是首都钢铁厂党委书记周冠五，他以推行“承包制”以及后来的大规模企业并购而成为中国企业改革的一面旗帜。

1996 年下半年，新任中国企业家杂志社社长、主编和法人代表刘东华，尝试市场化运作，扭转了该刊长期亏损的局面，令当时不少财经类期刊刮目相看。

他们先以“千字千元”的高稿酬吸引优质稿件，使得一大批高水平作者为其撰稿。1997 年《中国企业家》组织撰写了一组以“研究失败”为主题的系列文章，引起了当时诸多民营企业家的反思。这一个主题“打”了一年，产生了巨大的社会反响，也给杂志社带来了良好的经济效益，《中国企业家》那一年奇迹般地出现了盈利。

引入社会资本，退出邮发系统，是他们尝试市场化运行的第二招。《中国企业家》在 1999 年退出了邮发系统，采取自办发行，由北京小蜜蜂报刊有限公司做发行代理。此举既在于探索发行方式的变革，更在于探索期刊经营与资本引入的尝试。之后，该刊还曾与河南的天明广告公司合作广告经营。这些尝试在当时有一定的代表性，虽然两次资本合作都以失败告终，但他们的探索精神仍在期刊业的改革发展潮流中留下了悲情印记。

第二节　承包经营激发发展活力

承包经营尝试始于20世纪80年代，在90年代得到了更大范围的推广，并成为相当一部分期刊社发展的契机。《知音》杂志以承包经营为核心，大胆改革，其经营管理创新不只停留在操作层面，更深层意义在于创新激励。在期刊产权缺失背景下，《知音》以承包经营的一揽子方案确立了办刊者的责任和权益，闯出了一条促使期刊社持续发展的新路。

《知音》创刊于1985年，创始人为胡勋璧。《知音》创刊时，有“邮发”和“非邮发”两种发行方式可供选择。前者以读者上邮局预订为主，时间限制严格，不利于新刊打开局面；后者由邮局系统的报刊零售公司批发零售，直接面对读者，报刊销售信息反馈快。当时，报刊零售是新生事物，社会上有人甚至把“非邮发”刊物看成“非法”刊物。《知音》不顾社会偏见，毅然选择了后者，交武汉市邮局的报刊零售公司发行。此举使《知音》创刊号发行量就达到40万册，当年年底月发行量就突破100万册，第二年最高月发行量达到120万册，第三年达到135万册。《知音》创刊号勇闯市场烙上了改革的胎记，成为期刊改革的先行者之一。1987年1月开始，《知音》在继续交报刊零售公司发行的同时，也交邮局发行，两个渠道互相补充，进一步促进了发行工作。

图13－1　《知音》

1987年年底开始，《知音》发行量开始下滑。1988年最高月发行量跌到100万册以下，年平均月发行量只有80万册；1989年最高月发行量跌落到60万册，年平均月发行量只有49万册。面对这一窘境，《知音》坚持“三深入”即深入生活、深入家庭、深入人心的办刊原则，围绕突出“人情美、人性美”的特色，力争达到“篇篇可读，期期精彩”的质量目标。

与此同时，1992 年年初知音杂志社拟定并被获准实施承包经营责任制方案，确定了包括思想工作、社会效益、经济效益、职工队伍建设等内容的总体考核目标及奖金分配标准，将杂志社负责人的收入与杂志社的社会效益和经济效益挂钩。承包经营责任制的施行，标志着杂志社建立了一套完善的激励分配制度，包括编委会成员和杂志社员工的工作热情空前高涨。大家一切从杂志社的社会效益和经济效益出发，从杂志社的发展出发，一心一意扑在工作上。实行承包经营，使杂志社的经济效益和社会效益获得大发展，在发行量迅速提高的同时，每年实现的利润也大幅度增长：承包前的 1991 年实现利润 99 万元，1992 年达到 200 万元，1993 年达到 300 万元，1994 年达到了 600 万元。1993 年年底《知音》期发量回升到 70 多万册，到 1994 年第 9 期突破 130 万册，1995 年第 9 期突破 160 万册，1996 年期发量超越 200 万册大关，1997 年 10 月期发量达到 280 万册，1998 年期发量达到 320 万册，这样的成长速度在期刊业界罕见。再从经济效益上来看，1994 年实现利税 550 多万元，人均 15 万元；1995 年实现利税 1040 万元，人均 20 万元；1996 年实现利税 2000 多万元，人均 35 万元；1997 年实现利税 3200 万元，人均 60 多万元。如此快速增长为业界所瞩目。《知音》杂志实现承包经营和目标管理以来，刊社享受充分的期刊经营权，刊社的社会效益和经济效益迅速提高，利润成倍增长。经过 30 年的发展，知音杂志社已经成长为多种刊报出版、广告经营、书刊发行、动漫开发、网络媒体、印刷制版、物业管理、影视制作、会展、家政服务、高等职业教育等多元产业格局的传媒集团，经济规模和综合实力位居全国期刊行业前列。其核心产品《知音》杂志最高期发量曾达到 630 多万册。《知音》曾荣获“国家期刊奖”，2015 年入选“中国百强期刊”方阵。

期刊业的承包经营是随着改革的深入逐步兴起的，对原有的体制是一种冲击，做法五花八门、效果参差不齐，也出现过一些问题，如片面追求经济效益而影响刊物的导向等。但整体而言，承包经营由于目标责任明确，有利于调动期刊社的积极性，在一个时期内，有力地推动了期刊业的发展。

第三节　谋求广告经营的突破

期刊业广告意识的增强，构成了 20 世纪 90 年代中国期刊市场化的重要特征。中国市场经济体制转轨带给中国期刊业的最大机遇在于商品和服务的广告机遇。沐浴市场经济的阳光雨露，中国期刊在短短的几年之内，就从拉广告经营的初级阶段跃进到内容产品和广告产品融合的高级阶段——尝试创办适合刊登广告的期刊媒体。这种深刻变迁反映了中国期刊业走进市场、走向成熟的嬗变过程，标志着中国期刊业国际化经营的开始。

中国期刊广告经营理念上的转变，始于20 世纪 90 年代初。《三联生活周刊》在创刊时，对该刊的篇幅及其广告比例进行过这样策划：初期 5 个印张，80 页，广告占三分之一；逐步过渡到 6 个印张，96 页，广告占三分之一。这是成熟的国际知名期刊的做法，在当时对于中国本土期刊来说，还是极富理想化色彩的，但由此不难看到中国期刊广告意识的萌动。《三联生活周刊》2004 年第 51 期的 120 页，有 40 页广告，内容实际只有 80 页。主编朱伟说："我的理想是每年篇幅都能增长，把《三联生活周刊》做成德国《明镜》周刊那样每期 300 页左右，大概有 100 页左右广告。"① 对于广告与内容的矛盾关系，朱伟是有理性思考的："广告多了，读者对内容的需求就越要提高。如果广告量多了，内容的质量上不去，内容篇幅、容量都不能达到读者需求的话，那读者就会抛弃你。"② 所以，广告量增加的背后需要刊物优质内容的支撑。

《读者》在 1994 年以前，曾以"再创美好生活"为题尝试开始刊登广告。为化解读者对期刊广告的抵触情绪，《读者》"确立了三个原则：即不减少读者原阅读版面，通过刊登广告增加读者有效阅读版面，在具体操作

---

① 《朱伟：永远自傲于超前思维》，搜狐新闻：主编在线，http：//news. sohu. com/20041215/n223510379. shtml。

② 《朱伟：永远自傲于超前思维》，搜狐新闻：主编在线，http：//news. sohu. com/20041215/n223510379. shtml。

上由少到多、逐年增加，控制广告总量”。[①] 1994 年《读者》全年增加 48 页彩页，其中 19 页刊登广告，29 页刊登美术摄影作品。经过几年摸索，《读者》“将广告版面控制在占彩色版面总量的 50%，占每期版面的 10%，这样一个比例，是读者心理上能够接受的”。[②]

为了解决邮发期刊页码固定、期刊广告版面供不应求的情况，《知音》杂志于 1996 年在全国率先实行加印彩色插页的广告运作模式，即根据广告客户的不同要求，在每期杂志中加印不同数量的广告插页，其印制成本全部由客户承担，《知音》广告公司收取广告代理费。这既没有增加期刊的广告版面，也没有增加读者负担，却扩展了期刊的广告空间。《知音》广告的营业额由广告公司成立前的三百万元增加到 1998 年近一千万元。

随着期刊广告经营实践的深入，期刊经营者意识到存在一个销售收入、广告收入和发行量三者之间的最佳结合点，这也是以期刊二次出售为盈利模式的期刊经营利润平衡点。这个利润平衡点的觉悟与发现倒逼了 20 世纪 90 年代中国期刊发行模式的创新。《时尚》杂志因此成为中国消费类期刊中第一个实行控制发行量的期刊。1996 年，《时尚》每期定价 15 元，但直接成本 40 元。因为制作成本远远高于定价，需要大量广告收入补贴，超出一定数量值的发行量越大，要投入的补贴就越多，因而超出目标读者群的发行在一定意义上是一种无效发行。《时尚》由于适度控制发行量，使市场处于轻微程度的半饱和状态，反而变被动为主动，发行商求《时尚》批销杂志，且折扣较低，发行商曾一度提前 3 个月预付杂志款，取得了一举两得的效果。因此，当时控制发行量有两种情况：一是由于期刊二次出售，期刊成本高于定价而刚性地要求控制发行量；二是为避免市场饱和而柔性地要求控制发行量。精准控制发行量，表明了中国期刊更为精细严密的经营水平。

---

① 彭长城：《促进期刊发展的广告经营之道》，《出版发行研究》1998 年第 1 期。

② 彭长城：《促进期刊发展的广告经营之道》，《出版发行研究》1998 年第 1 期。

第四节 分印分销开拓区域市场

建立期刊分印分销点，是1985年6月由山西太原市邮政局提出的。当时，山西青少年报刊社编辑出版的《山西青年》杂志每月订数维持在100万册上下，《小学生》杂志每月订数也在60万册左右。1985年6月，太原市邮政局向山西青少年报刊社寄去1986年度《报刊杂志邮发合同》及《办理报纸杂志邮发业务办法》。这两份文件规定："杂志超过40万册的刊社，应建立分印发行点。如不建立，则超过部分，另增收发行费10%。如分印点期发行数又超过上述标准的还需再设分印点。"山西青少年报刊社为此到东北、华南一带紧急联系分印点事宜。由于承印这两个刊物的山西新华印刷厂不同意分印，认为抽出大量印数交外省厂家印刷，会打乱本厂已安排好的生产秩序。《山西青年》《小学生》的分印无奈被搁置下来，这反映了20世纪80年代，计划经济体制下期刊运营的观念滞后和体制束缚。

给读者创造时间价值，是信息商品的价值指标之一。像书报刊这类的信息商品，能否及时生产和传递到需求者手中，是影响商品销售效益的重要一环。《读者》杂志地处中国内陆腹地的兰州，以期刊分印分发为契机，既成就了该刊月发行量曾达到1000万册的辉煌，成为20世纪90年代中国期刊发展从内地走向全国开拓区域市场的样本；又是以市场经济手段配置发行、印刷资源，演绎了20世纪90年代中国期刊进一步改革开放的时代内涵。

《读者》杂志1988年4月首先在武汉设点分印，1989年再设天津分印点，到2004年年底共在全国建立了13个分印点、17个分发点。

分印是缩短期刊印刷周期，进而提高期刊出版时效的一种有效手段。《读者》发行量突破150万册以后，供给与需求的矛盾日益凸显。发行全部依附于兰州市邮局，印刷全部集中在兰州新华印刷厂，使两个单位不堪重负。有资料显示，"当时每期杂志的印刷生产周期约为20—28天，发行时间最长超过20天，形成全国许多地区的读者只能在杂志出版的第二个月里才能拿到自己订阅的杂志"。长此以往，显然会严重制约《读者》杂志的发展。

期刊出版有编、印、发三个环节，分印连带的还有分发。因而《读者》杂志在启动分印的同时也就启动了分点发行。如果说分印解决的是期刊印刷的效率问题，分发则解决在一定区域内直面市场的销售问题。《读者》杂志每设立一个分印点，就可以有效地利用当地的印刷厂、邮局和铁路，如同增加了一个规模相当的印刷厂，增加了一个完整的分发机构，增加了一个运输辐射点。再加上随着分印点的建立，分摊到每个分印点上的实际生产压力减少，所以《读者》杂志的生产周期、分发周期和运输周期都大大缩短。到 2003 年，生产周期降到 5—10 天，分发和运输的周期降到 3—7 天，并保证同一期杂志在全国同一天上市，使全国的读者都能及时购买到新出版的《读者》杂志。

分印分发，对《读者》发行量的增长产生了积极影响。分印之前月发行量在 200 万册左右徘徊；分印之后各个分印区之间有了竞争，销售网络完全铺开，很好地促进了销售，2004 年《读者》月平均销售量达到 810 万册，2006 年 4 月《读者》顺利实现了月发行量达到 1000 万册的目标。

《知音》1995 年 1 月起在广州设置分印点，是全国大刊中第一个在广州设置分印点的。曾有人认为，广东省地处中国版图南端，辐射力不强。知音杂志社认为，哪里有市场，哪里就有发行潜力，就到哪里分印。结果当年的月发行量较 1994 年增加了 25 万册，广东一省就增加了 9 万册。

《青年文摘》2000 年 9 月全面开展分印分发。该刊改刊后分上下半月版，其封面以红绿两种颜色区别，分别简称为“红版”“绿版”，以利在开拓市场过程中借机建立起杂志的颜色识别系统。红版留在邮局系统发行，而新创办的绿版则交代理商发行，即借助邮局报刊零售公司与民营渠道的结合，在全国设置四个区域发行代理，建立起杂志社自己的发行渠道。为调动区域发行代理商的积极性，争取在最短时间内最大限度达到扩大发行量的目的，新创办的绿版前三期，试行由刊社提供付印的编辑文字内容的胶片，由四个发行代理商决定区域内印数及印刷发行。也就是说将这三期出版利润全部让给发行商，使其加大投入宣传推广费用，扩大市场认可度。三期以后，市场做大了，刊社收回印制权，恢复与区域发行代理商的正常供货关系。此后几年，也有其他刊物借鉴这种做法，由此也不难看出期刊经营的创新。

第五节　“刊邮融合”获双赢

《特别文摘》创办于 2005 年，是《中国剪报》旗下的综合性文摘期刊，以“解读世上事，传扬人间情”为办刊宗旨，追求“可读、可用、可存”的刊物特色，受到中青年读者的欢迎。

创刊之初，由于市场上文摘类杂志已经趋于饱和，为快速打开市场，他们从长远布局，与邮政开展深度合作，提出了一个“刊邮融合”的概念，即邮政发行的业务与期刊的经营有机结合，杂志社只负责期刊内容编辑，将期刊的广告、印刷、发行以委托经营的方式交付给邮政，由邮政实行广告、印刷、发行一体化经营，双方在深度融合中共同经营《特别文摘》。2006 年年初，《特别文摘》与邮政发行公司签订五年特别优惠协议：前三年《特别文摘》的全部发行收入归邮政公司，后两年扣除印刷、发行成本，发行收入两家对半分成。此外，邮政还可以承揽刊物的插页广告，收入全部归邮政公司。

这种合作方式极大地调动了邮政积极性，他们因地制宜地采取多种营销手段，深挖发行潜力，有效地扩大了《特别文摘》的发行量。2006 年上半年，《特别文摘》的期发行量还不到 10 万册，到 2008 年平均期发行量就突破了 100 万册，2010 年至 2012 年平均期发行量保持在 200 万册以上，使《特别文摘》在竞争激烈的期刊市场中占有一席之地。

从局部看，“刊邮融合”的合作模式，《特别文摘》与邮政双方实现了双赢。但是，此举在期刊界也引起争议，有的期刊社认为，这种合作模式“破了行业规矩”，带了一个不好的头，不具有可复制性，也不利于其他刊物与邮政的合作。其实，改革开放以后，期刊社与邮政的合作关系已经逐步放开，基本上都是通过协商自愿的方式来约定的，只要双方自愿，各种模式都可以进行尝试。事实上，近二十年来，《特别文摘》与邮政的合作模式虽然没有被更多杂志社效仿，但也没有因这种合作模式的存在而影响其他刊社与邮政的合作。

《特别关注》是另一种“刊邮融合”的模式。2015 年，湖北特别关注传媒股份有限公司在全国中小企业股份转让系统（新三板）挂牌，标志着湖北特别关注传媒有限公司正式进入资本市场。更为重要的是，中国邮政成为湖北特别关注传媒股份有限公司的股东，双方同股同利、共生共赢，真正开启了邮政与杂志超越传统意义上的联姻时代。分布在全国各地的中国邮政的众多网点和历年形成的销售渠道，成为《特别关注》杂志的宝贵资源，从而确立了《特别关注》杂志市场的制高点，打开了连绵成片的市场销售网络，为其发展壮大打下了独特的深厚基础。

图 13－2 《特别关注》

《特别关注》杂志创刊于 2000 年 10 月。当时的中国传媒业处于相对饱和的状态。有人认为，一纸风行的日子已经一去不复返了，我国已经不可能再出现百万册以上的期刊。然而，《特别关注》杂志以坚韧不拔的精神和毅力开拓市场，可以说创造了奇迹。创刊 15 年来，不断走向辉煌，创刊 4 年过百万册，5 年过 200 万册，2013 年达到 400 万册。

《特别关注》杂志的成功，原因是多方面的，除了经过精挑细选的优秀内容，尤其是其独特的营销理念和方式，为社会主义市场经济条件下的中国期刊业留下了生动的案例和成功的范本，值得总结和研究。

内容始终是期刊市场营销最坚实的基础，也是“刊邮融合”取得双赢的前提条件。《特别关注》隶属于湖北日报报业集团，主要创办人朱玉祥等都是做新闻出身。新闻人办杂志，最容易忘掉期刊以慢打快的优势，《特别关注》杂志创办初期，急于吸引读者眼球，过度新闻化，杂志销量增长乏力。后来，《特别关注》杂志毅然转身，以激扬人生智慧，传播《特别关注》的幸福哲学，做出独具特色的内容优势吸引读者。通过不懈地摸索和反复打磨，《特别关注》确定了纵览天下“八事”的主打栏目和开篇的《卷首语》《特别报道》，很快被读者接受。

办消费类杂志最难的是找到好故事，为此，《特别关注》杂志设立了二十多个标准，比如“三人”标准（引人入胜、发人深省、动人心弦），“三点”标准（进入点、记忆点、启发点），以及“冷点里面找热点、热点里面找冷点”等。15 年来，《特别关注》杂志的编辑，成了各大图书馆、档案馆、资料室和报摊最忠实最勤勉的读者，新书、新报、新刊，《特别关注》杂志的编辑总会在第一时间找到。读者很快发现，《特别关注》杂志的稿件，几乎篇篇好读、有趣、有味、贴心。

经过不断的自我修正、自我更新和自我完善，《特别关注》杂志建构了一个以“激扬人生智慧，抚慰读者心灵”为内核的成熟而又极富感召力的框架，形成了独具魅力的文本品质。而恪守读者本位、坚持讲小故事的叙事传统，以润物无声的方式巧妙打动读者，更成为其独有的利器。

《特别关注》杂志一创刊就交给邮政发行，在为读者提供市场上无可替代的产品的基础上，在营销上更是下大功夫，另辟蹊径，不断创新，以独特的情感营销理念和方式，在中国期刊市场上快速起飞。该刊在营销上有自己的战略。作为一个地方刊物，先要在本省做深做透。《特别关注》杂志提出：“一口井一定要挖干挖尽”。在具体操作中，紧紧抓住所在地特大城市武汉，以武汉为龙头，带动全省，打开了武汉市场，对全省是一个拉动，对全国也有示范效应；在外省，则采取先订阅后零售的方式，一反过去传统的做法，反向操作，产生奇效。通过免费试读，让读者互相传阅；通过订阅，让读者产生认知和依赖感。以订阅促零售，形成了两翼齐飞的态势；进而推进“百县工程”。把市场重点由中心城市向下延伸到全国有发展潜力的县（市），从以前的以省级市场为主向以地市州和县级市场为主延伸。这一自下而上的改变，与国内的所有期刊的营销方法大相径庭，产生了明显效果。

在营销策略上，该刊首先坚持“拥抱终端”。《特别关注》杂志掌门人朱玉祥注重研究“发行心理学”。他认为，报刊亭主犹如“抱关击柝”的更夫，做的是看起来微不足道的小事，实际他们在辞尊居卑，为报刊守护读者之关。谁让报摊主赢得报刊社的人文关怀，谁就掌握了零售通道的主导权。“拥抱终端”就是与报刊亭主交朋友，在一起交流的同时，对他们报以人文关怀。《特别关注》杂志曾与数万个报刊亭主相识、相交、相熟，举办过慰劳报刊亭主的“万人盛宴”，成为中国报刊发行史上的奇观。

其次是实施“集约化订阅”，或称大客户订阅。这也是《特别关注》杂志的创新之举，为中国的期刊发行做了又一次全新的尝试，不仅带来发行的全新思路，也带来意想不到的收获。它充分利用湖北日报传媒集团的资源，瞄准大客户，推行集团式订阅。以创新撬动发行市场，改变邮局一户一户零散收订方式，给期刊发行带来一次革命。仅 2007 年，《特别关注》杂志在全国的大客户集约订阅总量就达四十多万册。

另外，《特别关注》杂志还有许多独特的营销理念，如推销就是要“推”，到市场的最前沿去“推”，甚至“硬推”，这是打破市场僵局的最有效手段。朱玉祥总编辑和杂志社的员工都曾亲自去站过柜台，和读者面对面交流，进行面对面推销；要学会与主导市场的人交朋友，这成为他们的必修课，全国二十多个省份的报刊发行局局长，几百个地市州的邮政局长，都成为杂志社的朋友。在他们的经营理念里无不体现出与邮政“双赢”的思想，如谋天下不谋“朋友”，算计“朋友”就是算计自己；让邮政有钱赚，就是让自己有钱赚；于人分利，于己得利，如此等等。也许这些正是《特别关注》的成功秘诀之所在。

第十四章

个性化塑造成为期刊市场的宠儿

第一节 《女友》的个性化发展之路

1988 年创刊的《女友》，是改革开放期刊史上妇女期刊乃至整个文化综合类期刊中富有个性的期刊。20 世纪 90 年代就有外国学者注意到《女友》比较有个性，认为："它不仅风趣，而且比其他妇女杂志更注重处理有争议的问题。"[①] 作为后起者，个性化自然成为它区别于《家庭》《知音》的差别生存方式，《女友》把其个性总结为："由杂志为经营龙头，刊社全方位发展，逐步形成了一个更具特色的'女友'经营联合体。"这就具备了 20 世纪 90 年代市场化的特征，其创新思路和实践，为中国文化生活类期刊走进读者、走向市场，向产业化、集团化方向迈进积累了颇有价值的经验和教训。

一、《女友》创刊及其社会影响

（一）制度安排凸显改革气象

《女友》的创刊筹划始于 1987 年 10 月。王维钧在筹备过程中，高度重视期刊社的制度安排。他曾参与创办《陕西青年》，1985 年 1 月更名为《当代青年》，1985 年 4 月担任主编，既见证了 1978 年以来青年期刊的辉

① ［美］朱迪·波伦鲍姆：《中国新闻事业之透析》，张世悟译，《新闻与传播研究》1996 年第 1 期。

煌，深受青年期刊改革的影响，也相当深入地认知到期刊社较为普遍面临的人事、经济独立权的改革欲求和突破的艰难。1987 年 12 月 28 日，陕西省新闻出版局批复陕西省妇联的申请，将《家庭报》更名为《女友》月刊，确定为妇女生活类期刊，全国公开发行。

在全国刊物林立的情况下，为了保证《女友》应有的质量和发行量，以及不衰的竞争力，王维钧在人事制度、经营管理、工作方法等方面提出多项改革措施：一是实行社长责任制。杂志社的社长由省妇联挑选；主编、副社长、副主编由社长挑选，经省妇联审查后任免；杂志社所属部门及单位负责人，以及有必要设立的社长助理、主编助理均由社长挑选、聘用，杂志社自行任免。二是实行编辑、记者及有关人员招聘制。在签合同的原则下，尽可能取消“铁饭碗”，打破“大锅饭”，按聘期、聘职、完成实际工作指标，兑现工资报酬和经济奖惩。三是实行事业单位企业管理。在省妇联提供办公设施和国家财政适当补贴的基础之上，亏盈自负、独立核算；在保证刊物和社会宣传效益的同时，开办有关经营实体，搞活业务、搞活经济，注意多方增收、搞好集体福利。四是实行特殊专业人员的特殊管理。编辑、记者作为活动性较强的专业干部，允许有其必要的工作环境和工作特点；公关人员作为经营和交际型的专业干部，允许在业务范围内享有一定的独立性和灵活性。

1988 年 6 月，陕西省妇联党组批复：刊名定为“女友”，同意办刊宗旨；人权财权交给刊社；杂志社财政单列户头；同意编采人员实行招聘制。同时，批转了《女友杂志出刊及刊社工作规划的报告》，任命王维钧为女友杂志社社长兼总编辑。王维钧以“坚持以改革精神办刊建社”为题，着重提出管理方面的改革，强调了社长负责制、事业单位企业管理等四项制度。四年后，也就是 1992 年，《女友》发行量突破百万大关。在陕西省妇联、省新闻出版局召开的表彰大会上，王维钧再次提出“关键在于解决好人的问题”，认为省妇联批准的四项制度改革为杂志社“整个事业的顺利进展起了有力的保证作用”。[①] 陕西省妇联主席张秀绒在纪念《女友》创刊 10 周年时，撰文《一个充满生机和活力的领导集体》，对女友杂

---

① 王维钧：《〈女友〉真情解读》，女友杂志社 2003 年印行，第 37 页。

志社“无私无畏的改革”予以肯定，认为这一改革“是《女友》领导班子经过多年摸索，建立的一套适应改革开放要求，有利于《女友》不断发展的工作机制，也是他们发扬无私无畏、勇于改革精神的丰硕成果”。①

（二）人才招聘先声夺人

1988 年 3 月 29 日，《西安晚报》刊登一则广告——女友杂志社招贤聘能：“新办《女友》月刊即将问世。本刊社矢志改革，决定招聘：1. 在编编辑兼记者 8 人；2. 特约兼职编辑、作者 20 人；3. 经营管理干部及公共关系、财务人员 10 人（集体性质）；4. 特约通讯员、信息员 50 人（由本社夜校培训后兼职）。”广告登出 10 天内，报名应聘者达 1502 人，② 编辑的招聘考试分组稿、笔试、面试三个阶段进行，经过两轮筛选，参加面试的只剩 30 人。面试采取的是当面口试的方式，应考者在答辩前半小时从事先准备好的 20 道试题中抽 3 道题目，任选其一做答辩准备。最后杂志社试用后正式录用 5 人。他们后来都成为《女友》的骨干，离开《女友》后也是其他刊社的领军人物。

图 14－1　《女友》改版招贴

1988 年 4 月 18 日，《西安晚报》发表解维汉的《招贤大旗竖　人才纷纷来——女友杂志社招聘侧记》，详细报道了《女友》招聘在西安古城掀起的波澜，引起的轰动效应。《女友》公开招聘员工虽为应急举措，后来却被刊社认同为“成功第一步”，实际收获了“一石三鸟”的传播效果：招聘人才；为新创刊的《女友》大造舆论

① 达也主编：《〈女友〉10 年》（上），女友杂志社 1998 年印行，第 159 页。

② 此处数据，据达也主编《〈女友〉10 年》（上），女友杂志社 1998 年印行，第 14 页。1988 年 4 月 18 日《西安晚报》的《招贤大旗竖　人才纷纷来——女友杂志社招聘侧记》中说：“现在报名者已达 1683 人。”“在应聘业余编辑的 553 人中有六十余名来自西安二十多家报刊社、出版社的编辑记者，还有十多家研究所的科技干部。”

宣传；广开优质稿源，同时，建立了优质作者队伍。

（三）总体策划拟人化

拟人化的大众期刊编辑理念与实践，是《女友》对中国期刊文本编辑创造的独到贡献。此前虽然也有拟人化意味的期刊命名，如《新青年》《良友》等，但明确提出拟人化的期刊编辑理念并较为系统地实施，则始于《女友》。

1987 年 12 月 30 日，女友杂志社出台《刊社筹备方案》，明确提出了总体构想，首先是“以拟人手法塑造《女友》，使其具备女性个体形象。尽量做到看了整本杂志后能给读者留下犹如同女友进行了面谈的逼真感受。因此，《女友》应当是一个美丽聪明、善良贤惠、热情大方、知识渊博、多才多艺、有胆有识而又乐于助人的现代东方女性的化身”。① 为实施拟人化的传播效果，《女友》创刊伊始便启动了以刊名为核心的总体策划。《女友》基于期刊连续出版的系统关联性，最早提出了期刊“总体构想”的概念，这是与后来徐柏容的“杂志的总体编辑构思”② 和期刊界惯常使用的期刊总体策划的等义语。总体策划包括读者定位、内容定位和个性风格定位三个方面，其中读者定位是基础，内容定位是核心，风格定位则是以前两者为基础合成本刊特有的独创性。

《女友》创刊时，全国已有二十多家文化综合类期刊，《家庭》《知音》《妇女生活》《现代家庭》等杂志的期发行量已经少则几十万，多则上百万。留给《女友》的市场空间有限，新刊必须寻找缝隙开拓新的市场。寻觅读者定位，一直伴随《女友》的创刊过程。它最早的读者定位依然局限于普通的妇女读者：初中文化程度以上的广大妇女，以及关心妇女工作、妇女生活、婚恋家政等问题的各界男性。后来逐渐明确了“寻找边缘人”的读者定位方法，进而达成基本共识——以差异化手段确定期刊总体性的个性定位：《家庭》的读者是以中年女性为中心，内容着重于婚姻家庭方面，表现手法比较写实；《知音》的读者面宽泛，更偏重于人情人

① 达也主编：《〈女友〉10 年》（上），女友杂志社 1998 年印行，第 213 页。

② 徐柏容在专著《杂志编辑学》中设专章谈“杂志的总体编辑构思”，中国书籍出版社 1991 年版；后又发表《杂志总体编辑构思的纵贯点》，见《出版发行研究》2000 年第 12 期。

性的内容；《女友》要寻找读者中的“边缘人”，树立起独立特色的旗帜，最终决定把读者对象确定为城镇现代女性中的青年一代，办一份给女青年读的杂志。1990年以后，《女友》的读者对象逐渐转向城市现代青年女性，偏向于时尚一族。①

刊名“女友”，也是先从社会征集的“妻子”“良友”“伴侣”“希望”“挚友”“新女性”“家庭之友”“女性天地”“女子之窗”等众多名称中，广泛听取各方人士意见，编辑部会议充分讨论，才正式确定的。其总体定位、读者定位、内容定位、风格定位于刊名中清晰可见，为以后的长远方针奠定了良好的基础，“《女友》风格的核心是她的时代性、时尚性、青春性，一个‘女’字，一个‘友’字，一直是其风格色彩的主色调”。②

《女友》的拟人化还体现在整个期刊文本中，创造了一种拟人化的语言环境、一种情感氛围、一种在文本叙述中与读者探求交流的过程。这种拟人化语境的鲜明的文本特征，是《女友》首创的“编辑华笔”。③“编辑华笔”是期刊编辑在审处和签发期刊稿件时，针对刊物、专栏、文章等所编撰的具有广告、提示、注释、说明性的辅文，包括广告语、刊首语、题头语、按语等，其艺术加工和运用为《女友》增色不少。在处理稿件时，编辑撰写栏头语、题头语、编者按、编后语等起到画龙点睛之作用，读者普遍感到亲切，从而增强了阅读兴趣。后来逐渐在一些文化综合类期刊中流传开来，显示了《女友》对文化综合类期刊文本的创新贡献，也显示了20世纪90年代文化综合类期刊鲜明突出的文本特征。例如，《女友》的《黄河女儿》之“栏头语”是：“澎湃、博大、浑厚的黄河精神，孕育了黄河女儿淳朴、勤劳、善良的美德，而亘绵几千年的封建意识和闭塞的地域态势犹如一个无形的网，仍在阻挡着催生的春风，束缚着内力爆发。背负沉重历史包袱的黄河女儿，向着时代的彼岸艰辛地跋涉。”《新潮透视》之“栏头语”是：“改革开放的大潮向旧的模式发起了猛烈的冲击，愚昧

---

① 达也主编：《〈女友〉10年》（上），女友杂志社1998年印行，第6页。

② 王维钧等编：《〈女友〉10年》，女友杂志社2003年印行，第9页。

③ 2001年5月19日，王维钧在女友杂志社第三期黄金培训班上发言时说：“编办《女友》的拟人化手法以及‘编辑华笔’，最早首创时做得很好，以后就越来越不行了。”见王维钧《〈女友〉真情解读》，女友杂志社2003年印行，第311页。

与文明、保守与图新、落后与前进在拼撞中交融，形成了种种潮流。站在客观立场，运用辩证唯物论的观点观察透视这些潮流引起的社会问题，这是现实对我们每个朋友的新考验。”

《女友》的封面及版式设计很有特色：美丽温柔的女性形象，装饰性的LOVE（爱），明快简练的内容要目，每期还有充满诗意的小名，使人耳目一新。每期丰富多彩的内容，相对集中的主题，质量较高的各类文章，都如同磁石般吸引着读者，被誉为“熔信息、知识、思想、情趣于一炉，坚持短、巧、新、实、深”。

二、《女友》十年的市场化探索

（一）从内容到形式的变化

“《女友》十年”指1988年至1998年《女友》最初也是最佳发展的时间段，源于《女友》10周年时编撰、15周年时修订重版的同名书籍。《女友》创刊15周年时，仍然用修订重版《〈女友〉10年》作为庆祝事项之一，可见创刊后的最初十年在刊社人心中的分量。

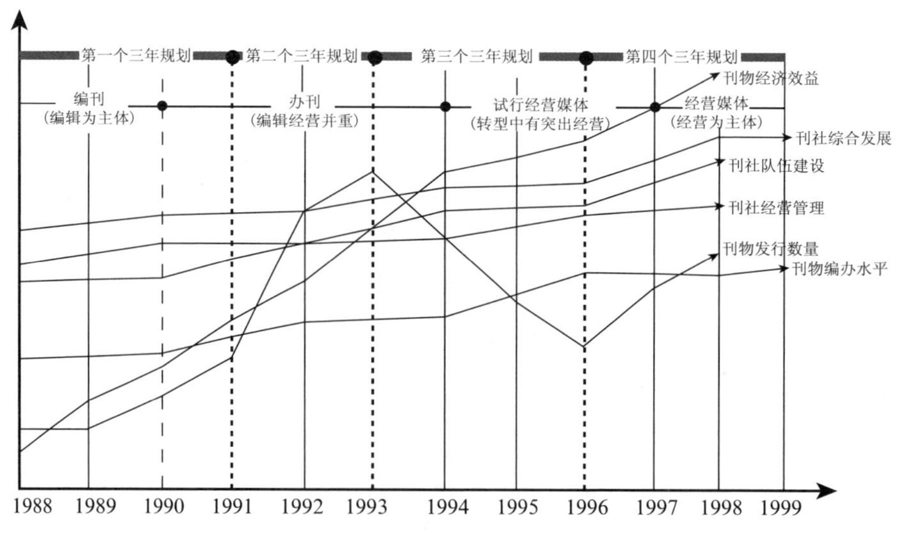

图14－2　女友杂志社十年全面发展示意图

资料来源：《〈女友〉真情解读》（王维钧著）。

"《女友》十年"的核心内涵是文化综合类期刊的市场化探索，是期刊商品意识和市场竞争意识的实践化。王维钧认为，《女友》最成功之处在于办刊人一开始就认定了这份期刊面向大众的商品属性。他们承认并尊重这一客观事实，苦练内功，发掘自身潜力，千方百计在办刊实践的各个环节努力适应改革大形势的要求和优胜劣汰的市场法则。刊物形象、刊社形象的优化巩固和宣传强化，成为《女友》大步走向市场的重要一步和关键一步。实践证明，《女友》办刊人抓住了读者的心。

"女友杂志社十年全面发展示意图"充分揭示了"《女友》十年"的内涵，它包括 1988—1989 年的"编刊"阶段，1990—1993 年的"办刊"阶段，1994—1997 年的"经营媒体"阶段。这既描述了《女友》的发展阶段，也反映了中国期刊在 20 世纪 90 年代市场化的进程。王维钧认为，由"编刊"到"办刊"，是一个改革；所谓"办刊"，就是不能坐下来等稿子，用传统手法编稿子，得按总编的思路、规划、目标去采访、撰写、组约、组改稿件，组写出来的东西能推销出去，达到预期目的。这实际是增强了经营意识和市场推销意识。《女友》在"办刊"的四年里，坚持每一期推出由编辑部集体策划，几个编辑记者执行的一篇或一组"特别企划"稿件，有针对性地提出和解决一个比较重要的问题，在帮助读者正确认识社会、正确对待人生、正确处理学习和工作中的各种关系等方面起了很好的作用。"经营媒体"按王维钧的解释，就是按照媒体的经营规律去编辑稿子，更注重特别企划，反映在《女友》版面上的一个重要特征就是广告大量介入。从 1995 年到 1998 年，广告页码不断增加，版面由黑白到彩色，由各种杂乱的广告变成形象广告，由完全刊登外来广告到加入自己的联营广告。1992 年改为大 16 开本和 1995 年的广告经营，如果没有"编刊""办刊"时期充分互动，提升发行量从而较为广泛积累的读者资源和作者资源，第三阶段的辉煌还是难以想象的，《女友》发行量 1991 年达到 63.5 万册。以下三组数据（见表 14 - 1、表 14 - 2、表 14 - 3）较为充分地反映了《女友》在"编刊""办刊"阶段的辛勤劳作，也可窥视在电子媒体不很发达的 90 年代一个纸质期刊的社会影响。

表 14－1 《女友》1988 年 7 月—1991 年 6 月读者来信统计

单位：封

年 月	批评	赞扬	建议	评刊	咨询	其他	合计
1988. 7—1989. 6	1900	4750	3900	3680	1920	2850	19000
1989. 7—1990. 6	3350	8550	5100	5300	4900	6800	34000
1990. 7—1991. 6	3350	21300	6900	14200	14600	10650	71000
合 计	8600	34600	15900	23180	21420	20300	124000

资料来源：《爱心历程 1000 天》（王维钧等著）。

表 14－2 《女友》1988 年 7 月—1991 年 6 月自然来稿及刊用情况统计

单位：篇

年月	散文		诗歌		小说		纪实文学		译文		科技小品文		美术摄影		合计	
	来稿数	刊用数	来稿数	刊用数	来稿数	刊用数	来稿数	刊用数	来稿数	刊用数	来稿数	刊用数	来稿数	刊用数	来稿数	刊用数
1988. 7—1989. 6	3400	38	5100	32	1800	0	3300	30	1050	8	1700	43	650	18	17000	169
1989. 7—1990. 6	6800	40	9900	28	3500	0	6400	35	1860	6	3100	33	1440	37	33000	179
1990. 7—1991. 6	14800	42	20700	19	6800	0	13900	11	3450	5	6900	29	2450	26	69000	132
合计	25000	120	35700	79	12100	0	23600	76	6360	19	11700	105	4540	81	119000	480

资料来源：《爱心历程 1000 天》（王维钧等著）。

表 14－3 《女友》编辑及公关人员邮寄函件统计

单位：封

年 月	约稿	退稿	复信	邮杂志	宣传品	其他	合计
1988. 7—1989. 6	5380	1980	13100	31000	17000	2200	70660
1989. 7—1990. 6	2640	1320	15600	24000	29000	3500	76060
1990. 7—1991. 6	1330	650	19200	43000	23000	5600	92780
合计	9350	3950	47900	98000	69000	11300	239500

资料来源：《爱心历程 1000 天》（王维钧等著）。

“《女友》十年”在期刊版面形式上的显著特征是“多变”，这既是开拓市场的差异化策略，也是刊社人自觉的追求。王维钧曾说：“《家庭》稳定，美好温馨；《知音》难得，意厚情深；《女友》新鲜，变化多端。”① 十年里，这本杂志从小 16 开到大 16 开；从 48 页的内文到 64 页、96 页、112 页；彩插从无到有，从 4 页增到 8 页；彩印由 0.25 个印张增到 0.5 个印张、0.75 个印张、1.75 个印张、2.75 个印张；定价由 0.60 元、1.00 元、1.20 元到 2.00 元、2.18 元、3.80 元、4.30 元、4.50 元、4.80 元、5.00 元；一步一步地走到了后来这样一个规格。其内容平均三年变化一次，彩印平均两年增加一次，定价是一年一变。

（二）二次出售的阵痛

《女友》创刊伊始便秉承期刊商品意识还体现在广告经营上。它不是改革开放期刊史上最早经营广告，也不是期刊广告经营额最高的，但它是新时期外资背景期刊挺进中国大陆市场以前民族期刊广告经营额破纪录的，是期刊界广告经营开拓方面观念领先、策划用心、尝试多样因而颇具影响的。

1995 年《女友》的发展主题是广告，关注焦点也是广告，其广告页由 1994 年的 12 页增加到 22 页。尽管广告设计颇为考究，某些彩页还被部分读者称誉为“特漂亮”，虽然期发行量由 1995 年初的 110 万册一路下降到年底的 75 万册，但形成了中国期刊广告市场化开拓的独特的“《女友》经验”。有专家指出：“《女友》以其独到的设计、可观的发行量吸引了不少女性用品的广告客户，使得广告收入成为刊物收入的重要组成部分。他们可以称得上是中国期刊界广告意识较强的先行者。”②

首先应该肯定，“《女友》经验”是中国本土民族期刊在政府启动市场经济体制改革后，探索中国期刊市场化、产业化的自觉行为，蒙受了阵痛的艰辛，却也饱含舍我其谁、勇于求索的先锋性。从当年发行量较大的四家同类期刊的三年比较可知（见表 14 -4），虽然 1993—1995 年《女友》《妇女生活》《中国妇女》都发生了发行量下降的情况，但《女友》发行量下降有不

① 王维钧：《〈女友〉真情解读》，女友杂志社 2003 年印行，第 300 页。

② 张泽青：《适应市场　稳步发展——近年综合文化类期刊发展观察》，见王维钧主编《现代期刊编辑论丛》第 6 辑，西北大学出版社 1998 年版，第 52 页。

同的广告经营内涵，与《家庭》发行量基本稳定、《知音》发行量上升相比，《女友》在自觉求索不同于《家庭》《知音》的期刊产业发展道路。

表 14 -4 1993—1995 年发行量较大的妇女期刊平均期印数比较

单位：万册

年 份	女友	妇女生活	家庭	知音	中国妇女
1993	130	77	244	80	43
1994	110	49	245	95	34
1995	85	58	242	128	34
三年平均期印数	108	61	243	101	37

资料来源：《中国出版年鉴》1994—1996 年版。

针对《女友》增加广告页码，该刊对总样本 509 人的调查结果显示：对广告的关注程度：每期都看的有 47 人，占 9. 23%，经常注意的有 232 人，占 45. 58%，偶尔浏览的有 218 人，占 42. 83%，从来不看的有 10 人，占 1. 96%；对广告篇幅的承受程度：不满意、认为登得太多的有 186 人，占 36. 54%，尚可的有 187 人，占 36. 74%，满意的有 118 人，占 23. 18%。①

面对较为强烈的读者反映，女友杂志社社委会组织人员分别在西安、深圳、广州、惠州等地，进行了半个月的期刊市场调研。其结果不仅直接服务于当年的《女友》运营决策，而且较为具体鲜活地留存了本土民族期刊开拓广告市场的市场反映资料。显然，深圳读者相对平和地接受《女友》的广告增页，而西安读者则陡然冷落，正反映了深圳等沿海期刊市场与西安等内地期刊市场在 20 世纪 90 年代的需求差异。几年后，随着中国加入世界贸易组织（WTO），外资背景期刊成规模地垄断中国时尚类期刊市场，中国读者对期刊广告便顺其自然地理性认同、欣然接纳。这也印证了“《女友》经验”的可贵。

或许是认识到中外期刊发展水平的差异，发现沿海期刊市场和内地市

① 《直面广告——期刊广告讨论会侧记》，见达也主编《〈女友〉10 年》（上），女友杂志社 1998 年印行，第 282 页。

场的需求差异，王维钧明确表示“发行量下降广告也得上”。[①] 这种自觉放弃期刊发行量增长率而促期刊广告经营额增长的经营策略是中国期刊市场化探索的崭新模式，是弥足珍贵的“《女友》经验”，为“《女友》十年”的产业化华章谱写了精彩一页。“1997 年，《女友》广告在设计和内容选择方面都上了一个台阶，广告收入跃上千万元，居国内期刊广告的前列。”[②] 1998 年 5 月，王维钧在北京举办的第一期全国期刊理论研讨班上发言说，《女友》发行量最高时是 1993 年的 130 万册，广告最高时是 64 页，后改为 112 页，发行量是降了，可经济效益却逐年上升。

1995 年，中国期刊在广告经营问题上还处于观念转变中。《收获》因刊登广告在文化圈引起争议，中央电视台 1995 年 12 月 5 日《焦点访谈》节目对此进行了报道。《女友》内部争论更为激烈，编辑记者对广告尤为反感、否决，女友杂志社为此还举行了较为郑重的研讨会。会议认为：“期刊广告仅仅看成一种经济手段是狭隘的，期刊广告是一种文化表现，应该把它作为一种文化现象看待，也很值得办刊人作为一个学术问题深入地研究。”[③]

（三）第三次出售的渗透与收获

期刊因为连续出版而形成不同于非连续出版图书的盈利模式，这就是期刊的三次出售。期刊的第一次出售与图书相同，将期刊出版物投放市场，以赚取发行收入；第二次出售是将读者当作产品卖给广告商，赚取广告收入；第三次出售则是将品牌卖给社会，赚取品牌收入。这于西方已为惯例，或者说定律，但于中国期刊业 20 世纪 90 年代走出计划经济体制，

---

① 王维钧 1998 年 5 月 14 日在第一期全国期刊理论研讨班作题为“面对挑战：我们的思考和应变”的发言说：“有人拿着读者的来信给我看，强调读者说广告太多了，如何如何的。我的看法很明确，发行量下降广告也得上，广告越多，对编辑提出的要求就越高，只要你们编辑记者能撰出很叫座的好稿子，杂志就能卖出去，就可以多登一些广告。你们的本事应该是要做到广告多了杂志也要抢手。我不相信把广告拿下去，稿子不好，发行量能上去。在国外，目前也有这种矛盾。当然，广告本身也要搞好，也要吸引人；但也不能完全靠广告吸引人，那就成了广告专刊了。另外，对广告的看法，要允许有一个过程。中央电视台刚开始登广告的时候，大家也很反感。登多了，大家习惯了，有时候看上去挺好的；特别是小孩子，把中央电视台的一些好的广告语都背下来了。”见《〈女友〉真情解读》，女友杂志社 2003 年印行，第 171 页。

② 《〈女友〉10 年》，女友杂志社 2003 年印行，第 95 页。

③ 《直面广告——期刊广告讨论会侧记》，见达也主编《〈女友〉10 年》（上），女友杂志社 1998 年印行，第 279—281 页。

无异于有待学习、摸索的新颖课题。

《女友》的第三次出售有其自身独有的特点，如开拓最早、历时最长、方式多样，尤其显著的是，以其丰富实效的经营活动伴随并推动着自身品牌的形成，而不是单维的以传统手段办刊，待期刊成为品牌后再采取行动出售品牌，变现期刊品牌价值。《女友》在期刊文本以外的早期服务首推邮购，这既是期刊与读者、媒介与社会的互动方式，也为杂志社带来了丰厚的收益，从而演绎了1990年中国期刊品牌成长的“《女友》模式”。

1990年7月，《女友》创刊两周年时开展了一项文化衫活动，把反映《女友》永恒主题的LOVE字样印在T恤衫上，向社会昭示并邮购，结果在一两个月内有两万人汇款邮购，一时间，身穿LOVE衫的人遍布全国，他们都成了《女友》的活广告；1991年7月《女友》创刊三周年，杂志社又推出了明星姿影、编辑档案卡、青春风雷、梦幻世界等12套明信片，先后向社会抛售数量达39499套40万张、爱心历程1000天纪念封44200套、书签176400张。后来，经过报批，杂志社正式成立了集体企业——人友科技公司。1997年5月，杂志社派出十几人参加“’97羊城·期刊文化周”活动。《羊城晚报》报道说：“从陕西来的《女友》，经济头脑不比广州人差，他们的文化衫、手提袋一应俱全，既借刊物的名号推销商品，又借销出去的商品宣扬自己的牌子，可谓两头丰收。事实上，务实、虚心、联谊、互动，正是‘女友’人的成功之道。”

随着《女友》发行量的增长、社会影响力的扩大、品牌影响力增强，《女友》的第三次出售围绕《女友》出版初步形成了期刊产业链条，尝试了系列化、规模化经营，杂志社专门成立了三个公司运营：一是人友科技公司，主要经营现代化照排、制版和小型印刷，还承印名片、餐券、文件及宣传教育材料等；二是股份制广告装饰有限公司，主要承揽、制作期刊广告，代理《女友》《文友》和其他一些刊物的广告，负责书刊的美术设计和装帧；三是惠友文化科技开发公司，配合女友杂志社做各种文化宣传、教育培训、大赛、邮购等公益活动。在出刊过程中还开展了丰富多彩的大赛、笔会活动，如1989年举办了首届“未来作家大赛”，评选报告文学、长篇小说、短篇小说、散文、诗歌等奖项，后于1991年、1992年、1993年分别举办了第二、三、四届“未来作家大赛”。1994年起，“未来作家大赛”更名为“路遥青年文学奖大赛”，到1997年年底连续举办了四届。组委会邀请进入大赛复赛者到西安参加《女友》编辑部举办的“文朋师友”创作笔会，1991年秋天举办的笔会有全国各地的一百四十余名文学爱好者参加。1994年10月，全国文化综合类期刊研讨会、全国妇女报刊年会在西安召开，《女友》借承办“两会”之机同期举办了“文朋师友”创作笔会。四十多位文朋师友与出席会议的期刊总编座谈，通过编者、读者的直接交流，对编者办刊和写作者投稿都大有益处。

“《女友》十年”在编办杂志和出版物的同时，注重经营开发和刊社经济实力和实体的发展，取得可观的经济效益，从最初靠行政拨款，人均年收入1334元、人均年产值1.4万元，发展成为拥有100多名员工、3个编辑部、1个期刊研究室、5个公司和3个职能管理部门的经营联合体。至1997年年底，人均年产值27.5万元，人均年收入9136元。十年来创造产值1.5亿元，实现利润1422万元，向国家累计交纳税金827.3万元，人均产值达168万元，人均收入42500元。

三、《女友》的嬗变

创刊之初，《女友》的编刊手段基本为传统的组约稿件。1992年以后，《女友》有计划地按照总编的办刊思路，突出特别企划制作，由编辑撰写栏目稿件和本刊记者采访重头稿件，完成了从编刊到办刊的转变，企划成为刊物的看点，刊物的形象变为自信、开放、成熟。1995年开始，《女友》在更加注重特别企划与专题策划的基础上，要求栏目选题系列化、书籍化，突出栏目主持人和栏目主笔的特点，采取以好活动带出好文章的制作模式。

进入21世纪以来，《女友》又进行了三次嬗变：

1. 2000年，《女友》改为全彩印刷，由月刊变更为上下半月刊。2003年下半年《女友》（花园版）创刊。2004年《女友》上下半月刊变更为《女友》（家园版）月刊、《女友》（校园版）月刊。与此同时，2001年《女友·澳洲版》创刊，2003年《女友·北美版》也相继创刊。与刊物同步，继续完善编辑工作的转型——板块编辑主编化，注重板块设计和策划，体现生活实用指导。

2. 2005年，《女友》系列刊开展精细化运作，为使品牌得到进一步延伸，运营中心、联合体经营功能全面铺展。同时，进一步细分读者定位，《女友》（校园版）的读者群锁定大学女生和社会“新鲜人”、《女友》（家园版）关注熟龄已婚女性、《女友》（花园版）服务高端职业女性，三个版本、三种女性关怀，关注女性读者人生不同时期的问题。更值得一提的是，早在1996年，《女友》就已着手在深圳创建工作站，快速实现了与我国改革开放前沿（尤其是香港）的信息对接和市场经营意识的碰撞激发；其后又陆续在北京、上海、广州等国内一线城市和澳大利亚悉尼、加拿大温哥华组建了运营中心和分公司，实现了形式灵活的联合体经营，布局完成全球信息采集和资源整合的高效网络，为《女友》品牌的发展和延伸奠定良好基础。

3. 2008年新任董事长唐文华走马上任，“女友”刊群重装上阵，采编经营全方位互动，积极探索新媒体，迎来事业的又一个高潮。《女性手机报》于2009年上线，以快捷、犀利的女性生活类资讯为主打，在长达近十年的时间里，用户始终保持在三十万人左右，成为女性生活中不可或缺的密友。2010年，电子杂志《女友 Hi》创刊，它以特立独行、棱角分明的审美意识和生活态度，迅速成为互联网精读时代的佼佼者。2011年，与美国最大的亲子教育集团 Highlights 版权合作，创刊《女友亲子》杂志；同年女友传媒集团成立。2012年，《女友》各版本开设微博微信、《女友》iPad 版上线、女友搜狐手机客户端上线，《女友》与富有实力的多家第三方达成数字出版战略合作。这一系列探索为女友传媒集团赢得荣誉，2011年《女友》（家园版）获“中国出版政府奖期刊奖”；2014年《女友》（校园版）获得年度“最美期刊”称号；2015年《女友》（家园版）入选“百种社科期刊”方阵，并再次获得年度“最美期刊”称号；2015年，女友杂志社获得陕西省及国家级“数字化转型示范单位”称号。

四、《女友》的生命基因——秉持爱与美

《女友》创刊以来，始终高举爱和美的旗帜，坚持姿、态双修，以极具人文关怀的社会责任感影响着中国女性的思想认知和社会价值观，具有深厚的读者基础和媒体公信力。

“姿”即姿势、姿色、姿容，指刊物的外貌、装帧设计等第一视觉。

《女友》1988 年 7 月创刊至今，杂志形式不断变化，从标准 16 开到大 16 开，从黑白印刷到全彩印刷，封面也一直随着市场和读者定位的变化而变化；从一本刊到上下半月刊，再到有三个独立刊号的《女友》系列刊和《文友》《男友》，2007 年变为四个版本的《女友》杂志。这些变化，一方面是顺应市场变化和大众物质、文化生活的需求；另一方面，是为了更加有效体现刊物的内容精神，没有内容精神的支撑，再好的形式都是没有个性的、苍白的。

“态”即态度、态势、气度，是刊物的“气”，是刊物遵循的“道”，是指刊物内涵、个性、精神气质。为此，《女友》系列刊秉持三个态度：

（一）态度之一——要做时代“右”手刊

右：代表高贵和能力。人们多习惯用右手做事、表态，日常生活和工作中右手使用频率高。在我国右有尊崇、高贵、克己助人、操守廉政、上行等意思。西方社会也视右为神圣，握手用右手，礼拜时用右手在胸前画十字，表示尊敬。

“右”手刊的意思——就是具有高贵气质，敢于承担社会责任，能给予受众具体、实在的帮助，具有生活指南、情绪解惑、促人上行成就愿望等特性。做有社会责任感的媒体，就是该刊的右手态度。

刊物要很好地承担起社会责任，办刊者就要了解社会、体察民情、体恤民心，洞彻事物规律下的人情需求，确定选题、采集信息、编辑行文要做到立场正确、观点鲜明、形式新颖、感觉贴切、时代感强。把媒体社会责任和教化功能融入鲜活的人性，使人情与阳光、健康、快乐的刊物气质融合，时尚、温柔、熨帖、智慧地引领阅读，体现媒体力量，获得良好的社会公信力、影响力和美誉度。

（二）态度之二——因为责任而爱

《女友》所说的爱，从来都是广泛博大的爱，套用新媒体的解释是“新爱”，是超越了生命体边界和时间空间边界的爱。爱和女性是同体，一个不懂得爱的人是干瘪的，是没有思想和灵魂的，也是没有生活发现力的。

《女友》是女性刊物，始终坚持把爱的深刻、深厚、深邃内涵发掘发挥彻底。通过弥漫着关怀、关爱的刊物内容，彰显女性的包容和慈悲：以关爱之心体察读者的需求、体验读者的感受、体会读者的感觉、体谅读者的心绪、体现读者的志趣，让读者在翻阅刊物时，充分感受爱的温煦。

大爱情怀更不可或缺，以母性的悲悯和慈爱，关注自然、关注生态环境和人文环境，关怀救助弱势人群，充分体现刊物的社会支撑力。《女友》始终把对公益、环境、环保、民族文化的关注有机地融入各版本的栏目中，落实在编辑工作日常思考中，让爱和慈悲成为打动读者的刊物情感。

（三）态度之三——解脱“时尚”戒，重振刊物精神引领

长期以来，很多期刊对“时尚”一词缺乏深入理解，狭隘地把泛滥的“潮流”捧为时尚，仅仅把物象的华丽当成时尚的全部，把刊物的时尚精神简单地寄托在豪华装帧、好图大片、模特妆容、服饰姿色上。这些当然也需要，但它们不是时尚的全部。

真正的时尚，是具有很高的创新含量的，是受思想、意识主导，个性、前卫、气质的展现，不仅是视觉的享受，更重要的是精神和心灵的感动，而且被大众认可、效仿而成为潮流。

唐文华这样说：没有创新就是让时尚蒙羞。编辑不应只关注时尚的表面，时尚精神的引领力更重要。

第二节 《故事会》：讲好老百姓喜爱的故事

《故事会》创刊于 1963 年 7 月，是上海世纪出版集团主管的一本品牌杂志。改革开放以来，这本杂志坚持个性化塑造，不断开拓创新，以积极健康的思想、清新明快的节奏、生动活泼的风格、亦庄亦谐的美感，赢得了海内外广大读者的喜爱，取得了令人瞩目的社会效益和经济效益。

一、文本之内与文本之外的互联互动

多年来，《故事会》编辑部始终坚持“眼睛向下、情趣向上”的办刊方针，一手抓文本内容建设，一手抓文化出版导向。石峰认为：“这八个字很有分量，体现了《故事会》编辑部的一种精神，一种价值取向，一种

办刊理念，一种企业文化。”[①] 既努力按需提供服务、精准推送产品，又力求在互动中服务、在服务中引导，不断增强读者、作者的参与度、关注度和满意度，是《故事会》孜孜不倦的追求。《故事会》文化传媒有限公司总编辑夏一鸣对此进行了总结：

1. 实施原创内容“慢编辑”，管理流程“扁平化”，把每一期都当作创刊号来办。《故事会》编辑部视质量为生命线，严格把关、深耕细作。在稿件选择方面，除规范的“三审制”外，《故事会》编辑部还制定了系列相关制度，比如“打分制”，给每则作品打分，且规定每期稿件均需有一定数量的优秀作品；又如“社外审稿制”，“三审”过关的稿件，修改、加工后，再送交社外专家审核，召开小型座谈会，专门就修改稿提出补充、批评意见；再如“会审制”，以问题为导向，编辑人员共同参与长条样“大讨论”，对可能发表的作品进行思想性、艺术性、规范性把关。2015 年，《故事会》在上海市期刊编校质量检查中获得优秀奖。

图 14－3　《故事会》

2. 办好品牌栏目，使之成为杂志的“看点”和吸引读者的“亮点”。为感应时代的发展脉搏，《故事会》编辑部每年都要策划新栏目，因势而谋、应势而动、顺势而为，迄今常设栏目近三十个，《笑话》《幽默故事》《外国文学故事鉴赏》《民间故事金库》《3 分钟典藏故事》等栏目已成为杂志的“常青藤”。

3. 建立和完善作者培训机制，做大阵地，占领原创作品的制高点。从 1996 年开始，为培养和发现一批《故事会》的骨干作者，杂志社免费举办了 18 期故事理论培训班。授课者除了请社外专家，更多的是编辑人员自己

① 石峰：《书人书事书话》，中国书籍出版社 2015 年版，第 33 页。

讲课，以此督促编辑自觉成为本专业的理论研究者。如今，《故事会》编辑部成为中国故事文坛名作家、名编辑的成长摇篮，成为公认的中国现代故事理论研究中心。此外，杂志社还在全国各地实施作者网格化管理，建立许多各具地方特色的“故事沙龙”，通过沙龙组织，团结和帮助文学青年走上创作道路。

4. 以《故事会》为平台、渠道，实施“走出去”文化战略，与社会各界广泛开展合作。从2005年开始，《故事会》编辑部便与司法部法宣司、上海市法宣办、闵行区梅陇镇连续举办四届“梅陇杯”全国法制故事创作大赛；其后，又与司法部法宣司、上海司法局、嘉定区安亭镇联合开展“法宝杯”华东六省一市法治故事征文、演讲活动；2013年，与共青团中央宣传部、共青团上海市委、新民晚报社、上海市嘉定区政府，推出“青春励志故事”征文大赛；2014年，与黄浦区精神文明建设委员会、上海世纪出版集团、新民晚报社，共同发起“我们的价值观——中国好故事”全国征文活动。《故事会》多年来坚持“走出去”，有组织、有计划地讲好老百姓喜闻乐见的故事，传播主流价值观。

二、名牌期刊与重点图书的此长彼长

夏一鸣认为，《故事会》的成功在于重视发挥品牌效应，注重一个内容多次开发、一次开发多次产出、一次产出多次增值，积极探索书与刊的品牌“叠加效应”，做大做强故事文化产品线。他们的做法是：

1. 注重二次开发。故事具有情节性强、时间性弱的特点，许多作品都具有再度开发的价值。为此，《故事会》编辑部注重挖掘、整合优质故事资源，推出类型故事：100种“故事会5元精品系列”，总印数高达1000万册；《滴水藏海》《青春读本》《过目不忘》《50则荣辱观的故事》《社会主义核心价值观故事读本》《中国好故事》等，均取得较好的社会效益和经济效益。此外，编辑部还善于利用作者资源，进行图书出版开发，如“青春小说”《细米》（曹文轩）、《鸟奴》（沈石溪）、《漂来的狗儿》（黄蓓佳）等，前两本图书分获第六届全国优秀儿童文学奖。

2. 打造畅销书《话说中国》。他们邀请国内一流专家学者，采用讲故事的方式演绎中华五千年文明史和文化史，成功打造畅销图书《话说中国》（20卷）。雅俗共赏、学术性和普及性兼备的《话说中国》出版后，得到海内外专家学者和广大读者的广泛认同，被中宣部列入“民族精神史诗出版工程”。2005年，时任国家主席胡锦涛访美期间，《话说中国》作为国礼之一馈赠耶鲁大学图书馆。目前，《话说中国》发行总码洋已超过2亿元。

3. 编辑出版“中华民族文化大系”。“中华民族文化大系”是由上海世纪出版集团和上海市民委联合主编的一套大型图书，共56卷，国家民委担任总顾问，《故事会》编辑部作为编辑出版单位。这套大型丛书入选国家新闻出版广电总局“2013年新闻出版改革发展项目库”及“国家‘十二五’重点出版项目”，著名学者乌丙安、郝苏民、葛剑雄担任总主编，聘请了全国四百多位各学科专家。“中华民族文化大系”还运用二维码、互联网等新技术，融纸质媒体和数字媒体于一体，将动态的音频、视频资料与静态的文字、图片巧妙结合，为读者呈现立体而丰富的阅读体验。

三、传统媒体与新兴媒体的相加相融

自2006年始，《故事会》便谋篇布局成立新媒体发展部，着手建设门户网站“故事中国网”。2010年，“故事中国网”获“上海市十佳网站”的称号；2014年，《故事会》编辑部入选国家新闻出版广电总局首批数字化出版转型示范单位。一个新的传播体系和媒体格局初具雏形。

（一）重塑传统期刊在新兴媒体环境下的影响力，赢得新兴媒体领域用户群的关注

为了适应新兴媒体领域读者的阅读习惯，《故事会》杂志推出了各种版本、各种形态的数字产品。截至2015年年底，“故事中国网”的注册用户近六十万人，《故事会》微博活跃粉丝23万人，微信公众号用户37万人，阅读量日均超过1万次，多则可达5万次。《故事会》微信公众号还入选首届“大众喜爱的50个阅读微信公众号”。

（二）对已有的杂志内容进行数字化转换，建立故事资源库，对优质版权进行多维度孵化和项目制开发

“十二五”期间公司先后完成了《故事会》500期、“故事会5元精品

系列”100种、“5000年民间故事经典传承”等5种书刊的数字化转换工作。《故事会》杂志已累计拥有各类原创故事近九千万字。在庞大的内容库的基础上，通过数字平台实现点对点的定向传播（销售）。鉴于音频平台需要的内容和《故事会》的优势资源比较吻合，目前已积累了音频600小时，并与排名第一的音频APP喜马拉雅、中央人民广播电台、蜻蜓FM等保持紧密合作。

（三）打造国家级重点数字出版项目“中华文化大系数字文库”暨“中国民族民俗民间文化经典数字平台”

“十三五”期间，“中华文化大系数字文库”还计划搭建民族、民俗、民间文化领域的数字资源交易平台、众筹平台、自出版平台等，与相关学术期刊开展业务合作，使“中国民族民俗民间文化经典数字平台”成为专业领域的标杆性数字媒体；利用数字平台的广泛传播性和互动性，举办各类线上线下活动，将“互联网+内容”“互联网+版权”的理念贯彻到民族民俗民间文化的建设与推广之中。

2003年《故事会》创刊40周年时，上海社会科学出版社出版了《解读〈故事会〉》一书，把《故事会》称为“中国期刊的神话”。[①] 据故事期刊协会2002年6月15日统计，全国共有52种故事类期刊，月发行量863万册，其中《故事会》占400万册，几乎占“半壁江山”。据国际期刊联盟（FIPP）编辑的《世界期刊概况》统计，1999年在全球发行量最大的综合性文化类期刊的排行榜中，《故事会》名列第五位。石峰为《解读〈故事会〉》一书撰写序言，他写道：“《解读〈故事会〉》本身就是由很多很多感人至深的故事组成。《故事会》里的每一个故事，都有一个或几个故事之外的故事。《故事会》编辑部的每一个人都有几个或几十个故事中的故事。这一个一个故事解读了《故事会》一步一个脚印的发展变化。这些故事的主人翁都是《故事会》的编辑、作者、读者，故事的情节无非是一个作品的产生过程或在读者中产生的反响，或者是编辑与作者和读者之间的亲密交往。……然而，这些故事里的世界，一样使你无比振奋，一样使你激动不已，一样使你刻骨铭心。这些故事如水一样清澈，如蜜一样甜美，如歌一样飞扬。正

---

① 沈国凡：《解读〈故事会〉——一本中国期刊的神话》，上海社会科学院出版社2003年版。

是因为有了这些不寻常的故事，才有《故事会》的不寻常发展。”

第三节　《中国国家地理》的个性化转型

一、改刊缘起

《中国国家地理》的前身是1950年创刊于南京的《地理知识》。历经20世纪70年代的辉煌、80年代的衰落，在90年代期刊市场涤荡、读者阅读兴趣转向以及消费心理倾斜的大环境下，《地理知识》同其他科普期刊一样面临着未来发展道路的艰难抉择。1998年，《地理知识》以美国《国家地理》杂志为参照全面改版，尝试更名为《中国国家地理》，以面向大众传播地理知识为使命，逐渐成长为我国较具代表性的大众期刊之一。

图14－4　《地理知识》

《地理知识》1998年第1期改版，内容由48页增至84页，纸张改为进口铜版纸，全彩印刷，价格从4.9元调至16元。2000年第10期正式更名为《中国国家地理》。2000年第19期《出版参考》上有一篇短讯《加强权威性、大众性、直观性，我国著名科普期刊〈地理知识〉将更名为〈中国国家地理〉》，该文提到，“近两年的试运行，（改版）得到了社会各界尤其是传媒界的肯定和好评，发行量和广告量逐月上升”。

《地理知识》更名为《中国国家地理》，执行总编单之蔷认为，首先是解决了对“科普”概念的理解问题。从科学普及到科学传播，办刊理念的转变为杂志迎来了新生。改刊后的《中国国家地理》，力求将地理学科的科学知识与受众所关心、感兴趣的话题相结合，形成了独特的杂志风格。

这在一定程度上促进了《中国国家地理》品牌形象的树立，使其在同质化日趋严重的期刊类群中脱颖而出。

改刊的重要体现是办刊理念的转变。单之蔷认为，传统的科普概念暗含三个前提："一是科普似乎是说科学本身是至高无上的真理，不需对其自身进行反思，剩下的问题只是普及而已；二是'科普'这个概念似乎是指对已有的知识进行普及，而不包括新的探索和有争论的问题；三是科普隐含着一种居高临下的态度。"① 可以说，延续了近五十年的科普期刊式的办刊理念已从根本上无法适应市场经济规律，杂志相应调整了读者定位和内容定位，改刊后的《中国国家地理》对"地理"提出新的理解：第一，基础地理，指与日常行为生活相关的地理概念；第二，实践地理，包括探险出行、资源探险与开发等内容；第三，地理思辨或地理哲学，作为科学发展的至高境界，这也是读者对这类媒体的最大期盼，包含版图、环境保护与发展、后旅游时代出行的理由、地缘政治的评论、人与自然相处的原则等内容，地理哲学的建立和传播，是社会走向繁荣和成熟的必然结果。② 这种表述，与科学传播中对科学思维、科学方法、科学精神的传播要求相契。

图 14－5 《中国国家地理》

二、专题与专辑策划

《地理知识》改版为《中国国家地理》后，杂志形态也发生了显性的变化：增加页数，减少栏目数，加强专辑与专题策划。总页数经历三次变

① 单之蔷：《从"科普"到"科传"》，《中国国家地理》2002 年第 12 期。

② 李栓科：《认识地理三步曲》，《中国国家地理》2002 年第 12 期。

化：2003 年由 120 页增至 140 页；2004 年增至 160 页；2009 年定价由 16 元涨至 20 元，页数再次增至 180 页。栏目分为三类：第一类如《卷首语》《封面故事》等，长期稳定地出现在杂志中；第二类如《地理视点》《民族民居》《奇趣地理》《名人地理》等，在一定时期内稳定出现在杂志中；第三类是在特定时段以特定目的推出，如 2008 年推出《奥运地理》，2010 年推出《寻找封面诞生地》等。对 2006 年 12 期杂志的分析发现，杂志栏目削减为 10 个。表 14－5 反映了 2001 年至 2011 年期间，《中国国家地理》专辑、专题文章篇数情况。自 2004 年起，杂志专辑、专题报道篇数所占比例已超过当年文章总篇数的一半。此外，专辑在《中国国家地理》中的比例也在逐渐增加，2002 年第 1 期推出了第一个省区专辑《新疆专辑》。2005 年又尝试区域专辑创新，一是用两期杂志策划一个省区专辑，即第 5、6 期的《陕西专辑》；二是在第 10 期推出《选美中国专辑》。此后两者都成为《中国国家地理》专辑策划的常规。2005 年分别用两期杂志策划了《青海专辑》《河南专辑》《福建专辑》《宁夏专辑》等省区专辑；每年第 10 期也会推出《加厚专辑》以飨读者。

表 14－5　2001—2011 年《中国国家地理》专辑、专题文章篇数统计

年份	专辑文章篇数	专题文章篇数	占当年总篇数比例
2001	15（2）	35	31.4%
2002	42（4）	20	32.6%
2003	46（4）	47	49.7%
2004	65（5）	39	52.2%
2005	167（4）	34	72.8%
2006	48（4）	31	50.3%
2007	100（4）	24	64.9%
2008	119（7）	21	73.0%
2009	49（3）	45	55.2%
2010	66（5）	45	71.2%
2011	67（6）	28	60.9%

注：括号中数字表示当年专辑个数。

专题报道分为自然地理和人文地理两个方面，自然地理内容大于人文地理内容。自然地理包括自然区域景观、自然现象、科考与探险、生态环境与动植物等四项；人文地理包括历史文化、考古与发现、旅游等三项。以文章篇数占当年文章总篇数比例进行比较，总体趋势如图 14－6 所示。但在 2008 年表现出相反态势，因为这一年度对奥运会相关内容给予特别关注。

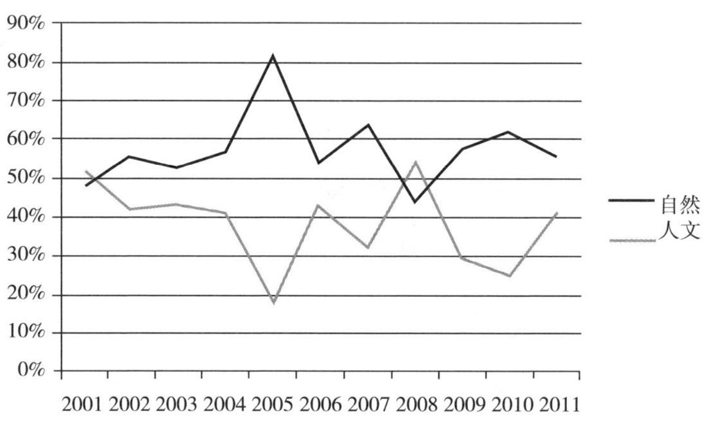

图 14－6 2001—2011 年《中国国家地理》专题报道中自然与人文地理所占比例

三、科学传播的尝试

《中国国家地理》2001 年至 2011 年的 132 期杂志，刊发自然灾害主题文章 43 篇。其中，地震 21 篇、水旱灾害 8 篇、沙尘暴 6 篇、海啸 3 篇、火山爆发 1 篇、雪灾 1 篇，综合报道各种自然灾害和极端天气的有 3 篇，地震报道占自然灾害报道总数的 45%，已近一半。

地震成为《中国国家地理》自然灾害报道的主要内容，反映了地震灾害对人类所造成损失的严重程度，也与地震作为一种地质活动，近十年处于一个活跃周期有关。将 2001 年至 2011 年间的重大地震灾害与杂志的报道相对照，在时间上基本一致（见表 14－6）。

表 14－6　《中国国家地理》的地震主题报道

时间	地震事件	刊期	类型	文章
2004 年 12 月 26 日		2005/2	专稿	地震离我们有多远
2005 年 10 月 8 日	克什米尔大地震	2005/11	卷首语	巴基斯坦地震：印度板块运动的又一次“交通事故”
2008 年 5 月 12 日	汶川大地震	2008/6	地震专辑	祖国的另一面：多灾多难 汶川大地震：地下的奥秘 房屋与地震的生死博弈 房屋抗震的几个关键词 以柔克刚——中国古代建筑的抗震智慧 地震时，我们的房子安全吗 日本，地震成就建筑 地震预报：科学的世界难题 世界进入强震周期 地震与中国人如影随形 震后评灾卫星影像功不可没 大震之后重建有多难 地震词条
2010 年 4 月 14 日	玉树地震	2010/5	特别策划	“震”经玉树 结古：震不垮的艺术之乡 寻找玉树女孩朵朵 我的“帕玉树”兄弟们 大地涅槃，汶川震前震后航拍 雾山灵雨：震后两年看绵阳
2011 年 3 月 11 日	日本东北地方太平洋近海地震	2011/4	卷首语 特别策划	丧钟为谁而鸣 核：功过相较，是非难断 狂暴海啸，离中国有多远

2008年5月12日，四川汶川地震发生后，《中国国家地理》决定暂停即将交付印厂的《河南专辑（下)》，全力投入地震内容的制作。封面一改往常的风景照片，而选择了龙门山断裂带剖面图；封面文字展现了本期卖点——谁抽检了中国建筑？结合内容和封面，很容易使人想到是地震“抽检”了中国建筑。杂志在替公众考问长久以来存在而这次地震中被集中放大的建筑工程质量问题。“这不是最后一场地震，这是我们人类必须共同面对的自然灾害。我们想让更多的人科学、理性地认识地震，了解为什么会发生地震，了解如何预防地震、抵抗地震，从而最大限度地降低损失。”以此立意，《中国国家地理》的《地震专辑》由13篇文章组成。

《卷首语》——《祖国的另一面：多灾多难》，将我国的自然灾害频发与大禹治水的精神联系起来，为本期杂志定下了基调——治灾是一种常态。防患于未然，也契合本期特别策划的建筑问题。《汶川大地震：地下的奥秘》《房屋与地震的生死博弈》《房屋抗震的几个关键词》《以柔克刚——中国古代建筑的抗震智慧》《地震时，我们的房子安全吗》《日本，地震成就建筑》等文章构成了本期的特别策划。

《地震预报：科学的世界难题》直指公众对科学和科学家的疑惑——有没有能力预测地震？地震预报为什么这么难？《中国国家地理》将对相关专家的采访整理在一起，为公众解读地震预报的相关问题。《世界进入强震周期》和《地震与中国人如影随形》，分别将汶川地震放置在不同的时空维度下进行审视。《震后评灾卫星影像功不可没》介绍了卫星遥感图像对地震灾害调查的巨大作用。《大震之后重建有多难》对震后重建工作做了分析和展望。专辑是媒体第一次对汶川地震进行了全面、客观地解读和深层透视。

《中国国家地理》定位为科学传媒，以科学传播的精神办好杂志，关乎其灵魂所在。从对美国《国家地理》的模仿起步，抓住了市场与内容的关节点而获得成功。

第四节　个性鲜明的《文明》杂志

一、始于“首都公厕革命”的实践

《文明》创刊于2001年。创刊5周年时，《光明日报》记者王斯敏以《三千公厕、一本杂志、一个论坛的故事——“首都文明工程”与人文奥运》为题，展示《文明》杂志背后多重的媒介关系。一种杂志与三千座公厕发生关联，中国200年期刊史上仅《文明》独有。

1993年，北京申奥失败。国际上随之响起某些负面的声音：“只有文明的国际化都市才承担得起奥运重托，而北京，连公厕问题都解决不好。”北京，距“文明的国际化都市”到底有多远？这是一个严肃而又紧迫的社会问题。随后，北京日报社成立“首都文明工程”课题组，并于1994年10月倡议、联合多方成立了首都文明工程基金会。基金会以“弘扬中华文化，筑造现代文明”为宗旨，致力于中国文明发展和首都城市文明建设，其系统工程，包括首都城市垃圾处理、首都城市产业文明化、首都城市雕塑建设、首都城市文明教育等。基金会倡导和组织了“首都公厕革命”，创办了《文明》杂志。

1994年4月，首都文明工程课题组以“北京的公厕亟须一场革命”“步履艰难的公厕革命”“公厕革命的出路何在?”等为题，在《北京日报》有针对性地介绍北京市公厕现状，探索公厕改革的途径，呼唤一场全民动员的公厕革命。关于公厕革命的宣传还见诸首都各大报刊和广播电视节目。1994年4月至7月，课题组又制订了《“首都城市公厕设计大赛”方案》；8月8日，“首都城市公厕设计大赛”拉开序幕；11月15日大赛截稿时，共收到来自全国二十多个省、区、市和美国、澳大利亚的设计作品340件，充分体现了国内外关心城市文明建设的拳拳之心。

“公厕设计大赛”在中国尚属首次。它充分利用大型竞赛特有的强烈的公众视听效果，旗帜鲜明地倡导了“公厕革命”这一现代文明观念。正像美联社、路透社等国外新闻媒介所评论的：“首都城市公厕设计大赛”

是中国人形象的一次胜利，影响了中国人的厕所观念，将导致中国的一场公厕革命。自1997年起，北京城区用三年时间，完成了三千余座公厕的改造任务，消灭了三类以下标准的公厕，为2001年成功申办第29届奥运会创造了基础条件。在奥运申办成功，北京向世界允诺了“人文奥运”的前景后，首都文明工程的组织实施者们又开始了比常人更为深入的思考与探索。他们的思考发端于奥运，却延伸向一个宏大而切近的话题：什么是文明？如何将北京打造为文明和谐的现代都市？怎样找寻文明发展中的动态平衡？

办一本杂志，反映中国历史、中国精神、中国文化，以国际化的视角解读和传递中国人文宝藏！这一想法一经提出，立即成为“文明工程”又一重点项目。2001年，一份携独特使命的杂志于7月试刊、12月正式创刊，它有一个恢宏大气的名字——《文明》。

申奥失败之年举多方力量进行首都公厕革命，申奥成功之时动议并创办一本《文明》杂志。这是《文明》独特的创刊背景，更是改革开放后的中国融入世界的深刻印迹。先有首都文明工程的理论研究和实践推行，而后才有《文明》杂志；这或许就是《文明》绝无仅有的媒介形态。先有以文明为本质内涵的首都公厕革命的社会实践，而后有以期刊出版为手段，进一步推进文明认知、社会进化的媒介实践。社会实践与媒介实践贯通对接、紧密交融，既是其内在的社会力量、媒介力量的有机合成与自然延展，又坚实地塑造了期刊个性，坚实地规约了《文明》的发展方向。这是一种历史前行的必然规律。

娄晓琪在《文明》试刊号中提出，“文明是什么？”以中国人的眼光关注世界，以中国人的态度解读文明。文明的内涵和外延在我们的《文明》杂志中具体为许许多多的揭示、推论、描述、故事，为你那开放的心灵留下许许多多的探索空间。这本杂志综合了文明的历史与现实、趣味与悠远，既有学术的深刻性，又有内容的生动性；既有入木三分，又有谈笑风生。

《文明》刊名恢宏大气，与此前的首都文明工程及其申奥历程一样波澜壮阔。《文明》不再是简单地办一种杂志，而是瞄准时代发展的重大理论命题，设置全球化的媒介议程。汤一介认为：21世纪是个非同寻常的世纪。伴随这个新世纪的到来，人类进入了一个文化多元、文明对话的新阶段。而就在21世纪初，《文明》杂志创刊了。我们中国文化很注重“时”，《文明》杂志的创刊就很符合“时”，这个“时”是什么呢？就是我们正身处其中的经济全球化、文化多元化的时代。这个时代需要我们站在新的起点上重新认识、重新估价我们人类文明的历史与价值，重新认识、重新估价我们人类在创造与推进文明过程中的得与失、成与败。所以我想，不能小看了一本《文明》杂志，这个杂志在新世纪里提出了一个大话题，这个话题就是“文明”，是需要全人类都要思考的话题。

二、《文明》运作的起点和目标

文明从厕所开始，是中国历史从传统农业社会过渡到现代工业社会的代表性、象征性符码。《文明》从首都公厕革命开始，社会实践和媒介实践的对接及其一以贯之的文明精神和推动社会文明进程的人文理性，揭示了《文明》在当代中国期刊族群中的鲜明个性，就在文明精神和人文理性的坚守、坚持之中，《文明》显示了“文明就是价值，影像就是力量”的独特气质。

《文明》以人类文明的视角时刻关注世界、关注中国特别是北京的发展。《文明》创刊号有一个专题叙说圆明园画家村。画家村已经消失，但《文明》为后人为他人留下了影像记忆。十年后，《文明》特刊《北京通州》又追溯和表现了以画家村为起点的宋庄文化产业聚居区。《文明》就这样从创刊伊始就致力于记录当今中国在文明发展进程中的一些节点，一些转变的标志。

图14－7　《文明》

2008年第12期的《文明》是《中国记忆30年》专辑，以“摄影师眼中的改革开放三十年”为主题，“用他们手中的相机，为我们记录了无数个体的生活细节”，展示了宏大叙事背后广阔中国大地上的细枝末节，使读者“得以完整理解中国这个古老国度融入新时代时的喜悦、阵痛、收获与失落”。这是在见证中国转型中，见证中国的崛起。

2010 年第 11 期《文明》以“寻梦世界城市”为主题，主打专题为《北京，面孔 100》，“意欲通过对 100 个‘北漂’的影像及故事呈现，体现中国社会高速发展下某一层面的时代特征”，意在“记录社会大量个体的真实精神状态”。摄影师历时两年，最终完成了 99 组都市人环境肖像摄影。中央美术学院文化遗产研究专家乔晓光教授说：“《文明》杂志以其敏感、宽阔的文化视野和直面生活的田野气息采集、以精彩的视觉图像和鲜活的口传文化内涵，使中华文明中隐蔽在不同民族村寨田野中的活态文化浮出水面。2001 年至 2003 年作为中国非物质文化遗产保护的预热期，应当说《文明》杂志是传媒领域对非物质文化关注的先行者之一。”

新华社高级编辑、著名摄影家曾璜认为：“《文明》的《文明经典》影像专栏承担起了盘点中国摄影史上这些值得关注、值得收藏的摄影作品的责任，从这个意义上说来，《文明》的《文明经典》影像专栏，为正在起步的图片收藏市场、为摄影师提供了一个有价值的参照系。”

《文明》的期刊运作，娄晓琪社长称为在时代的快车上擦拭《文明》，与读者相向而行。《文明》以人类文明进程的眼光看待经济高速增长后中国读者日益增长的精品文化需求，顺应时代发展，适应读者日益增长的共享人类优秀文化成果的需求，预期加速运行的杂志和相向而行的读者在未来的“文明列车”上相遇。

《文明》的逻辑起点是北京首次申奥失败后开始的首都文明工程实践，其运作过程从属于中国文明发展的系统工程，最终目标是壮大中国文化软实力。这是《文明》的基本特征。《文明》的编办者从思考到实践再到思考、从社会实践到媒介实践，十数年如一日地倾心于首都文明工程，媒介实践自觉对接、融入社会文明进程，是《文明》十年创新期刊文化发展理念、解放和发展期刊文化生产力的宝贵经验。

三、首发《奥林匹克宣言》的中国崛起意义

《文明》创刊年 2001 年是北京申奥成功之年，2008 年北京成功举办奥运会，《文明》顺势而成为国际上有重大影响力的品牌期刊。在 200 年中国期刊史上，没有第二个期刊与奥运会如此紧密相关联。

2008 年 1 月 1 日，文明杂志社在北京体育大学隆重举办《奥林匹克宣言》全球首发庆典，145 位来自国际奥委会、北京奥组委、国家体育总局、奥运全球合作伙伴和赞助商、体育和演艺界人士，分 29 个段落朗诵了《奥林匹克宣言》。这一庆典，可视为七周岁的《文明》成为国际知名期刊品牌的“成人礼”。庆典当天，《文明》推出《奥林匹克宣言》专辑，向全球首发中、法、英三种文字的《奥林匹克宣言》，第 29 届奥运会借此庆典拉开了奥林匹克正式进入北京时间的序幕。国际奥委会借此专辑公布了顾拜旦的复兴奥林匹克运动的演讲。

1892 年，在巴黎索邦大学举行的庆祝法国田径运动联盟成立五周年大会上，29 岁的顾拜旦发表了复兴奥林匹克运动的长篇演讲，这个具有历史意义的演讲就是《奥林匹克宣言》。1994 年在纪念奥运会百年活动期间，国际奥委会用英文、法文在内部出版了仅 1000 本《奥林匹克宣言》小册子，以此向世界公布这份珍贵手稿的存在。在《奥林匹克宣言》手稿遗失百年后，在中国奥运年时，经国际奥委会主席罗格和版权所有人法国达马侯爵同意，由《文明》杂志公开出版发行中、法、英三种文字《奥林匹克宣言》。2008 年为纪念顾拜旦诞辰 145 周年，中、法、英三种文字《奥林匹克宣言》全球首发庆典在北京举行。《奥林匹克宣言》从北京传向世界，这是中华民族复兴过程中中国期刊业的一个重要期刊事件。专辑甫一出版，即被中国国家博物馆、国家图书馆、洛桑奥林匹克博物馆永久收藏。

《奥林匹克宣言》版权所有人之所以授权《文明》，因为这是中国的《文明》，《文明》的基础是属于人类共同的中华五千年文明，因为《文明》还原了奥林匹克的历史与今天，带给人们思考未来的方法；还意味着人类五千年连续不断发展的两个世界性的文明形态的有机展示：一个是实体文明——中华文明，一个是精神文明——奥林匹克。它唤起中华民族以巨大的热情和全世界人民一起，重新阅读中华文明，重新理解世界文明。

《文明》还于2004年7月雅典奥运火炬传递到北京时策划一期特刊。国际奥委会主席罗格认为："这是一个很好的想法，一次很有意义的探索。"奥运会开幕之日，新鲜出炉的《奥运圣火照北京》被带到雅典，作为北京参加雅典奥运会的一份礼物送给国际奥委会。之后，《奥林匹克与中国》《奥林匹克与北京》相继面世，《新北京、新奥运》珍藏特刊系列也引起读者和社会的普遍关注，成为国际奥委会、北京奥组委送给各国嘉宾和各代表团的珍贵礼物。北京奥运结束后，罗格称赞："著名的《文明》杂志推出的奥运系列特刊，为在中国民众中推广奥林匹克理念、宣传奥林匹克历史作出了巨大的贡献。"

如果说《文明》的创刊，是北京申奥失利后对"文明"的痛悟，发布《奥林匹克宣言》则是奥运年开始之时，一个民族同世界人民理性而热烈的狂欢。从国际影响下的期刊创刊到产生深远国际影响的期刊专辑，《文明》交出了新世纪中国期刊发展的优秀答卷。

四、文明的价值：21世纪中国期刊发展的核心理念

《文明》在其创刊之年"踏上成就一个中国文化品牌的梦想之路"，举办奥运的过程中以出版践行北京"人文奥运"精神，走过打造一个有国际影响力的中国文化品牌的探索之路。杂志先后使用三个口号以标示其期刊定位与追求：《文明》——中国人眼中的人文世界；《文明》看世界，世界看《文明》；看文明，知中国，走世界。这是《文明》实践理性的核心。《文明》2004年第2期《征稿启事》中说："《文明》的宗旨是，以中国人的视角诠释古今中外的人类文明成果"，这是《文明》初创期的功能设定。"《文明》看世界，世界看《文明》"反映期刊与世界的关系，以《文明》看世界为手段，力求达到世界看《文明》的传播效果，透露出新世纪全球化时代中国期刊人的理性自觉。"看文明，知中国，走世界"，则全面解析期刊的媒介关系，深刻认知并科学建构《文明》的媒介功能；既告示了理念的上升和成熟，更预示了实践的升华和飞跃。

"文明"一语双关，期刊及其传播对象乃至传播过程尽在其中。"看"就读者而言是媒介使用方式，就期刊编办者而言是媒介运作方式，"知中国，走世界"是期刊人希冀的传播效果。区别于初始定位"中国人眼中的

人文世界”中的“中国”，“知中国”中的“中国”已从期刊视角升华为期刊认知对象，并进而成为“走世界”的前提。全球化时代，中国融入世界是历史的必然趋势，通过看《文明》，进而“知中国”，进而“走世界”。《文明》力求建构“多样文明对话与交融的载体”，这是文化形态和意义上的期刊文本特征；《文明》力求激励、引导中国乃至中外读者确立“全球视野的理想与目标”，这是《文明》自觉的人文理想与人文精神。《文明》人办期刊不再局限于期刊售卖，对《文明》的期刊功能定位甚至也不停留于通过传播而引导读者的认知，更在于激励读者自觉地融入“走世界”的全球化进程。“看”“知”“走”层级分明，全球化时代，期刊视野宏阔，在世界范围弘扬中华文明的路径十分清晰。

第五节　《格言》别具一格

2003 年创刊的《格言》是国内第一本以“提高青少年语言修养和生存智慧”为主题，以“开启语言智慧，彰显时代精神”为办刊理念的文摘期刊。黑龙江出版集团主管主办。《格言》的社长兼总编辑李彤是学语言学的，语言的感染力是刊物的突出特征。中宣部《出版阅评》专刊评价它“内容积极健康向上，充满哲理，富于智慧和情趣，探索出了一条有别于《读者》《青年文摘》等大刊的特色办刊之路”。抢占空白点、避开同质化，使其成为 21 世纪初叶新创期刊市场化、产业化的成功范例。

《格言》的目标读者群以高中学生为主，外延到初中高年级学生和大学低年级学生。针对这一极具成长性群体充满理想、充满个性的特征，该刊创刊初期以“我们选择与众不同的读者”为广告语，与目标读者群形成个性化暗示和精神牵引：读《格言》与众不同，读《格言》是一种品位。在强手如林的文摘期刊市场，《格言》创刊半年发行量达到 15 万册，创刊一年发行量达到 30 万册，与“跳出文摘做文摘”的指导思想，在宽广的视野下精细运作有很大关系。

《格言》在市场上打拼出一片新天地后，拟定了新口号“一本彰显时代精神的杂志”表白其新追求。该刊彰显时代精神，集中体现在创新思维和多元思想。胡守文在《格言》创刊四周年时发表感言："《格言》于四年前变身为纸质媒体，刊海平添一弄潮儿，实乃神来之笔。刊物思辨与唯美并举，出世的第一声啼哭和呐喊，有如天籁。"① 有观察者指出："《格言》是一本青少年文摘杂志，她对思想多元化的宽容吸引着青少年读者。""《格言》却要做一本颠覆格言的杂志。她的思想火花吸引人，带给青少年读者新奇的思考体验。""《格言》对青少年思考的多元化和创新思维更加宽容。"② "颠覆经典，重塑格言，我们站在最前方。"《格言》以此自许自励，诚然任重道远，借此《格言》将陪伴"00 后"成长，创造一代青少年的思想底稿，因而增添 21 世纪大众期刊的亮丽景色。

图 14－8 《格言》

《格言》颠覆格言，是该刊作为"充满青春活力的语言读本"的文化基因密码，以此作为期刊文本特点和市场卖点，既代表了 21 世纪初叶大众期刊文本创造的语言哲学转向与后现代理论自觉，使该刊裹挟了更为丰富厚实的 21 世纪全球文化内涵，也以期刊思想文化的后现代范式认同，奠定了该刊更为长久深远的生命力。该刊将每期的《卷首语》标题显赫地印上封面，长期将《卷首语》作为市场卖点是该刊在中外期刊史上的独特创造。其《卷首语》标题是颠覆传统格言的新创格言，其高度凝练的思想性和朗朗上口的话语风格，决定了它们必将是读者群中的流行语、口头禅，如"三人行，没有我师""不想当元帅的士兵也是好士兵""英雄所见不同""车到山前没有路""三个臭皮匠比不上一个诸葛亮"等。

① 见《格言》2007 年第 20 期；又见胡守文《社长是出版社的名片》，中国书籍出版社 2010 年版，第 501 页。

② 梁小建：《思想的突围——读文摘杂志〈格言〉》，《中国新闻出版报》2005 年 3 月 2 日。

每期《卷首语》的新格言式标题都不相同，这就给读者创造新的阅读期待，但又异中有同，话语缤纷的新格言都彻底地贯穿着基于核心读者可能接受的思想新锐。一般期刊大多通过口号和广告语来告示一种期刊的文本特点与市场卖点，通过封面要目来告示本期市场卖点；而《格言》的封面要目与《卷首语》及标题合而为一，妥善处理好一种杂志的卖点和一期杂志卖点的矛盾关系，这是它为中外期刊史创造的《格言》经验。

《格言》创刊3周年发行量达到50万册，5周年之际突破100万册大关，2009年1月2日，格言杂志社举行盛典予以庆祝。

第十五章

期刊治理整顿与结构调整

第一节　期刊结构调整的内在需求

改革开放以来，我国报刊业经历了 1985 年、1989 年和 2003 年三次治理整顿，尤以 2003 年的报刊治理整顿影响最为深远。有专家认为："这次报刊治理整顿可说是实行市场经济以来我国报刊业最深刻的一次改革。"①

2003 年的报刊治理整顿的根源在于，经过数十年积淀而成的报刊结构难以适应进入新世纪我国社会主义市场经济发展的需求。当时我国报刊业已形成了以党报党刊为主体，专业学术科技报刊、社会文化生活服务类报刊共同发展的基本格局，而其深层的品种结构和消费市场的需要不匹配的矛盾日渐突出。就期刊来说，其一，党政权力部门主办的工作指导类期刊，种群庞大，结构重复而功能却在萎缩，严重阻滞、干扰了新世纪中国加入世界贸易组织（WTO）后应有的期刊市场秩序。截至 2002 年年底，在全国 9029 种期刊中，党政部门和行业主管主办的期刊有 1441 种，占全国期刊总量的 16%。这批期刊皆为中央和地方的党政部门及其直属单位主管主办，伴随党政机构的系统性而形成了它从品种到功能的重叠单一，其发行亦主要依托党政权力。其二，报刊公款订阅比例偏大，浪费了一部分社会资源。"全国期刊的发行市场规模在 160 亿元到 200 亿元之间，但仅国

① 成文胜等：《关于我国报刊治理整顿的几点思考》，《当代传播》2004 年第 5 期。

家统计的公款征订资金就约60亿—100亿元，占30%左右；2137家报纸中，约有1250种报纸以公费订阅为主，占到一半以上。”①

2003年的报刊治理整顿是党中央的重要决策。2003年2月，在中央纪委第二次全体会议上，时任中共中央总书记胡锦涛严肃指出：“对关系群众切身利益，群众反映强烈的一些不正之风问题，如群众就医收费过高、中小学乱收费、硬性摊派报刊等，要重点加以解决。”

根据党中央的部署，2003年3月，中宣部、新闻出版总署会同中纪委、财政部、农业部、国家工商总局、国家税务总局等部门组成联合调研组，对山西、辽宁、黑龙江、湖北、河南、江西、浙江、江苏、陕西、甘肃等十几个省进行了长达一个多月的专题调研。调研组的成员重点走访了15个地级市、18个县（区）、25个乡镇、20个行政村、18个企业、23所中小学校、28家报刊社，组织召开了46次座谈会，采取多种方式，广泛了解社会各界对报刊摊派问题的看法，征求治理报刊摊派的意见，探讨报刊摊派的根源和治本之策。2003年4月25日，完成调研报告，呈送党中央。

2003年7月15日，中共中央办公厅、国务院办公厅印发《关于进一步治理党政部门报刊散滥和利用职权发行，减轻基层和农民负担的通知》，明确提出治理工作的目标是：“要停办一批，减少党政部门报刊数量；分离一批，切断部门权力与报刊经营之间的利益纽带；整合一批，解决党政部门报刊结构不合理、质量不高等散滥问题。”2003年的报刊治理整顿与新时期此前进行的报刊治理有所不同。其一，整顿对象不同。从文件标题也可以看出，2003年的报刊治理整顿的主要对象是各级党政机关和直属机构等主管、主办的报刊，以及省及省级以下行业组织主管、主办的报刊。其二，手段和目标不同。通过“停办”“分离”“整合”等手段，消除报刊发行对主管单位、主办单位的权力依赖，从而达到压缩总量、调整结构的目的。

7月18日，中央纪委、中宣部、农业部、新闻出版总署在北京联合召开会议，动员部署治理党政部门报刊散滥、制止利用职权发行、减轻基层

① 成文胜等：《关于我国报刊治理整顿的几点思考》，《当代传播》2004年第5期。

和农民负担的工作。7 月 23 日，新闻出版总署公布《关于落实中办、国办〈关于进一步治理党政部门报刊散滥和利用职权发行，减轻基层和农民负担的通知〉的实施细则》。8 月 4 日，新闻出版总署又印发了《关于落实中办、国办〈关于进一步治理党政部门报刊散滥和利用职权发行，减轻基层和农民负担的通知的实施细则〉有关规定说明的通知》。

经过中央各有关部门和地方党委政府的共同努力，2003 年的报刊治理工作基本实现了中央确定的“停办一批、分离一批、整合一批”的工作目标，社会各界反映良好。

纳入这次治理范围的中央和地方党政部门的报刊共计 1452 种，最后审核的结果是：停办 709 种，占纳入治理报刊总数的 48. 8%；划转 325 种，占 22. 4%；实行管办分离的报刊 310 种，占 21. 3%；保留 46 种涉及老年、农林、民族地区和民族文字类报刊，占 3. 2%；改为赠阅的 62 种（全部为公报政报），占 4. 3%。在停办的 709 种报刊中，期刊停办 429 种。通过这次治理，2004 年度全国减少向基层和农村发行报刊 15. 2 亿份，减少订阅费用 18 亿元。

第二节 谢幕与新生

这次报刊治理整顿以政府权力强力推行一种“生死机制”，相当一批期刊“有生有死”，打破了报刊界长期存在的“只生不死”的格局，对中国期刊产生了重大而深远的影响。

客观地说，这批停办的期刊也曾对地方建设、所在行业发展发挥了一定的历史作用。其创刊是服从服务于当时当地社会的需要，其停刊也是服从服务于 21 世纪初叶中国社会转型的需要，有人称之为“光荣谢幕”。在这批停办期刊中，也包括一些曾经特色鲜明且荣获“国家期刊奖”的期刊，如《广东支部生活》1981 年创刊时名为《支部生活》，1998 年改为现刊名，广东省委组织部主办，曾荣获首届、第二届“国家期刊奖”的“社科期刊提名奖”。该刊在 2003 年第 12 期的《告别读者》中说：“这 23 年，是《广东支部生活》为广东在全国率先改革开放先行一步，继续推进深化改革而不断呐喊的23年。从最初的‘打开窗户引进新鲜空气’、‘党员带头致富’，到‘全面开放’、‘在私营企业中建立党组织’的每一个进程；从‘建设有中国特色社会主义理论’到‘三个代表’重要思想发展的每一个阶段……我们都为之鼓与呼，以旗帜鲜明的党性立场成为广东省委重要的宣传喉舌和舆论阵地。”

此次报刊治理，根据实际需要，通过整合、结构调整，也产生了一批新刊。而这批新刊虽然仍为机关刊，但办刊理念、办刊方式都已焕然一新。2004年1月，中共贵州省委机关刊物《当代贵州》应运而生。该刊是由省委办公厅《当代贵州》、省纪委《贵州党风廉政》、省委组织部《党建交流》、省委宣传部《贵州党的生活》四家杂志合并，重新组建创办的新刊物。当代贵州杂志社自2004年成立以来，面对全新的机遇与挑战，躬耕磨砺、拓路前行，通过持续不断地变革转型、持续不断地自我更新，面向市场多元经营提升差异化竞争力，夯实期刊业发展的人才、制度、硬件基础，实现了跨越发展。2011年，当代贵州期刊传媒集团挂牌成立。截至2015年年底，集团实现收入近亿元，10年间增长100倍，年均增速在15%以上，人均税利4万元左右，资产初步评估在1.5亿元以上。

图15－1 《当代贵州》

作为中共贵州省委机关刊，面对全新的发展环境，如何打造一本有质量、有风格、有影响的精品党刊？从创刊伊始，当代贵州杂志社确立并坚持了“党刊姓党、党刊是刊、贵州特色、中国视野、世界眼光”的办刊理念。坚持正确的办刊方向，坚持遵循办刊规律，坚持开门办刊，用政治家的头脑、新闻人的精神、实干家的态度办刊，既突出刊物思想之美，又注重呈现之美。2011年8月26日，时任贵州省委书记栗战书指出，“导向正确、紧随中心、文风清爽、印刷精美，是《当代贵州》的特色，我很喜爱她”。

十多年来，《当代贵州》荣获全国期刊“双效”期刊奖、第二届中国出版政府奖先进出版单位奖，社长赵宇飞获中国出版政府奖优秀出版人物奖；入选新中国60年有影响力的期刊、广告主广告商青睐的中国时政与财经类报刊，2013年、2015年连续两届入选中国“百强社科期刊”方阵；2014年、2015年连续两年入选全国“最美期刊”，是全国第一份通过第三方发行数据认证的党刊。2015年，《当代贵州》成为全国第一份按周刊周期出版的党刊，月发行总量六十多万册。

2011年6月26日，贵州省直报业、广电、期刊、演艺四大集团挂牌成立。以当代贵州杂志社为基础和核心组建的当代贵州期刊传媒集团，以国有大型文化企业的姿态迈入改革发展新征程。集团公司成立以后，致力于实施四个工程：党刊品牌建设工程、期刊“走出去”工程、数字化转型工程、文化产业拓展工程，以建成一个有核心竞争力、结构科学合理、有创新能力和可持续发展能力的文化产业集团为目标，实现了“三个转型”：即由一家期刊社向一家期刊传媒集团的转型，由以经营传统媒体为主向数字化传媒共舞的转型，由传统媒体单位向现代传媒企业的转型。

打造以党刊为基础的全媒体传播平台。2015年，在办好《当代贵州》周刊的同时，《当代贵州》进一步推动传统媒体与新媒体融合发展。实施“党刊数字化工程”，《当代党员》手机杂志进入国家新闻出版总署“新闻出版改革发展项目库”，被列为国家文化产业发展专项资金资助重点；“当代先锋网”成为全国党刊唯一一个具有国家一类新闻资质的网站，成为贵州省唯一一家入选国家首批数字出版转型示范单位的机构。通过打造当代先锋网、“当代贵州·今日关注”客户端、《当代党员》手机杂志、当代先锋网微信公众号等新媒体平台，推动《当代贵州》周刊与各新媒体平台在内容生产、渠道、经营、管理等方面的深度融合，构建《当代贵州》党刊全媒体传播和发展的新格局。

在新一轮的报刊改革中，当代贵州期刊传媒集团实现了产业结构调整的新突破，有《晚晴》《法制生活报》、贵州文化音像出版社等八种报刊和一家音像出版社划归集团公司。2014年，在全国报刊发展陷入低迷的情况下，集团公司成立了孔学堂书局，创办了《乡村地理》《孔学堂》《环球美酒》等杂志，面向全国市场，创新办刊方式，杂志内容进一步调整、充实、提高。各子报、子刊抓住自己的目标读者群，基本实现了盈利目标。

2015 年，孔学堂书局正式出版图书 14 册，以《中华优秀传统文化系列读本》《孔学堂文库》《大众儒学书系》《中国传统文化经典人物连环画》《世界汉学家书案》等系列图书的策划、出版为支撑，坚持全球化的视野，研究、普及并重，文本、绘本并重，汉语传播和的对译传播并重，形成中华文化“走出去”“组合拳”，实现销售码洋 522.1 万元。

坚持多元经营，差异化竞争能力明显增强。当代贵州期刊传媒集团以党刊的内容产品为核心，把期刊媒体经营的基本规律和综合性党刊广告经营的特性结合起来，不断提高广告经营的专业化、精准化。依托《当代贵州》品牌影响力和权威性，以及内容策划执行、技术人力支撑、客户等方面的资源优势，实现品牌经营效益最大化。大力拓展广告经营领域，立体开发影像资源，开拓会展经济，传播多民族文化，开发黔菜文化，打造黔菜产业，探索旅游健康高端产品开发。从 2008 年起，《当代贵州》杂志的广告经营收入一直居于全国地方党刊的榜首位置，年增幅均在 10% 以上；成功策划执行了第二、第三届中国原生态摄影大展（PCO），贵州首届金融博览会，首届贵商发展大会，中国·贵州首届现代物流业高峰论坛暨商贸物流博览会，第一至第四届中国（贵州）人才博览会，第三届海峡两岸春节民俗庙会（举办地为台湾台中）等大型展会活动。集团按照扬长处、补短板、建平台、进蓝海的总体思路，积极拓展经营业态，加强项目策划，开辟新的发展领域，培育新的经济增长点，通过创办经济实体，实现多元化发展的新格局。

图 15－2 《南方月刊》

《南方月刊》是中共广东省委机关刊物，于 2004 年 1 月正式创刊，也是 2003 年报刊治理整顿中，由《广东支部生活》《文明导报》《党风》和《粤海同心》四个刊物融合而成的。创刊以来，《南方月刊》围绕党委、政府的中心工作，贴近生活、贴近实际、贴近读者，以权威的报道、清新的风格被称为新型党刊，得到广泛好评，月发行量达一百多万册，经济效益和社会效益双丰收，获得第三届中国出版政府奖优秀出版物奖。《南方月刊》的成功，是与它运用定位理论，顺应市场化趋势，按照文化体制改革的要求，在坚持党刊意识形态属性的前提下，高度重视党刊的商品属性，进行准确的读者定位、内容定位和品牌定位分不开的。①

在2003年的报刊治理整顿中，明确报业集团、广电集团和出版集团可以作为脱钩报刊的主要接受主体，这种安排为传媒集团试点跨媒体运作、扩充实力提供了机会，也催生了一批世纪新刊。

南方日报报业集团主办的《南方人物周刊》是新世纪新办期刊的佼佼者。它以"记录我们的命运"为宗旨书写人物、记录历史，给人物类期刊带来了"平等、宽容和人道"的清新之风。该刊执行主编徐列回顾其创刊时说："2003年春天，《南方周末》已经进入了第20个年头，作为一棵大树，它需要培育新的产品，才能合木成林，共同经受政策与市场的冲击与洗礼。当时正是报刊整顿时期，许多机关刊物面临划转和停刊，集团适时地接收了《广东审计》月刊，通过更改刊名，2004年创办了《南方人物周刊》。"从《广东审计》到《南方人物周刊》，这成为2003年报刊治理整顿中期刊品种弃旧扬新的鲜活例证。

南方日报报业集团还用原《统计与预测》刊号改创新刊《21世纪商业评论》。《21世纪商业评论》2004年9月1日创刊，该刊以犀利的思想活力给新世纪的商业期刊带来强劲冲击。执行主编刘晖在《发刊词》中说："中国如何在'去全球化'和'被全球化'这个过程中构建国家竞争力？中国企业在经过20年的锤炼后，如何才能在世界的价值链中成就一个世界级企业的梦想？更重要的是，当物质被当成现代性的重要证据时，怎样才能把基于自由的创造变成未来的必然部分？正是被这些问题所催逼，

① 赵媚夏：《党刊如何找准市场定位——以广东〈南方月刊〉为例》，《新闻知识》2007年第10期。

《21世纪商业评论》作为一个公共性的媒体，可谓生逢其时，当仁不让。”①

浙江出版集团2004年创刊的《浙商》，由原《浙江宣传》《时代先锋》《反腐败导刊》《情系中华》合并而成。该刊服务于浙商群体，“及时、深度报道浙江经济发展最前沿的富有生命力的经济事件、经济现象、经济典型、经济人物，撷取浙江省经济发展浪尖上的那几片浪花”，在新世纪财经类期刊中较有个性。“《浙商》杂志的首要使命，就是为天下浙江商人立传、立言、立志，充分挖掘蕴藏在浙商背后的感人故事，展示他们决战商海、运筹帷幄的大智大勇，让国内外更多的人领略、感悟、分享浙商的创业精神和谋略。以浙商的本土性和平民性，它在全国具有的借鉴性是不言而喻的。”②

安徽日报报业集团在2003年的报刊治理整顿中，接收了《江淮时报》《安徽交通报》《安徽法制报》《安徽消费者报》《安徽农村通讯》《安徽宣传》《实与虚》《江淮风纪》《安徽统一战线》，也为报业集团的发展提供了宝贵资源。

当权力退出办报办刊，报刊出版资源将逐步按市场规律向优势媒体集中，媒体将回归其本来意义。从这个意义上说，以减轻基层和农民负担为目的的2003年报刊治理整顿工作，与中央同步推进的文化体制改革试点工作是一脉相承的。③

第三节 本次报刊治理整顿的深远影响

2003年的报刊治理整顿是一件对我国报刊业具有深远影响的大事，是改革开放以来我国报刊业难度最大、最具深远影响的治散治滥和结构调整工作。其深远影响在于：

1. 从期刊品种结构着眼，政府抓住有利时机，消肿期刊结构性冗余，

---

① 刘晖：《世界和正在改变的“世界观”》，《21世纪商业评论》创刊号。

② 《数风流人物，还看浙商》，《浙商》试刊号，2004年。

③ 《报刊整顿让权力退出报刊经营》，《传媒》2003年第12期。

树立了党和政府期刊管理的良好形象。

从期刊自身历史发展来看，这次被停办期刊属于地方党政系统的工作指导类期刊，这类期刊伴随着中国共产党夺取政权、建设新中国而创造了辉煌的历史。自20世纪40年代以来，党和政府依托期刊指导工作，也创造了卓有成效的期刊出版经验，自然值得铭记。这类期刊创造成功与辉煌的历史时空是交通闭塞、信息稀缺的农业社会或工业社会前期，在21世纪人类通信技术高度发达后，延安时期所开创的以纸质期刊指导党政工作的传统势必成为历史，因而，在信息社会，工作指导类期刊退出历史是其必然宿命。这批被治理整顿的期刊从功能定位上属于中国期刊业中结构性冗余期刊群，它所以能生存，主要依附于地方党政的权力以及由相应权力掌控的资源。这类期刊在核心功能转移弱化的同时，其附着的经济功能则因为多方面原因而走向“异化”，成为出版单位乃至主办单位谋取福利的工具，它依托主办单位的权力而系统发行甚至摊派发行，加重了基层和农民订阅报刊的经济负担。这次报刊治理整顿的本质意义，恰恰在于以党中央的最高权力切断了地方党政部门或单位与期刊的关系。其显著的历史价值在于，党和政府从维护读者利益出发，勇于承担责任，削弱部门利益和单位利益以换取社会公众利益，既树立了党和政府的形象，切实显示了报刊管理部门的执行力，也是数字媒体、移动媒体在大规模、高强度侵吞、蚕食印刷版期刊之前取得了工作指导类期刊结构调整的先机。对这批期刊的果断停刊，固然服从于治理整顿的“一刀切”以快速推进的策略，却也显示了期刊管理部门壮士断腕的决心与魄力。

以期刊为例，在中央和各地上报的治理方案中，主动停刊的只有138种。而中央报刊治理协调领导小组办公室在审核中根据领导小组的意见，将党的部门刊物，全部合并为一种后划转，省委只保留一种党委机关刊；政法、公安、工商、税务等10个部门及其所属行业协会、学会所办刊物，全部做停办处理。这两项硬措施的施行，使期刊停办数量达到了395种。

2. 从期刊市场环境着眼，政府探索“管办分离”，从体制上切断了部门权力与报刊经营之间的利益纽带，让权力部门退出期刊市场，优化了中国期刊总体结构。这对中国期刊乃至中国媒介均产生深远影响。有专家当年就肯定“这是自 1992 年宣布实行社会主义市场经济以来，我国报刊业的一次最深刻的改进，它已经涉及传媒体制问题。这种体制性调整可以提高社会信息资源配置的合理性，提高报刊质量”。①

这次治理整顿的《实施细则》规定，中央党政部门所属报刊“经编制部门的批准、具备独立法人资格，导向准确、5 年以上没有违规记录、经营状况良好的报刊社，经国家新闻出版总署审核批准后，可作为报刊主办单位”。这就使报刊社作为市场主体的独立地位得到了强化。

有资深人士当年就指出：“2003 年下半年，国家对利用行政手段发行、增加基层和群众负担的党政部门报刊进行了整顿，停办了一批此类期刊，划转到其他部门一批。其中，停办期刊 429 种，划转期刊 196 种，停办的期刊可以说完成了它们的历史使命，而相当数量的划转期刊则要转换角色，改办一些面向市场、争取自费读者的期刊。这些过去发行量较大、经济实力较强的党政部门机关刊的停办，使得我国期刊的结构发生了比较显著的变化。这类期刊退出历史舞台，对期刊市场的影响并不大，因为这些期刊中只有较少一部分是面向市场的，绝大多数从来都没有市场化，读者自主订阅的并不多。”②

① 陈力丹：《2003 年治理党政部门报刊对我国报刊体制改革的启示》，《新闻实践》2004 年第 2 期。

② 张泽青：《社科期刊出版情况概述》，《中国期刊年鉴》2003/2004 年版。

第十六章

科技期刊的繁荣与发展

1978年3月18日至31日，中共中央在北京召开全国科学大会。时任中共中央副主席、国务院副总理邓小平在开幕式讲话中强调指出："四个现代化，关键是科学技术的现代化。没有现代科学技术，就不可能建设现代农业、现代工业、现代国防。没有科学技术的高速度发展，也就不可能有国民经济的高速度发展。"① 并着重阐述了科学技术是生产力这一马克思主义观点。从而澄清了长期束缚科学技术发展的重大理论是非问题，打开了"文化大革命"以来长期禁锢知识分子的桎梏，迎来了科学的春天。

1978年12月党的十一届三中全会召开，标志着我国进入了改革开放的新时期。我国三十多年的经济社会科学文化的持续高速发展，使我国的综合国力得到大幅度的提升。在这个进程中，我国科学技术事业全面繁荣进步，与之相适应，科技期刊也得到充分发展。

在这期间，国家发布了一系列政策、法规，制定了有关科技期刊编辑出版的标准和规范，采取了许多扶持科技期刊出版的措施。特别是党的十八大以后，以习近平同志为核心的党中央提出了科技强国战略，使科技期刊出版在健康的道路上驰进。我国已经建立了五大类、多学科、多层次的科技期刊出版格局，并从数量的发展进入精品发展阶段，逐步适应国际化、数字化（网络化）、集约化、精品化的发展趋势。这一时期是我国科技期刊发展最快最好的时期。

---

① 邓小平：《在全国科学大会开幕式上的讲话》（1978年3月18日），《邓小平文选》第二卷，人民出版社1994年版，第86页。

第一节　科技期刊的恢复和发展

全国科学大会的召开，为我国科技期刊的恢复发展注入了强劲动力。全国科学大会前的1977年，我国仅有628种期刊，其中科技期刊占400种左右；至1990年全国有5751种期刊，其中科技期刊3190种。从期刊分布看，国务院各部委、中国科学院、中国科协及全国性社会团体办有1715种科技期刊（全国性期刊），办刊最多的是中国科协，321种；全国除港台地区外，31个省、自治区、直辖市办有科技期刊1475种（地方性期刊），办刊最多的上海市为164种。国务院各部门以及全国性社会团体在北京以外机构和委托地方单位办的科技期刊913种，在北京出版的有802种。

一、出台管理政策，促进科技期刊恢复发展

由于“文化大革命”中，期刊出版的各项规章制度被废除，要保障科技期刊健康有序地发展，首先要建章立制。为此，国家制定和发布了一系列有关科技期刊管理的政策、法规和条例。

1978年全国科学大会召开后，与国外交流和在国外期刊发表著作的呼声高涨。1979年，国务院批转国家科委等部门《关于颁发科学技术人员对外通讯联系和交换书刊资料的规定》,[①] 为我国科技工作者在国外发表论文提供了政策依据，使科技期刊对外交流和交换合法化。1984年，中宣部发文明确了全国性科技期刊由国家科委管理，并确立了科技期刊管理审批实施“分口审核，总口审批”的两级管理原则。[②] 1987年，为了贯彻中共中央对全国报刊进行整顿并重新登记的精神，国家科委、国家新闻出版署联

① 国家科委、中国科学院、外交部：《关于颁发科学技术人员对外通讯联系和交换书刊资料的规定》，国发〔1979〕27号，1979年2月1日。

② 中宣部：《全国性科学技术期刊管理办法（试行稿）》，中宣发〔1984〕4号，1984年1月27日。

合发文对全国科技期刊进行整顿,[①] 净化了科技期刊的出版环境。由于在整顿期间停止审批新创办期刊，一些院士、科学家提出了意见，国家科委联合中国科学院、中国科协就上述问题向国务院汇报，要求放宽对新创办科技期刊的限制。经国务院有关领导研究批示，允许科技期刊在现有数量的基础上，每年增加 8%,[②] 基本上满足了国家经济建设和科技发展的急需。

为了解决我国出版印刷力量不足、现有体制与出版事业发展不适宜、出版力量薄弱等问题，1983 年 6 月，中共中央、国务院颁布《关于加强出版工作的决定》，国家对出版事业增加了投入，缓解了印刷力量的不足，保障了图书期刊的顺利出版。1985 年，中宣部颁发《关于加强报刊出版发行管理的规定》，对加强报刊出版、发行、印刷的管理提出了新的要求；同时，又发文对期刊出版海外版及与国外和港、澳、台地区合作办刊作了规定，推动了科技期刊与国外、境外合作办刊的进程。

在经营和经费政策方面，针对科技情报类期刊大多数经济上亏损，一些主办单位无力承担经费补贴，国家科委于 1980 年颁布了《关于科技情报刊物政策补贴的规定》,[③] 明确对科技情报类期刊在经济上给予政策性补贴，从情报事业费中支出。1984 年，财政部发文对检索类期刊给予政策性补贴,[④] 由国家科委负责操作；国务院发文要求期刊要保本经营，实行自负盈亏,[⑤] 考虑到科技期刊特别是学术类和检索类期刊的特殊性，仍给予政策性补贴。这些政策措施有力地支持了科技期刊的恢复和发展。

---

① 国家科委、新闻出版署:《关于自然科学和工程技术报刊整顿工作的通知》，国科发情字 0602 号，1987 年 8 月 18 日。国务院秘书四局:《关于适当放宽审批科技期刊的请示意见》，1989 年 3 月 29 日。

② 国家科委、新闻出版署:《关于自然科学和工程技术报刊整顿工作的通知》，国科发情字 0602 号，1987 年 8 月 18 日。国务院秘书四局:《关于适当放宽审批科技期刊的请示意见》，1989 年 3 月 29 日。

③ 国家科委:《关于科技情报刊物政策性补贴的规定》，国科发研字 482 号，1980 年 7 月 7 日。

④ 财政部:《关于科技情报检索刊物亏损补贴问题的复函》，财文字第 211 号，1984 年 6 月 10 日。

⑤ 国务院:《关于对期刊出版实行自负盈亏的通知》，国发〔1984〕187 号，1984 年 12 月 29 日。

二、组织空白学科和急需期刊的出版

由于十年动乱，我国科学技术水平与发达国家进一步拉大了距离，急需出版一批反映世界科学技术发展水平和发展趋势的期刊。科技期刊主管部门随即重点组织、编译出版了一批科技情报类期刊，之后又根据实际需求出版了一批学术类、技术类期刊，使我国科技期刊数量迅速增加。

（一）组织出版全译本期刊

1978 年，邓小平和方毅对地质学家林盛中“关于建立翻译外文科技书刊专门机构，迅速翻译外文科技书刊的建议”作出批示，[①] 指示要组织翻译外文书刊，把国民经济建设和科技发展急需的国外先进科学技术、经验、科技消息、动态，尽快提供给我国科研、生产、教学人员参考。这项任务由中国科技情报编译出版委员会负责，会同各级政府部门的科技情报机构共同完成。至 1981 年共翻译出版了 8 种全译本期刊，其中包括美国的《科学》《科学新闻》《燃烧》《农业研究》、苏联的《钢杂志》、日本的《农业研究》《科学与技术》等。

（二）出版译丛、消息类期刊

有关部门按学科和专业大量组织出版了以国外科技文献为主的全文翻译及编译的系列期刊，如《建筑译丛》《煤炭译丛》《国外医学》等。每一学科按专业出版几种乃至几十种期刊，至 1986 年已达到 295 种。后来这些期刊大多数已改为学术类或技术类期刊出版。

图 16－1　《科学杂志》

（三）组织出版检索类期刊

随着对了解国外先进科学技术的需求日益迫切，1977 年在石家庄召开了全国科技情报检索刊物协作会议，决定要

① 宋培元：《我国全译本科技刊物的现状与发展》，《国防科技情报工作》1982 年第 2 期。

尽早建立起我国自己的科技文献检索刊物的体系。1978 年，中国科技情报编译出版委员会恢复工作并于 1980 年年初提交了《关于建立健全我国科技文献检索刊物的体系方案》。至 1987 年纳入该体系方案的检索类期刊达到 229 种，年报道科技文献 147 万条。其中，报道国外科技文献的期刊 158 种，年报道 117 万条；报道国内科技文献的期刊 71 种，年报道 30 万条。建立我国科技文献检索刊物体系，除了完善我国检索期刊出版物外，更主要的目的就是逐步把检索期刊过渡到组建科技文献数据库。为此，在国家重点科技发展规划《建立全国计算机科技情报检索系统》中明确规定：文献数据库要按文献检索体系建立，检索刊物体系的选题、著录、标引就是机检系统的前处理阶段。也就是说，现在建立起的数百种文献数据库都是从相应的专业检索期刊过渡而生成的。可见，检索期刊在数据库建设中功不可没。

（四）组织学术类、技术类期刊出版

在翻译出版国外科技文献期刊的同时，随着我国科学技术水平的不断提升，科研成果越来越多，也出现了一大批反映我国科学技术水平和成果的学术类、技术类期刊。至 1990 年我国科技期刊数量已达 3190 种，其中，检索类期刊 157 种、学术类 359 种、技术类 1790 种、科普类 153 种、指导类 130 种。另外，还有 74 种外文版本的期刊。①

（五）开展编辑学、管理学理论研究，指导办刊实践

随着科技期刊数量的不断增加，办刊人员队伍不断扩大，对科技期刊出版的管理、编辑人员素质的提高，都提出了新的要求。为了适应形势，中国科协成立了中国科学技术期刊编辑学会，并于 1989 年创办了《编辑学报》，对科技期刊编辑学、标准化、评价体系等方面组织文章进行研究和探讨。中国科学院于 1986 年 6 月成立了院属自然科学期刊编辑研究会，1990 年创办了《中国科技期刊研究》，对科技期刊的管理、政策、法规、办刊模式等内容进行研究和理论探讨。这两种期刊成为科技期刊从业人员和管理人员进行学术、经验交流的园地，提高了编辑、出版、管理等人员

---

① 宋培元：《我国科技期刊的分类与分布》，《中国科技期刊研究》1990 年第 4 期。

的理论水平和科学素养，推动了我国科技期刊的发展。

第二节 科技期刊出版体系逐步形成

随着我国科技期刊的迅速恢复和发展，科技期刊出版规模不断壮大，逐步建立了较为完善的科技出版体系，形成了我国科技期刊出版的基本格局。

一、健全监管体系，为科技期刊繁荣发展保驾护航

1987 年国家新闻出版署成立，出版管理职权进行调整，国家科委保留了科技期刊的审批和管理工作。1993 年 3 月第八届全国人民代表大会第一次会议通过了《关于国务院机构改革方案的决定》，在国家科委的职能配置、内设机构和人员编制方案中（国办发〔1994〕47 号文），明确了国家科委负责科技期刊的审批和管理工作。为了适应科技期刊发展的需要，国家科委及相关出版行政管理部门出台了一系列政策措施。

在全国科学大会精神的鼓舞下，20 世纪 80 年代我国科技期刊出版数量急速增长，同时也出现了一些问题，如编辑队伍不适应、出版规范滞后、质量问题突出等。为此，国家科委和国家新闻出版署于 1991 年联合颁布了《科学技术期刊管理办法》,① 首次明确科技期刊是科学技术事业和出版事业的重要组成部分，同时也明确了科技期刊的编辑出版工作者也是科技人员；第一次规定全国科技期刊实施统一管理，改变了地方主管的科技期刊不纳入全国科技期刊管理范围的局面，为我国科技期刊走向法制管理提供了条件，并将科技期刊分为五大类，即指导（综合）类、学术类、技术类、检索类和科普类，更便于针对不同类别的期刊进行科学管理；确立了“分口审核，总口审批”的两级管理原则，对办刊必备的条件，编辑人员配备人数，主管、主办单位的任务都提出明确要求；对审批程序、各级管理部门的职责作了规定。该《办法》是规范我国新时期科技期刊出版的

① 国家科委、新闻出版署：《科学技术期刊管理办法》，宋健、宋木文签署 1991 年第 12 号令，1991 年 7 月 1 日。

重要法规，为我国科技期刊的健康发展提供了政策保证。

为了全面了解、掌控全国科技期刊的质量状况，及时发现问题并采取措施加以解决，国家科委于 1992 年颁布了《科学技术期刊审读办法》,[①] 规定期刊主管部门建立审读机构，每年对所主管期刊的三分之一进行质量审读并提交审读报告。国家科委负责通报全国审读情况并对出现的问题进行查处。通过对期刊的审读，不但及时发现了办刊中存在的问题并进行纠正，而且提高了办刊人员、管理人员的责任心，促进了期刊质量稳步提高。

针对有的科普类期刊刊登不健康甚至带有淫秽内容的问题，国家科委和卫生部通过调查、分析，于 1993 年联合发文对科普类期刊刊登性知识文章作出了规定。[②] 文件肯定了性科学是社会文化的组成部分，传播科学的性知识有利于社会的稳定和精神文明建设，同时指出，性知识的宣传极其敏感，要考虑到我国民族文化特点和国情，把握尺度，避免宣传不当产生副作用。规定的发布制止了某些科普类期刊在性知识宣传方面出现的不良倾向，也为一些生活类期刊正确宣传性知识提供了依据。

针对科技期刊出现的抄袭、剽窃他人作品，引用他人作品不注明等严重侵犯他人作品权利的现象，1994 年 8 月国家科委颁布了《科技期刊作者、审者、编者工作准则》,[③] 对科技期刊从业人员及作者提出道德和行为规范，有效地促进了科技期刊从业人员自觉维护知识产权，促进了科技期刊健康有序发展。

为了加强对期刊质量的监督，1994 年 8 月国家科委还发出了《关于颁布五大类科技期刊质量要求及评估标准的通知》,[④] 为我国科技期刊质量的检查和评估提供了统一的标准，促进了科技期刊质量评估的规范化。从 1992 年起，国家科委（科技部）和中宣部、国家新闻出版署成功地举办了

---

① 国家科委：《科学技术期刊审读办法》，国科发情字 304 号，1992 年 5 月 5 日。

② 国家科委、卫生部：《关于科普期刊刊登有关性科学知识的规定》，国科发信字〔1993〕041 号，1993 年 9 月 13 日。

③ 国家科委：《科技期刊作者、审者、编者工作准则》，国科发信字〔1994〕149 号，1994 年 8 月 2 日。

④ 国家科委：《关于颁布五大类科技期刊质量要求及评估标准的通知》，国科发信字〔1994〕148 号，1994 年 8 月 2 日。

两届全国优秀科技期刊评比和三届中国国家期刊奖评选，全面推动了科技期刊质量的提高。

1988 年出现了部分科技期刊为弥补办刊经费不足，开始向作者收取发表费（版面费）的问题，但是没有相关政策法规依据，其合法性受到质疑，发表费（版面费）收取的数额和收取的范围也比较混乱。全国政协郭履灿等四位委员在政协八届二次会上提出“建议科学技术期刊酌情收取版面费”的提案。国家科委办公厅作出回复，同意科技期刊酌情收取发表费，并对收取对象、方式、用途等作了规定，规范收取发表费行为，同时也缓解了部分科技期刊办刊经费的困难。

二、形成品种丰富、门类齐全、布局合理的出版格局

经过党的十一届三中全会以来三十多年的发展，我国科技期刊的出版已经有了很大进步，出现了空前繁荣的局面，形成了品种丰富、门类齐全、布局合理的出版格局。随着互联网技术的日新月异和数字化的普遍应用，又为科技期刊的发展提供了新的机遇。

（一）数量与分布

1995 年我国出版的科技期刊 4014 种、总印数 30292 万册，占当年出版期刊 7583 种的 52.93%、占当年期刊总印数 233671 万册的 12.96%。2015 年我国出版的科技期刊 4983 种、总印数 39551 万册，占当年全国出版期刊 10014 种的 49.76%、占当年期刊总印数 287833 万册的 13.74%。其中，中央各部门、各单位及全国性社会团体共出版科技期刊 1538 种，占 30.86%；地方性科技期刊共有 3445 种，占总数的 69.14%。值得一提的是，自 1995 年至 2015 年这 20 年间，中央各部门、各单位以及全国性社会团体出版的科技期刊从 2438 种下降到 1538 种，在科技期刊出版总量的占比中，从 55.59% 下降为 30.86%；而地方出版的科技期刊从 1948 种增加到 3445 种，占比从 44.41% 上升到 69.14%。这一反差说明了地方科技期刊的出版力量在显著增强。各省、自治区、直辖市出版的科技期刊数量与当地的经济科技发展水平相关联，如上海 363 种、江苏 263 种、四川 202

种、广东 183 种，这四省市分别比 1995 年增加 187 种、149 种、71 种、73 种。[①]

（二）外文版科技期刊

外文版科技期刊出版得到快速发展。1980 年我国外文版科技期刊仅有 4 种，至 1992 年发展到 114 种。在这 114 种外文版科技期刊中，以英文版为主，有 112 种，另 2 种为世界语版本的《世界科学技术》和德文、英文混编的《同济医科大学学报》；其刊期以季刊为主，有 69 种、占 60.5%，半年刊 17 种，占 14.9%，双月刊 14 种，占 12.3%，月刊 7 种，占 6.1%，另有年刊 4 种、半月刊 2 种、周刊 1 种。这个时期的外文版科技期刊以季刊为主，出版周期过长，不仅影响了报道内容的时效性，而且也限制了报道量，114 种外文版科技期刊年报道总量仅为一万篇左右。外文版科技期刊至 1995 年已达到 150 种。进入 21 世纪，随着我国科技发展日新月异、对外交往要求日益紧迫，外文版科技期刊的出版受到进一步重视。特别是 2013 年，中国科协与财政部、教育部、国家新闻出版广电总局、中国科学院、中国工程院联合实施"中国科技期刊国际影响力提升计划"，重点支持一批学术质量较高、国际影响力较大的英文科技期刊。"2013—2015 年提升国际影响力计划"第一期项目入选期刊 135 种，并均已按既定目标完成。到 2015 年，我国有外文版科技期刊 258 种。[②]

第三节　实施精品战略

1996 年召开了第二届全国科技出版工作会议，会后国务院办公厅颁发的《关于加强科技出版工作若干意见的通知》[③]，对科技出版的方针、任务、管理、对外合作等项工作提出了明确要求，重申了科技出版事业是科技事业的重要组成部分。为了贯彻文件精神，国家科委和国家新闻出版署

① 以上数据均来自新闻出版统计资料。

② 据中国知网：cnki. net.

③ 国务院办公厅：《关于加强科技出版工作若干意见的通知》，国办发〔1996〕41 号，1996 年 10 月 3 日。

联合发文对科技期刊进行整顿，并把整顿重点放在改善办刊条件、结构调整、提高质量上，提出科技期刊出版要从数量增长向质量提高的阶段转变，同时采取了一系列政策措施。

首先，建立审读制度。规定期刊主管单位在期刊出版后要组织有关人员，依法对期刊出版质量进行审阅和评定，并把它作为期刊出版事后管理的一项重要制度。2009 年国家新闻出版总署颁发了《报纸期刊审读暂行办法》。[①]

其次，提高编辑队伍素质。为了落实 1996 年召开的全国科技期刊管理工作会议提出的加强编辑队伍建设的任务和中宣部、人事部等联合颁发的《关于出版行业开展岗位培训实施持证上岗制度的规定》精神，1997 年国家科委和国家新闻出版署联合颁发了《关于开展对科技期刊主编等岗位人员开展岗位培训实施持证上岗制度的通知》，[②] 明确在国家科委制订的统一培训计划安排下，以提高科技期刊编辑出版人员政治素养和岗位职责必备的工作能力、业务知识为目的的定向培训。从 1998 年至 2006 年，开展了各种类型岗位培训班二百多期，参加培训并经考试取得结业证书的编辑人员两万人左右。此后，这项培训制度始终没有间断。通过培训，提高了编辑出版人员的全面素质和业务技能，为不断提高科技期刊质量水平打下了坚实的基础。

再次，进一步加强依法管理。把全国所有高等院校创办的学报类期刊统一纳入政府行政管理，取得正式批准刊号，建立高校学报类期刊独立系列。2000 年科技部印发了《关于进一步加强科技期刊管理的通知》，进一步严格出版纪律，端正办刊方向。2001 年，国务院颁布《出版管理条例》[③]，进一步建立健全了期刊出版管理体系，对期刊主管、主办单位提出了具体要求，为我国期刊出版业走上法制化管理提供了政策依据。根据

---

① 国家新闻出版总署：《关于印发〈报纸期刊审读暂行办法〉的通知》，新出报刊〔2009〕126 号，2009 年 2 月 9 日。

② 国家科委科技信息司、新闻出版署人教司：《关于开展对科技期刊主编等岗位人员开展岗位培训实施持证上岗制度的通知》，国科发信字〔1997〕057 号，1997 年 11 月 26 日。

③ 2001 年 12 月 12 日国务院第 50 次常务会议通过《出版管理条例》，于 2001 年 12 月 25 日由国务院颁布，自 2002 年 2 月 1 日起施行。

《行政许可法》和国务院《出版管理条例》的精神，国家新闻出版总署与科技部2005年6月达成一致意见，科技期刊改由国家新闻出版总署统一管理，结束了五十多年的由科技行政主管部门对科技期刊的审批管理。之后，科技行政主管部门对科技期刊的管理偏重于对办刊单位的监管和办刊质量的提高。2005年国家新闻出版总署颁发了《期刊出版管理规定》。①

随着科技期刊质量不断提高，2006年中国科协及时提出了实施“精品工程”，包括精品科技期刊培育计划、科技期刊国际推广计划、科技期刊发展能力建设平台等。自2006年至2014年年底，中国科协精品科技期刊工程已连续完成三期，2015年开始进入第四期。实施精品科技期刊工程，坚持按照“明确目标、突出重点；专家评审、公开公正；择优支持、动态管理；年度考核、追踪问效”的原则，确保项目评审、监督、考核、验收等环节规范有序开展。通过实施精品科技期刊工程，对进一步提升中国科技期刊的学术影响力和核心竞争力、发挥示范引领作用、更好地服务科技创新和广大科技工作者等方面都取得了显著成效。

第四节 科技期刊出版集群的形成和发展

我国科技期刊出版集群是在我国科技期刊出版管理体制的基础上形成的。中国科学院、中国科协、中华医学会、高校四大科技期刊集群，不但拥有数量上的优势，而且从涵盖的领域和学术水准来说，都是我国科技期刊的代表。

一、中国科学院期刊集群

改革开放以来，中国科学院期刊出版工作走上了健康发展的道路，其间大致可以分为两个阶段。②

（一）1977—1997年被称为开创新局面阶段

中国科学院通过采取制订专项计划、设立出版基金等卓有成效的措

① 国家新闻出版总署:《期刊出版管理规定》，国家新闻出版总署第31号令，2005年9月30日。
② 沈华等:《中国科学院科技期刊改革发展创新六十年》,《中国科技期刊研究》2009年第5期。

施，使中科院的期刊工作进入一个全新的快速发展时期，期刊数量从1976年的44种增至1997年的279种，英文期刊从2种增加到1997年的40种。在中科院的层面初步形成了门类齐全、学科覆盖面大体均衡的科技期刊体系，开创了中科院期刊工作的新局面。为此，中国科学院采取了一系列措施。

1. 1980年3月，为了加强对全院出版工作的领导，中国科学院成立了院出版图书情报委员会，履行主管部门职责，把握正确导向，强化宏观管理。该委员会根据我国各个时期科学技术的发展规划和国民经济建设对科学技术发展的要求，先后组织研究和制订了多个院属期刊出版发展计划，明确提出了不同阶段院属期刊发展的指导思想、战略目标、基本任务和实施措施，有力地推动了院属期刊的发展。

2. 建立健全院属期刊出版规章制度。为确保各个时期发展计划任务的完成，根据国家新闻出版的方针政策，中国科学院先后制定了一系列行之有效的政策措施和规章制度。例如，《中国科学院关于〈出版专业人员职务试行条例〉的实施细则》（1986年）、《中国科学院优秀自然科学期刊奖暂行条例》（1990年）等政策性规章，调动了期刊编辑人员的积极性和创造性，增强了全院期刊编辑出版队伍的凝聚力。此外，还制定了《中国科学院自然科学期刊编辑、审稿暂行条例》（1981年）、《中国科学院自然科学期刊作者、审者、编者道德守则》（1993年）、《中国科学院自然科学期刊编排格式规范》（1996年）等规章制度，进一步规范了院属期刊的出版。

3. 设立科学出版基金。1990年中国科学院率先设立了科学出版基金，每年安排经费400万元，由科学出版社具体管理，按照择优支持的原则资助学术期刊和图书，有效地保证了院属优秀和重要科技书刊的出版。这是在我国设立最早的科技出版基金。

4. 抓好队伍建设。中国科学院十分重视期刊编辑队伍的建设，多年来，通过组织专职主编培训班，支持中国科技大学创办科技编辑专业，鼓励青年编辑人员进修学习、出国深造、参加国际有关学术会议，以及吸收硕士、博士研究生和科研人员从事期刊编辑工作，聘请中青年科研骨干担任兼职编辑等一系列有效措施，提高了期刊编辑的业务水平和素质。中科院还积极推进期刊编辑出版的现代化建设，从1986年开始，中科院对有条件的期刊编辑部给予适当经费支持，不少期刊编辑部引进或自行开发管理软件，建立了微机编辑管理数据库，一大批期刊上网，接受作者网络传输投稿和电子邮件。他们组织研究开发的CCT科技排版系统得到逐步推广，并于1994年获中国科学院科技进步二等奖。期刊编辑出版现代化手段的广泛应用，极大地提高了工作效率、缩短了出版周期，同时也降低了成本。

5. 成立中国科学院自然科学期刊编辑研究会，促进学术研讨和交流。1986年中国科学院成立了院自然科学期刊编辑研究会，其宗旨是团结广大科技期刊编辑工作者，积极开展编辑学学术研究，交流期刊工作经验，开拓新技术应用等。1990年创办了《中国科技期刊研究》，这是一本科技期刊编辑工作者交流信息、开展研究的重要园地，受到科技期刊界的普遍好评，为推动我国科技期刊事业的繁荣发挥了积极作用。

（二）1998年以后是中国科学院科技期刊创新跨越的阶段

1998年中国科学院实施知识创新工程，加大对科技期刊出版的改革创新力度，科技期刊的学术水平得到了大幅提升，进入跨越发展的新阶段。十年以后的2008年，SCI收录中科院期刊63种，比1997年增长了2倍，其中，SCI光盘版收录中科院期刊18种，比1997年翻了一番多，为创办国际一流科技期刊打下了坚实的基础。

为了科技期刊的创新跨越，中国科学院进一步采取措施：

1. 2006年，中国科学院对期刊出版的体制结构进行重大调整，并研究制订了《中国科学院科技期刊改革与发展方案》，以充分发挥科技期刊对科技创新的支撑作用。该《方案》是指导中科院期刊未来5—15年改革与发展的规划性文件，对科技期刊的持续、健康发展起到了统领性的作用。结合体制机构调整，2009年中国科学院出版委员会根据国家期刊审读的有关规定，建立了“中国科学院科技期刊质量审读体系”，聘请具有较高理论修养和政策水平、强烈事业心和高度责任感、熟悉出版工作方针政策和相关法律法规、熟悉期刊编辑出版业务的期刊编辑专家为审读员，并按照期刊学科领域和期刊属性进行分工，对全院的科技期刊进行审读，确保中科院期刊的正确办刊方向，提高办刊质量和出版水平，更好地发挥其在我国科技自主创新工作中的重要作用。

2. 积极推进期刊的改革试点工作，以探索一条在社会主义市场经济环境中具有中国特色的学术期刊发展道路。首批试点选择了《中国科学》和《科学通报》这两个刊物。《中国科学》和《科学通报》是我国学术期刊的代表性刊物，自1950年创刊以来，刊载了大量国内高水平的重要科研成果，为推动我国科学技术发展、促进国际学术交流作出了重要贡献，在我国科技界享有很高声誉，在国际科技界也具有一定影响力。但进入21世纪以来，由于国内学术环境和科研评价体系的影响，以及国际优秀学术期刊的竞争，我国高水平科技稿件外流严重，这两个刊物面临优秀稿源不足的严峻挑战，极大地制约了刊物的健康持续发展。为了改变这种状况，2007年10月，中国科学院积极推动这两个刊物在学术管理和经营管理等方面的体制改革与机制创新。在学术管理上，将这两个刊物放到中国科学院学部平台上运作和管理，充分发挥学部平台的作用，同时采取措施鼓励广大院士积极参与办刊。为进一步加强对这两个刊物的学术领导，建立了“两刊”理事会、总主编、各辑主编及编委会的三级学术管理模式。理事会是“两刊”最高学术领导机构，主要由国家相关部门负责人、各学部主任、大学校长及国内外知名科学家等组成；总主编负责把握办刊方向，并就“两刊”的调整、重组等重大问题向理事会提出建议；各辑主编及编委会负责相应期刊的学术质量，实现其学术目标。通过实施主编负责制，加强主编对期刊发展的学术指导，以迅速提升“两刊”的学术水平。在经营管理方面，作为“两刊”出版单位的中国科学杂志社进行体制创新，转制成为由中国科学出版集团有限责任公司全资设立的子公司；并按照公司法，建立中国科学杂志社有限责任公司的法人治理结构，在人事、用工、分配制度方面积极探索，建立高效的运行机

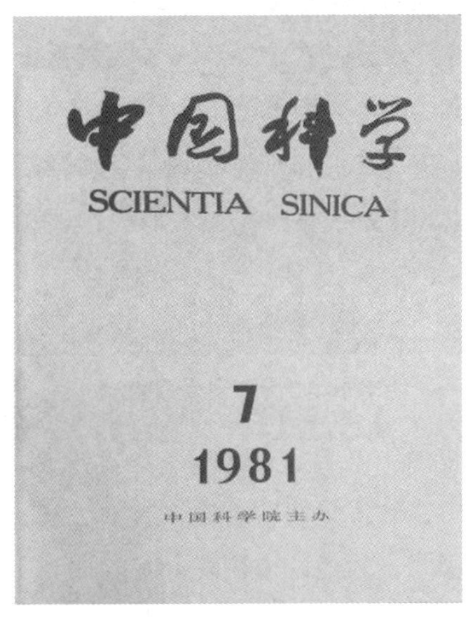

图16－2 《中国科学》

制，以保证“两刊”学术水平的提升和经营目标的实现。“两刊”改革试点的启动，拉开了中科院院属期刊改革的序幕。

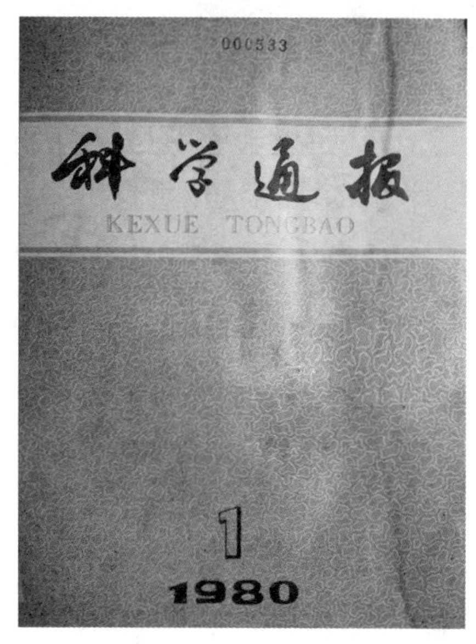

图 16－3　《科学通报》

2009 年 6 月，中国科学院又启动了上海光学精密机械研究所基于网络平台的光学期刊集群化改革。改革的主要任务，是以上海光机所的《中国激光》《光学学报》《激光与光电子学进展》和 Chinese Optics Letters 这四种期刊为核心，成立中国激光杂志社有限公司，建立并完善现代企业管理制度。以其独立建设的“中国光学期刊网数字出版平台”为基础，发挥《中国激光》的龙头作用，以相同研究领域为前提，跨地域、跨所属单位，资源整合、优势互补，在期刊数字化、集群化出版方面进行了深度挖掘。发挥品牌优势，培育国际化知名期刊，丰富和优化期刊结构，摸索了一套多学科适用的期刊集群化数字出版运营模式，为建设中科院全院的期刊出版平台积累经验。

3. 组织推进期刊出版领域引进优秀人才计划。一流的科研成果需要一流的期刊出版来支撑，一流的期刊出版需要一流的人才做保障。2007 年年底，中国科学院启动了“引进优秀人才计划”，目标是在 5 年内从国内外引进一批具有深厚专业背景、广阔国际视野、先进发展理念的领军人才，以促进中科院文献情报和期刊出版事业的发展。其中，在期刊出版领域择优支持引进 13 位优秀人才，每人每年支持 25 万元，连续支持 3 年，并要求引进单位每人匹配 30 万元经费。该计划在引进高水平编辑领军人才的基础上，还针对院属期刊数字平台建设需求，引进熟悉数字化期刊出版、具有数字化学术交流平台建设与运营经验的高级人才。通过该计划的实施，进一步加强了院属期刊编辑出版人才队伍建设，为推动该领域的创新与发展奠定坚实的基础。

4. 积极推动科技期刊集成发布平台建设。随着网络技术的快速发展及其在出版业的广泛应用，读者获取信息的渠道已经发生了重大变化，数字化、网络化、集成化的学术期刊出版服务，为科技发展提供了广阔的空间，科技期刊集成化出版、数字化使用、规模化经营已成为当今学术出版的主流。为顺应科学技术的发展趋势和国际数字化出版的新浪潮，着眼于培育最高水平的中国科技期刊，2006 年中国科学院出版委员会决定适时启动院属科技期刊集成发布平台建设。由中国科学出版集团和中国科学院国家科学图书馆两家共同建设中国科学院科技期刊集成发布平台，并研究制订方案，明确平台建设的总体目标、基本构架和功能模块。该平台采取集成社会资源的方式，通过市场化运作，最终形成以科技期刊、图书、专利、学位论文等为主要内容的“中国科学院科技资源发布体系”。2007 年中国科学出版集团自主投入经费，先期启动了科技期刊集成发布平台的建设工作。以该集团出版的 220 种科技期刊为基础，开发建设期刊全文数据库、协同编辑平台、期刊发布门户等功能模块，建成开放式的期刊数字平台。

5. 改革科学出版基金，增加中国科学院科学出版基金经费总量。中国科学院科学出版基金最初是由科学出版社管理，随着全院知识创新工程的不断深入，为充分发挥出版基金的宏观导向作用，自 2003 年起，中国科学院对科学出版基金的运行机制和管理体制进行了改革，实行出版基金与科学出版社脱钩，由中国科学院出版委员会直接管理。出版基金每年有 350 万元用于择优支持 30 种科技期刊，并要求主办或承办单位提供不低于中国科学院出版基金经费支持 60% 的配套资金。自科学出版基金改革以后，出版基金在积极引导院属各研究所重视期刊工作、提升期刊国际化水平等方面发挥了积极的作用，有效地促进了院属期刊的发展。2009 年中国科学院出版基金由每年的 400 万元增加到 800 万元，为院属期刊的创新跨越、持续发展奠定了坚实的基础。

6. 加强顶层设计，不断优化院属期刊学科布局。当今世界科学技术发展突飞猛进，在学科不断向纵深发展的同时，领域前沿不断拓展，学科间交叉、融合、会聚此起彼伏，新兴学科不断涌现。同时，为了加强我国在能源、资源、环境和人口健康等事关国家长远可持续发展战略必争领域的研究，尤其是实施知识创新工程以来，中国科学院在科技布局不断优化、创新基地科研工作持续深入的基础上，新建了一批新的研究机构，以促进我国区域经济社会发展，实现高科技成果的转移转化。这些深刻的变革所带来的新兴学科和战略重点研究领域，已大大超出了中国科学院甚至我国现有科技期刊所涵盖的学科范畴，从而使得我国科技期刊面临严峻的挑战。

中国科学院作为国家自然科学最高学术机构和全国自然科学与高新技术综合研究发展中心，对此负有义不容辞的历史使命。为此，2008 年中国科学院出版委员会在对世界科学技术发展趋势和国家战略需求进行深入分析的基础上，从国家科技发展的高度出发，加强顶层设计，对中国科学院创办科技期刊的需求进行了全面调研，提出了急需填补的国内薄弱和空白重要领域、具有鲜明学科特色领域、新兴学科前沿领域、促进规模化发展的系列科普期刊等四个方面新创办科技期刊，不断完善院属期刊学科整体布局。

二、中国科协期刊集群

中国科协及所属全国学会主办的科技期刊，在我国科技期刊群体中具有十分重要的地位和影响力，是我国科学技术研究成果的重要展示平台，对推动国内外的学术交流、普及科学技术知识、促进科技进步和国民经济发展作出了重要贡献。

中国科协作为我国科学技术工作者的共同体，在推动科学交流、促进科学传播等活动中发挥着重要的作用。而在学术共同体的各类活动中，出版科技期刊一直扮演着十分重要的角色。科技期刊是中国科协为科技工作者提供的重要公共服务产品之一。从国际上看，相当一部分科技期刊都是依托科技协会创办的，并通过协会的资源为科技期刊提供持续发展的原动力。因此，中国科协的科技期刊是我国最具代表性的科技期刊群，在一定程度上代表了我国科技期刊的整体发展水平。特别是前述提到的组织实施多年的“精品科技期刊工程”和“中国科技期刊国际影响力提升计划”等，对推动全国科技期刊健康发展都产生了深远影响。

“文化大革命”结束时，中国科协及下属学会主办的期刊不足百种。改革开放以后逐渐发展起来，1990 年达到 306 种；至 2011 年 10 月底，中国科协所属科技期刊总数达到 1050 种（其中包括 21 种纯电子版期刊），其中学术类741种、技术类188种、科普类62种、综合类55种、检索类4种；[①] 到2015年达到1081种（其中包括40种纯电子版期刊），总数超过全国科技期刊的五分之一，包括105种英文期刊，涵盖自然科技、工程技术等各个学科领域，其中学术类786种、技术类187种、科普类58种、综合类48种、检索类2种。

进入21世纪以来，中国科协及下属学会所办期刊的学术质量持续提升，总体水平居全国同类期刊领先地位，期刊的诸多学术和出版指标在国内名列前茅，在国际重要数据库的影响力指标进步明显，在学术交流和科学传播中发挥着越来越重要的作用。

1. 根据《2011年版中国科技期刊引证报告（核心版）》，中国科协期刊表现出显著的优势。该报告收录了1998种核心期刊，其中中国科协科技期刊为689种，所占比例达34.5%；在61个学科分类中，除了5个“大学学报类”外，在其余的56个学科中，中国科协科技期刊均被收录，其中在力学、物理学、核科学技术、天文4个学科，中国科协科技期刊所占比例均在70%以上。

2. 在学术影响力方面，中国科协的科技期刊表现突出。《2011年版中国科技期刊引证报告（核心版）》中的高影响力期刊的学科分布显示，有30个学科领域处于前5%最核心区域的期刊全部来自中国科协科技期刊；43种中国科协科技期刊的总被引频次学科排名位居第一，在61个学科分类中占70.5%；35种中国科协科技期刊的影响因子学科排名位居第一，占57.4%；40种中国科协期刊综合评价总分在本学科排名第一，占65.6%。这些数据说明，中国科协的科技期刊在国内主要学科领域发挥着引领作用。

3. 在2011年中国科学技术信息研究所发布的“2010年中国百种杰出学术期刊”中，有66种来自中国科协学术期刊；在“2010年中国百篇最具影响国内文章”中，中国科协有54种学术期刊68篇论文入选，占总量的三分之二以上。

---

① 陈运泰：《2011年度中国科协科技期刊发展状况发布》，《中国科协科技期刊发展报告（2012）》，《硅谷》2011年第7期。

4. 在国际影响力方面，2011 年国外重要数据库收录中国科协科技期刊682 种，比上年增加 158 种，占收录中国科技期刊数量（2175 种）的31.4%，比上年增加了 7%；被 SCI 收录的中国科协期刊数量比上年增加 8 种，达到了 70 种。同时，中国科协期刊吸引了广泛的国际来稿，在中国科协进入 SCI 的期刊中，有 4 种期刊论文来源国家超过 40 个，有 30 种期刊的论文来源国家达到了 20—40 个；32 种期刊的引用国家数量超过 20 个，13 种期刊的引用国家数量超过了 30 个。显示了这些期刊在国际交流中的积极作用，也表明中国科协在推进科技期刊国际化战略方面产生了积极效果。

5. 数字化建设进展良好。数字出版是科技期刊发展的必然趋势。我国科技期刊的数字化建设始于 20 世纪 90 年代中后期，主要以实现内容生产数字化、管理过程数字化、产品形态数字化和传播手段数字化为目标。2015 年中国科协的 1081 种科技期刊中有 915 种建设了网站，占 84.6%，比 2013 年增加 7.7 个百分点；上网形式以“一刊单独上网”为主。同时，有 990 种期刊在中国知网、881 种在万方数据、900 种在维普资讯、62 种在龙源期刊网四大期刊网全文上网。

在数字化建设中，中国科协科技期刊自建网站总体质量有所提升。据 2011 年中国科协提供的信息数据：自建网站的 732 种期刊中有 599 种发布了期刊目次，452 种发布了文章摘要，329 种发布了文章全文；有 57 种中国科协科技期刊实现了“在线预出版”，比 2010 年增加了 26 种；62.3% 的期刊网站上具有在线投稿、在线审稿、在线查稿和远程编辑功能。另外，265 种期刊的自建网站主页为中文版，有相对应的英文版；13 种主页为英文版，有相对应的中文版；36 种期刊建有全英文网站。

中国科协科技期刊以不同形式加入商业数据库和学科期刊网，提高了期刊的影响力。2011 年，在 CNKI、万方和维普全文上网的中国科协科技期刊的比例，分别为 91.9%、86.6% 和 83.5%；在 3 个数据库同时全文上网的期刊达到总数的 74.8%。同时，中国科协有多种科技期刊加入了龙源期刊网、中国科技论文在线、首席医学网、中国科学院科技期刊开放获取平台、中国光学期刊网、中国地学期刊网、台湾华艺中文电子期刊服务平台、读览天下等数据库与期刊网，有 63 种期刊在国外出版商网络出版平台全文上网。

中国科协科技期刊中开放获取的期刊数量明显增加。截至2011年，中国科协科协期刊中有308种开放获取（OA）期刊，占期刊总数的29.3%，比2010年增加了67种。“一刊单独上网”占OA期刊总数的64.9%，成为实现OA的主要方式。

随着互联网和大数据技术的迅猛发展，科技期刊的载体形态、传播方式、出版模式，以及所发挥的功能和作用都正在发生前所未有的深刻变化，中国科协期刊集群同样面临着巨大的机遇与挑战。

三、中华医学会期刊集群

中华医学会是中国医学科学技术工作者自愿组成并依法登记成立的学术性、公益性、非营利性法人社团，是党和国家联系医学科技工作者的桥梁和纽带，是发展中国医学科学技术事业的重要社会力量。中华医学会所属中华医学会杂志社是其履行职能的重要载体，具有百年出版历史，是我国医药卫生期刊的重要出版机构，2011年荣获中国出版政府奖，多种中华医学系列期刊获得国家期刊奖。经过长期的发展与集聚，中华医学会形成了我国医药卫生界数量最多、影响最大、权威性最强的医学期刊系列。至2015年中华医学会系列期刊有131种，包括《中华内科杂志》《中华儿科杂志》等中华系列92种、《中国实用护理杂志》《中国医师杂志》等中国系列15种、《国际医药卫生导报》《国际遗传学杂志》等国际系列24种，覆盖临床医学、基础医学、预防医学、护理学、中医、药学等广泛的医学学科领域，同时还有电子版杂志40种。据中华医学会杂志社姜永茂社长介绍，中华医学会是世界医学会中出版期刊最多的学会。

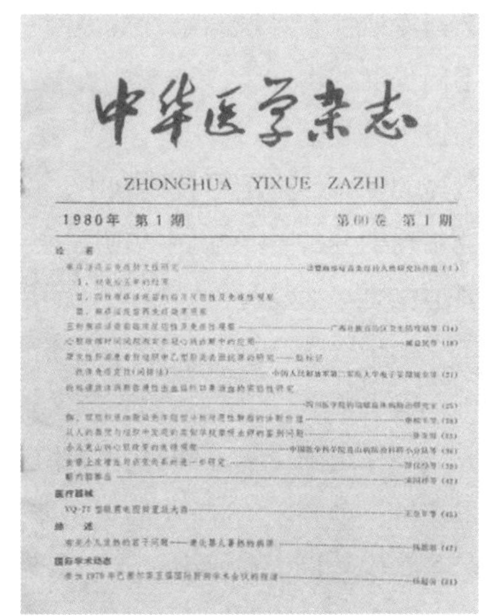

中华医学杂志

ZHONGHUA YIXUE ZAZHI

1980年 第1期　　第60卷 第1期

图16－4　《中华医学杂志》

中华医学会杂志社长期以来，充分发挥中华医学会专家云集、人才荟萃、信息畅通、联系广泛的整体优势，组成了中华医学会系列杂志的编辑委员会和审稿专家队伍，成为强大的期刊出版学术“后援团”。在长达一百二十余年的办刊实践中，逐渐形成了一整套比较完善的医学期刊编辑出版管理体系和制度，培养、建立了一支较为专业的编辑出版队伍。依靠这些高层次的医学专家和高水准的编辑出版队伍，中华医学会系列期刊始终走在传播最新医学知识、交流最新科研成果、引导学术发展方向、推动医学科技进步的前沿。“百年薪火传承，中华风范弘扬”，中华医学会系列期刊经过百余年的发展壮大，逐步树立了“中华”的医学期刊品牌，已形成学科分类合理、种类齐全的医学期刊系列，被公认为国内学术水平最高、编辑出版质量最好、最具学术权威性的医学期刊群体。

中华医学会系列期刊不仅是国内广大医药卫生科技人员不可缺少的重要信息源，也是中国医学界面向世界的一个重要窗口。中华医学会系列期刊已发行至世界六十多个国家和地区，并与国外近千种医学期刊建立了长期交换关系。特别是改革开放以来，中华医学会系列期刊被35个世界著名数据库或检索系统收录，被美国《医学索引》（IM）收录的期刊每年都有不同程度的增加。1997年，在被引频次最高的100种中国科技期刊中，医药卫生科技期刊占29种，其中中华医学会系列期刊占19种；在影响因子最高的150种中国科技期刊中，医药卫生科技期刊占20种，其中中华医学会系列期刊占14种。中华医学会系列期刊在我国医药卫生期刊出版中的重要地位是显而易见的。

中华医学会杂志社还与全球最大的医学专业出版集团荷兰威科集团合作，将中华医学会系列期刊英文资源推向国际，将中国优秀的医学专业研究成果介绍到世界。同时，中华医学会杂志社还积极促进国内外的双向学术交流。创刊于1887年的《中华医学杂志》（英文版），多年来一直被国际著名检索机构科学引文索引（SCI）收录，并以开放获取形式（OA）实现全文上网，在国际医学学术交流中发挥着越来越重要的作用。

中华医学会杂志社积极推进体制改革，2009年6月，经国家新闻出版总署批准，中华医学会杂志社成立中华医学杂志社有限责任公司，实行转企改制，成为一个具有规模优势和品牌影响力的专业化期刊集群。随后，中华医学会杂志社又从集群化向集约化出版转型，实行“管办分离”，即主办单位和出版单位的分离。中华医学会通过理事会下设的编辑出版工作委员会和办事机构下设的期刊管理部对期刊履行主办单位的管理职能，通过注册成立中华医学杂志社有限责任公司作为出版单位，具有法人资格和市场主体地位，为所主办的期刊提供集约化的出版和经营服务，进而使编辑与出版、经营分离，将分散在各期刊编辑部的出版和经营业务剥离到出版单位，使各编辑部可以集中精力做好期刊组稿和审稿工作。这一体制改革，有效提升了中华医学会期刊系列的核心竞争力，巩固和提升了品牌影响力。

中华医学会期刊系列在发展中形成了几个明显的特点：

1. 品牌标识鲜明。期刊品牌标识具有期刊的象征意义。中华医学会系列期刊的装帧设计、形象标识采用统一的封面设计，外观上，每一本杂志都套色刊印了中华医学会的会徽，且除了刊头套印的颜色不同之外，封面的版式、内容安排及字号的大小都采用统一的标准，形象非常醒目而又各自的特点。同时，在正文的排版上，也制定了一整套规范的格式。通过这些外在统一的标志标识，树立了一个鲜明的品牌形象。

2. 学科门类齐全。131 种中华医学会系列期刊分为 24 个学科大类，如公共卫生、外科、内科、医学检验、基础医学、护理、教育等；在每一个大类中再进行细分，如外科类的杂志中又分为 23 个不同小类，如中华肝胆外科杂志、中华内分泌外科杂志、中华神经外科杂志、中华血管外科杂志等。细分期刊定位，避免了同类刊物之间的无谓竞争，使每一种期刊都有独自的发展空间。

3. 管理统一严格。2009 年 12 月，中华医学会第 23 届理事会常务理事会第七次会议审议通过了《中华医学会系列杂志管理办法》，对中华医学会主办的所有期刊实行统一管理，保证了学会系列期刊健康有序的发展。中华医学会杂志社制定了《中华医学会杂志社编辑出版质量管理办法》等编辑质量保障措施与控制体系，如同行评议制度。中华医学会的同行评议制度非常严格，中华医学会系列期刊评定一篇论文是否达到发表要求，必须经过“三审五定”，“三审”即三级审稿制度，先编辑初审，再经过至少两位外审专家评审，然后开终审会定稿；“五定”即稿件编辑完毕后，必须经过供稿编辑、责任编辑、编辑部主任、期刊总编辑、社长（总编）五级定稿，保证了中华医学会系列期刊的学术质量稳步提升。

4. 保障体系有效。中华医学会在参考国内外相关评价体系的基础上，建立了一套符合自身要求的较为完善、客观的期刊评价体系。其内容主要针对政治导向、编辑出版质量和运营质量进行评价，并按照各项指标的权重不同进行打分。评价方式以集中审读为主，按照相关国家标准和中华医学会系列期刊编排规范，进行量化考核，指标涉及组织管理、期刊声誉、经济效益、出版发行等。此外，中华医学会杂志社还有自检与抽检制度，期刊出版后 15 天内，编辑部对自己出版的期刊要进行自我检查，并填写自检表上报。同时，杂志社还不定期地组织老编审抽检期刊，将检查结果反馈给编辑部。

5. 人才地位突出。人才是杂志社发展的持续动力。中华医学会系列期刊非常重视人才队伍的建设，在编委会的组建、评审专家的聘请和编辑出版人才的培养方面积累了一套行之有效的做法。编委会的主要职责在于把握期刊的学术质量和学术导向，对期刊的学术组织工作进行管理、引导与监督。中华医学会十分重视各期刊编委会的组建，对于编委的选择，以各学科中青年的学科带头人为主，他们对于其学科的发展动向与方向有清晰的认识、深入的了解，可以引领学科的发展，从而扩大了期刊的影响力。中华医学会还选择学科相关领域优秀专家建立了评审专家数据库，保证评审专家学术上的正确性，并从 2008 年开始不定期地对这些评审专家进行评审培训，邀请有多年审稿经验的专家进行心得分享，安排国外名刊总编及国内出版专业领军人物进行交流等。编辑是中华医学会系列期刊运行中最基础、最重要的一环，中华医学会在编辑的准入标准、继续教育、评价体系等方面进行了探索，深化编辑的培养，中华医学会各期刊编辑中硕士学历占 26.4%、博士学历占 14.1%。同时，中华医学会还开展了形式多样的编辑培养实践活动，如定期举办编辑培训班、安排编辑人员参加相关学术会议、进行岗位技能大赛、鼓励撰写专业相关论文等等，培养了一支稳定的高水平编辑出版队伍。

四、高校科技期刊集群

我国高校科技期刊是科技期刊出版的一支重要力量，改革开放以来获得了新的发展。以世纪交替作为分界，分两个阶段来考察我国高校科技期刊的发展变化。

（一）高等教育的快速发展带动高校科技期刊蓬勃发展(1978—2000)

1978 年年底，我国普通高等学校总数为 589 所，到 1987 年已达 941 所。与此同时，1987 年高校自然科学学报达到六百多种，约占全国科技期刊的七分之一。到 1988 年年底，全国高校文、理学报总数已达一千多种，约为当时全国期刊总数的六分之一。按全国高校文、理两个学报研究会团体会员数估计，截至 1999 年年初，全国高校学报总数已达一千八百多种，加之高校所办的其他教学或专业期刊，总数接近二千五百种，约占全国期刊总数的三分之一。

这一时期，高校科技期刊的发展壮大突出地表现在以下几个方面①：

1. 自然科学学报学术团体从无到有

为了有利于自然科学学报编辑工作的研究和交流，1982 年 9 月，华东地区 7 个省市 97 所院校学报编辑部的代表在济南举行了华东地区高等院校自然科学学报编辑工作座谈会，与会的还有其他地区 11 所高校学报的代表。这次会议成立了华东地区高等院校自然科学学报编辑协会。接着，辽宁、河南、四川、湖北、湖南、陕西、广东等省相继成立高校学报研究会。1985 年 11 月初，应邀参加华东地区高校自然科学学报编辑协会第二次会员代表大会的北京等地代表与华东地区代表在杭州座谈，明确提出要努力创造条件，尽早成立全国性的高校自然科学学报的学术团体。1987 年 2 月 28 日至 3 月 2 日，在国家教委科技司的支持下，全国高校自然科学学报专题学术研讨会在北京举行，来自全国 28 个省、区、市的 105 个学校学报编辑部的 115 位代表出席会议，除围绕审稿主题进行讨论外，还成立了中国高校自然科学学报研究会筹备委员会。1987 年 5 月 4 日，国家教委科

---

① 姚远等：《中国高等学校自然科学学报 50 年》，《中国科技期刊研究》1999 年第 3 期。

技司正式批准成立中国高等学校自然科学学报研究会，并于1987年8月5日在大连举行了成立大会。此后，高校自然科学学报研究会开展了大量卓有成效的工作，其主要学术工作包括：

（1）通过研讨学报学术质量评价指标体系、修订《高等学校自然科学学报编排规范》、制定《高等学校自然科学学报评比标准》、倡议并组织编纂《中国科学技术论文评审专家名典》、开展优秀学报评比等，全面推进学报质量的提高。

（2）通过举办编辑业务培训班，评选优秀编辑工作者，注意抓好青年编辑的培养，鼓励有条件的编辑从事科学研究、科技写作教学或从事科普创作等途径，不断提高学报编辑素质，稳定编辑队伍。

（3）通过设立科技期刊编辑学研究基金、定期召开各种专题的编辑学术研讨会或综合性学术年会、评选优秀编辑学论著和制定《科技编辑学研究五年规划》等举措，推动高校学报编辑学术研究。

（4）通过学报编辑手段的现代化、深化编辑部工作改革、协助政府部门制定《高等学校学报管理办法》等措施，不断深化学报工作改革。

（5）通过向国际著名检索期刊推荐学报、调查和译介国外大学学报及其编辑学术研究等，不断扩大我国大学学报的国际影响力。

这些积极的举措，使高校自然科学学报无论在规模上还是在质量上，都发生了根本性的变化。

2. 编辑队伍的发展壮大

随着高校自然科学学报的飞速发展，高校自然科学学报编辑队伍不断发展壮大，已拥有5000人以上的专职编辑队伍。根据高校自然科学学报研究会的统计，截至1995年9月，该会拥有2581名编辑个人会员，其中95%以上具有大专以上学历；从职称结构上看：具有高级职称者948人，占36.7%，具有中级职称者978人，占37.9%，具有初级职称者561人，占21.7%，无职称者仅94人，占3.6%。1989年以前，具有正高技术职称的高校自然科学学报编辑仅有23人，1998年年底增至150人；另有三十多名学报编辑享受政府特殊津贴。自1991年以来，国家教委科技司、国家新闻出版署期刊司主持开展全国高校自然科学学报系统优秀编辑、优秀青年编辑的评比活动，相继有585名编辑获得优秀编辑工作者的称号；有些省份也开展了优秀编辑、有突出贡献的编辑工作者等评比活动。这些措施对树立榜样、稳定编辑队伍发挥了积极作用。

为培养新生编辑力量，有十四五所普通高校开设了编辑学专业，有数所高校取得编辑出版学硕士授予权，还有不少学校从科技哲学、自然辩证法、科学技术史、新闻学等专业培养编辑双学士、硕士研究生人才。“科班”出身编辑，以及经过培训的主编或编辑，在各编辑出版岗位上发挥了越来越重要的作用。

3. 开展编辑学术研究

20 世纪 80 年代初逐渐兴盛起来的高校学报编辑学术研究，已成为与我国新闻系统、出版系统和科学院系统相呼应的编辑出版学研究的重要力量之一。1991 年，中国高校自然科学学报研究会设立“科技编辑学研究基金”，1994 年又开始制定《科技编辑学研究五年规划》（1996—2000），这些措施使高校自然科学学报系统的科技编辑学术研究逐渐走向有组织、有规划的全面发展阶段。1987—1997 年十年中，高校自然科学学报研究会共举办三十多次学术讨论会，共宣读论文一百五十多篇。这些成果有相当数量发表在《编辑学报》《编辑学刊》和《中国科技期刊研究》等编辑专业刊物上。国家教委科技司和国家新闻出版署期刊司于 1991 年、1995 年曾先后评选出优秀编辑学论著 373 篇（本），其中，获一等奖的有 107 篇（本）。[①]

4. 社会地位和国际影响不断提高和扩大

改革开放以来，高校学报的学术质量和编辑出版质量有大幅度的进步。1989 年、1995 年和 1999 年，由教育部（委）、国家新闻出版署等部门主持，在全国高校自然科学学报系统曾进行过三次评比，先后有 638 种（次）学报获奖，其中，有 151 种（次）学报获得优秀期刊一等奖。另外，中宣部、国家科委和国家新闻出版署也先后于 1992 年和 1997 年开展了两届全国优秀科技期刊评比。在这两届评比中先后有 123 种高校学报获得全国优秀科技期刊奖，其中，有 16 种高校学报获得一等奖；高校学报获得一、二、三等奖的比率分别占同奖次总数的 57. 1% 、56. 1% 、41. 1% 。在

---

① 中国高等学校自然科学学报研究会编：《十年纪事》，清华大学出版社 1997 年版。

第二届全国优秀科技期刊评比中，高校获奖总数达74种，约占高校学报总数的16%。这些获奖的高校学报，大多集中在北京、湖南、湖北、江苏、上海、吉林、福建和陕西等省市。

高等学校科学研究队伍庞大，是我国科技领域中的重要生力军。依托高校科学研究的高校学报的经济效益和社会效益也有很大进步，如，《中南工业大学学报》发表的《振动出矿技术》被全国几百个生产单位采用，仅1993—1995年这些单位就新增产值9.8亿元；某汽车传动轴厂采用《华中理工大学学报》报道的一项研究成果，3年累计新增产值4800万元、新增利税1350万元、节支约70万元；《高等学校化学学报》报道的一种新型钻井液，被全国十多个油田采用，创经济效益达一亿多元。这些成就突出地显示了高校学报在促进科技进步、推动国民经济建设方面的巨大作用。另外，根据中国高校自然科学学报研究会的统计，截至1995年，有SCI、CA、EI、SA等13种国际重要检索期刊收录了238种高校学报的论文，仅EI在1991—1996年就收录我国高校学报论文2615篇。这说明我国高校学报的国际学术地位比改革开放之前有了很大的提高。

（二）新世纪的新发展（2000年至今）

1. “千禧门现象”与跨越式发展①

进入21世纪，我国高等教育从精英教育进入大众化教育，加上本科生扩招、研究生扩招、大学本科教育评估，以及大学合并浪潮的后效应，还有四川汶川地震、北京奥运、上海世博会等重大事件的接踵而至，人们突然感触到海量信息传播的巨大冲击力。高校科技期刊在信息化、网络化、市场化、专业化、国际化的严峻挑战中，跨入新的世纪。网络传播显然是进入21世纪以来高校科技期刊最显著的时代特征之一，以《西北大学学报》（自然科学版）通过中国知网的传播为例，其中“自动化技术与计算机科学”类论文，在2006年的传播引用比2000年增长4600多倍，其2006年的下载频次比2005年增长1022.67%，访问量增幅达215.9%。1999年，《西北大学学报》（自然科学版）经由中国知网在全球的网络访

① 姚远等：《中国高校科技期刊60年回顾与前瞻》，《中国科技期刊研究》2009年第6期。

问量不过万余次，至2009年年底的最新统计，连同万方、维普、龙源、华艺等全文数据库，已达到数百万次。这种现象《第四军医大学学报》等高校科技期刊也同样存在。这比起有的高校科技期刊仅千余份甚至百余份的纸质发行量，简直是天壤之别。进入2000年，可谓跨越了一个门槛，姑且把它称之为期刊网络传播的“千禧门现象”。[①] 这种跨越，表面看来似乎只是发行量或访问量的一个巨变，但其深层的跨越是在媒介载体上的革命性跨越，是在阅读方式上的革命性跨越，是在编辑出版方式和编辑出版管理上的革命性跨越。这同我国网民在2000年后的激增有很大关系。据统计，截至2008年6月30日，全世界网民数量达到14.6亿，比2000年年底增长305.5%；[②] 中国网民数量达到2.53亿，居世界第一位，同时我国宽带网民数和国家域名注册数量也跃居世界第一位。[③] 2008年12月31日，中国互联网普及率以22.6%的比例首次超过21.9%的全球平均水平，中国网民数量达到2.98亿，农村网民也增长至8460万人。中国网民以每月800万—900万的幅度递增，至2009年1月6日，我国网民已经突破3亿人。期刊网络传播的“千禧门现象”大致与网民的激增吻合。如果说21世纪与过去的20世纪相比较有何显著不同的话，只能以两个字概括，那就是“网络”，它使占全世界总人口三分之一的人享有另一个虚拟世界的生活。作为高校科技期刊作者与读者的高校师生是享受这种生活的集中群体，因此这也是造成期刊网络传播的“千禧门现象”的主要原因之一。

进入21世纪以来，高校科技期刊信息化建设取得巨大成就。高校科技期刊编辑部几乎全部配备了计算机等设备。进入各类全文数据库的高校科技期刊，近年来也有很大发展。据2005年中国学术期刊（光盘版）的网上调查，高校科技期刊仅全文进入中国学术期刊网的总数即达1167种，占高校科技期刊总数的78.1%，有97.7%的期刊加入数据库，有86.4%的

---

① 冯丽等：《基于中国知网的〈西北大学学报〉（自然科学版）网络传播历史分析》，《西北大学学报》（自然科学版）2008年第1期。

② 中国互联网络信息中心（CNNIC）：《第22次中国互联网络发展状况统计报告》，CNNIC，2008年7月24日。

③ 李将辉等：《全世界网民数量达到14.6亿》，人民网，2008年11月24日，http：//www.rmzxb.com.cn。

期刊加入3种以上的数据库；教育部主管的期刊65%建有自己的网站，地方高校期刊则只有30%建有网站；97.3%的高校期刊均加入网络期刊群，同时也都有自己的网页；在自己网站上发布网络版且全文开放阅读，全部为“211工程”学校。高校最早发表原始文献的网络版学报是创刊于2003年7月10日的《西北大学学报》（自然科学网络版），该刊也同时建有发表次生文献（将纸质版上网）的开放阅读的独立网站，[①] 这种纸质版与网络版“比翼齐飞”的科技期刊群体正在逐渐增多。

清华大学中国学术期刊（光盘版）电子杂志社，是我国高校也是全国最大的学术期刊网络传媒之一，依托高校先进的科学技术和充足的人力资源，以高等学校科技期刊为龙头，引领了中国科技期刊的新潮流。截至2009年，已有99%的学术期刊和80%以上的期刊入盟，2007年其在全球的年点击不过2亿人次左右，而2009年已达到年12亿人次以上。其涵盖哲学社会科学期刊、科技期刊及学位论文的学术不端行为检测数据库和编辑自动化办公系统的开通试行，大大减轻了知识量激增带来的繁重编辑评审工作量，显示出以信息化建设作为突破口，加快科技期刊虚拟集团化运作的广阔前景，同时也预示了纸质、网络传播媒介在相当时期比翼齐飞、科技期刊市场重组、编辑劳动力解放和新一轮编辑出版革命的新兆头。

据2000—2004年的数据来看，高校科技期刊创刊数量增长的步伐显然已经大为放缓，5年创刊总数为137种。这说明进入21世纪以来，高校科技期刊在稳定发展的同时，将深化改革、深化学术质量和创办精品期刊作为工作的重点。与此同时，强化网络传播也被提上议事日程，预示着将飞速发展。

2. 精品与特色的科技期刊前景

2006年和2008年，教育部科技司主持首届和第二届中国高校精品、特色、优秀科技期刊评审，共评选出76种（第一届52种、第二届24种）精品科技期刊，大大推动了高等学校精品科技期刊建设，以追求学术效益的最大化和综合性科技学术期刊的特色化，引领了新世纪期刊发展的新潮流。这两次评比，其评比指标80%取自中国知网和中国科技信息研究所的客观学术影响统计数据，大多具有较高的被引频次、影响因子和Web即年

---

① 赵军平等：《高校科技期刊信息化建设现状调查》，《编辑学报》2007年第2期。

下载率，只有20%的指标权重为编辑出版质量。SCI源刊自然进入，其结果不考虑学校分布或地区分布，只注重被引频次、影响因子、基金资助论文比、Web即年下载率这些客观数据。精品期刊数较多的地区：北京11种，湖北8种，上海7种，陕西6种，吉林6种；东部沿海发达省份的47种（占61.84%），分布在中部省份的13种（占17.11%），分布在西部大开发省份的16种（占21.05%），这与我国的战略发展布局相吻合；中英文版本的分布为中文版68种，英文版8种；刊期的分布为半月刊2种（占总数的2.63%），月刊22种（占总数的28.95%），双月刊48种（占总数的63.16%），季刊4种（占总数的5.26%）；在期刊类型上，综合性科技学术期刊40种（占52.63%），构成高校科技学术期刊的主干；农林期刊8种（占10.52%），医药期刊13种（占17.11%），地矿、海洋期刊6种（占7.89%），数学、化学、体育、机械等专业性期刊9种（占11.84%）。这些期刊大体上代表了中国高校科技期刊的最高水平。

精品科技期刊中的《清华大学学报》（自然科学版）和《北京大学学报》（自然科学版），是百年老校所办精品科技学术期刊中的代表。《清华大学学报》在1949年以前发表的五百六十余篇稿件中，包括了梁启超、王国维、陈寅恪、叶企孙、吴有训、周培源等四十多位大师级人物的稿件一百多篇，1955年复刊至2005年发表的七千多篇稿件中，包含四十多名院士的三百多篇论文，其中温诗铸院士署名的就有四十多篇。清华大学90%以上的两院院士在《清华大学学报》（自然科学版）发表过论文，不乏为作者的首篇论文或学科奠基性论文。时任国务院学位办主任、清华大学学术委员会主任杨卫院士在给《清华大学学报》创刊90周年的贺辞中说：“大学学报是以客观的学术语言记录大学发展的一部奔

图16－5《清华大学学报》（自然科学版）

流不息的编年史。这部编年史虽较大学的奠基稍晚些，但也已经历百年沧桑。这虽然已经超过今日读者中绝大多数人的年龄，但没有人否认这部编年史刻下了大学师生们自强不息、厚德载物的精神，凝结了丰厚的学术积淀，养育了一代代学人。它是大学精神的蓄积、发扬、凝聚和扩张，是大学学术的窗口、品牌和旗帜。”① 这一说法，既是大学教授和科学大师对高校科技期刊工作者的崇高褒奖，也让人们从这一有历史意义的论断中看到了科学家所希望的未来大学科技期刊的发展方向。《北京大学学报》（自然科学版）从 1955 年到 2008 年发表了 63 名院士的 440 篇论文和 22 名长江学者的论文，其中徐光宪院士一人署名的就有 68 篇。廖山涛院士因在《北京大学学报》（自然科学版）发表一系列重要论文而荣获“第三世界院士”，并获国家自然科学一等奖。赵柏林院士在《北京大学学报》（自然科学版）发表论文持续时间长达 48 年。截至 2005 年 11 月，在《北京大学学报》（自然科学版）发表论文持续时间达 10 年以上的作者有 392 人，共发表论文 2613 篇。②

图 16－6 《北京大学学报》(自然科学版)

改革开放以来，我国科技期刊有了很大发展，办刊水平持续提升，期刊质量显著提高，为促进科学繁荣、科技人才成长作出了突出贡献。但是，从总体上看，我国科技期刊的发展水平与建设创新型国家的要求还有一定距离，服务科技创新的能力还有待增强，国际化程度迫切需要提高。

---

① 杨卫：《自强不息 厚德载物——贺〈清华大学学报〉创刊 90 周年》，2005 年 12 月 12 日在庆祝《清华大学学报》创刊 90 周年学术研讨会上的致辞。

② 陈进元：《北京大学学报（自然科学版）创刊 50 周年纪念专辑》（1955—2005），清华大学同方光盘电子出版社 2005 年版。

第十七章

中国期刊的国际化探索

2001 年中国加入世界贸易组织（WTO）后，中国期刊开始循序渐进地进入国际化发展阶段。

第一节　政府助推中国期刊国际化

期刊出版国际化，是指以合作出版、版权转让等多种方式，将期刊出版资源和要素在全球范围内进行跨国跨境配置的出版过程。由于中国与世界各国的文化差异和意识形态不同，国际化对中国的期刊业必将是一个严峻的挑战，需要经过长期的探索和实践。经济全球化是人类自工业革命后不可逆转也不可抗拒的历史潮流。期刊全球化超越国家、地区局限，把全球期刊市场连成一个整体，使期刊出版成为全人类共同的文化产业，这是一个理想境界。21 世纪初叶中国期刊的国际化探索，意味着中国期刊开始融入全球出版业，进入期刊发展的新阶段。

2003 年 5 月 27 日，时任国家新闻出版总署署长石宗源通过视频在第 34 届世界期刊大会上作《融入期刊出版全球化的潮流》的主旨演讲。他说：

> 期刊出版全球化发展的近二十年，恰好是中国实行改革开放、出现历史性转折的二十年。中国期刊从业者因而有可能摆脱封闭状态，以开放的眼光观察世界期刊业的发展，以乐于学习的心态与国际期刊界接触。近二十年来，中国期刊界在改革开放的过程中，曾经以极大

的热情，积极了解、借鉴和引进世界各国在期刊产品制作、市场营销与产业发展等方面的经验。应该说，中国期刊业近二十年来出现的新局面，在不少方面得益于国际期刊界。我们不仅通过考察、办展览、培训、研讨等各种形式开展学习交流，也在直接对外合作出版方面进行了有益的尝试。①

在中国期刊全球化发展中，政府扮演了重要角色。2000 年 10 月，中国政府鼎力支持中国期刊协会申请加入国际期刊联盟，2001 年 10 月 19 日，国际期刊联盟（简称 FIPP）通过决议：中国加入国际期刊联盟职业理事会，成为正式会员。这为中国期刊更快、更好地融入期刊出版的全球化潮流提供了契机。2001 年以后，中国出版领域的对外开放进一步扩大。2003 年，国家新闻出版总署颁发了《外商投资图书、报纸、期刊分销企业管理办法》《外商投资产业指导目录》《设立外商投资印刷企业暂行规定》等，为期刊出版全球化提供规则支持。2007 年 5 月第 36 届世界期刊大会在北京召开，标志着中国期刊融入世界期刊大家庭。

期刊全球化不可能取代本土化，期刊本土化也不可能阻挡全球化，全球化和本土化相互作用的必然结果是期刊全球本土化，体现文化的多样性。2000 年 9 月，《海外星云》社长兼总编辑苏放、副总编辑石才夫采访悉尼奥运会，并在该刊第 10 期推出《悉尼行动》专题。地方期刊采访国际重大赛事，并推出自撰专题，实为中国期刊国际化尝鲜。《销售与市场》于 2001 年 11 月在美国新奥尔良召开的“美国顶级营销论坛”上专门设立了“中国营销论坛”，彰显了本土期刊的国际影响力。在内容本土化方面最为典型的是《世界时装之苑—ELLE》2001 年 10 月号。此为该刊出版 88 期特刊，一改以往以西方美女做封面的惯例，选择有一定国际知名度的中国女明星巩俐做封面模特，在上海报摊上市两天就脱销。此后，章子怡、赵薇等国内明星，吕艳、王雯等中国名模都登上了该刊封面。全球品牌期刊首次使用中国本土女性做封面，是其本土化的成功尝试，也是其走向成熟的标志。“《世界时装之苑—ELLE》从单纯刊登国外的时装图片，发展成提供全方位的国际国内流行时尚情报，贴近中国时尚女性，全景呈现她

① 石峰主编：《越洋对话》，上海文艺出版社 2003 年版，第 9 页。

们的生活和精神面貌的高档杂志。”[①] 2001 年 11 月，北京举办中国时装周，《世界时装之苑—ELLE》2002 年第 3 期用最好的版面报道中国时装周上参展的中国设计师。此前，这些最佳版面位置通常是由巴黎时装节占据的。

中国期刊的国际化是伴随改革开放而由点成线、由线成面地推广开来的。起源于 20 世纪 80 年代，强力推进于 90 年代末至 21 世纪初，高潮时点是2007 年在北京举办的第36 届世界期刊大会。中国期刊发展的象征性事件，是2001 年 11 月的“中国期刊展”和同年岁末在深圳举办的“中国首届期刊经营论坛”。

图 17－1　《世界时装之苑—ELLE》20 年庆典专辑

2001 年 11 月 1—4 日，以“建设强劲的中国期刊方阵，创立品牌，走向世界”为主题的中国期刊展在北京国际展览中心成功举办。当年全国共有 8889 种期刊，其中近八千种期刊与会参展。在新世纪的开局之年以及中国即将加入世界贸易组织的背景下举办的这次展览，其意义在于“这是新中国成立五十多年来，第一次最大规模地展示中国期刊取得的辉煌成就，第一次最系统全面地展示中国期刊整体风貌，第一次最集中展示中国优秀精品期刊方阵的‘政治性’展览”，其“政治性”集中体现在“通过展览，为‘入世’做一个基础的准备”。[②]

2001 年岁末，中国加入世界贸易组织的第二天，海内外近百位期刊界顶级人物，试图为“入世”之后的中国期刊寻找一条出路。他们在这里思

① 《编者的话》，《世界时装之苑—ELLE》2001 年第 10 期。

② 李宝中：《从“中国期刊展”看中国期刊发展的历史机遇》，见杨洪祥主编《中国期刊的出路——中国期刊高手论坛》，新世纪出版社 2002 年版，第 1、4 页。

索、争论、苦恼、兴奋。此次会议名为“中国首届期刊经营论坛”，由深圳青年杂志社承办。期刊界研讨期刊经营显然已非首次，“拉开中国期刊应对‘入世’的序幕”也略显夸张，但它恰巧在一个关键的时点凝练了中国期刊在新世纪的一个重大理论与实践问题：“加入世界贸易组织（WTO）后中国期刊如何突破重重围困，以求新生?”会议发言后来集结为《中国期刊的出路——中国期刊高手论坛》，[①] 该书涉及期刊各个层面的运作改革以及市场应对，其要点如下：“期刊不改革就死亡！呼吁期刊实行出品人制”“成功期刊的市场定位和科学策划”“期刊市场运作的六大误区”“近年来，失败期刊的原因何在?”“现代期刊的机遇在哪里?”“一本成功杂志如何产生?”“‘入世’后，期刊市场化运作要突破哪四大障碍?”“中国期刊如何吸引资本市场的金钱?”“全球期刊的现状和发展趋势”“期刊经营的三种商业模式”“美国为什么每年有300家期刊死亡?”“中国杂志能否成为国民的主要读物?”“中国超级大刊的‘发家’秘密”“期刊经营的四卖四不卖”等。这些论点，足见当时中国期刊人面对开放的世界，锐意进取的精神。

第二节 期刊国际化彰显中华文化责任

一、国际化办刊走向自觉

《汉语世界》是一份向全球推广汉语和传播中国文化的英文刊物，2006年创刊，商务印书馆主办。它坚持原创，拥有自主知识产权和专业化、国际化的团队，是21世纪初叶中国本土创办高品质、国际化期刊的一个成功尝试。其《发刊词》——《秋天是收获的季节》中说：“这是一本为回报读者朋友学汉语的热情而精心制作的杂志。她将带您走进汉语的故乡，为您展示汉语的奇妙世界，帮助您了解那些说汉语的人们。”该刊内容主要包括封面故事、旅游、商务、文化、语言等板块，涉及人物、时

① 杨洪祥主编：《中国期刊的出路——中国期刊高手论坛》，新世纪出版社2002年版。

事、历史、民俗等方方面面。其文本特色是通过有趣的故事、资讯，为日益增长的汉语学习者和所有对中国感兴趣的人，分享学习和生活经验、人情世故和逸闻趣事，传播中国语言和文化；在期刊设计上融合了传统中国元素和现代国际化理念，受到广大海外读者的喜爱。2009 年创办法语版并输出到法国，取得了良好的经济效益，网站访问量也快速增长。2010 年获得中国出版工作者协会“2009 年度输出版优秀图书奖”。这份刊物秉承商务印书馆出版精品的理念，践行“走出去”的发展思路，以“中国故事，世界表达”为特色，摸索出一条切实可行的“国际化”道路，是新世纪中国新创期刊的佼佼者。

图 17－2 《汉语世界》

《科学观察》2006 年 1 月创刊，是由中国科学院文献情报中心主办的反映世界科学发展态势的学术期刊。其办刊宗旨是，利用定量方法对世界科学发展态势和科学前沿发展动态进行观察，为科学家提供视野更加宽阔的世界科学面面观，为国家科技决策机构和科技管理部门提供科技战略决策理论支撑和参考信息。其期刊个性“立志于‘三度’观察：有力度、有深度、有广度。对科学的观察要用科学的和定量的方法从数字分析中寻觅特征性信息；在信息挖掘中发现科学社会学中各种现象背后的数字关系；在信息归纳中探索历史的和当今科学的发展规律；在信息提炼中审视世界科学技术的发展态势；在信息比较中冷静思考中国科学发展各阶段的不同特征”。[①] 该刊获得美国 Thomson Scientific 公司授权刊登 Science Watch 上的内容，在一定意义上是 Science Watch 的中文版，这就为《科学观察》的长足发展奠定了坚实的内容基础。

---

① 金碧辉：《主编寄语》，《科学观察》创刊号，2006 年 1 月。

二、在全球化视域中确立“中国”身份

在2004—2006年北京地区创刊的89种新刊中，“刊名含‘中国’字头并以其打头的期刊有25种，占新创期刊的28.08%；且三年来有逐年增长之势：2004年新办期刊中，‘中国’字头期刊12种，占当年新刊的24%；2005年有7种，占当年新刊的37%；2006年有6种，占当年20种新刊的34%。”①

中国编辑学会2003年创办《中国编辑》，时任会长刘杲撰写了《我们是中国编辑——代发刊词》，其中说：“我们以当代人的眼光审视历史，以中国人的眼光审视世界，吸取精华，剔除糟粕，弘扬时代精神。我们以宏大的气魄吸收古今中外的优秀文化，以宏大的气魄向全球、向后世传播当代中国的先进文化。”表达了全球化时代一代期刊人的自信与豪迈。

图17-3　《中国新闻周刊》

2003年，《中华手工》在重庆创刊。冯骥才在《代发刊词》——《手工　伟大而温馨的文明遗产》中说：“人类放弃手工，使用机器，是伟大的进步，但我们同时还要记忆手工。因为——放弃手工是为了文明的发展，记忆手工是为了文明本身。”《中华手工》创刊，反映了全球化时代以期刊为载体记载手工、弘扬中华本土文化的自觉。

2000年1月1日，中国新闻社主办的《中国新闻周刊》创刊。创刊号“一函三册”（新闻版、生活版、特刊版），分别装订，是其形式亮点。该刊《发刊词》向读者提示刊名中“中国”“新闻”和“周刊”三个关键词，更强调说：“中国新闻周

① 李频主编：《中国期刊发展报告NO.2 区域发展与类群分析》，社会科学文献出版社2007年版，第88页。

刊是中国的。它是中国人在中国创办的中文周刊，因此它有一个鲜明的与生俱来的中国立场：中华文明传承、中华民族前途、中国国家利益。当然，立场不会局限我们看世界的视野，更不会干扰我们观世界的视线。我们意识到，在中国以外、中国人以外和非中文母语的世界中，也存在着它的读者。”站在中国的立场上，从中国的政治、经济、文化角度以及用中文的传播方式，向中国乃至世界传播一种来自中国的声音，是其办刊追求。信息管家、时事顾问、意见领袖是该刊的功能定位，足显其媒介内容运作的专业水准。其办刊追求以国际视野、本土声音而受业界称道。

彰显“中国”身份并不排斥国际合作。2005 年 8 月，由全球著名出版集团康泰纳仕与人民画报社合作的《VOGUE 服饰与美容》创刊，也是改革开放期刊史上的标志性事件，鲜明生动地阐释了 21 世纪初叶中国期刊国际化的产业与文化意义。它创刊之前的市场调研长达两年，创刊投入的资金高达 500 万美元，创刊筹备中高价“挖人”引致时尚期刊界的人事震荡，创刊号附带的赠品高于期刊价格以吸引新读者。因为准备充分、资金充足，几乎没有市场发育期、导入期，一创刊就占领市场高地，将原来由《世界时装之苑—ELLE》《时尚》《瑞丽》“三分天下”的时尚期刊市场演变为“四方割据”。它以赤裸裸的国际资本运作改写了中国期刊的创刊模式和时尚期刊的成长方式。这是中国期刊业为追求国际化，与国际著名期刊集团合作办刊的一次重要尝试。

第三节　《社会》在国际化探索中成长

《社会》创刊于 1981 年 10 月，由上海大学主办，是 1979 年中国恢复社会学以来创办的第一份社会学专业期刊。创刊时的主办单位为复旦大学分校（上海大学文学院前身），创始主编李庆云。于光远为《社会》创刊撰写了《代发刊词》——《坚持社会学的马克思主义传统》，这 7000 字长文是当时少见的对新中国成立后一度取消社会学专业的公开反思。

从创刊到2004年，《社会》普及性和学术性相结合，兼顾专业学人和大众读者。2005年李友梅继任主编后，在深入调研的基础上实施以定位调整为核心的系统性改版，取得了令国际社会学界瞩目的变化。2011年，《社会》荣获中国出版政府奖期刊提名奖，2013年荣获中国出版政府奖期刊奖。《社会》在改版8年后获此殊荣，实为21世纪初叶中国期刊为适应国际化发展成功改版的范例。

图17－4　《社会》

《社会》杂志改版为学术性更强的刊物，一个重要的原因是编办者认识到社会学的基础理论在中国发展的现实意义。《社会》改版不但要回应中国社会转型对世界社会学理论和方法的挑战，反思全球化、信息化对本土社会学理论发展的影响，更要关注相关理论与方法运用的有效性，以深刻地理解社会变迁的本质，录写社会变迁的踪迹，探索社会变迁的逻辑。因此，“改版后的《社会》杂志，秉承理论探讨与经验研究并重的办刊方向，关注中国社会发展与学术研究中提出的‘真问题’，积极投入规范性学术制度的建设，搭建中外社会学家学术对话的平台。”①

《社会》2005年改版的主要内容有：将杂志定位调整为纯社会学专业学术期刊；以“关注真问题、重视规范化、提高学术性，刊发本学科经得起时间检验的一流研究成果来引领学科发展”为办刊宗旨；刊期从月刊变更为双月刊，开本从小16开改为大32开；取消由赞助商组成的理事会，成立完全由海内外社会学学者组成的学术委员会和编委会；改过去的市场化路径为纯学术路径，取消广告和赞助，办刊经费完全由上海大学财政和社会学学科支持。在这诸多改版策略中，最值得称道的是，

① 李友梅：《〈社会〉杂志改版发刊词》，《社会》2005年第1期。

“关注真问题”所象征的社会科学学术期刊的核心价值追求，以国际化为标引的期刊资源整合，以工作编委为代表的学术期刊制度创新。而价值追求、资源整合、制度创新形成合力，既是《社会》改版成功的奥秘所在，也是它为21世纪中国社科学术期刊转型提供的独有的历史经验。

（一）“关注真问题”。真问题是理论、学术的价值基础，提出真问题、讨论真问题是学术期刊的社会存在前提。受多方面影响，相当一部分中国社科学术期刊自20世纪90年代中后期以来，自觉不自觉地在一定程度上游离了学术真问题。《社会》在改版之初就意识到真问题对于《社会》发展以及社会学学科发展的重大实践意义，因而自觉追求，渐成气象。这种自觉追求集中表现在以研究真问题为目标，倡导具有经验感和现实关怀的理论研究，鼓励基于中国现实、具有理论取向的经验研究，促进定量研究和理论创新的有效结合，全力推进中国社会学学术层次的提升，使中国社会学积蓄可以传世的优秀成果。基于这一期刊价值取向，《社会》编辑团队经多年审稿、组稿和退修等编辑流程的摸索尝试，形成了该刊衡量社会学真问题的内部操作性标准：1. 社会变迁过程中产生的新问题、新现象，并且在以往的研究中涉猎不多不深，这是从社会变迁的实践维度把握、遴选、鉴别社会学的理论问题；2. 任何问题的提出都必须建立在对以往研究的批判基础上，并因此提出自己独到的研究问题，因而文献回溯批判、问题凝练及话语表述是甄别问题真假的重要手段；3. 采用新的理论和方法来研究问题，这是以旧问题、新方法、新解释来推动学术进展和理论创新。为了激发读者对这种真问题学术取向的共鸣，并落实于所办期刊中，《社会》组织刊发示范性优秀学术论文并开展讨论。例如，《社会》2013年第1、2期连续发表了渠敬东的《占有、经营与治理：乡镇企业的三重分析概念——重返经典社会科学研究的一项尝试》，这是一篇回顾和反思中国乡镇企业研究的长文，《社会》后来又邀请北京大学周飞舟教授、赵立玮研究员分别从研究方法和理论角度对文章进行批评和反思，起到了良好的学术示范作用。秉持“关注真问题”的学术追求，《社会》被社科学术界认可为国内最早关注并持续讨论环境问题、社会风险问题、幸福感问题的专业学术期刊之一，而它对“农民工”的持续讨论与研究则是它对改革开放学术史的独到贡献。自2007年到2012年间，该刊连续刊发了40篇农民工及相关主题研究论文，都从新的视角提出问题、分析问题。《社会》刊发的文章都凝聚了作者的社会情怀，体现了杂志社编审人员的社会责任和人文关怀。

（二）制度创新。新世纪中国期刊改革的主题是应对国际化、数字化媒介环境，调整期刊媒介的制度安排，以强化期刊媒介的传播效果。上海大学杂志社社长秦纳介绍说：根据上级有关期刊改革的指导意见，《社会》杂志遵循社科学术期刊的发展规律，进行了卓有成效的摸索：依托上海大学社会学学科优势，建立工作编委制度、定稿会制度、匿名四审定稿制度，优化审稿流程，全面落实专家办刊理念。这诸多制度的创新基础是工作编委制度，进而以匿名四审定稿制度为核心形成编辑流程再造。论文评审是学术期刊出版的核心，匿名评审是中外期刊业共同认可的确保期刊学术质量的有效手段。《社会》杂志不是最早采用双向匿名评审的学术期刊，但是实行双向匿名评审最彻底且成效最好的学术期刊，其成功的关键是在学术期刊界首次设立工作编委并制度化。众所周知，学术期刊的学术委员会和编委会成员任务繁重，难以拨冗介入学术期刊的日常学术事务，实行双向匿名评审的学术期刊总为专家智力资源短缺和常规投入所苦。《社会》杂志依托国家重点学科上海大学社会学学科，从该学科中延请八位学术水平高、为人正直、工作热情的中青年学者，创新性地组建工作编委会，并围绕工作编委会优化审稿流程，建立起定稿会制度："编辑收稿后对稿件是否符合杂志的办刊方向、是否符合学术规范、是否原发等问题进行初审；初审后的稿子被分别发给某一工作编委，工作编委对稿子进行二审，决定是送审还是退稿；需要送审的稿子返回联系编辑，并提供三位匿审专家名单（其中一位候选）；编辑同匿审专家联系，匿审专家审稿并返回审稿意见，编辑把匿审意见发给工作编委；工作编委对匿审专家的审稿意见进行审定和综合，最终提出用稿或者修改意见，由编辑返还给作者（需要修改的稿件可能还会在这个程序上重复，直至退稿或用稿）；工作编委会每两个月召开一次通稿会，对通过匿审和工作编委会的稿子进行共同会审，对是否采稿或者修改进行会商，确定最终可用的稿件。”①

《社会》还开发了独特高效的网络投审稿系统，从2013年起全面推行投审稿无纸化和网络化。网络投审稿避免了线下人员衔接上出现的各种偶发事件，提高了投审稿速度；有利于全程匿名化，主编、执行主编、副主编、工作编委、匿审专家全部退到幕后，保证整个审稿流程的客观性和公正性；编辑在作者、工作编委、匿名审稿人、执行主编和副主编之间充当联系人等冗余负担也明显减免。如果说工作编委制度是《社会》的编辑制度安排的独到创新，以工作编委制度为基础、以网络投审稿系统为技术支撑的双向匿名评审制度的切实实施，则是其学术质量迅速提升的制度保障，显示了21世纪初叶中国社科学术期刊的改革实绩。

（三）国际化。《社会》在改版之初就把国际化作为发展方向，把进入国际文献索引库，成为全球社会学学者的重要文献参考来源作为发展目标。为此，该刊采取的主要措施有：1. 编辑人员国际化。成立具有国际背景的学术委员会和编委会，邀请来自美国、英国、日本、韩国和中国香港地区的知名社会学家担任国际编委，国际编委在第二届学术委员会和编委中占30%。为加强国际交流，该刊把所刊论文的中文参考文献也翻译成英文。为保证英文内容的精确性，该刊聘请一位华裔美国高校教师做兼职英文编辑，负责标题、摘要、关键词和参考文献的英译工作。2. 编辑标准国际化。按照SSCI源刊体例要求编排论文，先后于2005年、2007年、2008年多次调整完善编辑体例，先后出台了《〈社会〉杂志版式设计和编辑规则》（2005年）、《〈社会〉杂志体例及编校注意事项》（2005年）、《〈社会〉杂志体例及编校注意事项》（2007年）、《〈社会〉杂志现行体例及编校中若干问题的说明》（2008年）等四个内部操作文件，足见该刊对学术期刊出版规范的殚精竭虑。3. 作者队伍国际化。如在该刊2011年第4期发表的11篇论文中，海外来稿发表了三篇，外来稿呈上升趋势。《社会》2006年被CSSCI收录，2008年入选前身为剑桥科学文摘CSA的Social Sci-

---

① 社会杂志社：《研究真问题，追求规范性，引领学科发展》，《中国品牌期刊报告》，《中国期刊年鉴》2012年版。

ences Collection ProQuest（简称 ProQuest）数据库，2011 年入选美国 EBSCO host。近年来，《社会》的影响因子等各项指标稳定上升，2013 年度刊物在中国知网的综合影响因子为 1.438，复合影响因子为 2.315，总被引频次为 944 次；到 2014 年度，综合影响因子提高到 1.864，复合影响因子提升为 2.880，总被引频次则提高到 1097 次；2015 年度，综合影响因子为 2.352，复合影响因子达到 3.025，两个指标双双出现大幅度跃升，期刊影响力呈明显稳步上扬态势。可见，在 21 世纪中国社科学术期刊的国际成长性方面，《社会》杂志走在了前列。

《社会》改版获得了国际社会学界的一致好评。美国明尼苏达大学社会学家边燕杰肯定《社会》2005 年“开始了成功的转型：采用国际标准，通过匿名评审对投稿进行筛选，出版有原创的、严肃的学术研究论文；充当为理论与实践之学术争鸣的平台；不断积累中国社会改革时期的社会学知识”。美国斯坦福大学社会学系教授周雪光认为，转型后的《社会》“有三个突出特点：第一个重要标志是社会学界的重要学者近年来纷纷在该杂志上刊登有影响的论文；第二，该杂志着力建立专业的审稿过程和规则，使得刊出论文的整体水准大为提高；第三，该杂志的采稿尤其关注反映社会学研究新动向、新方法”。

国际社会学者对《社会》的期刊地位和学术功能也给予了高度评价，认为《社会》杂志近年来引人注目的变化，使得它成为规范、推动社会学学术研究的一个重要学术刊物，也成为海内外学者了解中国社会学学术研究水平的一个重要窗口。美国杜克大学社会学系林南教授认为，中国尚没有其他的社会学杂志可以在标准规范和国际认可上获得与《社会》相同的地位。美国明尼苏达大学社会学系边燕杰教授在致有关人士的信中说：“对我和我的许多中国研究者来说，在质量上及在国内的影响上，《社会》是可以与美国的顶尖杂志《美国社会学杂志》和《社会力量》相媲美的。这是一种来自顶级的中国社会学家的多视角的丰富的资源，是及时了解与参考快速发展的中国、反映社会学理论现状的窗口。”

《社会》2005 年至 2008 年间，共刊发论文 252 篇。其中，国家、省部级基金项目论文 67 篇，占论文总数的 26.6%；港澳台地区和国际基金项目论文 11 篇，占论文总数的 4.4%；两者相加，占所有刊发论文的 31%。

在这252篇论文中，学位在博士以下（含博士研究生）、职称在副教授以下的青年学者或学生的论文共计81篇，占刊文总数的32.1%，其中博士研究生的作品共47篇，占58%。

《社会》积极组织和参与国内外社会学重大的学术会议，及时报道国内外社会学最新学术动态，注重刊发国内重大学术会议综述。2005—2008年间，共刊发了14篇研讨会综述，其中2008年第3期刊发了3篇会议综述。在众多学术期刊都因转载率低而不发讨论综述的情况下，该刊下力气发表会议讨论综述，是推动学术发展的切实举措。

2015年3月，《社会》英文刊 Chinese Journal of Sociology（简称CJS）创刊，受到国内外学者的高度关注。CJS为季刊，每年1、4、7、10月出版，组建了由国际著名社会学家组成的编委会，50%的文章从《社会》杂志精选，以“搭建中国社会学界与国际同行学术对话的平台，参与构建世界层面社会学学科发展”为办刊宗旨，由上海大学主办、国际知名出版商美国SAGE出版公司出版发行。《社会》在国际化道路上又迈出了新步伐。

第四节　《浙江大学学报》（人文社会科学版）实施“面向世界”发展战略

《浙江大学学报》（人文社会科学版）自1999年新组建以来，“虑远积厚，守正筑坚”，坚持走内涵式发展道路，锐意创新，2002年确立了以本土化发展为根本的“面向世界”的发展战略，历经十多年努力，成效卓著，品牌凸显。被同行誉为全国最早注重与国际接轨的社科期刊，全国最早采用同行专家双向匿名审稿制的期刊，全国进步最快的社科学术期刊。

一、搭建中西互动平台，中外学者合作“主题研究”专栏

1. 实行开门办刊，拓展作者地域性，发挥海外编委作用。他们在2001年即着手开门办刊，主要举措包括：（1）编委国际化。新增10名海外著

名学者担任国际编委，包括四位院士、多位国际著名学术团体负责人或主编。(2) 稿源国际化。先后刊发了海内外二十多个国家和地区著名学者的论文。(3) 多渠道约稿。通过国际学术会议、学者约稿、直接约稿等方式，拓展海外优质稿源，并严格按双盲程序审稿。

2. 尝试海外名家与中国学者共同建设“主题研究”专栏。通过参与和建设国际前沿的研究与国际学术共同体进行高水平对话，带动前沿学科的发展。近年来，先后约请海内外学者创建了《非传统安全》《跨学科问题研究》《国际休闲学前沿》等栏目，这批专栏以问题为平台整合学科，不以学科为平台切割问题，着眼于重大理论和现实问题，协调多学科攻关，以问题为核心，实现不同学科之间的交叉。既使专栏水平接近国际学术前沿，也带动了学报整体水平的全面发展。2010 年刊发海外优秀论文 28 篇，占当年发文量的 24%。2012 年，推出国际性“主题研究”栏目 11 个，占当年度栏目的 44%；刊发来自 10 多个国家和地区含诺贝尔奖获得者及多位院士等国际著名学者的原创论文 20 篇。

3. 延揽国际著名学者独立或与中国学者共同担任栏目主持人。通过“引进来”，带动我国人文社科研究成果“走出去”。2012 年的 11 个国际栏目中，共同主持的海外学者与中国学者有：美国 Marc Holzer 院士、英国 Barry Buzan 院士、挪威皇家终身教授 Stein Kuhnle 教授、加拿大 Roger Mannell 教授，以及美国克里斯汀 · 弗洛拉教授等。

二、坚持中文刊，辅之必要的英文信息，增加更多英文内容

从 1999 年第 2 期开始，学报即采用大 16 开本，并按国际规范提供期刊总目及每篇论文题目、摘要、关键词、作者姓名及单位等英文信息，成为中国人文社科期刊中最早提供论文必要英文信息的刊物之一。

1. 早在 2002 年年底即尝试长英文摘要，所有论文英文摘要均增加到 500—800 字左右，约占一个版面。2012 年在中文社科期刊中首试长英文概要（executive summary），将部分海外论文的英文摘要加长到 2—7 个版面，类似论文的英文缩写；同年，美国诺贝尔经济学奖获得者罗杰 · 迈尔森教授率先采用长英文概要，7 位国际著名教授也纷纷提供了 3—7 个版面的英文缩写。2012 年，前美国行政管理学会主席 Newman 教授来函对浙大社科

学报“能使用长英文摘要表示钦佩”。2014 年，《中国学术期刊国际引证年报》的“编制说明”指出，《浙江大学学报》（人文社会科学版）“采用长英文摘要，参考文献同时附加英文翻译的格式，每篇文章都有自己的 DOI 号，这些都有助于期刊在海外推广传播”。

2. 2006 年 1 月，在中文社科期刊中率先尝试参考文献双语出版，扩大了中文学术期刊的国际显示度。2008 年 2 月，在中文社科期刊中率先采用 DOI，完成了数字资源间的国际化链接。2012 年，尝试对部分国际著名学者原创论文双语出版。2012 年 1—4 期共发表 10 个国家和地区著名学者原创论文 19 篇，其中加拿大皇家院士罗伯特・斯特宾斯教授等 12 篇论文均获作者授权全文双语发表。加拿大戈登・沃克教授将其多年研究的核心观点双语原创首发于浙大社科学报后，即放在个人简历论文栏首篇，海外学者截屏赞曰：“由此可见，国外学者非常重视浙大社科学报，这也是中国人文社科期刊国际影响力日益提升的体现。”

3. 建立了外语教授为主的审校团队，对英文内容严格把关。双语出版还聘请国际著名出版社资深外籍专家或英美学者做语言润色。2009 年，在国家新闻出版总署组织的“学术期刊英文摘要编校质量评估”抽检中，《浙江大学学报》（人文社会科学版）成为被抽检期刊中唯一合格的非外语类社科期刊。

三、首试中文学术期刊拥有国际学者多语言版权

1. 版权签约国际化。早在 2004 年即通过学者从海外带回英文或繁体字版权授权模板，参照我国《著作权法》的相关规定，制订了“作者著作权转让书”“作者出版承诺书”，成为国内较早与论文作者签署版权协议的学术期刊之一。

2. 拓展国际传播面，争取国际学者全外文版权。为改变中文学术期刊长期存在的版权单向引进、国际学者论文仅授中文版权的现状，2012 年，通过签署版权合同获得国际作者的多语种出版传播权。仅 2012 年，就有牛津大学 Ron Bush 等十余位国际著名学者，将其原创论文中英文等所有语言的版权授权浙大社科学报。

3. 重视中国期刊版权输出及著录规则。凡转让输出的版权，均要求

按中国出版规范在显著位置著录首发期刊及版权许可等事项。2014 年，新加坡南洋理工大学（NTU）图书馆典藏学报相关论文，按约定“在授权论文编目记录中给出浙大社科学报版权声明以及官方网站的链接”；同年，墨西哥某出版社将浙大社科学报论文译为西班牙语发表，也遵循著作权著录规则。牛津大学出版社 CJIP 引入的 3 篇论文也在显位置著录版权事项：“本文在中国《浙江大学学报》（人文社会科学版）2013 卷 43（5）：70－81 首次出版。《浙江大学学报》（人文社会科学版）已慷慨授予 OUP 英语和其他语言（中文除外）的非专有出版权和 sublicence 使用权。”

4. 加入著名国际检索机构，开拓“名刊”面向世界的新通道。国际著名检索机构是展示人文社科学术信息的世界性门户，可有效提升中国社科期刊的被检索率。2003 年 1 月，《浙江大学学报》（人文社会科学版）先后被美国《剑桥科学文摘》（CSA）、《语言学与文学文摘》《社会学文摘》《世界政治科学文摘》收录。2009 年，又成为中国首家被波兰《哥白尼索引》（IC）收录的人文社科期刊；2010 年，被美国 MLA 收录。近年来，已先后被 CSA、UPD、EBSCO、Gale、OCLC、IC、ICIJ 等著名国际数据库的 15 个索引等收录，成为目前我国被国际著名索引收录最多的中文社科期刊。

5. 成果在世界范围内被引用。作为非 SSCI 收录、非英文版、非专业性的，且从未以“借船出海”方式与国外任何出版机构合作的综合性中文社科期刊，《浙江大学学报》（人文社会科学版）以自己母语为主探索提升期刊国际显示度途径，取得一定效果。2000—2009 年，在 SSCI 与 A&HCI 十年国际引用数位居全国千余家人文社科类期刊第二、高校综合性人文社科期刊第一；2013—2015 年，连续三年入围“中国国际影响力 TOP 期刊”榜，其影响力指标居高校综合性人文社科期刊第一，是中国高校人文社科学报中迄今唯一进入“中国最具国际影响力期刊”（2013）的高校综合性社科期刊。

6. 注重海外推广。首签美国 Trajectory 公司，并成为“CCTSS 中国图书国际推广计划”首个学术期刊。由此，《浙江大学学报》（人文社会科学版）的网络版已投放该公司全球化图书发布平台（含亚马逊、苹果、谷歌、巴诺、Noble、Kobo 等），以及全球三百多家图书零售商渠道和 23 万家图书馆。为学报放宽视野，在国际学术领域和图书市场开疆拓路提供了重要助力。

《浙江大学学报》（人文社会科学版）学术坚守与现实关怀并重，以实际问题带动理论研究，又以理论研究推动实际问题研究，学术性和原创性为学界公认，发表了众多回应中国社会变迁中重大理论、现实问题的高质量论文。如 2008 年第 1 期发表傅国云的《论民事督促起诉》，首倡民事督促起诉理论，极富原创性，获最高人民检察院 2009 度检察基础理论研究优秀成果奖，浙江省检察院据此在全国首次颁布《浙江省检察机关办理民事督促起诉案件的规定》（试行），实施 7 年来，避免国有资产损失四十余亿元。2013 年，《浙江大学学报》（人文社会科学版）荣获“中国出版政府奖期刊奖”和“中国百强期刊”称号。

图 17－5 《浙江大学学报》（人文社会科学版）

第十八章

21世纪期刊业的新动态

进入21世纪以后，中国的期刊业迎来了一个持续发展的好势头，自2005年开始，连续8年总印数增加了6亿册，2012年中国期刊总印数出现了一个高峰，达到33.48亿册。但是随着期刊出版环境的变化，特别是新兴媒体的崛起对纸质期刊形成强大冲击，期刊总印数连续三年出现较大幅度的下降，2015年总印数为28.78亿册。可是，新兴传播载体对期刊业虽然有挑战，也带来了机遇，因此期刊业纷纷进行新的布局。

第一节 《新湘评论》改版：彰显党刊的文化自觉

《新湘评论》是历史渊源深厚的中国共产党地方党刊，最早可追溯到1919年毛泽东在长沙创办的《湘江评论》。1960年毛泽东回湖南，亲自圈定并题写了《新湘评论》刊名，因当时经济困难，出版6期后停刊。1977年1月，《新湘评论》复刊，办了6年半出版78期后又停刊。2007年1月1日，中共湖南省委机关刊更名《新湘评论》并改版，2010年1月，《新湘评论》由月刊变更为半月刊。“更名改版和更改刊期的当年，《新湘评论》期发数都往上走，5年的年均递增都在1万册以上，月发行量由20多万册上升到了50多万册。”①

《新湘评论》精编精印、刊文典雅，以文化底蕴和文化品位铺垫政治

① 郝安主编:《真理的力量——〈新湘评论〉更名改版100期》，中央文献出版社2013年版，第339页。

理论刊物的底色，确为改革开放期刊史上政治理论刊物少见的创新。“《新湘评论》在这方面的一个最大的特点就是：不是从理论到理论的照本宣科，不是从概念到概念的说教，而是非常注意发掘和阐发理论所具有的文化内涵，真正把理论作为一种文化来传播，把理论传播的过程作为一种文化传播的过程。”①

《新湘评论》在对理论的解读上努力做到深度解读和人文解读，刊物所提出的追求逻辑思维和形象思维的转换、追求政治力度和文学魅力的结合、追求“笑谈真理”的境界，是一种文化深度和人文深度的追求。② 该刊借用中国儒家核心思想，巧妙对应了当下中国共产党提高执政能力、增强党性修养、加强反腐倡廉、开拓国际视野的总体要求。

图 18－1 《新湘评论》

《新湘评论》上、下半月版同中有异的期刊功能定位，集中体现了这种“深度解读与人文解读”的结合。上半月版突出理论性、思想性，封面白底黑字刊名，大气磅礴；下半月版突出人文性、可读性，以红色经典历史题材的绘画创作做封面，大气庄严而又不失温暖可人。③ 上、下半月版共用《卷首》《先锋队》《放言》等专栏，以保持上下版的同一性；“先锋队”板块下设立《学习》《实践》《群众》

① 杨胜群：《政治理论刊物的文化底蕴和文化品位》，见郝安主编《真理的力量——〈新湘评论〉更名改版100期》，中央文献出版社2013年版，第16页。

② 杨胜群：《政治理论刊物的文化底蕴和文化品位》，见郝安主编《真理的力量——〈新湘评论〉更名改版100期》，中央文献出版社2013年版，第15页。

③ 赵新乐等《〈新湘评论〉：用心成就有声有色的党刊》中说：“封面白纸黑字、素面朝天，内容理论为主、精粹思想，上半月版就像是穿着一身正装，干练大气、厚重深刻；下半月版则如同穿着休闲装，字浅意深、轻松亲和，封面或雕塑、或油画、或版画，设计独特，内容更为软化、指导性强，这是《新湘评论》上、下月版带给读者极为不同的两种感受。”见《中国新闻出版报》2012年12月25日。

《调查》专栏，将中国共产党党建理论的关键词栏目化。上、下版专题栏目轮换，上半月版为《要言要论》《主题阅读》《湘江论坛》《湘江杂评》《爱晚亭》；下半月版为《本期特稿》《本期话题》《湘江夜话》《橘子洲头》。每期“主题”或“话题”均以短语醒目地标示于目录和正文，板块内各文均加以序号，以示讨论、阐释的深入递进。《爱晚亭》板块之下设《马克思箴言》《大家》《岳麓讲坛》《红色记忆》《经典湖南》《湖南发现》等专栏；《橘子洲头》板块下设《治国》《修身》《齐家》《看天下》等专栏。栏目结构不仅有鲜明的湖南文化内涵，同时彰显着浓郁的家国情怀。每期最后一页的《放言》专栏，栏目直接移植于毛泽东当年的《湘江评论》，单文成栏、一页成文，所发文章字浅而意深、言近而旨远。这种处理细节，充分尊重了部分读者的倒读心理，也充分表明该刊用心成就有声有色的党刊。

上、下半月分版并非《新湘评论》始，但《新湘评论》结合党刊上、下半月版整体发行的特点，创造了总体思想、个性定位统一、轮换专栏板块的新经验，在长期以来颇显沉闷的政治理论期刊类群中灵动而不失沉稳，殊为难得。

中共党史理论家杨胜群认为：“《新湘评论》敏锐地看到时代的变化，把握了时代的脉搏，加强文化评论，发表了一些有分量的文化评论文章，既发挥了理论刊物应该发挥的引领文化思潮的作用，同时又使自己始终与时代文化大潮融合在一起，保持了自己的文化品格，表现出自己的文化自觉与文化自信。”①

《新湘评论》注重为读者创造和强化良好的阅读体验。改版后，以轻型纸代替了时下流行的铜版纸、胶版纸，纸面柔和的质感和光泽让读者的阅读欲望油然而生，而页面留白让这本严肃党刊又具有清新素雅的书卷气。对于这种刻意为之的版面细节，总编辑郝安说，“这是在用做书的理念做杂志，希望带给读者更为舒适的阅读体验”。

---

① 杨胜群：《政治理论刊物的文化底蕴和文化品位》，见郝安主编《真理的力量——〈新湘评论〉更名改版100期》，中央文献出版社2013年版，第18页。

第二节 《中国激光》从期刊集群到出版平台的转型

中国激光杂志社隶属于中国科学院上海光学精密机械研究所（以下简称中科院上海光机所）和中国光学学会，以出版发行光电类学术期刊和行业期刊为特色，以国际化、数字化、集群化和多元化媒体产品为发展方向。2015 年，该杂志社出版 6 种光学类学术期刊，运营中国光学期刊网、光电汇、科云出版等 3 个系统，举办、合办“光学前沿”等多个大型学术会议。

受益于出版体制改革和不断创新的红利，进入 21 世纪以来，杂志社各项业务发展势头良好。出版的期刊具有广泛的学术影响力，英文期刊的影响因子进入 Q1 区，多次获得中国科协“中国科技期刊国际影响力提升计划”的支持；中文期刊多次获得“百强科技期刊”等荣誉称号。由于在科技期刊数字出版领域进行了卓有成效的创新工作，杂志社入选了国家新闻出版广电总局的首批数字出版转型示范单位，2014 年荣获“中国出版政府奖先进出版单位奖”。

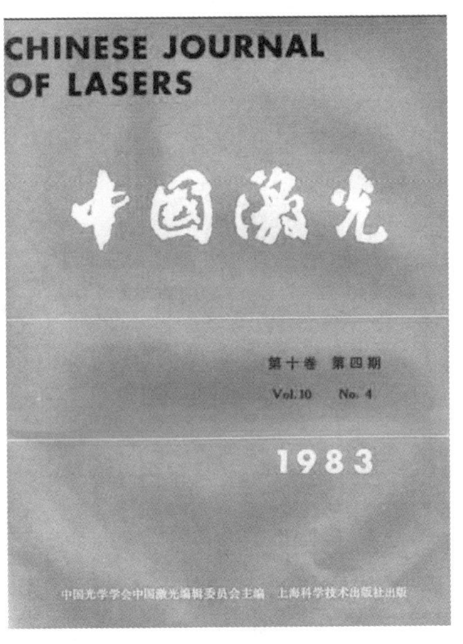

图 18－2 《中国激光》

《中国激光》杂志从期刊集群到出版平台，有效地拓展了杂志社的发展空间。

一、出版体制改革激活了杂志社的内生动力

2008 年，由中科院主管、中科院上海光机所主办的《中国激光》《激光与光电子学进展》《中国光学快报》三刊，首先进行转企改制尝试。2008 年 10 月，国家新闻出版总署正式批准设立《中国激光》杂志社有限

公司。2009 年 12 月 1 日，完成全部工商注册手续，《中国激光》杂志社有限公司正式成立。按照《公司法》及经营业务要求，《中国激光》杂志社有限公司拟定了公司章程，并成立了董事会和监事会。《中国激光》杂志社有限公司实现了期刊管理体制和运营体制改革，期刊的主办权和经营权分离，初步体现了产权明晰、责权明确、管理科学等现代企业特征。

出版体制改革给予《中国激光》杂志社有限公司新的活力。体制改革后不到 5 年的时间，杂志社就推出了 2 种新的英文期刊《High Power Laser Science and Engineering》和《Photonics Research》，并迅速得到学术界的认可，占领了竞争优势地位；学术会议、专业培训等各项业务也得到快速发展。

中国激光杂志社是国内出版光学期刊最多的机构，学术质量整体居前，且多为同类型的旗舰性期刊，其中 2 种被 SCIE 收录、3 种被 EI 收录、4 种被 SCOPUS 收录。

杂志社出版的 3 种中文期刊是中国光学事业发展至今不可或缺的文献来源，滋养了中国一代又一代光学、激光工作者，“激光”一词就首先诞生于《激光与光电子学进展》。近年来《中国激光》与《光学学报》以专题为突破，发表众多具有较高学术价值的论文，引起研究人员的强烈兴趣，也体现了中文科技期刊守土有责的使命感。始终一贯坚持的高学术水准使这两个刊物多次获得“百种中国杰出学术期刊”“中国精品科技期刊”和“中国最具国际影响力学术期刊”等称号。

杂志社出版的 3 种英文期刊具有较高的国际知名度，而且通过办英文期刊也培训了编辑团队的国际交流能力与出版能力。《Photonics Research》最新影响因子 3. 179，位列同类期刊的 Q1 区。这是杂志社与美国光学学会深度合作出版的期刊，双方在稿源建设、编委邀请、品牌推广等各方面密切合作，充分展示了杂志社的办刊实力与成绩。《Chinese Optics Letters》作为杂志社的第一本英文期刊，在期刊国际化运作等各方面都走在了同行的前列。《High Power Laser Science and Engineering》特色鲜明，虽出版时间不长但已营造了一个以高功率激光为主题的专业平台，形成了杂志社在该领域的独特国际影响力。

二、成立中国光学期刊网与光学期刊联盟

中国光学期刊网（www. opticsjournal. net）是我国最大的光学论文资源的数据库和发布平台，2004 年 5 月正式上线。中国光学期刊网已升级到第 9 版，共收录 50 种国内光学期刊，几乎囊括了国内所有的光学期刊，其中包括国内所有 SCI 收录的光学期刊 5 种、所有 EI 收录的光学期刊 12 种；光学专业文献达五十余万条，专业主题词一百三十余万条，全文资源十余万篇，专业用户十余万人，机构用户三百余家，专家库三千余人；并陆续开发了优先出版、录用即上网、光学 DOI 代理注册、Cited－BY 实时引文统计、集群化期刊管理系统、汇同学术会议管理系统、多刊协作远程稿件采编系统等十大功能。

十几年来，中国激光杂志社在数字出版平台的建设运营方面，人力物力资源投入超过 1000 万元；平台始终坚持非营利性质，致力于为光学领域提供最优的数字出版服务。目前平台日均访问量达 10 万次，年访问量 3000 万次，其中 30% 为海外读者访问，访问量在国内光学领域排名第一，位居全球前 1%，已经成为光学领域专家学者获取光学文献全文、会议信息、行业资讯等信息的重要平台。

为推动中国光学与中国光学期刊的发展，中国激光杂志社以中国光学期刊网为基础，2015 年倡议成立中国光学期刊联盟。中国光学期刊联盟围绕“共享资源、共享经验、抱团取暖、做大做强”的主题，每年召开一次光学期刊合作与发展研讨会，针对期刊集群化建设、数字化出版、联合发行等问题进行探讨并开展合作，这在很大程度上促进了中国光学期刊的整体发展。在中国光学期刊联盟旗帜感召下，目前国内专业学科期刊集群如雨后春笋，不断涌现。

三、科云出版系统拓展中文期刊出版改革新思路

科云出版系统（www. publish. ac. cn）是中科院“十三五”期刊规划中要重点打造的平台之一，目的是将经过外审终审后决定录用的稿件，统一在一个平台上进行后期的编校排工作，以实现期刊论文的集约化生产和出版。科云出版系统由中国激光杂志社独立建设运营，系统可对接目前较多

采用的几大投审稿平台，生产的最终数据可与中国知网等较多采用的发布平台和数据库对接，是目前国内唯一的在线生产出版平台，填补了数字出版全流程中的生产环节。

科云系统服务于科技期刊出版生产，包含稿件的编、校、排，使其达到齐、清、定，用于印刷出版、网络出版，也包含数据加工，用于知识服务。科云出版系统的特色主要体现在：标准化的期刊出版生产流程，个性化需求定制和数据服务，多样化刊群模式和单刊模式，专业化的编校队伍建设和培训机制。

四、光学会议、专业培训服务

学术会议是学术交流的重要平台，中国激光杂志社办刊的同时也注重会议业务的开展。目前杂志社主办3个“光学前沿”系列的大型会议：全国激光技术与光电子学学术会议（LTO）、国际信息光学及光子学学术会议（CIOP）和国际高功率激光科学与工程（HPLSE）。

LTO由中国激光杂志社和德国慕尼黑博览集团共同主办，截至2015年已经成功举办10届，会议主题包括激光物理与技术、先进激光材料、薄膜及元器件、工业激光及其应用、激光先进制造技术等方向。CIOP由中国激光杂志社联合全国各大知名高校于每年7月举办，自2008年起已连续成功举办了8届，分别与吉林大学、南京大学、上海交通大学等知名高校合作，CIOP会议也得到了美国光学学会、欧洲光学学会、日本光学学会等的支持并作为会议国际联合主办单位。HPLSE与杂志社的《高功率激光科学与工程》期刊同名，每两年举办一次，重点关注高功率激光、高能量密度物理等方面的最新进展。目前该会议已经连续举办2届，并已成为亚洲高功率激光领域最有代表性的国际会议。

中国激光杂志社作为中国最有影响力的光学出版机构，具有丰富的数据积累和广泛的品牌知名度，还受邀协办各种学术会议，其中包括中国光学学会学术大会、亚洲光通信会议、亚洲光电子会议、冷原子物理国际会议等。

专业培训是杂志社面向市场为技术人员提供的特色服务，是激光、光学技术应用性的重要体现。光学技术系列培训是由王之江院士和时任上海光机所所长朱健强研究员于2004 年共同发起，内容涉及光学设计、光学检测、红外成像等关键技术。杂志社十多年时间共培训光学高级从业人员近两千名，培训课程已经成为中科院专项培训的品牌课程，得到了中科院各研究机构、高校以及光电企业的认可。

五、光电汇打造行业需求生态圈

光电汇（http：//www. oeshow. net）依托于中科院上海光机所和中国激光杂志社强大的光学资源背景，以“互联网 + 光电行业”的方式为光学行业用户提供专业的产品导购体验。光电汇致力于探索互联网与光电行业的融合，通过互联网，改造传统的光电行业。对于企业，光电汇提供全天候的产品展示服务，在线展示产品，提升采购效率，节省营销成本，节约社会资源；对于用户，光电汇平台提供海量专业产品资源数据库，并有专业人员提供导购服务，帮助用户以快速、专业的眼光发现产品，并对合适的产品进行专业的性能对比和卖家资源筛选，大大节省产品采购时间。同时，光电汇依托于专家资源，提供产品测评、评级、产品咨询等专业的导购服务，让平台更权威，买家更放心。光电汇构筑光电行业供与需连通的桥梁，并将最终打造一个专业的光电行业综合服务平台。

目前，光电汇已经为清华大学、北京大学、上海交通大学、复旦大学、中科院等全国多所知名高校和科研单位的光学专家提供过服务，且已经有海洋光学、理波等多家行业龙头企业加盟。未来，光电汇会朝着光电行业综合服务平台的方向努力前行，将为专业用户提供在线培训、光学产业研究报告、产品测评、光电人才招聘等服务。

六、新媒体，构建新的光电信息传播平台

中国激光杂志社在新媒体数字出版服务方面做了很多有益的探索。

2012 年 2 月开通新浪官方微博，现已成为光电信息传播平台。

2013 年 8 月申请“中国激光”微信公众号，随后逐步建设完成中国激光·微信智能应答服务平台。“中国激光”现有粉丝过万人，菜单功能使用 10 万次。通过覆盖面最广、用户最熟悉的社交媒体——微信，“中国激光”提供稿件状态、光学论文、实验室、专家、行业信息查询与浏览服

务，此外，根据行业热点及研究进展，定期发送高质量内容，精准定位到达用户。

2013 年推出移动端应用“中国激光 APP”第一版，适用于 iOS 系统；2015 年 6 月升级为第二版，包含 iOS 系统和 Andriod 系统应用，几乎覆盖所有移动终端。“中国激光 APP”基于中国光学期刊网的文献和资讯，沉淀优质内容、充分利用光学专业特色，基于期刊年卷期的组织特性，保持 PDF 全文阅读的便捷性，能够长久维持用户活跃度，抓住了移动端短、快的特点，形成独有的专业学习交流方式。

2014 年 8 月，中国光学期刊网推出移动端网站（m. opticsjournal. net），便于用户在移动终端完成轻量级内容的浏览与阅读。

中国激光杂志社的发展得益于出版体制改革。集群化出版让《中国激光》能够整合资源，重点突破并保持优势；体制改革激发了发展活力，以期刊工作为重点，但不限于期刊，网络平台和学术会议等业务都取得长足的进步。同时，成绩的取得也得益于国际科技期刊出版理念与技术的快速发展。杂志社始终密切关注国际动态，及时使用 DOI、CROSSCHECK 等有益于期刊数字化出版的技术，新出版期刊也采用开放存取模式。当然，杂志社的发展依然面临严峻的挑战，但挑战困难、克服困难的过程必将为中国激光杂志社带来新一轮的发展。

第三节 广西期刊传媒集团整合民族地区出版资源

作为民族地区期刊出版机构，广西期刊传媒集团经过二十四载努力，实现了从广西师范大学杂志社到广西师范大学报刊传媒集团再到广西期刊传媒集团的跨越式发展，成为教育部和原国家新闻出版总署确定的全国高校期刊改革试点单位、国家新闻出版广电总局批复成立的中国首家高校报刊传媒集团。在媒体融合时期，其联动同在“一带一路”的新疆、内蒙古、宁夏、吉林等省（自治区）民族地区期刊出版机构，探求集团化、联盟化的发展道路，受到业界瞩目。

一、深化改革，逐步完成转企改制

1993 年，广西期刊传媒集团的前身广西师范大学杂志社成立，首任社长刘绩元率领员工积极主办《小学生跟我学》《中学生理科月刊》两种刊物。随着基础教育改革的深入，教育部于 1999 年发布中小学“减负令”，依赖教育行政系统发行的这两种期刊发行量锐减，广西师范大学杂志社面临生存危机。2000 年，广西师范大学杂志社与广西师范大学出版社整合，杂志社成为出版社管理的企业。2001 年，其旗下杂志《小学生跟我学》更名为《作文大王》，以王建周为社长的第二任领导班子在危机中南北奔波，整合优质的办刊资源，努力寻找突破口，使《作文大王》创办之初就得到全国一流的出版专家、教育专家和儿童文学作家的大力支持，创刊号发行量达 118 万册。《作文大王》的出版顾问是时任世界图书出版公司总经理李峰先生，王建周社长受其出版战略思维启发，在期刊出版界率先实施少儿期刊品牌化经营模式。经过三年的市场化运作，广西师范大学杂志社的期刊发行由通过教育行政手段发行全面转变为通过市场发行。这一转型不仅化解了“减负令”所导致的期刊生存危机，更重要的是更新了期刊出版的理念。

图 18－3　《作文大王》

2003 年至 2010 年是广西师范大学杂志社的第二次创业时期，时任社长卢培钊带领杂志社员工做了大量细致的工作。在期刊编辑工作方面，由于《作文大王》的引领，《英语大王》《数学大王》等少儿期刊陆续创办，杂志社同时开始拓宽期刊出版领域，创办了面向经营经理层的《新营销》杂志。在期刊营销方面，卢培钊社长采取稳扎稳打的策略，与全国上千所中小学合作，在少儿报刊界较早提出并实践了为读者提供“增值服务”的策略。

2010年，按照中央关于深化文化体制改革的部署和要求，广西师范大学杂志社完成转企改制工作。同年10月，沈伟东接任广西师范大学杂志社社长。

二、转型升级，成立广西师范大学报刊传媒集团

进入21世纪以来，传统期刊业因遭受新媒体冲击，经营出现困难，沈伟东及领导班子强调要多元化发展。广西师范大学杂志社以少儿期刊出版为主要业务板块，《作文大王》《英语大王》《数学大王》等少儿期刊发行渠道建设初见成效；新营销杂志社在广州、北京、上海组建组稿中心，借助一线城市媒体运作，开始稳步发展；杂志社陆续参股广西师范大学出版社的北京、上海、广州、南京等分公司，在期刊经营之外向图书出版领域拓展。同时，杂志社开始注重传统期刊出版与新媒体的对接，杂志社旗下《新营销》当时在“读览天下网”“博看网”等数字出版平台的点击量排行均进入百强期刊。《作文大王》《数学大王》和《新营销》在2012年和2013年均荣晋龙源数字阅读影响力期刊前100名。

2013年，杂志社申报重大项目——“转企改制背景下区域性期刊集团的建设”，入选国家“新闻出版改革发展项目库”，并获得2013年度中央文化产业发展专项资金支持，助推了杂志社的快速发展。2013年5月，国家新闻出版广电总局同意在广西师范大学杂志社的基础上组建广西师范大学报刊传媒集团，成为民族地区非时政类报刊体制改革的重要成果。

三、整合重组，建设广西期刊传媒集团

2014年，广西师范大学报刊传媒集团建成数字化期刊出版平台，解决了期刊出版流程管理问题，成为广西期刊出版界率先研发并使用“期刊协同编辑出版系统”的出版单位。为进一步整合广西壮族自治区内外的出版资源，实施跨地域、跨行业兼并，打造民族地区具有全国影响力的期刊出版集团，2015年5月21日，国家新闻出版广电总局批复同意广西师范大学报刊传媒集团变更为广西期刊传媒集团，使广西期刊传媒集团由最初的两刊二十多位员工，发展成为拥有四家全资子公司、五家杂志社、六家参股公司、近四百位员工的集团，形成以《规划师》杂志为代表的学术期刊板块，以《作文大王》《求学》杂志为代表的基础教育期刊板块；业务从桂林辐射至上海、

北京、广州等中心城市，涉足书刊出版、动漫游戏、文化创意等产业。

身处南疆的广西期刊传媒集团重视民族地区青少年传媒产业发展，沈伟东及领导班子经数次探讨研究，决定推动其他民族地区出版单位合作、谋求优势互补，并无偿赠予民族地区期刊机构相应的数字技术及内容资源。2015年，广西期刊传媒集团与内蒙古民族青少年杂志社签署战略合作协议。随后，广西期刊传媒集团又协同内蒙古民族青少年杂志社、新疆青少年报刊社、中国朝鲜族少年报社、伊犁青少年报刊社等五家地处“一带一路”沿线的民族地区青少年传媒机构签订战略合作协议，将在民族地区青少年文化交流、民族地区期刊业态研究、媒体融合技术平台研发、期刊人才培养等方面紧密合作。

广西期刊传媒集团始终坚持出版优质期刊，同时有序、稳步地推进新兴媒体融合以及跨地域、跨领域融合发展，逐步锻造民族地区期刊传媒机构核心竞争力。其集团化、联盟化发展之路，成为新时期期刊史上一个谋求差异化发展的案例。

第四节 四川党建期刊集团形成全媒体格局

四川党建期刊集团成立于2001年9月，是经四川省委批准组建的、以《四川党的建设》为核心的国有传媒集团，实行事业体制、企业化管理，人员经费实行“核定收支、经费自理”的预算管理办法。经过2003年以来的四次行政性资源整合，将隶属于不同部门、行业的报刊图书出版资源聚集在一起，形成现在的规模，即集团由组建时期的8刊发展至如今拥有17刊4报、1家图书出版社，主管11家地方广播电视报、2家全资子公司，已成为公益性事业和经营性

图18－4 《四川党的建设》

产业并重，融刊、报、书、网、微为一体的综合性传媒集团。

经过多年来的努力，四川党建期刊集团目前在四个方面走在了全国同行前列：一是党刊质量和影响力位居全国省级党刊“第一方阵”；二是四川民族出版社总体经济规模位居全国民族图书出版单位首位；三是体制改革走在前列，被评为全国文化体制改革工作先进单位；四是经营效益位居全国报刊出版集团前列，据国家新闻出版广电总局发布的《2015 年新闻出版产业分析报告》显示，2015 年集团平均资产总利润率居全国报刊出版集团第二名。

集团主营业务为期刊、报纸、图书出版发行及广告经营业务，新媒体产品运营开发等。从 2005 年集团重组到 2015 年，集团总资产由 1628. 8 万元增加到 52422. 4 万元，增长 31. 18 倍；净资产由 892. 4 万元增加到 30166. 2 万元，增长 32. 8 倍；营业收入由 2226. 4 万元增加到 16548. 4 万元，增长 6. 43 倍；利润总额由 7. 2 万元增加到 4176. 5 万元，增长 579. 1 倍。集团现有在岗职工 334 人。在新媒体时代，他们又有了新的追求。

一、实现三个转变

（一）从规划设计到理念更新

遵照中共中央《关于推动传统媒体和新兴媒体融合发展的指导意见》和四川省委办公厅、省政府办公厅关于《四川省推动传统媒体和新兴媒体融合发展专项方案》的要求，在充分调查研究的基础上，于 2015 年 6 月制定和发布了《四川党建期刊集团媒体融合发展实施纲要》，初步完成了集团媒体融合发展的规划设计。他们认为，光有规划不行，更要推动理念更新。因此，他们在制定规划的同时，以新一轮思想发动和观念更新为先导，通过演讲、交流的方式，聚集智慧，启迪观念，理清思路。在此基础上，动员集团员工撰写媒体融合发展的文章，促进思考和研究的深化，并从 80 多篇文稿中遴选出 42 篇优秀文章结集成《媒体融合发展纵论》，于 2015 年 12 月正式出书，使大家的智力成果转化为行动指南。

（二）从局部探索迈向整体实施

在集团媒体融合发展顶层设计的指导下，集团各书报刊社发挥各自优势，积极投身媒体融合发展。2015年7月以来，涌现了以“党建视点”“藏地阳光”“看四川”“生活之友”“藏彝羌数字出版”为代表的42个新媒体产品上线，基本形成网站、微信、微博和客户端等新媒体产品标配，不仅实现了纸质书报刊与网络和移动终端的互动，形成舆论宣传和信息传播全域覆盖的合力，而且有的新媒体产品以服务为先导拉动营销，取得了可喜的经营业绩。省“十二五”重点文化产业项目——“四川数字期刊传媒中心（第一期）”已建成投入使用。

（三）从全面开花到重点扶持

在各书报刊社层面探索的基础上，集团进行了总体评估和遴选，对其中有全局性、成长性和市场需求的项目和产品，给予重点扶持、深度整合、做强做大，进而不断丰富和完善集团的顶层设计。

二、特色项目及产品异彩纷呈

（一）四川党的建设杂志全媒体中心

作为“全国第二批数字出版转型示范单位”，四川党的建设杂志社围绕一体化发展方向，探索“中央厨房”生产模式，2015年组建了四川党的建设杂志全媒体中心，以技术驱动为重要支撑、以项目带动为基本路径，重点实施了四川党建网和“党建视点”微信公众号的项目。

四川党建网致力于系列专题策划，响应党中央、四川省委重要精神，宣传近期重点工作。网站发起的“‘第一书记’心里话”的征文投票活动持续升温，得到了用户的热烈关注，网站日均点击达到20000多次。

“党建视点”微信公众号则紧跟时政热点话题，持续推送关于改革创新、民生改善、基层党建等话题内容。2013年3月以来，“党建视点”与基层组织部门共同发起最美“第一书记”的评选宣传活动，在各地引起强烈反响和广泛关注，起到了良好的典型示范作用。通过互动活动，微信的用户数量超过30万，日平均阅读量达到8000多次。“党建视点”微信公众号在“全国党建微信影响力排行榜”100强榜单中，最高排名第四，成为集团有影响的新媒体品牌。

（二）藏地阳光全媒体中心

以服务藏族同胞全媒体阅读为宗旨，从2013年创办《四川党的建设》藏文版开始，到2015年2月成立藏地阳光全媒体中心，至今已成为拥有三刊（《四川党的建设》藏文版、《多彩哈达》寺庙刊、《宣讲必读》）、一报（《藏地通讯》，与四川日报联合创办）、两网（藏地阳光藏文网、藏地阳光汉文网）、四微（微信、微博、微视频、微网）、一端（客户端）、两库（图片库、书库）的全国首家藏汉双语全媒体平台；2015年年底在微信公众号中用康巴语推出《每周一播》语音栏目。2014年，藏地阳光双语网站总点击量超过600万次，日均访问量稳定在1.6万次，点击除覆盖了全国五省藏区外，也有美国、英国、印度、尼泊尔、瑞士、不丹等近一百个国家和地区的网民点击和浏览。藏地阳光微信公众号粉丝超过2万，其中部分藏文原创文章单篇阅览量超过1.3万人次，汉文单篇文章最高阅览量达8万多人次，成为藏区最受欢迎的官方微信公众号之一，初步形成了有特色、多品种、全方位、全覆盖的涉藏宣传新格局。

（三）《看四川》全媒体

作为2014年新创办的外宣媒体，《看四川》杂志一经面世，就以全媒体的形态，着力打造一个“家门口的外宣平台”。2015年承接并圆满完成了深圳文博会《外交官看四川》视频制作任务；积极参与省委宣传部百部“看四川微视工程”，已上线的《宫保鸡丁》《麻婆豆腐》《夫妻肺片》等作品点击率都超过200万人次；“看四川”微信公众号，不断为用户刷新对四川的认识。2013年以来，看四川杂志社先后通过融媒体工具来策划执行系列活动，包括“留学生四川美食之旅”“探访非遗文化”等活动，受到了国内外参与者的一致好评。

2013年5月新开发建设的“看四川英汉双语数字化平台”子项目——“看四川双语网站”，将“世界想了解的四川”和“四川想呈现的世界”结合，在深度互动中展示四川，受到中宣部国际传播司的关注。与此同时，同年5月12日在深圳文博会上又推出了“文化无界，川流不息”微信公众号，向展会现场的观众介绍四川展馆以及持续推出介绍四川文化创意产业的内容，打造一个永不落幕的文博会四川展馆。双语数字化平台受到越来越多“在川外国人”的关注，一个展示四川形象的新型大外宣平台初见端倪。

（四）《精神文明报》全媒体实践

作为全国精神文明战线唯一的一份纸质媒体，《精神文明报》将网站和“多微一端”建设同步推进。2015 年，依托纸质报和“中国文明在线”网站、“文明岛”微信和“景界”客户端整合营销，成功承接了“达州市首届微电影创作大赛”和“道德的力量·首届四川省道德模范公益微电影创作展”的项目，最大化地发挥了新媒体从 PC 端到手机端的传播优势，扩展了用户人群的覆盖面和活动的吸引力，成为媒体融合发展的一个成功案例。2014 年以来深度拓展业务，独家拥有省政研会官方网站“四川思政网”开发承建及后续维护权，通过该平台，占据全省思想政治工作阵地，有效利用省政研会系统广泛的行业资源和合作空间，通过网站 OTO 模式，实现报社经营“互联网 +”。同时，利用“中国文明在线”网站，为“四川思政网”提供人力资源、专业开发和技术服务，实现对其孵化催生。在借机、借势、借力的同时，反过来增强了“中国文明在线”网站的服务能力和辐射影响，为下一步打造网站集群、实现叠加效应积累了实践经验。

（五）“藏彝羌”数字出版集群

以四川民族出版社为主体，整合相关资源，构建“藏彝羌”数字出版集群。2015 年以来已建成四川民族出版社官方网站，开发“四川民族出版社”微信公众号、“点籍藏域”微信公众号、“唯彝出版”微信公众号、“茶马书社”微信公众号和“华韵传媒”微信公众号，搭建“作·客”网络出版平台。2015 年年底实现出版全流程数字化管理，其中“唯彝出版”微信公众号以图文、音频和视频组合的方式呈现，目前用户遍及全国 22 个省区市，有关新书推荐信息平均阅读量达到 4000 多次，其内容经常被“彝族人网”等多家网媒转发，日点击量高达 1.3 万人次。2015 年凉山火把节期间推出的一条视频，阅读量达 2 万次，网上点击播放量达 19 万次，在较短时间内创造出了关注度高、阅读量大、转载率高的业绩，成为彝族文化界的一个热点。

三、发展战略

四川党建期刊集团“十三五”时期媒体融合发展的总体战略是：依托集团资源禀赋和优势，以技术为支撑，以构建开放媒介平台为要义，通过更新理念、再造流程、打通渠道，大力推动移动互联网、“三微一端”（即微博、微信、微视频，客户端矩阵）等新兴媒体建设，把四川党建期刊集团从原来单一的传统纸媒集团转型升级为具有现代传播渠道和功能的全媒体集团。

发展目标是：到2017年，集团和各书报刊社在重大项目、重要产品上实现合理布局，在集团层面初步建成媒体融合发展的技术平台、业务流程、管理模式和体制机制，推出一批差异性和特色化的新媒体项目与产品，报网融合、刊网融合、传统出版和新兴出版融合迈出实质性步伐，真正实现从“相加”到“相融”的过渡。到2020年，要在内容、技术、渠道、平台、经营、管理等方面取得突破性进展，形成集团全媒体立体化传播格局，推出一批在全省乃至全国有影响力的新媒体产品，使集团媒体整体实力和核心竞争力位居全国同行业前列。

该集团推出的重点项目和产品是：重点建设“一个中心”“一个平台”“一个工程”和“五个全媒体产品集群”，即：全媒体数字技术中心，全媒体采编发管理平台，媒体融合创新人才培养工程，“四川党建”“藏地阳光”“看四川”“生活之友”全媒体集群和“藏彝羌”数字出版集群。通过这些项目和产品的打造，着力建设一批符合集团实际、具有良好公益和产业特质的新型主流媒体，努力提高集团主流媒体的传播力、公信力、影响力和舆论引导能力，从而担当起主流媒体应有的职责，服务于打通两个舆论场的时代使命。

第十九章

数字化引领期刊未来

据《2014—2015 中国出版业发展报告》载，“十一五”以来，数字出版以其存储海量、搜索方便、传输快捷、成本低廉、互动性强、环保低碳等特点，已经成为新闻出版的战略性新兴产业和出版业发展的主要方向。据统计，2006—2013 年，我国数字出版产业收入规模从 213 亿元增加到 2540.35 亿元，增长了 10.93 倍，年均增长 43.09%。[①] 传统媒体与新兴媒体融合发展的趋势不可逆转。美国克赖斯基媒体咨询集团（Kreisky Media Consultancy）主席彼得·克赖斯基（Peter Kreisky）在 2015 年第 40 届世界期刊大会演讲中指出，期刊业已发生翻天覆地的变化，杂志出版公司已经变身为数字内容公司，持续创新是保持旺盛生命力的关键。“我们已经在泰坦尼克号的救生艇上，如果不快速追上数字速度，将无缘到岸。”

党和国家对我国媒体未来的发展极为重视，2014 年 8 月 18 日，中央全面深化改革领导小组第四次会议审议通过《关于推动传统媒体和新兴媒体融合发展的指导意见》。习近平总书记在会上强调，要着力打造一批形态多样、手段先进、具有竞争力的新型主流媒体，建成几家拥有强大实力和传播力、公信力、影响力的新型媒体集团，形成立体多样、融合发展的现代传播体系。

面对新兴媒体崛起给期刊业带来的机遇与挑战，可以说所有期刊社都已经行动起来，90% 以上期刊都在使用新兴传播载体，采取多种方式与新媒体结合，提升了传播力、扩大了影响力、增强了为社会服务能力，很多

① 范军主编：《2014—2015 中国出版业发展报告》，中国书籍出版社 2015 年版，第 96 页。

期刊社面貌焕然一新。

第一节 农村百事通杂志社网络平台延伸服务“三农”

《农村百事通》是一个有三十多年刊龄的老刊，曾被授予国家期刊最高荣誉奖，在互联网时代焕发了青春。

一、开通微信公众号，精准服务“三农”

在移动互联网时代，为了更好、更快、更精准地服务读者，2013 年 12 月《农村百事通》开通微信公众号，每天发布读者关心的农业资讯服务信息，同时还开通了“在线阅读”、“农百社区”、网络订购等。“在线阅读”提供数字版《农村百事通》，解决边远地区或流动性较大不便订购读者的阅读需求；“农百社区”是一个让读者自发交流、沟通的平台，同时对读者提出的问题进行专业回复与解答。

鉴于农村百事通服务部优质农资产品一直使用邮政汇款、发货等传统模式，2014 年 7 月《农村百事通》又开通了微信服务号，旨在利用微信便利支付功能，销售优质农资产品、农副产品及农业类图书，通过微信小店，大大优化了读者购买体验、加快了发货速度、提升了服务效率。

二、开设《农百访谈》专栏，传播创业经验

2014 年起，《农村百事通》开设《农百访谈》专栏，旨在“访农村创业精英，寻最优农副产品”。通过采访形式，把农村创业人员的成功经验、经营模式、失败教训等背后鲜为人知的创业故事挖掘出来，整理成文字和视频等形式，通过杂志、微信、网站等渠道发布，供给在农村想创业的人员学习、参考和借鉴，尽可能地帮助创业者少走弯路，早日走上成功致富之路。同时，通过真正深入一线采访与调研，把农村最优质的农副产品一并挖掘出来，通过《农村百事通》线上电商平台和线下农特产品 O2O 体验馆进行销售，多渠道帮助农民解决“卖难”的问题。《农百访谈》栏目由于是直接与农民面对面交流，宣传与报道农民真实的创业故事与事迹，

采访的同时也在一定程度上帮助农民解决了一些疑难与困惑，深受读者的欢迎与喜爱。该栏开设仅两年，就累计采访报道近五十篇。

三、搭建电子商务平台，线上推销农产品

为顺应“互联网 +”的发展趋势，《农村百事通》在2014年年底的农业高峰论坛上提出“拥抱互联网，搭建《农村百事通》电子商务平台，并致力打造成全国有影响力的农副产品交易平台，为大众推荐绿色生态农副产品”。2015年年初，入驻阿里平台，开通了阿里巴巴农产品批发平台、淘宝农产品零售平台，并依托《农村百事通》杂志的品牌优势，在全国范围内征集优质农副产品，按照严格审核标准进行平台入驻销售。同时，杂志设立专栏对产品及企业进行宣传与推广，以提高企业知名度、提升产品销量。仅2015年端午节一天，优质农产品一项销售就达30万元。

四、在井冈山建立农特产品O2O体验馆

《农村百事通》农特产品O2O体验馆，位于井冈山旅游风景核心区天街，占地二百多平方米，以“互联网 + 原生态”为主题，通过“产地溯源、厂家直供、品优价平”的理念，主营江西最优质农副产品，注重农特产品体验及其农产品价值的文化传播。该馆开业以后，通过《农村百事通》的《农百访谈》栏目组，持续寻找与挖掘，馆内聚集了省内大批独具特色的农副产品，产品与文化融合的独特销售理念，使该馆在井冈山旅游风景核心区天街成为一道亮丽的风景。同时，打通线上线下销售渠道、多种支付模式，深受旅游者信赖与喜爱，通过产品的文化创意与包装，对合作入驻的农产品生产企业受益巨大，发展势头良好。

五、试点在行政村建立“农百之家”

依托《农村百事通》的品牌优势和网络优势，杂志社计划在江西省范围内约一万五千个行政村按照在村人口数量、农业规模等条件，筛选出符合建立“农百之家”要求的村，每村设置一个综合站点服务平台，所有服务通过站点工作人员落地，打通与村民实现互动的关键环节。服务的主要板块为：科技知识服务板块、培训板块、金融服务板块、电商板块等，旨

在把“农百之家”作为一个科技综合服务平台，积极引入成熟的服务项目，通过站点工作人员把各项服务落地，指导农民使用好利用好各种功能需求。杂志社已经在婺源县试点建立了二十多个“农百之家”。

第二节 《财经研究》的数字化探索：媒体融合的创新举措

在传统媒体与新兴媒体融合发展的新形势下，学术期刊如何能够既保持学术前沿性和权威性，又切实提升期刊的传播力和影响力，进而构建起自己的学术理论话语权体系？上海财经大学出版社社长、《财经研究》副主编陆蓉认为，在新媒体时代，编辑部的管理功能需要重新定位。新媒体技术应该嵌入期刊管理的全流程，实现流程再造。利用新媒体技术，以实现服务功能创新，通过技术驱动实现管理功能创新，通过智慧引领来达到引领学术，从而在学术传播中发挥更大的作用。

《财经研究》通过数字化和媒体融合的实践，率先在网络学术沙龙、多媒体内容出版、跨平台传播体系、新媒体运营管理机制等方面大胆创新，探索出专业性学术期刊媒体融合的新模式。

一、创立网络学术沙龙，构建“读者—作者—审稿人”跨时空交流平台

上海财经大学的《财经研究》《外国经济与管理》等期刊首创网络学术沙龙，构建“读者—作者—审稿人”跨时空交流平台，成为最先尝试举办网络学术会议的期刊。自 2014 年起，《财经研究》编辑部以“活跃氛围、开阔眼界”为目标开办“学术沙龙”活动。2015 年以《中国经济论坛》栏目为基础，定期举办学术沙龙，活动在网络上进行同步直播，学术沙龙视频在网上公开。这种现场与网络相结合的学术交流模式使学术期刊真正起到聚合学者、引领学术的作用，平台化的编读交流机制拉近了《财经研究》与学者的距离，构建了读者与编辑、读者与作者、读者与读者之间高效沟通交流的平台。在持续开展的高质量学术活动中，期刊本身的学

术品牌也得到了较大提升。

陆蓉认为，网络学术沙龙的优势体现在：1. 既保留了面对面交流的优点，又兼顾了网络交流不受时间、地点局限的好处，期刊同行以及学者可以充分利用这种方式扩大交流范围，实现线上线下同时互动，扩大学术活动的覆盖范围，提高学术交流的效率；2. 举办学术沙龙使编辑及时了解学术前沿动态，提高选稿水平，同时也向学者传递《财经研究》的办刊理念和选稿标准；3. 充分发挥期刊的学术引领作用，所邀请的专家都是专业领域有一定建树的教授，学术沙龙平台可以起到授业解惑的作用，有利于学者学术思想的传播和交流。

《财经研究》创刊两年，已举办了二十多次网络学术沙龙，学术沙龙网络直播QQ群已拥有数百位成员，以最低的成本却最大限度地扩大了学术覆盖面和影响力，成为传播学术思想的新渠道，构建话语权体系的新阵地。

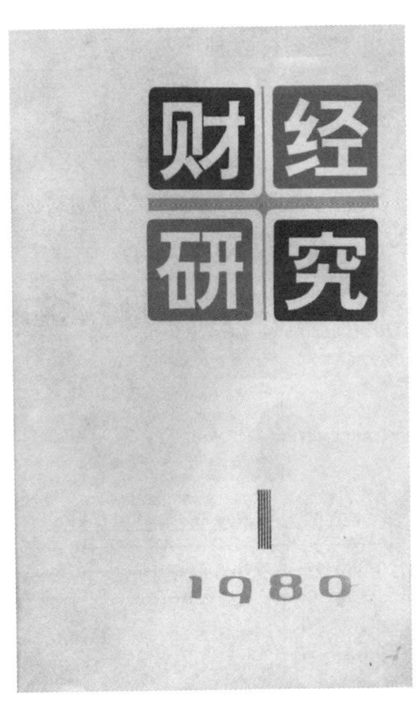

图19－1 《财经研究》

网络学术沙龙先后邀请了南开大学周建教授、上海财经大学孙宁教授、上海交通大学陆铭教授、南京大学贾良定教授、日本国立香川大学姚峰教授、新加坡国立大学李真教授等国内外知名学者。网络学术沙龙活动不仅受到读者和作者的欢迎，也得到讲座嘉宾的褒奖，效果显著。以2015年6月12日陆铭教授的讲座为例，活动结束后一周内讲座视频的点击播放超过4200次，微信页面阅读超过2000次；同年12月16日，李真教授的网络学术沙龙视频播放量达到4474次。

经过两年多的系列活动，网络学术沙龙的影响力持续积累，在经济管理学界已经形成一定的知名度和品牌效应。一批重量级的华人学者通过网络学术沙龙这个平台传播中国经济学学术思想，如新加坡国立大学李真教授的主题讲座“乡土研究·母语写作”、美国迈阿密大学陆亚东教授的主题讲座“国际顶级管理学期刊的编审机制及发展趋势”、西交利物浦大学李平教授的主题讲座“中国本土管理研究的必要性和可行性”等，使这个平台成为构建中国经济学话语权体系的重要阵地。2014—2015 年网络学术沙龙举办情况见表 19 -1。

表 19 -1 2014—2015 年网络学术沙龙举办情况一览表

时 间	主 题	主讲人	单 位
2014. 4. 16	大数据·碎片化·自媒体	王西民	《上海财经大学学报》编辑部主任
2014. 5. 7	关于编辑部数字化平台发展的思考	孙 懿	《外国经济与管理》编辑部
2014. 5. 21	教学研究对编辑工作的影响	曹均伟	上海财经大学出版社原总编辑
2014. 5. 29	学术期刊如何引领话题	周 建	南开大学教授，《外国经济与管理》栏目主持人
2014. 6. 6	JMS 期刊 50 年发展趋势分析	求兰英	上海财经大学学术期刊编辑部编务
2014. 6. 12	闲话老年人保障	黄 枫	上海财经大学高等研究院老年保障专家
2014. 6. 30	财务会计领域国内外理论前沿介绍	李增泉	上海财经大学会计学院教授
2014. 6. 30	国内外创业领域研究现状、热点及趋势	蔺 楠	上海财经大学国际工商管理学院教授
2014. 7. 02	车牌配置的混合机制	孙 宁	上海财经大学经济学院教授
2014. 9. 29	浅谈互联网金融	宋澄宇	《外国经济与管理》编辑
2014. 12. 17	洞见未来——中国激光杂志社转型经验	郑继承	中国激光杂志社新媒体部主任
2015. 1. 23	关于上财期刊发展的几点思考——语言视角	李金满	上海财经大学外语学院副教授
2015. 6. 9	国家治理与财政制度现代化	李永友	浙江财经大学首席教授
2015. 6. 12	中国经济的欧洲化——再论大国的区域经济发展战略	陆 铭	上海交通大学特聘教授、复旦大学教授

续表

时 间	主 题	主讲人	单 位
2015. 7. 1	学术期刊的平台战略——做学者、作者和出版者的对话平台	贾良定	南京大学管理学院教授
2015. 7. 9	不确定条件下跨国企业投资行为与绩效	吴树斌	上海财经大学国际工商管理学院副教授
2015. 10. 26	结构经验分析方法的发展及应用——以企业 R&D 投入的产出绩效评估为例	尹 恒	中南大学商学院院长
2015. 11. 13	诺贝尔经济学奖和时间序列多变量分析	姚 峰	日本国立香川大学终身教授，经济研究所所长、经济学院副院长
2015. 11. 20	机构投资者影响了高管薪酬及其私有收益吗?	吴先聪	西南政法大学副教授
2015. 12. 5	货殖 365 学术研讨会	张思思 王 媛 赵 炎 杜建军 杨智峰 张 涛等	上海财经大学、复旦大学、华东师范大学、华东理工大学、上海金融学院等
2015. 12. 16	乡土研究·母语写作	李 真	新加坡国立大学商学院终身教授

二、通过出版全流程改造，实现多媒体内容出版

自 2012 年以来，《财经研究》不断探索期刊数字化转型及多媒体的出版创新，通过数字化编辑出版全流程改造，开创 3D 虚拟网络直播的学术会议新模式，探索系列学术视频短片传播等，逐步实现传统纸媒出版与数字化编辑出版的深度融合。多媒体内容的出版，使《财经研究》在新媒体环境下成为高效的中国经济学权威学术论文的生成基地。

1. 数字化转型：实现全流程数字化出版。《财经研究》是我国经济学学术期刊中第一家真正实现全流程数字化出版转型的期刊。《财经研究》

与专业数字出版公司合作，建立 XML 数字化排版系统，对传统的纸质期刊排版进行了结构化改造，实现纸媒编辑与数字化编辑的真正融合，实现了文章初排、校排及印刷出版的全流程数字排版，并基于文字、公式、图片（重绘修图、文字重植）、表格、特殊字符等文章全部内容的 XML 结构化处理，支持在线编校、在线 PDF 预览、多种 PDF 输出标准，实现印刷出版和网络平台发布。

通过 XML 数字化排版改造，《财经研究》成为国内第一家能够提供 HTML 全文结构化在线阅读、手机全文阅读、数字出版开放获取的经济学专业学术期刊。

2. 开创会议新模式：3D 虚拟网络直播。《财经研究》依托《公共经济与管理》和《中国经济论坛》栏目，建立学者交流 QQ 群，尝试进行了线上线下同步直播的网络学术会议。数字化的学术交流平台创新性地运用了 3D 虚拟技术多角度全景拍摄，学术会议新模式为广大学者构建了更加优化、高效的学术交流平台。

3. 探索视频化推广：系列学术视频短片。为适应读者利用碎片化时间在移动端获取信息的习惯，《财经研究》从 2015 年 8 月开始持续制作系列学术视频短片，探索将严肃的学术内容进行视频化推广，实现新媒体环境下传播效果最大化。

三、跨平台传播体系

《财经研究》已经建立以传统纸质期刊、网站、移动手机、社交网络（微信平台、QQ 群等）为支撑的跨平台传播体系，形成了中国经济学学术思想有力的传播阵地。

1. 纸质期刊：数字化排版提升传播效率。纸质期刊出版实现全流程数字化转型，全部使用 XML 数字化排版，在实现纸质出版的同时，网页和移动端自动同步传播，大大提升了传播效率。

2. 网站：HTML 全文阅读。在实现纸质出版的同时，XML 排版可以实现期刊在网站主页同步上线。《财经研究》是全国高校经济学学术期刊中第一家实现此功能的期刊，电脑端的用户可以免费阅读全文，结构化的模式方便用户获取论文中的图形、数据，每篇参考文献均可链接原文。

3. 移动端：手机全文阅读、与纸刊同步。《财经研究》每期论文在手机端都能实现全文阅读，并且与纸刊出版同步。纸刊出版当天，通过《财经研究》微信公众号，即可在手机端查看阅读全文。

4. 社交网络：微信公众号、QQ 群。《财经研究》微信公众号及时推送每期论文以及相关的学术活动信息，手机端成为联系读者、作者最直接的渠道；电脑端则通过建立期刊的 QQ 群，作者和读者可以交流论文内容、研究感想等，形成高质量的学术社区。

四、新媒体运营管理机制

学术期刊数字化转型的核心并非搭建功能酷炫的“硬性”数字平台，而是构建一套有效的“软性”工作机制，使高质量、适合多平台传播的学术内容源源不断地产生。《财经研究》在数字化转型的“软性”机制方面进行了很多有益探索，形成了学术期刊新媒体运营管理可复制、可推广的有效模式。

1. 新媒体论文编辑及推送机制。《财经研究》实现 XML 排版，使网站 HTML 全文、手机端全文、微信推送与纸刊出版同步。微信图文可以做到层层链接，方便读者跳转查询；手机可以阅读全文。自 2015 年 3 月该机制建立以来，已经编辑微信图文页面数百个，获得数万次阅读点击量，对期刊论文的传播起到了重要推进作用。

2. 网络优先出版机制。《财经研究》自 2015 年上半年起探索网络优先出版机制，将重要学者的优秀论文通过网络优先出版。

3. 信息化内部管理机制。《财经研究》开发了一套科学化的内部管理系统，探索信息化内部管理机制。首先，实现刊物影响因子实时动态跟踪，最新排名及时呈现；其次，栏目、论文、选题热点等实现横向与纵向比较，选题的优劣能得到及时诊断；再次，编辑的业绩可以得到科学评价，为编辑业绩的提升及管理提供了科学依据。

媒体融合的实践不仅为扩大《财经研究》自身的影响力创造了条件，也奠定了《财经研究》编辑全流程的新媒体管理在全国社科期刊的领先地位。

2015 年 4 月 26 日，全国哲学社会科学规划办公室委托《经济研究》

《改革》《财经研究》共同主办、《财经研究》承办的“经济新常态下发挥经济学期刊引领作用研讨会”，国家社科基金资助的所有26家经济管理类期刊全部到会。《财经研究》作会议三大主题之一“新媒体环境下经济学期刊的机制创新”的主题发言，受到全国社科规划办以及与会期刊代表的一致认可，肯定了《财经研究》在全国顶级经济管理类期刊新媒体技术运用方面的领先地位。其成果在全国社科规划办网站及《光明日报》报道，被二十余家权威网站转载。

2015年7月11日，《财经研究》在全国高等学校文科学报研究会财经高校联络中心年会上作“财经期刊管理现代化”的主题发言，在新媒体技术应用方面的先进性受到财经高校联络中心九十余家会员单位的一致认可。

第三节　中国知网的创新引领之路

中国知网，是由清华大学所属中国学术期刊（光盘版）电子杂志社有限公司与同方知网（北京）技术有限公司联合打造的，是我国专业出版领域文献规模最大、最完整、应用最广泛的数字化知识资源体系和创新服务云平台。

中国知网始终秉承清华大学“自强不息，厚德载物”的校训，坚持“诚信为本，合作共赢”的理念，以服务国家创新发展为己任，以建设我国“网络化知识基础设施”为目标，致力于中国学术文献资源的传播、扩散、深度挖掘和社会化广泛应用。

一、千里之行、重在担当

中国知网孕育于清华，发展于我国学术界、期刊界的大力支持与通力合作。1995年8月，为落实国家“科教兴国”战略，清华大学立项开发我国学术期刊全文数据库光盘。项目创始人王明亮提出了构建学术期刊全文数据库的构想和技术方案，得到了清华大学王大中校长和周光召、王大珩、朱光亚、吴阶平、卢嘉锡、厉以宁、张岱年、龚育之等一大批学界泰斗，以及中宣部、国家新闻出版总署等党政部门的肯定与大力支持。

1996 年 1 月，清华大学完成了我国学术期刊以“全文检索 + 原版显示”为主要创新点的全文数字出版核心技术开发，经国家教委技术鉴定：居国际先进水平，制成我国第一批具有全文检索和数字文档原版显示功能的学术期刊全文数据库光盘，技术上超过了当时第一个出版学术期刊检索数据库的美国 EBSCO 公司，开创了我国学术期刊数字出版之先河。

1997 年，《中国学术期刊（光盘版）》（简称 CAJ – CD）作为我国第一批正式具有电子刊号的连续电子出版物纳入国家出版管理轨道。同年，中国学术期刊（光盘版）电子杂志社由国家新闻出版总署批准成立，掀开了我国学术文献数字化出版传播的序幕。

二、20 年磨砺、开拓创新

1999 年，CAJ – CD 全文上网，开启了我国学术期刊网络出版新时代。中国知网对知识传播、扩散的客观规律和社会公众获取与应用知识的内在需求进行了广泛调研和深入研究，提出了利用信息技术与产业化机制，建设“中国知识基础设施工程”（英文缩写“CNKI”）的战略目标与总体规划，构建了以商业和公益性机制相结合的知识服务型数字出版产业模式，以知识创新与利用为市场需求，以数字化学习与研究引导知识消费，支撑我国知识生产、传播、扩散与利用的学术文献互联网出版市场化发展。

以此为目标，中国知网在推进学术期刊网络出版和社会化应用的同时，大规模地整合了我国学位论文、学术会议论文、年鉴、工具书、标准、科技成果等四十多种文献资源，于 2006 年建成了“中国知识资源总库”，还陆续整合了海外八十多种全文数据库与数百种题录数据库，以期通过对海内外文献资源内容的大规模集成整合和系统化、网络化关联，提升中国学术期刊的传播应用价值和应用范围，并与国际一流数据库融为一体，整体进入国际高端学术领域和主流市场。

该工程制订的发展战略目标，在信息技术高速发展、网络基础设施日益完善的今天看来，仍具有重要而深远的意义，在国家大力实施“创新驱动发展战略”的当下，其重要性已远远超出了当时的预想。“中国知识基础设施工程”的显著特征是：不仅对高等院校、科研单位的学术、科研、教学，以及知识管理、科研管理、人才管理等方面产生了重大影响，同时还使高端的学术研究成果，在面向应用的、实用化的知识组织模式下，得以较为广泛地传播应用到各行各业的各种具体的工作中，包括企业创新、政府管理决策、农村实用技术的推广，等等，产生了广泛而重要的社会效益与经济效益。

在推动和服务于学术期刊转型升级发展方面，中国知网开发了“采编发一体化云服务系统”“移动出版与服务系统”，以及学术不端检测、参考文献自动校对、评价分析、专家学者库、文献使用分析等，全方位地满足学术期刊策划、选题、组稿、审稿、发行的需求；以面向应用需求、创新需求、决策需求的社会化知识服务为目的，以构建“知识大数据”为目标，对文献内容进行深度挖掘和XML化的深度加工，不断拓展学术文献资源的应用范围和应用深度，为我国各行各业的知识与技术创新提供精准可靠的、个性化、专业化的可定制服务。

在技术方面，中国知网主要面向新型数字出版、知识服务、知识管理和移动互联、协同交互等需求，形成了具有自主知识产权和国际先进水平的一系列核心技术，取得专利和软件著作权证书五十多项，承担国家复合出版工程、国家文化产业发展专项资金支持项目、科技部国家科技支撑计划项目等二十多项。

目前，中国知网有遍布全球46个国家与地区的六千多万读者，国内机构用户两万五千多家，海外机构用户一千五百多家，年均下载总量超过30亿篇次，用户范围涵盖国内党政机关、高校、科研院所、医院、企业、军队、农村等各级各类企事业单位，对各行各业创新发展、人才培养、管理决策等都起到了重要作用。

为了保证学术期刊传播应用的行业化、区域化、专业化需求，2015年，中国知网组建了24个行业性事业部和专门的海外公司，以及常设美国的独立法人“知网美国”，在全国各地组建了26个区域公司。

三、创新机制、合作共赢

根据党中央和中宣部、国家新闻出版广电总局“关于转型升级、融合发展的战略”部署和要求，中国知网积极推动和服务于我国学术期刊向新型数字出版模式转型升级，向知识管理、知识服务方向发展，以服务各行各业创新发展与大众创业、万众创新为目的，瞄准国际一流的数字出版产业模式，针对数字出版与传统出版的矛盾和制约数字出版可持续发展的市场因素、运营机制问题等，推出了优先数字出版、增强出版、全过程出版、数据出版、移动出版等新型数字出版模式，目的是提升我国学术期刊的内在价值和应用价值，提高影响力和品牌，提升国际话语权，抢占国际制高点，产生具有国际水平的新型数字期刊；开发了信息传播、知识服务、协同研究与探究式学习应用及其移动交互的三层云服务平台，旨在更大范围地开拓学术文献的应用范围，提高学术期刊的市场主体地位和盈利能力，为学术期刊的应用创造和开辟更大的应用场景和市场条件；开通了商业化OA和公益性OA的传播发行系统与经营模式，以满足国家和社会对学术期刊的发展要求和应用需求；构建了融合发展、分工联营、合作共赢的新合作机制，意在形成“你就是我、我就是你”的学术期刊数字出版产业共同体。

第四节　域出版：学术传播与知识服务新生态

随着数字技术和信息技术的日益普及，一场基于移动互联网和智能终端的移动出版浪潮，以一种无可阻挡的趋势向出版界走来。在这种大环境下，学术期刊的传统出版模式和内容服务方式受到了巨大的挑战，对此，中国科技期刊编辑学会副理事长、北京世纪超星信息技术发展有限责任公司副总裁汪新红认为：

首先，阅读内容的纸电分离导致线下读者的大量流失，学术期刊作为重要的知识与智慧载体，其学术价值不能被最大化应用，影响了国家主旋律文化的广泛传播。其次，在传统互联网环境下，本来作为一本完整的期刊，却在数据库里被打碎成一篇篇文章呈现给读者，期刊最具特色的专栏形式消失了，更严重的是期刊社不知道哪些读者在阅读自己的期刊，期刊出版者失去了纸媒时代出版的主体地位。再次，传统技术难以支撑新的学术生态的构建：学术知识从线下到线上转换的能力不足，内容的精准提供和知识服务乏力，技术与标准、平台与系统过于离散，有效的学术交流不易形成，进而导致学术出版与传播的生态系统未能如愿构建。可见，学术期刊的生存发展面临严峻困境。

基于期刊业面临的挑战和信息传播技术的突飞猛进，期刊出版人和信息技术供应商经过多轮切磋碰撞，“域出版”概念脱颖而出。所谓“域出版”，就是一种新的出版传播理念和由该理念支撑的出版传播实践。“域出版”理念的要义是将“域”的概念引入互联网出版领域，在信息聚合的编辑、出版、传播平台上，实现以“专域”为基本单元的多元、有序、高效的出版和传播。超星集团结合自身技术发展和资源优势，将“域出版”理念变成了现实的媒体融合平台——期刊域出版平台。

据汪新红介绍，“域出版”的本质是由边界清晰的资料、边界清晰的人和有目标的活动构成了一个个专业域，同领域的人通过协同构成一个个学术共同体、一个个生命体，构建了学术传播与交流的新生态。

从期刊智能出版传播平台“域出版”发布会上获悉，“域出版”是一个综合性的学术传播平台。

第一，这个平台是一个集成的投稿组稿系统。其最主要的功能就是定期选择一些话题进行专门的讨论，实现作者、读者与编者无障碍的交流与互动，以此形成稿件的主要来源。

第二，这个平台是一个集成的审稿系统。依托这个平台建立起所有高校学报共享的审稿专家库，专家按既定的规则进行审稿，并将审稿意见作为稿件的一部分同步发表，也就是说在审稿专家对作者的稿件进行评价的同时，专家的审稿意见也要接受作者、读者的公开评价。

第三，这个平台是一个集成的编辑运营系统。它具有完整的在线采编功能以及完备的产品运营功能，供各专栏特约编辑使用。

第四，这个平台是一个集成的出版系统。依据资源和用户需求，平台可以组合呈现多个产品，如在线专栏、专题等，而且这些专栏、专题不仅可以实时更新，还可以随机排列，读者可以按上传时间、订阅数、下载量、被引数、读者评分等各种参数，对专栏文章进行灵活的排序，读者可以自由地阅读或下载。

第五，这个平台是一个集成的传播系统。以专栏为单元的个性化私人定制期刊，可能是未来期刊的主打形态。其实现途径有两种：一是由用户选择自己感兴趣的专栏，订阅个人专属的期刊；二是利用大数据技术，通过对用户阅读偏好的分析，由系统自动生成定制期刊，并定向推送。

第六，这个平台是一个综合的评价系统。目前学术评价的弊端，在于用外在标准而非内在标准评价论文，其深层原因是学术共同的缺位。这个平台引导学术实名注册，开设评价和交流功能，并依学科或专栏组织讨论群，从而建立起虚拟的学者社区，形成以学术共同体为依托、以同行评议为基础的公正、民主、开放的学术评价体系。

“域出版”的作用，在内容精准供给方面，重点解决需求获取与分析的问题。在传统纸媒和数据库的时代，人找信息是被动服务，是机器给出结果；而未来获取知识的最大特征是，用同领域专家的智慧大脑给出结果，为你服务，成为信息找人的主动服务。

在阅读资源的汇集方面，“域出版”重点解决资料的规模化汇聚、主题化集成、专题化分解、个性化定制等问题，把文献按照不同的知识领域、主题进行细化，形成了“专域”，对“专域”形成过程中产生的重要问题还可进行专题化分解，形成新的知识域。

在知识获取整体解决方案的设计方面，“域出版”重点解决个性化阅读需求的采集、专业化阅读线索和阅读方案的提供、社区化阅读的交流与传播、线上阅读和线下阅读的互动、知识的全媒体解读与可视化呈现，通过平台和系统整合起来，同时将数字化在线阅读与读者线下的阅读活动及学术交流有机地结合起来，从而形成数字化读者的线下阅读回归，进而打造一个“纸电合一”的阅读生态系统。

期刊“域出版”构建了新一代学术传播组织神经系统，从供给侧、内容的精准提供以及知识服务的角度出发，打破了传统业务的信息壁垒，建立了优质资源的评价体系，形成了供销的直通环境。这不仅建立出版上下游的桥梁，而且打通了 BTB 优质内容的实时供给通道，使得知识服务嵌入整个学习和科研系统中，构成了现代学术传播的新生态。

“域出版”的未来呈现出美好的愿景，但是，“域出版”之路还有诸多未知需要继续探索。

后记

1978年以来的期刊出版繁荣昌盛，变迁印痕纷繁复杂。能在石峰、张伯海等前辈的引领下尝试改革开放期刊史的思考、写作，诚为我治学求知历程中的幸事，收获远不止一书一事。

当代不宜写史、难以写史，学界早有定论。面对我迎难而上后的沮丧，石峰主编伸以援手，开列了本书提纲，那种豁然开朗的解脱与轻松，只有在“苦逼”、求索多年后才弥觉珍贵。

尤当铭感、记忆诸多为我释疑解惑、提供见证材料的期刊历史老人。相对他们当年期刊行为、信念的壮阔波澜，我只有徒叹期刊历史书写的寡淡、苍白乃至空白。

一些友朋参与对话，伴我前行，当略事记载，以表谢忱：马婷撰写了第二章第六节，第八章第四节；内蒙古民族大学美术学院于宏撰写了第三章第四节；广西师范大学出版社马步匀撰写了第十四章第四节；《中国出版传媒商报》李丽萍参与了第十章初稿的撰写；人民教育出版社周秋利参与了第十一章初稿的撰写；网信网陈舞阳参与了第十二章初稿的撰写。第十三章第五节，第十四章第二节，第十六章，第十七章第四节，第十八章第二、三、四节，第十九章是石峰主编在审稿时根据有关期刊社提供的材料增加。

自知粗疏，恭请读者赐知高见或史料线索，以利研究深入。我的电子邮箱是：lipin@ cuc. edu. cn。

李　频

2016年8月18日

责任编辑：邵永忠　王　萍
封面设计：王红卫　赵　晖
责任校对：吕　飞

图书在版编目（CIP）数据

中国期刊史．第四卷，1978—2015／石峰 主编；李频 著．
—北京：人民出版社，2017.12
ISBN 978－7－01－017245－3

Ⅰ.①中…　Ⅱ.①石…　②李…　Ⅲ.①期刊—新闻事业史—中国—1978－2015　Ⅳ.①G239.29

中国版本图书馆 CIP 数据核字（2016）第 319608 号

中国期刊史　第四卷（1978—2015）
ZHONGGUO QIKANSHI
石　峰　主编　李　频　著
人民出版社出版发行
（100706　北京市东城区隆福寺街 99 号）

北京墨阁印刷有限公司印刷　新华书店经销
2017 年 12 月第 1 版　2017 年 12 月北京第 1 次印刷
开本：710 毫米×1000 毫米 1/16　印张：25.5
字数：410 千字

ISBN 978－7－01－017245－3　定价：85.00 元

邮购地址　100706　北京市东城区隆福寺街 99 号
人民东方图书销售中心　电话（010）65250042　65289539